贵州省高校乡村振兴研究中心研究成果

贵州省理论创新联合课题"新型城镇化背景下贵州农民就地市民化研究"（编号：GZLCLH2017090）

贵州省教育科学规划省级一般课题"精准扶贫战略下贵州新型职业农民培育策略研究"（编号：2018B018）

贵州省理论创新(联合课题)"贵州省农民工返乡创业调查研究"（编号：GZLCLH-2019-114）

安顺学院重点支持学科"马克思主义理论"项目资助

光明社科文库
GUANGMING DAILY PRESS:
A SOCIAL SCIENCE SERIES

·经济与管理书系·

农民就地市民化研究

——以贵州为例

薛伟芳｜著

光明日报出版社

图书在版编目（CIP）数据

农民就地市民化研究：以贵州为例 / 薛伟芳著 . --
北京：光明日报出版社，2021.6
ISBN 978 - 7 - 5194 - 6098 - 3

Ⅰ.①农… Ⅱ.①薛… Ⅲ.①农民—城市化—研究—
贵州 Ⅳ.①D422.64

中国版本图书馆 CIP 数据核字（2021）第 087523 号

农民就地市民化研究：以贵州为例

NONGMIN JIUDI SHIMINHUA YANJIU：YI GUIZHOU WEILI

著　者：薛伟芳

责任编辑：李　倩　　　　　　　　责任校对：陈永娟
封面设计：中联华文　　　　　　　责任印制：曹　净

出版发行：光明日报出版社
地　　址：北京市西城区永安路 106 号，100050
电　　话：010-63169890（咨询），010-63131930（邮购）
传　　真：010 - 63131930
网　　址：http：//book. gmw. cn
E - mail：gmcbs@ gmw. cn
法律顾问：北京德恒律师事务所龚柳方律师
印　　刷：三河市华东印刷有限公司
装　　订：三河市华东印刷有限公司
本书如有破损、缺页、装订错误，请与本社联系调换，电话：010-63131930
开　　本：170mm×240mm
字　　数：341 千字　　　　　　　印　　张：19
版　　次：2021 年 6 月第 1 版　　印　　次：2021 年 6 月第 1 次印刷
书　　号：ISBN 978 - 7 - 5194 - 6098 - 3
定　　价：98.00 元

序

　　"三农"问题是关系国计民生的根本性问题，历来是党和国家工作的重中之重。习近平总书记多次强调，没有农业农村现代化，就没有整个国家现代化。在现代化进程中，如何处理好工农关系、城乡关系，在一定程度上决定着现代化的成败。推进城乡融合发展，让亿万农民共享改革发展成果，实现由农民向市民的转变，是国民经济社会发展到一定阶段的必然要求，也是国家现代化的重要标志。

　　欣闻伟芳的书稿《农民就地市民化研究——以贵州为例》列入"光明社科文库"资助出版推荐出版项目，甚是欢喜。该书以城乡融合发展为背景，以农民就地市民化内涵为逻辑起点，沿着历史到现实、国外到国内、理论到实践思路对贵州农民就地市民化问题进行层层剖析，构建了一个比较完整的欠发达地区农民就地市民化理论系统。在写作结构上，该书按照总-分-总逻辑展开。导论至第四章是总论，系统梳理农民就地市民化的内涵、关联理论、动力机制与实践经验；第五章至第十一章是分论，分专题对贵州农民就地市民化动力因素进行研究；第十二章是提炼和总结，对贵州农民就地市民化优势与劣势、机遇与挑战进行总体分析，提出未来进一步推进贵州农民就地市民化对策与建议。该书在研究视角、内容、方法上都具有一定的创新价值，我相信，该书的出版，无论在理论上还是实践中，对我国新型城镇化和乡村振兴协同发展，特别是欠发达地区农业农村现代化问题，都将会产生一定的积极影响。

　　薛伟芳同志是我指导的第一届研究生，在同届几个学生中，她年龄最大，又来自农村，平时积极进取，勤于思考，对"三农"问题有着特殊的情感，当年的毕业论文《毛泽东农民教育思想及其价值研究》受到导师组一致好评，并入选了中国优秀硕士论文全文数据库。参加工作后一直致力于"三农"问题研究，先后主持完成相关课题多项，这部著作是她多年专注"三农"研究的结晶。

最后，希望本书的资助出版能勉励她继续深入该领域研究，笔耕不辍，多出新作。是以为序。

西南大学　李　强
2020 年 8 月

目 录
CONTENTS

导　论

第一节　选题背景、研究目的与意义

城乡关系一改变，整个社会关系随之改变。城乡关系、工农关系是反映一国一地经济发展水平和现代化程度的重要指标。中华人民共和国成立后，我国"以农民为主体，不断赋权""以提升经济活力为中心，深化城乡体制改革""以城带乡、以乡促城"，实现了城乡关系由分割逐步走向融合。农民就地市民化，既是居住空间的城镇化，也是就业机会、生活方式、思维方式、公共服务享有的市民化。因此，农民市民化既要在城镇化过程中实现，也要在统筹城乡发展中实现，新型城镇化和乡村振兴是农民市民化的两个基本推动力。农民市民化的最终目标是要消除城乡差距，农民就地市民化的本质在于农民就地实现社会身份向职业身份的转变，以及在这一过程中表现出来的生产生活方式的根本性变革，最终使农民能够均享社会基本公共服务，平等参与现代化进程、共同分享现代化成果，过上幸福美好生活。

一、农民就地市民化的选题背景

我国城乡关系经历了从分割到融合的过程，城镇化是物质资源、人力资源、金融资源、社会资源等向城镇空间集聚的过程。城镇化既是市场经济条件下，市场主体追求资源利用效率的结果，也是政府培养经济增长极、发挥其带动效应的结果。新型城镇化的内生动力是新型工业化和信息化，初始阶段性的典型现象是城市增量收入和消费机会诱惑下乡村人口向城市自然集聚、城乡分离、收入差距扩大，而终极目标则是具有资源聚集效应和规模效益的城市，辐射带动进城农民市民化、发展农村非农产业、带动居村农民融入就地城镇化。与此相对应，社会形态也实现了由"农业为主的传统农村型社会"向"以工业和服务业等非农产业为主的现代城镇型社会"的转变。可见，城镇化的根本目的是为人类生活创造更美好、更舒适的生存环境，使得城乡之间、不同人群之间更加融合。城镇化的过程直观地表现为农民向城市流动，或就业，或经商，或长期定居，是农民基于理性判断对城乡发展机会、风险、收益等综合平衡的结果，但农民的有限理性特征，也决定了其从理性思维出发的行为不一定带来预期的结果，无序的流动给农民本身的发展和城镇化建设带来了严峻挑战，而部分制度缺陷也会加剧"空间的城市化"与"人的城市化"的分离。

（一）传统城镇化向新型城镇化转变需要解决农民市民化问题

1. 传统城镇化弊端日益突显

我国城镇化经历了从传统城镇化向新型城镇化转变的过程。数据显示，2017年中国城镇化率为58.52%，比1978年改革开放之初的17.9%提高了40.62个百分点；而2018年农村人口减少到5.6亿人，城镇常住人口增加到8.3亿人，城镇化率提高到近60%，这标志着中国开始了乡村中国向城市中国的历史性转变，并正在经历有史以来规模最大、影响最深、效益最显的城镇化过程。

城镇化建设取得了不菲成绩，但也应看到，我国城镇化进程中存在一些问题，如户籍人口城镇化严重滞后于常住人口城镇化；土地城镇化率快于人口城镇化率，城市公共服务的供给数量和质量满足不了农民工市民化的需求；就地市民化的小城镇，规划千篇一律，特色产业定位找不到重点，不但乡土资源、乡村文明的比较优势难以发挥，而且在城市资本的无序扩张下，乡村文化流失、自然风光遭到破坏的状况持续加剧，构成对乡村生态文明与和谐乡村社会的严重挑战。还有一部分农民游走在市民与农民的边缘，农闲时期进城务工，农忙时期回乡种地，这类农民的好处是收益稳定，弊端是既不能全身心投入农业生产经营，也不能全职从事非农经营活动，尤其是以非农兼业为主的农户，经常是粗放耕种或者直接撂荒。如果这些遗留问题得不到有效重视和妥善解决，未来乡村振兴和新型城镇化进程中的农民市民化任务将更加艰巨。

从发达国家的发展经验来看，城市化过程本身伴随着农民市民化的实现。但从我国的现实情况来看，农民市民化严重滞后于城镇化，农民市民化进程缓慢，农民市民化效果不佳，大多数农民工和城郊失地农民尚处于"半市民化"状态，或只有少部分"进城农民"真正实现了市民化，且尚未正式启动"居村农民"市民化进程，这与我国需要转移的上亿农民形成较大的反差。究其原因，一方面是我国城镇化进程中面临的约束条件与发达国家城镇化过程中面临的约束条件不同，主要表现为城市吸纳能力有限、农业转移人口规模庞大；另一方面是受我国传统城镇化道路的影响，过于强调土地城镇化，而忽略人口城镇化。再加上农民与市民之间在综合素质、社会权利、价值观念等方面的悬殊，最终导致我国城镇化并未伴随着真正的农民市民化，而是部分农民的市民化或者说农民的"半市民化"。

因此，城镇化进程中的农民市民化问题不仅仅要解决增量问题，同时还要解决存量问题。农民能否顺利完成社会角色转型，实现"农民"向"市民"的角色转变，势必关系到城镇化的成败，关系到社会的稳定与和谐发展。如何实现"农民"向"市民"的转变成为我国城镇化进程中急需解决的核心问题之一，成为社会普遍关注的热点问题之一。为此，2009年12月，中央经济工作会议提出"要把解决符合条件的农业转移人口逐步在城镇就业和落户作为推进城镇化的重要任务"；2012年，党的十八大报告提出"要有序推进农业转移人口市民化"。至此，"市民化"在国家正式文件中首次被提出，此后，"推进农业转移人口市民化"的表述，就多次出现在党和国家的文件中，农业转移人口的有序市民化也成为"十二五""十三五"时期积极稳妥推进城镇化的重要任务。

2. 新型城镇化的本质是人的城镇化

当前我国正处于决胜全面建成小康社会，开启全面建设社会主义现代化国家新征程的重要时期，也处于城镇化深入发展的关键时期。根据世界城镇化发展普遍规律，我国仍处于城镇化率30%～70%的快速发展区间，但延续过去传统粗放的城镇化模式，会带来产业升级缓慢、资源环境恶化、社会矛盾增多等诸多风险，可能落入"中等收入陷阱"，进而影响现代化进程。随着内外部环境和条件的深刻变化，城镇化必须进入以提升质量为主的转型发展新阶段，遵循城镇化发展规律，走中国特色新型城镇化道路。

21世纪以来，面对不断物质化和技术化的城镇化发展趋势，中国政府适时提出了"新型城镇化"战略。在2013年第十二届全国人大一次会议上，李克强总理特别强调，"新型城镇化"说到底是以人为核心的城镇化。新型城镇化之所以"新"，就在于坚持以人为本，由过去片面追求城市规模扩大、空间扩张的传统模式，改变为以提升城市文化、公共服务等内涵为中心，实现城乡基础设施一体化和公共服务均等化，促进经济社会发展，实现共同富裕。新型城镇化与传统城镇化的最大区别在于：它不仅仅是土地的城镇化，同时也是人口的城镇化。人口城镇化的本质是使居住在一定区域（无论是大中小城市，还是小城镇、新型农村社区）的人口共享均等的公共基础设施和基本公共服务，并分享共同的城市文化，具备同质的生产方式、生活方式、行为方式以及价值观念。

因此，农民市民化的推进逻辑不是让所有农民的生活区域都从农村转移到城市,不是让所有的农民都从农业户口转为非农业户口。农民和市民的本质区别不是体现在户籍、居住区域、身份上,而是体现在生产方式、生活方式、行为方式、思维方式、价值观念以及社会权利方面。可以说,农民市民化的过程实际上是培育农民现代化意识,分享现代城市文明,共享城市经济社会发展成果的过程,其最终目的是缩小城乡差距,实现城乡一体化发展。这一目标除了通过城市异地转移实现以外,还可以通过农村就地转移实现。

在新型城镇化背景下,在确定"进城农民"与"居村农民"同时为农民市民化两大主体的基础上,同时推进城市异地转移与农村就地转移自然而然成为农民市民化的路径选择,即农民市民化需要多头并进,除了继续推进农民工、城郊农民向城市转移外,还必须根据城乡融合的内在要求加大居村农民市民化力度。也就是说,如何引导和推进农民在户籍所在地完成就地市民化,使农民在当地享受城镇化带来的实惠,在公共服务等方面取得与城市居民同样的待遇,即实现农民就地市民化,成为推动新型城镇化发展的基本路径和有效解决"三农"问题的根本出路,也应当成为当前学术界农民市民化研究的方向和重点。

(二)新时代城乡融合发展需要解决农民就地市民化问题

党的十九大报告提出,中国特色社会主义进入了新时代,我国社会主要矛盾已经转化为人民日益增长的美好生活需要和不平衡不充分的发展之间的矛盾。发展的不平衡、不充分集中表现在城乡之间发展不平衡和农村发展不充分方面,而城乡差距大、发展不平衡的最大原因是城乡二元结构的长期存在,城乡二元结构问题不解决,不但会造成城乡断裂,而且城市本身的发展也会失去依托和支撑。

1. 城乡二元结构造成的城乡差距问题

改革开放以来,我国实行了一系列旨在促进城乡经济融合的改革举措和政策措施,但经过40年的改革开放,我国城乡居民收入差距仍为2.7∶1,农业劳动生产率仅为全社会劳动生产率的28%,缺乏国际竞争力。城乡差距的另外反映是区域发展差距,表现在中西部农村远远落后于沿海地区农村。社会发展滞后于经济发展,主要表现在农村的基础设施和公共服务严重落后于城市。城乡和区域发展不平衡的重要表现和原因是城乡区域基本公共服务不均等,特别是在基础设施和社会保障等方面城乡差距大。城乡差距大不仅关系到农村5亿多人口能不能共享改革发展成果、过上美好的生活,也关系到党和国家"两个一百年"奋斗目标的实现。

2. 城乡融合发展促使农民就地市民化

党的十九大依据社会主要矛盾变化，明确提出了乡村振兴战略和城乡融合发展战略。实施乡村振兴战略，坚持农业农村优先发展，使农业劳动生产率赶上社会平均劳动生产率，把农村建设得比城市更漂亮、更宜居，是我国经济结构调整面临的重大任务，也是亟待释放的经济发展最大新动能。实施城乡融合发展战略，建立城乡融合发展的体制机制和政策体系，需要全面深化农村体制改革，建立城乡统一的全要素市场体系，发挥市场对城乡资源配置的决定性作用，促进生产要素在城乡之间双向自由流动。具体而言：一是继续完善"人地挂钩、以人定地"政策，在保持农村土地基本制度不变前提下，激活土地资本，让居村农民凭借对农村土地的用益物权，以抵押、担保、转让、入股形式获得财产性收入。同时，加快转移人口市民化，引导进城落户农民依法自愿有偿转让土地及附属权益，以消除"身份市民"与"权益留村"的利益分割纠纷，以及城乡"两头管不着"的体制性弊端。二是动员各方力量，促使城市资本下乡积极投入农业现代化和新农村建设。城市资本下乡，必然携带新知识、新理念、新技术，也就发挥了城市先进理念、先进技术、先进管理模式、基础设施、公共服务对农村的溢出效应，先壮大域内一两个产业，再激活农村一片区域，逐步带动一方农民就地市民化。即通过城乡人员要素、空间要素、经济要素和自然要素的优化组合和双向流动，让市民化的农民能公平享受到城市的基本公共服务，让没有进城的农民即使在农村也能享受到和城市一样均等的公共服务水平，获得同样的就业、增收和全面发展的机会，使全体人民共享改革发展成果。

二、研究目的

党的十八大和十八届三中、五中全会都强调，要坚持走中国特色新型城镇化道路，形成城乡一体的新型工农城乡关系，让广大农民平等参与现代化进程，共同分享现代化成果。党的十九大提出要贯彻"实施乡村振兴战略"和"实施区域协调发展战略"的新发展理念，强调指出：农业农村农民问题是关系国计民生的根本性问题，必须始终把解决好"三农"问题作为全党工作重中之重。要坚持农业农村优先发展，按照产业兴旺、生态宜居、乡风文明、治理有效、生活富裕的总要求，建立健全城乡融合发展体制机制和政策体系，加快推进农业农村现代化。以城市群为主体构建大中小城市和小城镇协调发展的城镇格局，加快农业转移人口市民化。加快推进农业现代化和农民市民化是新时代中国特色社会主义题中应有之义和重要任务。

（一）农民就地市民化研究为居村农民城镇化提供理论依据

城镇化的核心是人的城市化问题，实质是解决农民的市民化问题。目前城镇化中出现的主要问题：一是以房地产思维推动城镇化。简单把农民赶上楼，把城镇化居住区与城市建筑风格同质化，导致农村失去乡土田园风光，既不"城"也不"乡"。二是城市资本有意掠夺式开发乡村资源，无意培育长效性、支柱类产业。农业是投入大、利润低、风险大的领域，以逐利为主要目标的资本对薄利农业兴趣不大，资源输出大和资本输入少二者相互叠加，必然导致农村社区产业发展较慢，出现产业"空心化"。三是乡村自然地理分布范围广，不断稀释基础设施和公共服务投入效用。其最根本的原因在于，农村城镇化规划执行随意，既没有遵循城市经济发展的共性规律，也没有尊重经济地理的空间特性这一最大的实际，只有对这些问题加强研究，进一步提出针对性强的解决方法，才能通达农民就地市民化道路。

城镇化的本质在于让作为城镇化主体的"人"实现生产生活方式、文明素质和社会权益上的现代化。城镇化不意味着放弃农业，而是要实现农业现代化，除了农民、农民工进入城镇就业，完成市民化的形式外，更重要的是让农民就地学会和接受现代产业运营方式，就地市民化，这是新型城镇化的重要内容。因此，城乡融合发展的核心要义是让市民化了的农民能公平享受到城市的基本公共服务，让没有进城的农民即使在农村也能享受到和城市一样均等的公共服务水平，获得同样的就业、增收和全面发展的机会。所以，共享理念指导下的新型工农城乡关系相对于传统的城乡关系更强调城乡资源的双向流动和人的城市融合。

人的城镇化，当前阶段主要指的是农民的市民化问题。农民的市民化包括两条路径：一是进城农民的异地市民化；二是居村农民的就地市民化。目前，理论研究和政策实践对第一条农民市民化路径关注较多，对第二条路径的关注程度较低。事实上，中国农民市民化的真正难度在于居住在广大农村中的自然村落的农民市民化问题。中国的异地市民化实践取得了一定成就，但也伴生了很多问题，就地市民化则可以避免异地市民化的许多弊端，开辟城乡融合的新路径。

（二）农民就地市民化研究为贵州新型城镇化提供政策依据

贵州第二次城镇化推进大会强调，要以人的城镇化为核心，促进大中小城镇协调发展，走出一条有特色、集约型、多样化的贵州山地特色新型城镇化道路。基于发展现状、特征与趋势，贵州新型城镇化不可能走单一的"农民进城"

路径，而要走有序转移与就地就近相结合的新路径。有序转移，即以区域中心城市为重点，着力提高城镇综合承载能力，发挥辐射带动作用，有序转移农业富余人口。就地就近，即以县城和小城镇为节点，联动周边村庄发展，促进政策和资源向农村倾斜，实现就地就近城镇化。

从时间上看，就地市民化是贵州山地特色新型城镇化发展的当务之急。贵州第二次城镇化推进大会提出，到2020年，全省常住人口城镇化率达到50%以上，要实现这一目标，就必须加快推进农业转移人口就地市民化。从内容上看，就地市民化是贵州新型城镇化发展的重中之重。贵州特定的自然地理条件和发展状况表明，县城和小城镇是农业转移人口最主要的空间载体，要完成2020年常住城镇人口增加到2000万人的目标，就必须把农业转移人口就地市民化作为工作的重中之重。从效果上看，就地市民化更有利于新型城镇化发展目标的实现。新型城镇化的最终目标不是要消灭农村，更不是要消灭农民，而是要城乡融合，实现城乡良性互动和协调发展。就地市民化可以让农民在就近转移，甚至不转移的前提下，享受到与城市居民一样的社会保障和均等化的基本公共服务，这样更有利于新型城镇化发展目标的实现。

城镇化并不意味着放弃农业，而是要引导产业就地集聚，发展适度规模经营，以城市现代部门改造传统农业，实现农业现代化，让广大农民就地学会和接受现代经济发展方式，实现就地市民化，就近就地就业增收，这是新型城镇化的重要内容。贵州城镇化战略要根据贵州特定的区位特点、自然条件、特色资源、经济社会发展现状和机遇，在加快农民工和城郊农民市民化步伐的同时，因地制宜大力推进居村农民就地市民化。因此，本书立足贵州城镇化和"三农"实际，通过借鉴国内外农民就地市民化的经验，对贵州农民就地市民化问题做些研究，为贵州乃至欠发达地区农民市民化发展提供参考。

三、研究意义

（一）理论意义

1. 从宏观上讲，研究不仅可以丰富马克思主义关于城镇化建设理论，而且能够丰富中国特色社会主义新型城镇化理论和农民市民化理论。

2. 在研究视角上，当前我国对农民市民化问题的研究，主要侧重于农民工市民化和失地农民市民化问题，而对居村农民就地市民化理论关注不够。

3. 在研究内容上，本书从农民市民化的一般内涵入手，厘清中国农民市民化终极目标的实现与现实路径选择的理论关联或内在机理，具有重要学术价值。

4. 在研究过程上，先总论，再分论，再到总论。既有国际视角，也有国内视角，全面考察农民就地市民化的演变过程，并客观评价目前农民就地市民化的成效，为现阶段农民就地市民化研究提供一定理论借鉴。

（二）实践意义

城镇化是现代化的必由之路，是推动经济社会转型发展的基本动力。农民就地市民化不仅是重要的理论问题，更是伴随我国社会主义现代化强国"两步走"战略安排的重大实践问题。

1. 从宏观方面讲，本书以贵州农民就地市民化为研究对象，通过对贵州农民就地市民化的考察，分析农民就地市民化的优势和困境，提出政策性建议和现实性措施，对贵州乃至欠发达地区实施乡村振兴战略和区域协调发展战略，形成城乡融合新格局，并最终解决"三农"问题，促进社会和谐发展，具有重要的现实意义。

2. 从微观研究来看，本研究对贵州城乡经济、社会、文化、社会公共服务等方面的具体措施通过实证数据论证，提出推动农民就地市民化的相关建议和对策，对下一步相关部门的有关政策制定、具体制度安排、措施确立均具有实际指导意义和参考价值。

第二节　文献综述

一、农民就地市民化的概念界定

（一）关于农民

法国社会学家 H. 孟德拉斯指出，农民是相对于城市来限定自身的。如果没有城市，就无所谓农民，如果整个社会全部城市化了，也就没有农民了。① 由此可以看出，农民与市民是相对应的，界定了农民，也就界定了市民。收集学界关于农民的界定，有很多种表述。

美国社会学家埃弗里特·M. 罗吉斯和拉伯尔·J. 伯德格指出："农民是农产品的生产者和传统定向的乡下人，他们一般比较谦卑，大多是自给自足的（虽然并非完全需要），就是说他们生产的粮食和其他东西，大部分都是自己消

---

① H. 孟德拉斯. 农民的终结 [M]. 李培林，译. 北京：中国社会科学出版社，1991：8.

费的。因此，农民和自给自足的农业生产者是一个意思。农民并不是完全自给自足型的，他们至少是部分市场定向的，他们要购买一些消费品和生产资料，需要社会的服务。但是，尽管他们要卖出部分农产品，他们也不是像商业农场主那样把农业作为一个企业。"①

《辞海》中对农民是这样定义的："直接从事农业生产的劳动者……在资本主义社会和殖民地、半殖民地社会，主要指贫农和中农。在社会主义社会，主要指集体农民。"② 在《现代汉语词典》（第6版）中，农民是"在农村从事农业生产的劳动者"。③

国内学者对农民的定义主要有：农民是指在农村地缘关系基础上，通过各种社会关系和联系而组成的农村社会各类社会集团、群体及社会组织的农村居民。④ 可以看出，这仅是从农村地缘上界定农民，难以揭示农民的本质。

王道勇（2001）认为，当代的中国农民是追求利益者（在非农产业与就业上）与维持生计者（在农业生产者）的统一体，它是在职业、户籍和居住地点以农村和农业为最终依赖的人群。在内涵上，它不仅是一种职业，也不仅是一种与城市居民相对称的、历史性的社会身份，还是一种生存状态，一种生活等级，一种心理结构，甚至是一种文化模式。

阎志敏（2002）把当代农民从多层次多角度进行分析，认为农民的含义可以分为两个角度，三个层次。两个角度是：职业角度（看是否直接从事农业生产劳动）和户籍角度（看是否属于非商品粮的农村户口）。三个层次是：一是指以土地等农业生产资料长期从事农（林、牧、副、渔）业生产的劳动者，这是狭义的农民；二是指属于农村户口，并从事广义农业生产经营活动的劳动者；三是指农村总人口，这是最广义的农民（包括到农村承包荒山、荒地的城市职工）。

上述关于中国农民概念的界定，基本上是基于中国城乡二元体制未根本改变情况下，农民在身份、权利、社会地位等方面极不公平待遇下的解读，但随着中国居住证制度的完善和城乡融合进程的加快，这种基于身份的界定，存在很大狭隘性和局限性。

---

① 埃弗里特·M. 罗吉斯，拉伯尔·J. 伯德格. 乡村社会变迁［M］. 王晓毅，王地宁，译. 杭州：浙江人民出版社，1988：321.
② 辞海编辑委员会. 辞海［M］. 上海：上海辞书出版社，1979：854.
③ 中国社会科学院语言研究所词典编辑室. 现代汉语词典：第6版［M］. 北京：商务印书馆，2015：955.
④ 李守经. 农村社会学［M］. 北京：高等教育出版社，2000：30.

（二）关于市民

要全面把握农民市民化的内涵，还必须先对"农民"与"市民"的角色属性差异进行类型化比较。在传统农业社会，农业为单一产业。"农民"（farmer）作为一种社会角色，随着其职业的稳定性而相对固定不变。而"市民"的概念却要复杂得多。在西方国家的文字中，"市民"（citizen）一词不仅是指在城里居住的人，而且是特指具有市民权的人，是有身份自由、享有充分权利、城市共同体的正式成员。①

目前，在我国日常生活和公共语境中，"市民"大多是从城市层面来理解，"市民"概念被称为城市居民，一般特指拥有城市户籍的居民（陈映芳，2005）。因此，在我国学者对市民的定义当中，市民主要是指长期生活在城市中，享有城市经济、社会和文化等各项权益，并习惯于城市生活方式的人口。传统上，判断市民的条件有：地域上——生活在城市中；权益上——享有城市经济、社会和文化权益；生产方式上——以非农产业为主；生活方式上——以城市化生活方式为核心。②

（三）关于农民与市民的区别

关于农民与市民的区别，从学者对两者的定义上即可窥见一斑。农民和市民传统意义上的区别至少有以下几个方面：在地域上，是生活在城市还是农村；户籍上，是农业户口还是非农业户口；生产方式上，以农业还是非农业生产为主；生活方式上，以城市化还是乡村化生活方式为主；权益上，是否能享受到国家规定的特定的城市待遇。

随着中国城乡二元体制的改革，特别是城乡融合的不断发展，多数学者开始认可，"市民"和"农民"不再是地域上的区别，两者的区别更在于权利、待遇、生活方式与文明程度等。从这个层面上来理解，"市民"不单单是指居住在城里的人，而是具有同等国民待遇、城乡共同体的正式成员。因此不能继续沿用"农村—城市""农民—城市居民"这种简单的两分法式的叙述模式，从政策层面上要抛弃城乡分治的现状。从身份上说，不再有"农村人"和"城市（包括城镇）人"之分，他们都是从事相关产业工作的产业工人，无非有的从事农业生产，有的从事非农业生产。他们只有分工的区别，都可以享受社会福利

---

① 郭志族，郭京龙. 中国城市化危机与对策 [M]. 广州：广东经济出版社，2013：180.
② 杨凤. 对农民市民概念的解构与重构 [J]. 贵州师范大学学报（社会科学版），2011（1）：73-77.

和保障，都是居住在一定区域（如城市、城镇、农村社区等）的市民。① 由此看来，农民与市民之间，除了享受不同的权利（权利不等意味着待遇不同）之外，生活方式各异（生活方式是文明程度的集中体现）亦不能忽视。

（四）农民市民化的内涵

当前学界关于农民市民化的定义很多，可谓仁者见仁智者见智，主要观点有：

农民市民化是泛指农民向市民转化的过程，不仅指农民由居住在农村转变为居住在城市，从农村户口转变为城市户口，由从事农业生产劳动转变为从事非农业劳动；而且更重要的是其思想观念、生活方式、行为方式、社会组织形态等由农村范式向城市范式转变，最终成为一个符合城市文明要求的具有现代市民素质的真正意义上的城市居民②。此定义指出农民向市民转化过程中居住地域、户口、从业方式、生活方式、思想观念等发生的改变。

农民市民化指农民身份向市民身份的转变，这种转变不仅仅是农民向市民身份形式上的转变，而且更重要的是农民生产方式、生活方式、思维方式等现代化的转型。农民市民化的过程，首先和主要是农民向城市转移的过程。③ 此定义指出了农民市民化的关键在于农民生产方式、生活方式、思维方式等本质上的变化。但此定义认为农民市民化是（虽然不仅仅是）农民身份向市民身份的转变，而"身份"意味着什么？当代中国农民为什么出现了大量的"逆身份"现象？

农民市民化是传统农民脱胎换骨走向现代文明的过程，是推动社会历史进步和实现社会现代化目标的过程。郭志族、郭京龙（2013）认为，农民市民化是一项复杂的社会系统工程，它既不是农民社会身份和职业的一种转变（非农化），也不是农民居住空间的地域转移（城市化），而是一系列角色意识、思想观念、社会权利、行为模式和生产生活方式的变迁，是农民角色群体向市民角色群体的整体转型过程。农民市民化与农业现代化、农村城市化一样将对我国城乡一体化建设产生积极的重大影响。

根据我国的具体情况并考虑到农村的未来发展，我们至少可以从两个方面来理解"农民市民化"这一概念。从狭义的角度来看，"农民市民化"主要是

---

① 葛正鹏. "市民"概念的重构与我国农民市民化道路研究 [J]. 农业经济问题, 2006 (9): 63-67.

② 袁小燕. 城市化进程中的农民市民化问题浅探 [J]. 资料通讯, 2005 (1): 4-8.

③ 黄泰岩，张培丽. 改变二元结构，实现城乡发展一元化 [J]. 前线, 2004 (5): 26-28.

指农民、城市农民工等在身份上获得作为城市居民相同的合法身份和社会权利的过程，在中国最明显的标志就是获得所在地的城市户口及其相应的社会权利，这可以被认为是与国家、政府相关联的技术层面上的农民市民化过程。而从广义的角度来看，"农民市民化"是指在我国现代化建设过程中，借助于工业化和城市化的推动使现有的传统农民在身份、地位、价值观、社会权利以及生产生活方式等各方面全面向城市市民的转化，以实现城市文明的社会变迁过程。这可以被认为是与国家、政府相对应的社会文化层面上的农民市民化过程。很显然，完整的农民市民化内涵应该包括这两个方面的内容。

随着新型城镇化的推进，我们发现，农民愈来愈不愿意放弃"农业人口"户籍身份，强调户籍转变就愈来愈不现实。究其原因，主要在于脱贫攻坚和乡村振兴下"农业人口"户籍的附着利益上升，而"城市人口"户籍附着利益相对下降，深层次的原因是，农民对市民化后的收入稳定性、生活的适应性缺乏必要的自信。

（五）农民就地市民化的内涵

目前农民变市民的途径主要可归结为农民异地市民化与农民就地市民化两种。前者的研究对象主要为农民工和城郊失地农民，这部分农村人口向大城市、中小城市集中，并最终定居下来。后者主要指居村农民的市民化，指伴随农村经济发展、农业产业形态高级化和农民生活方式现代化，农村人口依托小城镇发展，就近或者在当地乡村地区分享到都市型的工作和生活方式，享受到城市文明，也就是"离土不离乡"，做到就地市民化。①

从收集的文献可以看出，国内学者对农民市民化的研究重点主要放在农民异地市民化方面，特别是研究农民工市民化的问题，这方面的研究不管是期刊、学位论文还是专著都特别多。归其原因，在于中国改革开放之初，对于农民工向城市的自由流动的限制，特别是农民工群体为城市发展做出了不可忽略的贡献却享受不到城市市民的一系列待遇，促使学界为如何使农民工能够享受到城市最基本公共服务而进行研究。同样地，城郊失地农民市民化主要指在城市扩张过程中，农民失去土地后面临的身份转换、生产生活方式变迁、权益补偿与保护等，并最终适应城市生活的过程。此外，还包括脱贫攻坚异地搬迁、生态移民搬迁城郊安置农民的市民化问题，"城中村"市民研究的兴起便是因此而来。

---

① 吴业苗. 居村农民市民化：何以可能？——基于城乡一体化进路的理论与实证分析 [J]. 社会科学，2010（7）：54-62，188-189.

农民就地市民化并不否定异地市民化，而是在城镇化的总体框架中，从中国工业化、城镇化的特殊背景出发，按照城镇化的生产性、规划性及多元包容性这个最一般特征来提出构想的。农民就地市民化的概念可以理解为，居住在建制镇、集镇及村庄内的农民，不向大中城市迁移，以中小城镇和农村新社区为依托，以农村地区的城镇化、农业现代化和工业化为基础，以现代化的生产生活设施为支撑，以城乡等值化公共服务为目标，使其就地或者就近获得与城市居民相似甚至相同的合法身份和社会权利的市民化过程。① 农村就地市民化是随着小城镇、新型农村社区人员、物资积聚到一定规模，产业化农业和延伸产业能解决部分就业，交通等基础设施便利性提高到一定程度后，传统的乡村社会自然逐渐向城市社区转变，农村人口在农村当地就能够享受和城市市民一样的公共基础设施和基本公共服务，并逐步实现生产方式、行为方式、生活方式以及价值观念向市民的转变，主要强调的是"居村农民"的市民化。② 此定义基本不再以户籍城镇化作为农民市民化的基本特征。

二、农民就地市民化动力机制的研究

当前，理论界对农民市民化的研究成果很多，但关于农民市民化动力机制的研究文献还比较少。通过文献可以查阅到有限的研究内容如下：文军（2006）从中观、微观的结构层面，即制度与政策、社会网络和人力资本三个方面来构建农民市民化的支持系统。陈广桂（2008）认为，农民工市民化的本质是农民与政府之间的利益博弈，农民和政府的动力因子不同，行动决策与执行手段服务于各自的行为目标，结果是"紧张型稳定"形成，同时也为再次博弈的开启埋下了伏笔。

王静（2010）把农民市民化过程看作一个系统，并进行了动力机制构建与分析，认为，农民市民化动力系统的目标是加快农民市民化速度，推动农民市民化进程。农民市民化动力系统的内部要素包括生活条件的改善、城乡收入差距的存在和对未来的生活预期三个方面，这三个方面相互促进、相互推动，又共同对加快农民市民化这一系统目标起到了推动作用。

孙波（2011）给出了农民市民化动力机制的定义，认为，农民市民化动力机制是指驱动农民实现市民化各关联因素的类型、主次驱动力地位、演化路径

---

① 陈殿美. 城镇化进程中江苏农民就地市民化综合评价研究 [D]. 哈尔滨：东北农业大学经济管理学院，2013：27.
② 蒋大国，胡倩. 新型城镇化进程中农民市民化的双重路径 [J]. 江汉大学学报，2015，32（1）：6-12，122.

和演化趋势，也就是农民实现市民化各驱动因素的运行机理。并把农民市民化动力机制的构成分为内在动力和外在动力，其中，内在动力是农民自身，即农民从自身的生活环境和劳动条件出发，综合平衡当前利益与长远利益需求，理性权衡潜在风险与预期收益后作出的市民化决策，以增加收入、改善生产和生活条件，提高自身的尊严等。而外在动力主要包括四个方面，商业化主导的动力、工业化主导的动力、城市化主导的动力和市场化主导的动力。

三、农民就地市民化的障碍因素研究

学者们对农民工市民化的障碍因素研究最多，而随着新型城镇化的推进，学者们的研究视角开始转向农民就地市民化方面。在阻碍农民就地市民化的因素方面，仲伟霞（2015）从四个方面分析了当前农民就地市民化的主要障碍因素。这四个方面分别是：发展目标不够明晰，制度配套跟进缓慢，农民文化意识变迁滞后、农民人力资源开发不力，农村社会新生力量相对缺失。朱冬梅、张文成（2017）认为，制约农业转移人口就地市民化的原因主要有五方面：一是农地流转制度不完善，农业机械化程度低；二是民营经济发展艰难，县域产业结构单一；三是基础设施亟待完善，公共服务供给力低；四是素质及技能不高，市民化意识不强；五是地方官员考核唯 GDP 论，缺乏主动性和创新性，为民服务本领不强。刘吉双、陈殿美（2015）从经济、公共服务和社会三个层面分析了障碍江苏省农民就地市民化的主要因素，认为，收入增长机会的增加，教育医疗服务的便利性、城市人际关系的开放性和包容性是主要诱因，同时也是最大障碍因素。

四、农民就地市民化路径研究

中国"三农"问题专家陆学艺曾经指出：解决中国农业问题要靠发展工业；解决中国农村问题要靠发展城市；解决中国农民问题要尽最大的可能减少农民，使他们蜕变为市民。农民就地市民化是随着中国城镇化发展中大量农业转移人口涌向城市而出来的，因此农民就地市民化问题比异地市民化研究的就要晚得多。对于如何实现农民就地市民化，不同的学者从不同角度提出了解决路径。

柳思维（2011）从创新农村土地制度、提高城镇的公共服务能力、重构新市民的社会关系网络方面，提出了推进农民就地市民化的政策思路。唐宁（2014）认为，一方面，应对我国户籍制度进行改革，降低农村户口转为城市户口的门槛，引导农民在家乡完成"市民化"。另一方面，制定系列优惠政策，使农民愿意留在家乡发展。包括优化农业产业结构，完善农村公共设施，改善农

村居民居住环境，实现资源共享等，促进农民就地市民化。

陆影、高皖秋（2015）等从强化乡镇基层组织建设，有序开展土地流转，加大专业合作社和家庭农场政策扶持力度，提高农民就业和转变农民生活方式方面就如何提高皖北农民就地市民化问题提出了建议。

从文献综述来看，当前我国学界普遍把农民市民化分解为农民异地市民化与农民就地市民化两种。前者的研究对象主要为农民工和城郊失地农民，这部分农村人口向大城市、中小城市集中，并最终定居下来。后者主要指居村农民随着农村经济发展、农业产业高级化和生活方式的现代化，共享城镇化带来的各种成果，享受与城市居民相同的基本公共服务。由于受到城乡二元经济结构的影响，多数学者研究农民市民化问题都绕不开城乡二元户籍制度和土地制度的制约。

从 2014 年开始，国家逐步对户籍和土地制度出台了一系列促进农民市民化的文件。《国务院关于进一步推进户籍制度改革的意见》（国发〔2014〕25 号文）中明确规定："建立城乡统一的户口登记制度。取消农业户口与非农业户口性质区分和由此衍生的蓝印户口等户口类型，统一登记为居民户口，体现户籍制度的人口登记管理功能。"① 这表明，以户籍为主要标志的城乡二元结构终将逐渐终结。

2016 年 9 月 29 日，国土资源部、国家发展改革委、公安部、人力资源社会保障部、住房城乡建设部《关于印发〈关于建立城镇建设用地增加规模同吸纳农业转移人口落户数量挂钩机制的实施意见〉的通知》（国土资发〔2016〕123 号文）指出：充分尊重农民意愿，不搞强迫命令、不搞"一刀切"，切实维护进城落户农民土地承包权、宅基地使用权、集体收益分配权，支持引导其依法自愿有偿转让上述权益，完善权益流转机制。② 紧接着，2016 年 10 月 30 日，中共中央办公厅、国务院办公厅印发的《关于完善农村土地所有权承包权经营权分置办法的意见》中明确规定："不得违法调整农户承包地，不得以退出土地承包权作为农民进城落户的条件。"③ 因此，若再以城乡二元户籍制和土地经营权

---

① 国务院办公厅.关于进一步推进户籍制度改革的意见：国发〔2014〕25 号［A/OL］.中国政府网，2014-07-24.
② 国土资源部等 5 部委.关于印发《关于建立城镇建设用地增加规模同吸纳农业转移人口落户数量挂钩机制的实施意见》的通知：国土资发〔2016〕123 号［A/OL］.中国政府网，2016-09-29.
③ 中共中央办公厅 国务院办公厅印发《关于完善农村土地所有权承包权经营权分置办法的意见》［A/OL］.中国政府网，2016-11-30.

的流动性障碍为主要对象研究农民就地市民化就落后于国家的最新政策。

五、对现有研究成果的评价

梳理研究文献可以看出，当前学界对农民市民化问题从多个角度进行了研究，取得了相应的研究成果。其中一些研究成果不仅具有相当学术价值，而且在解决实际问题方面也具有一定的参考性和可操作性，这些研究成果对农民市民化实践的开展起到了积极作用，也为下一步对农民就地市民化的理论研究提供了思路，但任何研究都不可能尽善尽美，当前关于农民市民化特别是就地市民化研究仍存在一些不足，主要表现在以下几个方面：

第一，研究问题的核心范畴无统一界定。当前，从农民就地市民化的核心概念出发，与之相关的一系列范畴，如农民市民化、农民、市民等概念，不同的学者从不同的角度进行界定，并且相关内涵与外延差别甚远。以农民向市民的转化为例，由于不同学者对农民和市民的理解不同，其转化的内容也必然不同，有的学者从户籍、地域出发来界定，然后才是思想行为和权利方面的界定；有的学者则抛开户籍和地域，从社会基本公共服务均等化方面去界定。核心范畴没有相对统一的界定，必然导致解决问题的思路和对策的大相径庭，这显然不符合理论服务于实践的要求。因此，我国新型城镇化和乡村振兴协同推进背景下，准确界定农民市民化这个范畴就显得非常重要。

第二，研究重点不突出。已有研究存在重点泛化甚至重复研究现象，当前的农民市民化研究仍然主要集中于农民工异地市民化和失地农民市民化两个方面，特别是乡村振兴战略提出后，农民就地市民化研究则更加少而又少。究其原因，主要是对农民市民化的概念仍停留在传统界定上，导致对策和路径缺乏时代感。因此，跳出传统的研究思路，打破常规的研究视角，创新农民就地市民化的内涵，才是今后研究的重点方向和突破口。

第三，对农民就地市民化动力机制研究缺失。如前节研究综述概况部分所写，在研究对象上，主要针对城郊失地农民和进城农民工研究。而关于农民市民化动力机制的文献还比较少，直到目前，除了微博、微信等自媒体平台有几篇感想外，还没有在中国知网、万方主流平台查阅到针对农民就地市民化动力机制研究的相关文献。这让人们不得不思考：农民就地市民化有无动力？动力源有哪些？这些问题应该是农民就地市民化研究的一个内容。

第四，缺乏对农民就地市民化的系统研究。农民就地市民化是个综合问题，涉及新型城镇化、乡村振兴、农民素质的提高、农业现代化、新型农村社区建设，以及内含的制度变迁、体制优化等，而当前对农民就地市民化的研究仍停留在概念重构上，能查询到的文献只是零星的期刊论文和局地经验总结，缺少系统化、精细化的研究。

第五，缺失城乡融合发展视角研究。新型城镇化战略与乡村振兴战略是党和国家为实现中国经济和社会可持续发展目标而提出的两个重大战略，而农民就地市民化是两大战略协调推进的必然结果。梳理文献发现，当前学界鲜有在此视角下的研究成果。

第六，对欠发达地区研究相对较少。目前农民市民化问题的研究区域对象多集中于发达地区，文献资料表明欠发达地区特别是西部地区农民市民化问题常常被忽视，这样的研究现状催人深思。西部地区是农民密集的区域，但农民市民化研究工作开展缓慢，基础资料缺乏，对相关现象的理解与认识极为有限。

第三节　研究内容、研究思路、研究方法

一、研究内容

本书以城乡融合发展为背景，以农民就地市民化的内涵为研究的逻辑起点，在借鉴国内外农民就地市民化理论和新鲜经验的基础上，重点研究贵州特殊省情下农民就地市民化的动力机制，并形成了几个专题研究成果，对农民就地市民化问题进行 SWOT 分析，明确了新时期继续推进贵州农民就地市民化的原则、建议和路径。

导论部分：首先，介绍农民就地市民化研究的选题背景、研究目的及意义。农民就地市民化是在城乡融合背景下如何避免传统城镇化弊端、高质量推进新型城镇化建设，以及全面振兴乡村战略背景下提出来的。城乡融合背景下，我国农民市民化路径应该多元并进，从对象上至少有农民工市民化、城市郊区农民市民化、居村农民市民化等，从模式上有异地市民化和就地市民化。我国农民能否成功实现市民化，一定意义上取决于居村农民的就地市民转化，或者说，就地农民市民化模式理当成为我国农民市民化理论研究和新型城镇化实践探索的重点。其次，对国内外有关农民就地市民化的成果进行了综述，为研究提供理论支撑，为推进贵州农民就地市民化提供思路和启示。最后，确立了本书研究的内容、思路和方法。

第一章：农民市民化的概念重构与路径选择。本章首先梳理了中国城乡关

系由分割到融合的演变过程，指出城乡二元社会结构导致城乡发展不平衡，是长期以来农民市民化不力的主要障碍。城乡融合背景下，市民化是要让所有人都能享受现代文明生活，不论是城市居民还是农村居民。其次，对农民市民化相关概念进行解析，对农民市民化的概念进行了重构，并分析了模式和推进路径。

第二章：农民就地市民化的理论基础和实践依据。对农民就地市民化的相关理论基础进行阐释，包括刘易斯二元经济结构、农村城镇化发展、城乡一体化理论、城乡劳动力迁移理论、城市化发展曲线理论、马克思主义经典作家关于小农制趋于衰亡与城乡融合的思想、中国共产党关于城乡融合的理论等。从现实角度出发，对农民就地市民化的依据和意义从实践方面进行总结，主要从国家粮食安全战略需要，消解我国传统城镇化的弊端，推进新型城镇化和乡村振兴协调发展，实现国民经济可持续增长，满足农民对美好生活向往等方面进行了阐述。

第三章：国际国内农民就地市民化的经验与启示。对农民就地市民化的国际典型经验进行解读，为本书研究提供思路启发；对国内农民就地市民化的成功实践案例进行分析，为贵州农民就地市民化提供有益借鉴。

第四章：农民就地市民化的动力机制。研究农民就地市民化动力机制，不仅有助于考察现阶段农民就地市民化的多元动因，而且能够为后续如何推动农民就地市民化提供参考和用力方向。本章认为，农民就地市民化作为一个系统工程，是由其内生动力因素、外生动力因素和政策环境推动因素共同作用的结果，三者相互影响、相互作用、相互耦合，同向发力可以极大促进农民就地市民化进程。

第五章：农民思想政治教育与农民就地市民化。思想政治教育是党的全部工作的生命线。本章认为，当前，农民思想政治教育对促进农民就地市民化具有重要意义，同时，农民就地市民化对农民思想政治教育也提出了新要求新挑战。贵州农民思想政治教育在教育内容、载体和方法方面有一定的创新，但仍存在不少问题，新时期应加强农民思想政治教育工作。

第六章：基于市民化能力培养的农村职业教育。农村职业教育是一种在地缘和业缘上都与农民紧密相关的教育类型，农民市民化能力的提升离不开农村职业教育的支持。本章认为，市民化能力不足是制约农民市民化的最大障碍，农村职业教育在农民就地市民化能力提升中具有基础性地位，应以农民市民化能力培养为契机，大力发展农村职业教育。

第七章：就地市民化视角下的农民工返乡创业分析。随着我国经济发展进入新常态，加之国家大力倡导"大众创业、万众创新"，当前大批农民工开始返乡创业。农民工返乡创业不仅解决了部分农村富余劳动力就业难问题，而且促进了农村居民持续稳定增收，对推动当地农民就地市民化具有重要意义。本章多角度分析农民工返乡创业对促进农民就地市民化的作用，对贵州农民工返乡创业进行了调研分析，提出了促进农民工返乡创业的建议。

第八章：脱贫攻坚助力农民就地市民化。农民就地市民化的首要内容是农民就业机会的城市融入，或者农村产业结构与城市产业结构的互补。贵州的最大省情是全国脱贫攻坚的主战场，剩余贫困人口多，贫困程度深且集中连片。脱贫攻坚、乡村振兴、新型城镇化的推动速度与建设质量，近期直接影响贵州2020年全面建成小康社会任务的完成，长远决定贵州后发赶超战略的实现。因此，并联式发展就成为贵州的必要选择，需要一边脱贫攻坚克难，一边为就地市民化谋篇布局，既要打好当前的消除绝对贫困攻坚战，也要通过乡村振兴和新型城镇化推动农民就地市民化，为2020年后贵州解决相对贫困问题留足时间空间和资源空间。

第九章：中心镇是推动农民就地市民化的重要平台。无论是马克思关于城乡关系的理论，还是发达国家城乡关系的历史，都基本遵循城乡分离→工业化与城市化→城乡融合的三阶段规律，即使并联式发展在形式上跨越了某一两个内部发展形态，也不能从本质上跨越生产力实质发展的阶段。梯次城镇化、农民渐进市民化，是工业化、信息化欠发达省情下，贵州选择山地特色新型城镇化道路的依据。本章指出了小城镇建设在贵州新型城镇化中的重要地位，对中心镇的内涵、类型、作用进行了梳理，对中心镇推动农民就地市民化的重要作用进行了分析，并以安顺市旧州镇为例，对中心镇推动农民就地市民化的作用进行了概述。

第十章：现代农业园区是农民就地市民化的助推器。城乡融合的载体路径是企业→产业→产业集群。建设现代农业园区是我国农业实现从传统农业向现代农业转化的主要引擎，成为助推乡村振兴和农民就地市民化的主要抓手。本章主要包括以下内容：首先，对现代农业园区的内涵和特征进行了界定分析。其次，分析现代农业园区对推动农民就地市民化的作用。再次，对贵州现代农业园区总体发展情况进行了分析。最后，提出物联网、互联网、大数据链下，进一步推动贵州现代农业园区发展的建议。

第十一章：新型农村社区是农民就地市民化的重要载体。农民就地市民化涉及农民职业非农化、农民与城市居民基本公共服务均等化、农民综合素质提升等问题，是一个综合系统化工程。新型农村社区既保留了农民自治的传统，也因集中居住提高了信息传播效率，降低了管理成本。近年来，新型农村社区建设成为农民就地市民化的一条重要过渡路径，体现了新型城镇化建设要有"足够耐心"的实事求是原则。本章着重分析了社区的内涵，农村社区由传统社区到新型社区的演变过程，新型农村社区为何成为农民就地市民化的优选，当前新型农村社区建设存在的问题，并提出了推动新型农村社区提质建设的路径。

第十二章：贵州农民就地市民化的 SWOT 分析及推进。充分把握贵州农民就地市民化的优势因素和制约因素，是提出政策性建议的前提。本章运用 SWOT 分析法，对贵州农民就地市民化的内部优势与劣势、外部机遇与挑战进行综合分析，并在前期研究基础上，提出推进农民就地市民化的基本原则、政策性建议和现实性措施。

二、研究思路

本书按照理论与实际、一般与个别、比较与借鉴相结合的原则，对农民就地市民化问题进行探讨，按提出问题、分析问题和解决问题的思路，进行层层深入分析，分步骤探讨下列问题：

1. 问题的提出。在分析国家政策、文献资料中提出问题，厘清农民就地市民化的基本内涵，分析农民就地市民化对加快我国经济社会发展的意义。

2. 比较借鉴分析问题。沿着国际到国内思路，运用宏观与微观相结合的分析方法，收集实践中推进农民就地市民化的有益探索，为破解贵州省农民就地市民化问题提供参考。

3. 定性与定量结合分析问题。对农民就地市民化的动力机制进行分析，对贵州农民工返乡创业、新型职业农民培育、中心镇、新型农村社区发展等进行调研，分析农民就地市民化动力机制，多维度对贵州农民就地市民化动力因素进行具体研究。

4. 问题的解决。结合前期研究成果，解读国家相关制度安排和政策措施，运用 SWOT 分析法，综合提出推进贵州农民就地市民化的基本原则、政策要点和可行性措施。

在写作结构上，本书按照总—分—总的写作方式来进行。其中，导论至第四章是总论，从整体上对农民就地市民化的研究现状、内涵、理论和实践基础、经验与启示，以及动力机制进行研究；第五章至第十一章是分论，分专题对贵州农民就地市民化的动力因素进行研究；第十二章是总结，基于前面研究基础，提出助推贵州农民就地市民化的思路和建议。

三、研究方法

1. 文献分析法。本研究首先通过综述农民就地市民化的相关文献资料，厘清农民就地市民化的基本内涵，梳理农民就地市民化关联的基础理论，然后重点围绕农民就地市民化的动力源和动力机制开展文献收集，力求构建比较完整的农民就地市民化研究体系。

2. 实地调研法。实地调研贵州农民异地市民化、农民思想政治教育、新型农民职业教育、农民工返乡创业、中心镇和新型农村社区建设情况，力求获得第一手资料，掌握贵州农民就地市民化基本情况，进而提出推动农民就地市民化对策。

3. 访谈访视法。对农民、新型农民进行个别访谈和实地考察，以得到"三农"方面的真实情况；向城乡规划和"三农"问题的有关专家进行咨询访谈，为研究提供思路。

4. 比较研究法。比较的目的是获得借鉴和启发，本研究尝试在对国际国内农民就地市民化经验的比较分析中发现一般性规律，获得启示，然后结合贵州特殊省情、市情、农情，分析贵州农民就地市民化的动力、机遇和挑战，得出相应对策。

第四节　创新与不足

一、创新之处

1. 扬弃了以往对"市民"传统的地域定义。传统的"市民"专指长期生活在城市中，享有城市经济、社会和文化等各种权益，习惯于城市生活方式的人口。本书则把"市民"概念进行正本清源，恢复市民最初的基本内涵，即"市民"是指在政治、经济、文化上享有广泛权利的人，提出农民市民化有异地市民化和就地市民化两条路径。

2. 对农民就地市民化进行创新性界定。摒弃传统的户籍、城市、非农化概念约束，从城乡融合背景下基本公共服务均等化，农民生产、生活方式转化，以及思想观念和思维方式变化的角度去界定核心概念和内涵。

3. 阐释了农民就地市民化的三大动力机制。本书在解释动力机制内涵的基础上提出，农民就地市民化存在内生动力、外生动力和政策环境三大动力来源，各动力源在不同机制下存在不同组合，也会收获不同效果，需要结合各地实际，不同地域的推进阶段、阶段性特点和政策目标，对动力要素动态排序，提出不同阶段发挥各类动力因素作用的具体对策。

4. 当前研究农民就地市民化主要集中于发达地区，对欠发达地区，特别是贵州农民就地市民化问题还没有进行专门化系统性研究。本书在定性分析基础上，对贵州农民市民化的动力因素进行了大量的定量分析，提出了可操作的政策性建议和意见。

二、不足之处

1. 由于数据的获得性障碍，研究没有专门构建贵州农民就地市民化衡量指标体系，也就没有对贵州各地州市农民就地市民化情况进行定量分析，只从总体上构建了农民就地市民化指标特征，因为贵州农民就地市民化还处于刚刚起步阶段，与发达地区还有很大差别，这是研究的一大不足，也是未来研究继续努力的方向。

2. 因受经费制约，资料和数据主要依靠大学生利用假期实践机会进行问卷或访谈调查，虽然各地、州、市都安排有调查点，但获取的资料仍缺乏整体性和系统性，部分问卷可能存在主观性、随意性，根据数据所得结论未免有以偏概全之嫌。另外，对农民就地市民化的典型个案也主要针对贵州部分地区收集。

第一章

农民市民化的概念重构与路径选择

工业化、城镇化进程中，农业效益递减、工业效率递增，农业产业化又不断解放出更多的农村富余劳动力，农民由传统农业部门向现代工业部门流动，客观上为国家的工业化和城镇化提供了源源不断的剩余劳动力，加快了国家现代化进程。与此同时，也形成了农村空心化、农业边缘化、农民老龄化的"三农"问题。中国"三农"问题发生在农村，也逐渐从"城市问题"中反映出来，其主要症结在于中国城乡发展的不平衡不协调，农民在城乡二元结构中生存发展不能得到一般市民的公正待遇。

第一节　中华人民共和国成立后中国城乡关系演变概述

城乡关系融合是农村发展诉求，也是现代化城市发展诉求。城乡主动向对方发展延伸到一定程度，便进入城乡关系的高级阶段，即城乡融合阶段，标志着国家现代化程度有了实质性提高。1949 年以来，国家围绕乡村、城市、城乡发展问题多次进行战略调整，中国城乡关系也随之发生着相应变化。整体来看，以 1978 年改革开放为分界，中国城乡关系可分为前后相继的两个阶段，并呈现出明显不同的演变特征。中华人民共和国成立初期，为快速实现国家工业化目标，政府通过一系列制度安排，牺牲农业、农村和农民，逐步建立起城乡二元体制，城乡关系呈现分割状态。改革开放之后，城乡二元体制逐步被打破，统筹城乡发展、城乡一体化、城乡融合新理念反复出现在中央一号文件、政府工作报告和部门规划中，并在实践中走向纵深。具体分阶段来看，我国城乡关系发展历经了城乡二元结构固化、二元经济体制破冰、二元社会体制松动与城乡融合发展等阶段。

一、中国城乡关系演变：从分割到融合

（一）城乡二元结构形成与固化阶段（20 世纪 50 年代至改革开放前）

1. 城乡二元经济体制的形成与强化

中华人民共和国成立后，通过"一化三改"，实现了社会主义基本制度在中国的确立。1956 年，党的八大指出："我们国内的主要矛盾，已经是人民对于建立先进的工业国的要求同落后的农业国的现实之间的矛盾，已经是人民对于经济文化迅速发展的需要同当前经济文化不能满足人民需要的状况之间的矛盾。"[①] 由于我国工业基础薄弱，为了快速实现由落后的农业国向发达工业国的转变，在国家资源有限情况下，政府选择了重工业优先发展战略。然而，重工业是典型的资本密集型产业，依靠国内工业自身的积累根本无法满足资金需求，在当时的国际环境下，集中农业剩余成为唯一的选择（张海鹏，2019）。政策上重工轻农，重城轻乡，以"工农剪刀差"的方式来满足工业的发展，从而导致明显的"二元"城乡关系，造成工农、城乡关系的异化。

为了集中农业剩余支持重工业优先发展，政府逐步在农村建立起一套与工业优先、城市优先相适应的计划配置和管理办法，包括设置工农业产品价格剪刀差、实行主要农产品统购统销制度以及农业集体经营体制（林毅夫等，1994；李周，2008），这三项制度构成了城乡二元经济体制的核心内容，使城乡二元经济体制不断得到固化。相关研究表明，通过工农产品价格剪刀差，农业在改革前向工业贡献了 6000 亿元~8000 亿元人民币（蔡昉、林毅夫，2003），在农村集体劳作、农民凭证明流动，以及农产品统一收购、统一供应的统购统销制度下，商品交换基本被计划调拨取代，农业剩余不断地被转移到城市工业当中，城乡二元隔离逐渐形成。1978 年相比 1952 年，全国工业总产值增加 15 倍，而农业总产值仅增加 1.3 倍（韩俊，2009）。因此，这一时期，虽然重工业得到优先发展，但由于农业发展的基础条件严重被削弱，加上财政资金与劳动力等城乡要素配置失衡，工农、城乡关系发展是扭曲的。

2. 城乡二元社会体制的形成

中华人民共和国成立之初，中国城乡之间的人口迁移呈现城乡双向流动的状态，"一五"计划需要大量劳动力，农民纷纷涌向城市，一方面导致中国种粮人口的减少，另一方面也增加了城市就业压力。随着城乡二元经济体制的建立，

---

① 中共中央文献研究室 . 建国以来重要文献选编：第 9 册 ［M］. 北京：中央文献出版社，2011：293.

城乡人口自由流动受到限制。为控制农村人口盲目进城，1958 年的《中华人民共和国户口登记条例》彻底废除了城乡人口自由流动的政策规定，明确将城乡居民区分为"农业户口"和"非农业户口"两种不同户籍，规定农村户籍居民未经政府正式许可不能迁入城市。农民在农业生产中种什么、怎么种、谁来种、交到哪里以及出售价格都有明确的规定，农民生产积极性下降，农业生产效率低下。此后，各种社会保障制度不断与户籍制度挂钩，最终形成了城乡社会二元体制。

3. 二元体制下城乡居民权利的异化

以户籍制度为基础，政府在城市和农村分别建立起独立的福利制度。其中，城市是制度型的福利制度，即政府为城镇居民提供几乎包括从"摇篮到坟墓"的福利保障支持，建立起由政府统一安排的就业制度、商品粮供应制度，以及其他与人们生活相关的衣食住行、生老病死等一系列制度。而农村则是剩余型的福利制度，核心是救灾和救济，农民只能得到少量现金和实物救助。农村社会福利主要通过村、生产队、大队、小组等组织实施，政府提供给农民的福利非常有限。总之，在城乡二元体制下，城乡居民在教育、就业、住房、医疗、养老等公共服务方面存在天壤之别，公民权利严重不平等。

（二）城乡二元经济体制改革破冰阶段（改革开放后至 20 世纪末）

1. 城乡商品市场一体化形成

1978 年，以家庭联产承包责任制为核心的农村改革拉开了中国改革大幕。家庭联产承包责任制通过调整农村生产关系，调整国家、集体和农民三者之间的分配关系，将原来的"工分制"调整为"交够国家的，留足集体的，剩下都是自己的"，突破了"一大二公""大锅饭"的旧体制。这种赋予农业剩余索取权的分配方式，提高了农民生产的积极性，解放了农业生产力，促进了农村经济的发展，同时也为乡镇企业发展创造了条件。农业产量连续丰收，农民收入不断提高，社会购买力开始增强，市场逐渐繁荣起来。

1979—1983 年，国家一方面恢复和发展农村集市贸易，另一方面开放城市集贸市场，放宽上市商品范围，准许农民和商贩从事贩运活动。特别是 1984 年国务院取消了对长途贩运的限制以后，集贸市场由本地区范围内的交易发展为城乡之间、地区之间商品流通的一个重要渠道。1985 年中央一号文件《关于进一步活跃农村经济的十项政策》明确取消农产品统购统销政策，并逐步放开农产品价格，这些改革使农民成为相对独立的生产经营者，农产品也从计划定价转为由市场定价，促进了农村市场的发育，使农村商品经济逐步与城市商品经济接轨。一些由农民和城镇集体经济投资兴建的企业开始发展起来,农村第二、三产业迅速发展。这一时期在打破城乡二元经济体制方面取得了不少的成就。农民权利和发展机会日益提升,城乡商品市场一体化机制基本确立。

2. 农村剩余劳动力乡城转移的障碍开始被逐步打破

改革初期,由于城乡二元体制的存在,农民向城市迁移的通道尚未开启。1981年,《国务院关于严格控制农村劳动力进城做工和农业人口转为非农业人口的通知》(国发〔1981〕181号)明确要求:"大力发展农村经济,引导农村多余劳动力在乡村搞多种经营,不要往城里挤。同时,要采取有效措施,严格控制农村劳动力进城做工和农业人口转为非农业人口。"联产承包的双层经营体制赋予了农民一定财产权和生产经营权,极大地调动了农民对农业持续投资的积极性,农业机械设备、化肥、农药的应用,更加提高了农业生产效率,农村开始出现相对富余劳动力,有胆识的农村剩余劳动力开始向城镇转移经商或就业。1984年中央一号文件首次提出"允许务工、经商、办服务业的农民自理口粮到集镇落户",随后以乡镇企业为典型形式的农村工业展现了蓬勃发展的势头,乡镇企业的发展带动了农村物资和人员向企业周边集中,顺理成章诞生了一批以食品、服装加工为主体产业的小城镇。这一阶段,农村剩余劳动力通过"离土不离乡、进厂不进城"的方式由农业传统产业转向农村非农产业,开启了农村城镇化发展阶段。

进入20世纪90年代以后,城市国有企业改革为城乡关系继续调整提供了新的动力。乡镇企业由于自身发展原因,吸收农民就业的作用逐渐弱化。但与此同时,城市中的国有企业改革全面启动,城市经济增长对农村剩余劳动力产生巨大需求,劳动力在乡城间的大规模流动成为无法阻挡的趋势,城与乡就此被真正地紧密联系起来。面对农村劳动力大量流入城市,通过这种"离土又离乡"的方式,农民在进一步提高自身收入的同时,也为国民经济增长做出了贡献。虽然此时农村剩余劳动力乡城转移的障碍被逐步打破,但在城市中仍然遭受着极为严格的居住登记、就业、医疗和子女教育限制和各种歧视,计划生育检查、村集体农闲季节义务劳动、"三提五统"支出均对户籍仍在农村的外出务工人员造成了巨大压力,外出务工人员不稳定性大,难以满足民营企业规模扩大后对保持生产人员相对稳定的要求。

3. 城乡居民福利差距拉大

改革开放后,城乡公共服务投入基本延续传统体制,城市的公共服务投入由公共财政供给,而农村主要依靠制度外供给,即基层政府通过各类收费、集资、摊派以及罚款来筹集农村公共服务供给资金。特别是在财政分税制改革以后，中央政府对农村公共服务的供给基本消失。农村税费改革以后，虽然基层政府的财政预算收入没有减少，但是预算外收入被取消，农村公共服务投入能力进一步下降，导致农村义务教育、水利和乡村公路建设等事业受到严重影响，农民公共福利水平反而较税费改革前下降（朱钢，2002），城乡居民福利差距被进一步拉大。1991 年，全国人均福利支出为 150 元时，城市居民平均为 554 元，农民平均为 5.1 元，城乡差距为 111 : 1；到了 1998 年，全国人均福利支出为 452 元时，城市居民平均为 1462 元，农民为 11.2 元，城乡差距扩大到 130 : 1（潘屹，2014）。可见，这一阶段城乡二元社会体制改革相当缓慢。

（三）城乡二元社会体制改革松动阶段（21 世纪初至十八大前）

进入 21 世纪以后，中国经济持续快速增长，综合国力不断增强，初步具备了工业反哺农业的条件。2002 年，十六大报告明确将"统筹城乡经济社会发展"作为解决城乡二元结构问题的基本方针。2003 年，十六届三中全会提出"五个统筹"的要求，并将"统筹城乡发展"列为五个统筹之首，首次提出要建立有利于逐步改变城乡二元结构的体制。2004 年，在十六届四中全会上，胡锦涛提出：在工业化初始阶段，农业支持工业、为工业提供积累是带有普遍性的趋向；在工业化达到相当程度后，工业反哺农业、城市支持农村，实现工业与农业、城市与农村协调发展，也是带有普遍性的趋向。这"两个趋向"的重大历史论断，标志着中国工农城乡关系开始发生重大历史性变动。

2005 年，十六届五中全会确定"建设社会主义新农村"的重大历史任务，推进"城乡发展一体化"成为构建新型城乡关系的新目标。2007 年，党的十七大首次提出"城乡一体化"命题，要"建立以工促农、以城带乡长效机制，形成城乡经济社会发展一体化新格局"。2010 年，党的十七届五中全会提出，"就业在城市、户籍在农村；劳力在城市，家属在农村；赚钱在城市、保障在农村"是"不完全的城镇化"的特征，使农民工成为市民是我国城镇化进程中面临的一个具有"中国特色"的难题，要破除城乡二元体制、创新公共服务体制，要在工业化、城镇化深入发展中同步推进农业现代化。此后，政府主导构建城乡融合体制机制的进程开始驶入快车道。

1. 农业农村政策实现由"取"到"予"的转变

基于中国城乡发展的现实，中央着手对城乡关系作出重大调整。从 2000 年开始，国家就逐步推行农村税费改革，尝试从制度上减轻农民的税费负担，进而改善城乡关系。2001 年，全面实施退耕还林政策，开启了公共财政对农民进行直接补贴的先河。同年，旨在降低农村义务教育阶段贫困家庭负担的"两免一补"政策也开始实施，并且到 2007 年在全国实现了全覆盖。

2002 年以后，国家又陆续试点并出台了"四项补贴"政策（包括种粮直补、良种补贴、农机具购置补贴和农资综合直补），而且补贴的范围和规模持续增加。2004 年，全面放开粮食市场，允许各类主体参与粮食购销，全国统一的粮食市场正式建立。2006 年，全面取消农业税，大幅减轻了农民负担。农业税的取消，为消除城乡二元结构、调整国民收入分配结构、转换基层政府和村民自治组织的职能、精简乡镇机构和减少财政供养人员创造了条件（李周，2013；李周等，2018）。这一时期，农村生产生活条件大大改善，并为后来农村电商、休闲旅游等新产业、新业态的发展奠定了坚实的基础。

2. 城乡劳动力市场一体化程度明显提高

随着农业市场体制机制的建立，劳动力市场一体化明显加快。2002 年《中共中央国务院关于做好 2002 年农业和农村工作的意见》提出"要逐步形成城乡统一的劳动力市场"。城市就业、社会保障和福利制度改革进一步优化了农村劳动力向城市流动的制度环境，非国有经济的发展，就业制度、住房分配制度以及医疗制度的改革等，都降低了农民到城市的就业成本和居住成本（蔡昉，2007）。制度约束的放松为农村劳动力大量转移提供了激励，无论是农村劳动力还是农业劳动力在劳动力总数中的所占比重都明显下降，农村劳动力和农业劳动力就业人员的绝对数量也显著减少，农民工在城镇劳动力市场中的比重不断攀升。这一阶段释放出来的人口红利，为我国经济的快速发展做出了重要贡献。2006 年国务院出台《关于解决农民工问题的若干意见》，随后系列维护农民工权益的政策也相继跟进。这一时期，城乡劳动力市场一体化水平显著提高。

3. 农村基本公共服务投入由量减转量增

这一时期，农村公共服务和基础设施建设加快，农村基本公共服务扭转持续量减状态，开始稳定量增。如前所述，农村税费改革和取消农业税以后，农村公共服务投入急剧下降，要么透支资源，要么寅吃卯粮，农村基本公共服务供给量持续递减，与满足农民对公共服务基本需求的差距越来越大。为解决这一重大的民生领域矛盾，国家从增加农村基本公共服务投入量，减轻农民医疗、教育支出，提高社会保障覆盖面和力度等方面协同发力，扭转了农村基本公共服务持续量减局面，并实现了逐年增加的增量发展。

在医疗卫生方面，2003 年开始推行新型农村合作医疗试点，2008 年在全国基本普及，2010 年实现新农合的全覆盖，且筹资水平不断提高。在养老保障方面，2009 年开始推进新型农村社会养老保险试点，2012 年实现了新农保的全覆盖。在社会救助方面，2007 年开始在全国建立农村最低生活保障制度，补助水平逐年提高。在教育方面,结合农村税费改革,建立农村义务教育经费保障机制,面向农村学生的资助政策体系不断完善,从 2006 年秋季入学开始全国农村真正实现了免费义务教育。同时,先后实施了村村通道路工程、村村通广播电视工程、农村饮水安全工程、农村电网建设和改造工程等重大项目。但是,深入考察可以发现,这些政策依然延续城乡二元分立的设计思路,要求城乡居民按照户籍身份,在边界清楚的范围内享受各自可以享受的基本公共服务。除了公共服务名称被冠以城镇与农村的区别以外,在服务标准、操作程序、资金筹集方式等方面均明显不同,城乡之间依然存在明显的差距。①

(四)全面建立城乡融合体制机制阶段(十八大以来)

党的十八大以来,推动城乡发展一体化成为党和国家工作的重心之一,全面构建城乡融合发展体制机制的新阶段开启。2012 年,党的十八大明确提出:"解决好农业农村农民问题是全党工作重中之重,城乡发展一体化是解决'三农'问题的根本途径。"2013 年,十八届三中全会明确指出"城乡二元结构是制约城乡发展一体化的主要障碍",专门对健全城乡发展一体化体制机制作出部署,首次明确提出新型城乡关系的概念,并且将"城乡一体"作为新型城乡关系的最终目标。

2017 年,党的十九大在总结国内外城乡发展经验的基础上,着眼于当前城乡关系发展实际和未来城乡关系发展趋势,提出实施乡村振兴战略,建立健全城乡融合发展体制机制和政策体系。2017 年底的中央农村工作会议进一步提出,加快形成工农互促、城乡互补、全面融合、共同繁荣的新型工农城乡关系。2019 年 5 月,中共中央和国务院发布《关于建立健全城乡融合发展体制机制和政策体系的意见》对我国城乡融合发展作出进一步规划安排。这一时期,我国城乡发展战略,由统筹城乡发展到城乡发展一体化再到城乡融合发展,虽然表述不同,但是思想一脉相承。政府持续加大对农业农村投入,农民生产生活条件不断得到改善,农村公共服务的标准和水平显著提高,城乡差距明显缩小。

1. 农村土地改革"三箭齐发"

土地者,民之本也。为稳定家庭联产承包责任制,充分发挥土地效益,增加农民收入,2013 年中央一号文件提出"用 5 年时间基本完成农村土地承包经营权确权登记颁证工作",2014 年的新一轮农村土地制度改革试点春潮涌动。2015 年,国家在 33 个试点地区开展农村土地征收、集体经营性建设用

---

① 张海鹏.中国城乡关系演变 70 年:从分割到融合 [J].当代中国史研究,2019,26 (3):153.

地入市、宅基地制度"三块地"改革试点，农村土地改革"三箭齐发"。2017 年，《中华人民共和国农村土地承包法修正案（草案）》针对所有权、承包权、经营权"三权分置"，稳定农村土地承包关系并长久不变，土地经营权入股，维护进城务工和落户农民的土地承包权益等进行法律明确。2019 年，全面推开农村土地征收、集体经营性建设用地入市改革，并深化宅基地改革试点。这些改革措施意在推动城乡要素平等交换和公共资源均衡配置，有效盘活农村资源资产资金，赋予农民更多财产权利。

2. 新一轮户籍制度改革启动

户籍制度是传统城乡二元体制的核心要素之一，随着过去几十年国家体制的逐步调整以及户籍制度自身的不断改革，户籍制度当初被赋予的功能明显下降，对农村劳动力流动的限制越来越弱，但是，户籍制度对城乡关系良性发展的阻碍作用依然存在。2014 年，国务院颁布的《关于进一步推进户籍制度改革的意见》明确提出："进一步调整户口迁移政策，统一城乡户口登记制度，全面实施居住证制度，加快建设和共享国家人口基础信息库，稳步推进义务教育、就业服务、基本养老、基本医疗卫生、住房保障等城镇基本公共服务覆盖全部常住人口。"此次改革取消了农业户口和非农业户口的区分，统一登记为居民户口，消除了城乡居民自由迁移的制度障碍，就此开启了新一轮户籍制度改革，进一步提升了城乡融合发展的制度基础。

3. 城乡基本公共服务体系一体化基本建立

随着新一轮户籍制度改革的推进，农村流动人口在城市享受公共服务的范围和程度也都显著提高。党的十八大明确提出，"全面建成覆盖城乡居民的社会保障体系""整合城乡居民基本养老保险和基本医疗保险制度"以及"大力促进教育公平，合理配置教育资源"。此后，构建城乡一体的基本公共服务体系进入快车道。2014 年，建立统一的城乡居民养老保险制度，在制度模式、筹资方式、待遇支付等方面实现城乡一体化。2016 年，开始推进城镇居民医疗保险和新农合制度整合并轨，2018 年，在全国范围内建立起统一的城乡居民医疗保险制度。2015 年，开始进一步完善城乡义务教育经费保障机制，2017 年基本建成城乡统一、重在农村的义务教育经费保障机制。2018 年中央一号文件震撼提出，"走中国特色社会主义乡村振兴道路，让农业成为有奔头的产业，让农民成为有吸引力的职业，让农村成为安居乐业的美丽家园"，到 2050 年全面实现"农业强、农村美、农民富"城乡融合的美丽愿景。可见，城乡基本公共服务并轨在党的十八大以来已经取得了实质性进展，并绘就了未来深度融合的蓝图。

二、结论与启示

(一) 结论

1. 城乡关系在一定程度上反映着国民经济发展水平和国家现代化的程度

考察城乡关系发展历程不难发现，国家现代化的过程是城乡关系不断调整和重塑的过程，而城乡关系如何，在一定程度上反映着国民经济发展水平和国家现代化的程度。改革开放前，由于国家现代化和国民经济发展水平较低，国家在处理工农关系、城乡关系时，只能采用牺牲农业来发展工业，牺牲农村来保障城区发展的政策，导致城乡二元结构的形成与固化。设置工农业产品价格剪刀差，制定主要农产品统购统销制度，实行高度集中、计划管理的农业集体经营体制，实施不允许农民进城的户籍政策等，这些既是国民经济和国家现代化水平不高的表现，也是制约其进一步发展的主要障碍。改革开放后，随着市场经济体系的完善和市场在资源配置中的作用"升级"，国家现代化程度的不断提升，国民经济水平的持续提高，城乡分割的局面逐渐被打破。城乡资本要素市场一体化、城乡劳动力市场一体化，再到城乡基本公共服务一体化，既是现时国家现代化水平和国民经济发展提高的表现，也是未来进一步推进农业农村农民现代化，提升国家治理体系和治理能力现代化的内在要求。

2. 城乡关系的变革也是正确处理政府和市场关系的过程

正确处理政府和市场的关系是中国改革成功的核心经验之一，也是城乡关系良性发展的关键因素。从中国城乡关系演变历程可以看出：政府在城乡关系的变革中发挥着至关重要的作用，既是过去城乡二元结构的塑造者，也是推动城乡关系良性发展的关键性力量。因此，在新时代协调推进乡村振兴和新型城镇化过程中，要继续发挥好政府在调整城乡关系中的积极作用。同时，市场在破解城乡二元结构、实现城乡融合发展中的作用不容低估。民营经济活跃、统一农产品市场的形成、国有企业改革、劳动力自由流动、新型城镇化、乡村振兴等，这些在促进城乡关系良性发展中发挥关键性作用的改革，本质上就是在不断发挥市场机制的资源配置作用。

3. 城乡不断融合的过程是对农民不断赋权的过程

改革开放前，我国城乡二元分割体制形成和固化的过程实质上是不断剥夺农民权利的过程。农民权利的丧失导致其生产和创新的活力被扼杀，农业农村发展陷入停滞是必然后果。改革开放后，随着不断向农民赋权，农民的生产积极性和创新潜力持续得到释放。工业化、城镇化与乡村振兴的双向发力，改善了农业农村农民状况，也不断推动城乡关系向融合方向发展。如改革之初的家庭联产承包责任制赋予了农民自主经营土地的权利，迅速解决了农民自身的温饱问题，缓解了农村的绝对贫困压力，显著缩小了城乡收入差距。20世纪90年代，允许农民进城赋予农民自由迁移的权利，推动了城镇化率的快速提升，并最终发育出一个统一的城乡劳动力市场。进入21世纪，取消农业税、实施农村合作医疗、免费义务教育、放松城乡资源流通管制、深化农村土地"三权"促"三变"改革等，无不是通过向农民赋权、减轻负担、激活要素市场活力等方面来推动城乡融合发展。未来政府还需要继续向农民赋权，特别要在城乡居民公共服务统筹方面进行实质性改革，不断改善他们的城市境遇，促进城乡融合发展，形成经济社会发展新一轮动力。

4. 城乡融合是国家全面现代化的客观要求和必然结果

没有农业农村现代化，就没有整个国家现代化。推进城乡融合发展，让亿万农民共享改革发展成果，实现由农民向市民的转变，是工业化、城镇化、农业现代化发展到一定阶段的必然要求，是国家现代化的重要标志。全面建成小康社会，短板在农村，难点是农村贫困人口脱贫；全面建设社会主义现代化国家，短板仍然在农村，难点是实现农业农村现代化。习近平总书记指出，我国拥有13亿多人口，不管工业化、城镇化发展到哪一步，城乡将长期共生并存。我国的现代化，绝不能"一边是繁荣的城市，一边是凋敝的乡村"①，出现一条腿长、一条腿短的发展格局。城市的发展和繁荣不能建立在乡村凋敝和衰败的基础上，乡村的振兴也离不开城市的带动和支持，城乡融合既是实现全面小康和全面现代化的重要前提，也是国家全面现代化的重要标志和必然结果。破除城乡二元体制、推进城乡融合发展，协调推进新型城镇化与乡村振兴，实现农业农村现代化，才能最终实现整个国家的全面现代化。

（二）启 示

1. 城乡发展不平衡是农民市民化问题的主要症结

长期的二元分割体制造成城乡悬殊，这种差距不仅表现在城乡居民收入方面，更表现在城乡基础设施和居民公共服务方面，城乡差距过大使一般农民不敢有做"城里人"的奢望。改革开放后，大批农民进城务工，其中一些人甚至长期生活在城里，但多数也是把进城作为提高其经济收入的手段而已，虽然政府对务工农民推出一系列促使其市民化的政策和措施，但务工农民融入城市存

---

① 中共中央党史和文献研究院. 习近平关于"三农"工作论述摘编［M］. 北京：中央文献出版社，2019：44.

在经济、社会、心理等多方面障碍。对于居村农民而言，承包地是其安身立命之本，明知一家一户的分散经营方式只能满足温饱而不能实现小康，仍不敢有永久性放弃承包地的决心和勇气而贸然进城，因为农民都明白，城市生活成本过高，城市压力大，只要城市不为进城农民提供全方位的基本社会保障，一般农民宁可在农村过温饱无忧的生活，也不愿意到城市遭罪，这种模糊心理比较，虽然比较小农，但也符合部分农民理性有限的特征。由此可见，城乡二元社会结构导致城乡发展不平衡，是长期以来农民市民化推动不力的主要障碍，不仅抑制了农民市民化动力，更弱化了农民市民化能力。

2. 城乡融合发展为农民市民化提供更大空间

党的十九大提出了"城乡融合"城乡关系发展方向，并要求建立健全融合发展的体制机制和政策体系，通过实施新型城镇化和乡村振兴战略促进我国的城乡关系朝着融合方向深入发展。城乡融合背景下的市民化是要让所有人都能享受现代文明生活，不论是城市居民还是农村居民。在全面实现社会主义现代化过程中，新型城镇化和乡村振兴是推动农民市民化的两个"轮子"。

首先，新型城镇化建设带动的城乡教育均衡发展，有利于改善农村教育落后的局面。城市现代化企业主导的职业培训向农村田间地头的延伸，缩短了培训距离，节约了农民培训往返时间，培训内容更具针对性，能有效提高农民的职业技术能力，为农民的非农就业和增收创造更多机会空间。

其次，城市建设用地趋紧，城市工业为了降低经营成本自然离开城市中心区域向城郊农村周边转移，以此类推，波浪式延伸到基层乡村，加上政府科学规划引导，随之，点面结合、企业群居的产业园自然顺理成章形成，农民就地市民化就具备了最基本的产业支撑。

再次，企业集中必然带来人员集中，随着生产和生活区域的扩大，居住人员对园区/社区教育、医疗卫生、文化公共服务设施和水电路等基础设施提出了更高的要求，也就相应带动了交通电力水利基础设施，以及医疗公共服务设施的更新。

最后，随着乡村振兴战略的推进，农民的市场主体意识、平等意识、风险意识、契约意识也会得到加强，农业生产生活基础设施的完善为农业资源的便捷运输、低成本输出提供了可能，农民可以兼顾就业、照顾老人子女、参与乡村社区治理，将会吸纳更多的农村剩余劳动力参与新型城镇化进程，实现农村劳动力双向有序转移，推动农民市民化和乡村振兴。

总之，通过新型城镇化和乡村振兴联动发展，最终形成以工促农、以城带乡、工农互惠、城乡一体的新型工农城乡关系，实现城乡居民基本权益平等化、城乡公共服务均等化、城乡居民收入均衡化、城乡要素配置合理化，以及城乡产业发展融合化，最终实现农民市民化、农村现代化和国家全面现代化。

第二节　农民市民化的概念解析与重构

在研究农民市民化问题前，首先要弄清楚农民、市民、市民化和农民就地市民化这几个最基本的概念，只有概念辨别清楚，内涵界定明了，才能为进一步研究奠定基础。

一、农民、市民的内涵

（一）农民概念的演进

关于何为农民的讨论，其历史可能同农民本身的历史一样久远。《新帕尔格雷夫经济学大辞典》在"农民"词条中曾困惑地写道："很少有哪个名词像'农民'这样给农村社会学家、人类学家和经济学家造成这么多困难。"这是因为，近代以来，在西方国家，学术界对农民概念的界定曾经出现过长期的历史性分歧。早期古典主义者把农民看作历史上一切时代的个体农业生产者，包括古典时代的农民和现代农场主，但不包括不从事农业生产的农村居民。而另一派则把"农民"看作宗法式社会或农业社会里的所有居民，但又不包括非农业社会的农民如发达国家的农场主。马克思和恩格斯主张把农民定义为特定生产关系中的一个阶级，即中世纪的农民阶级。这一定义，既不包括"农业社会"的非农业生产者，也不包括非农业社会的农民。当代西方马克思主义农民学代表弗兰克·艾利思给发展中国家农民的定义是：农民是主要利用家庭成员的劳动从事生产并以此为经济来源的居民户，其特点是部分参与不成熟的投入要素和产出市场。他所指的农民实际上就是所谓的小农（peasant）。

当代发达国家的农民（farmer）已经完全是一个职业概念，它已经不是传统意义上的小农，它指的是经营农业农场（farm）的人，这个概念与渔民（fisher）、商人（merchant）等职业并列，而所有这些职业的就业者都具有同等的公民（citizen）权利，都是法律意义上的市民，只不过从事的职业有别而已。职业农民包括职业的种地农民、职业的畜牧养殖人和职业的农业经纪人等。职业农民的产生和壮大是农业现代化发展的必然要求。

具体到中国来说，长期以来，中国农民是身份农民而不是职业农民。虽然中国汉语关于"农民"的解释多从职业方面定义，譬如，"辟土殖谷曰农"，"农，耕人也"，等等。从以上两个定义可以看出，在中国古人眼里，农民特指耕田种地的人；《现代汉语词典》对农民的解释是，"在农村从事农业生产的劳动者"。可见，从古到今，中国汉语对农民的解释也是从职业方面来界定农民的内涵，这与当代发达国家对农民内涵的界定具有很大的契合性。但是，在现实的中国语境中，农民长期以来往往是"落后""贫穷""愚昧""保守""乡巴佬"等的代名词。中华人民共和国成立后，特别是1958年1月《中华人民共和国户口登记条例》实施后，农民与农业户口紧密相连，固定为户口意义上的农民，为农民紧紧贴上了身份上的标签。与非农业户口居民相比，农业户口的农民在教育、就业、住房、医疗、养老等公共服务方面存在很大差距，体现了明显的不平等。改革开放以来，随着我国工业化、城镇化和现代化进程的不断推进，大批农民开始涌向城市，他们为城市和工业的发展做出了巨大的贡献，但由于城乡二元结构的限制，进城农民享受不到与城市居民等同的社会公共服务。

21世纪以来，在工业反哺农业，城市支持乡村，全社会大力扶持农业农村的发展形势下，农民进城务工导致农村空心化问题凸显，"谁来种地"成为关乎我国粮食安全和乡村振兴的战略问题。与社会主义新农村建设、城乡统筹发展和新型城镇化战略相对应，国家提出了新型农民概念。新型农民是相对于传统语境的农民而言，指有文化、懂技术、善经营、会管理的新农民。为此，国家从2012年开始大力培育"新型职业农民"，按照党中央国务院的部署要求，农业部、财政部等部门启动实施新型职业农民培育工程，新型职业农民培育工作取得明显进展。2017年1月9日，农业部发布《"十三五"全国新型职业农民培育发展规划》指出，新型职业农民是以农业为职业、具有相应的专业技能、收入主要来自农业生产经营并达到相当水平的现代农业从业者。截至2015年底，全国新型职业农民达到1272万人，比2010年增长55%，农民职业化进程不断提速。到2020年，预计全国新型职业农民总量将超过2000万人。[1] 新型职业农民的出现，意味着中国农民正由身份化走向职业化。农民将成为一种自由选择的职业，而不再是一种身份象征。

---

[1]　创新机制　提升质量　造就培养高素质农业生产经营者队伍——解读《"十三五"全国新型职业农民培育发展规划》[EB/OL]. 中华人民共和国农业农村部网站，2017-01-23.

（二）市民概念的审视

1. 国外的市民概念

"市民"概念的渊源可追溯至古希腊和古罗马。在中世纪之前，作为一种社会身份的市民概念具有相对的特权意识色彩，拥有市民身份即表示着拥有一种与众不同的特权。在古希腊战争中，希腊人将俘虏变成奴隶，限制他们的人身自由，而希腊人则自称为市民，拥有广泛的自由。当时的希腊主要由城邦组成，在希腊城邦都强调市民享有市民权，城邦不是限制的城市，类似于现在的农村集镇，包含很多农村地方，所以古希腊市民的含义不单单指城市居民，它是指拥有广泛权利，有充分人身自由的希腊公民。

在古罗马，具有市民资格的人才能适用市民法。到了中世纪的早期，随着居住于城市里的手工业小业主和商人逐渐摆脱乡村封建领主的控制，其居住地从城市公社（commune）发展成为自治城市，市镇开始成为自由和自主的象征，拥有市民权则意味着拥有人身自由权决策的自决权。居住在商业城镇中的人后来被称为 bourgeoisie（法文，中译为"资产阶级"）和 burgers, burgertum, burgerstand（德文，中译为"市民""市民阶层""市民阶级"）等。他们在法律上享有市民权（citizenship），如居留权、参政权、受教育权、享有福利权等。市民在平等契约的基础上，真正自主地享有权利、履行义务，引导社会发展的方向，至此，现代意义的市民才开始完全显现出来。

从古希腊和古罗马最早对市民的界定可以看出，市民概念的核心内容和精神实质是拥有权利，这些权利包括自由权利、平等权利、参政权利、享有福利权利等与自身发展息息相关的权益，这才是市民内涵的根本。

2. 国内的市民认识

长期以来，我国市民的称谓是与户口制度联系在一起的，对市民的理解就是城市居民。中华人民共和国成立后至 1957 年，我国城乡发展是协调的，当时国家百废待兴，以苏联援助的 156 项重点工程为中心开始了大规模国民经济建设，拉开了中国现代城市规划的序幕，形成了一批新型工业城市。① 农村人口开始大量迁入城市，推进了城市化进程，当时没有农民和城市居民严格意义上的户籍区别，农民迁徙也比较自由。但随着"大跃进"和"人民公社化"运动的掀起，全民大炼钢铁，种地人少而造成粮食短缺成为严重问题。为促进农业生产，多打粮食，也为了维护社会秩序，公安部于 1958 年 1 月颁布《中华人民

---

① 李百浩，彭秀涛，黄立. 中国现代新型工业城市规划的历史研究——以苏联援助的 156 项重点工程为中心 [J]. 城市规划学刊，2006（4）：84-92.

共和国户口登记条例》，形成一套限制农民进城的严格程序，明确将城乡居民户籍区分为农业户口和城市户口，这就是我国通俗意义上的农民和市民的划分。

城乡分割的二元户籍制度导致了长期以来农业人口和城市人口利益的严重不平等。在计划经济年代，国家对城市人口的生活待遇是完全统筹的。城市户口本上附有上学、就业、医疗、保险和粮食及副食品等各种利益，而农业户口则意味着偏远落后贫穷，在收入、消费、社会保障方面低人一等，甚至根本没有社会保障。农民由此成为乡下人、乡巴佬的代名词。农民只有通过考大学、当兵才可能摆脱农民身份，实现向市民身份的转变。这种固化的不平等的城乡二元结构一直持续到改革开放之初，严重阻碍了中国城市化进程，使中国城市化速度远远落后于工业化速度，是农村农业成为我国经济社会发展薄弱环节的重要原因。城市化滞后又进一步影响了我国现代化整体进程，导致大量边际生产率为零的农民不得不滞留在农业土地上，继续从事传统的农业生产，一如既往地过着落后的小农生活方式，远离城市文明和工业文明。

改革开放后，中国大量农民开始流入城市。1984 年 10 月，《国务院关于农民进入集镇落户问题的通知》颁布，户籍严控制度开始松动。1985 年 7 月，《公安部关于城镇暂住人口管理的暂行规定》的出台标志着城市暂住人口管理制度走向完善，同年 9 月，作为人口管理现代化基础的居民身份证制度颁布实施。随后，1997 年、1998 年、2001 年、2012 年、2013 年，国务院连续五次出台了关于推进户籍制度改革的相关通知，引导农村人口有序向中小城市、城镇转移、落户，逐步实现城乡基本公共服务均等化。2014 年 7 月 30 日，《国务院关于进一步推进户籍制度改革的意见》正式发布，意见明确规定，要进一步调整户口迁移政策，统一城乡户口登记制度，全面实施居住证制度，加快建设和共享国家人口基础信息库，稳步推进义务教育、就业服务、基本养老、基本医疗卫生、住房保障等城镇基本公共服务覆盖全部常住人口。① 至此，中国农业人口和非农业人口的划分终将逐步成为历史。

回溯"市民"概念内涵的本源，"市民"一词不是简单的在城里居住的人，而是特指具有市民权的人，是有身份自由、享有充分权利、城乡共同体的正式成员。从这个意义上理解，未来的市民社会，不再有"农村人"和"城市人（包括城镇）"之分，他们都是从事相关工作的产业人，无非有的从事农业生产，有的从事非农业生产。从根上来说，他们只有分工的区别，都可以享受社

---

① 国务院关于进一步推进户籍制度改革的意见：国发〔2014〕25 号［A/OL］. 中国政府网，2014-07-30.

会福利和保障，都是居住在一定区域（如城市、城镇、农村社区）的市民，他们都应该享有同等的国民待遇。①

（三）农民和市民的比较

传统语境下，农民与市民是相对存在的两个概念，是相互区别的两大群体。在中国长期的社会发展过程中，特别是受固化的二元社会结构的影响，农民通常是指居住在农村且拥有农业户口的农村居民，市民是指居住在城市且拥有非农业户口的城市居民。因农民与市民生活在不同的地域空间，逐渐形成了社会身份、社会地位、社会权利、生产方式、生活方式、行为方式以及价值观念等方面的差异。因此，传统意义上的农民和市民的区别，可以总结如下（表1-1）。

表1-1 传统意义上农民和市民的区别

	地域	户籍	生产方式	生活方式	社会权益	社会地位
农民	农村	农业户口	以农业为主	乡村化	无特定 社会福利	低下
市民	城市	非农业户口	以非农业为主	城市化	特定 城市待遇	优越

随着中国新型城镇化战略的提出，特别是重新审视"农民"和"市民"内涵的本源，可发现，"农民"本身是一个职业概念，这通过从古到今中外对农民的内涵界定都可以看到，而"市民"并不是一个职业概念，而是一个身份或者权益概念。因此，有必要对"农民"和"市民"的含义进行正本清源，回归其本来含义，重新认识"农民"和"市民"的差异。根据国内外学者对"农民"和"市民"特质的类型化比较和中国的实际情况，本书以社会学中的社会角色理论为指导在比较"农民"和"市民"两类角色群体特质的基础上认为，与传统意义上的"农民"和"市民"相比，除了概念本源外，其差异在描述性层面上至少应包括以下几个方面的内容。

第一，思想观念。城市是个多元开放的社会系统，每天都要进行大量的对外交流，是不同思想观念的交汇点，市民的观念也更具有弹性和适应性。同时城市市场体系发达，各个领域竞争激烈，陌生人社会和以经济利益为中心，造就了优胜劣汰、适者生存"丛林法则"的客观存在。竞争演化的结果是，市民

---

① 葛正鹏．"市民"概念的重构与我国农民市民化道路研究［J］．农业经济问题，2006（9）：63-67.

在思想上比农民更有危机和竞争意识，对科学管理、开放政策、先进技术更加敏感。为适应新型城镇化要求，为获得更好的生存和发展机会，农民在转变为市民过程中必须向城市文明靠拢，主动改变传统的思维方式和价值观念，在思想上更加开放，感情上更富有理性，拥有积极的心态和进取的精神。

第二，行为方式。思想是行为的先导，固化的思维必然产生因循守旧的行为方式。由于受农业生产季节的固定性和活动空间的影响，长期以来，农民在生活方式与行为方式上与市民相比较，呈现出自然性、散漫性和无序性特征。在人际交往方面，农民多以血缘和地缘为主进行人际交往，呈关系密集型特征，而市民多以业缘为主进行人际交往，呈事务密集型特征。在交往方式上，农民多以面对面的直接交往为主，而市民除了直接交往外，多以间接的通信传媒信息沟通为主。在交往人群方面，农民进行交往的人群多是熟人社会，而市民交往除了熟人社会外，更多的是陌生人社会。

第三，社会权利。由于长期以来我国实行的是"城乡分治"的二元政策，结果造成了"农民"与"市民"两个完全不同的权利群体。农民不能享受到诸如城市居民同等的市民待遇，农民向市民转换就是要在社会权利上实现平等对待，给他们同样的公民待遇。

第四，人口综合素质。人口综合素质是衡量农民和市民群体质量的集中体现，因为表现在"农民"与"市民"两个群体上的诸多差异，许多都与人口素质有关。人口素质具体包括身体素质、思想道德素质和科学文化素质三个方面。在"农民"与"市民"两个群体属性差异上，科学文化素质的差异表现最为强烈，也是未来"农民市民化"首先面临的挑战。因为只有随着农民的综合素质的提升，其思想观念和行为方式才能不断得到改变，农民才能不断适应市民化的内在要求。

第五，生活质量。提高生活质量是农民向市民转换的重要目标，也是城镇化融入的最根本目的。农民市民化说到底是为了打破农村与城市、农民与市民之间的差异，让农民真正享受城市化、现代化所带来的幸福生活。因此，生活质量的提高对农民向市民的转换具有特别的意义。生活质量提高不仅是农民市民化追求的根本目标，也是衡量农民市民化实现程度的一个重要标准。

第六，社会参与。社会参与度不仅能够反映出一个群体的性格和关注点，而且也在某种程度上标示出了其社会地位的状况。长期以来，由于种种原因，农民一直被安全地限制在有限的社会参与空间中，缺乏一种有效的利益表达途径。这实际上从一个侧面反映了农民作为一个最大的群体，其社会地位没有得到应有的重视。农民转变为市民要求农民改变这一传统约束，通过广泛的社会参与权的赋权保障农民应有的社会权利，提升和确保农民社会地位，进而扩大发展机会。通过对"农民"和"市民"内涵的正本清源可知，农民和市民不再是地域、户籍、职业、生产方式等方面的区别，而只是生活分工和享有社会基本权利的区别，农民变市民是为了更好地生活，共同享有我国改革带来的红利和现代化成果，最终目的是幸福感和获得感提升，实现全面而自由的发展。可以用下表（表1-2）来表示传统农民、现代农民和新市民之间的差异。

表1-2　　传统农民、现代农民与新市民间的比较

	传统农民	现代农民	新市民
概念本源	身份	职业	身份
思想观念	传统、保守	保守走向开放	开放、进步
行为方式	散漫性、无序性	无序转向有序	节奏性、条理性
人际交往	血缘、地缘之间交往、熟人社会	熟人社会与网络社会	业缘、间接交往、网络社会
社会权利	无公平的基本公民待遇	争取公民待遇	公民权利
综合素质	科学文化和综合素质低	综合素质不断提高	科学文化和综合素养高
生活质量	生活质量低，幸福感、获得感不强	生活质量逐步提高，生活满意度提升	生活质量高，幸福感、获得感强
社会参与	有限的社会参与	社会参与逐步广泛	社会参与广泛

二、城乡融合背景下农民市民化的概念重构

长期以来，由于受城乡二元结构的影响，我国农民市民化主要指农业转移人口转变为城市市民的过程。传统意义上的身份农民与市民之间存在着诸多区别，而如何消除这诸多的区别，就是进城农民向城市居民转变的过程。多数学者认为，农民市民化不仅是指农民从农村地区向城市地区集聚的一个地域空间转移概念，还指农民从农业生产劳动者转为城市工业生产劳动者，或脱离农业耕种转化为农业生产服务者的职业转化概念。同时，农民市民化又是一个身份概念，农民市民化意味着农民进城后享受城里人的待遇，社会地位得到提高。

在这一基本逻辑认识的主导下，学术界大多从城市角度出发，以农民进城变市民为终极目标，将农民市民化视为一个"农民进城"的过程，以此构建农民市民化的核心内涵。从现有的文献资料来看，大体形成了以下几条解释路径：

一是从社会权利和增能出发，强调外部"赋能"与内部"增能"。认为市民化是指作为一种职业的"农民"和作为一种社会身份的"农民"在向市民转变的进程中，发展出相应的能力，学习并获得市民的基本资格，适应城市并具备一个城市市民基本素质的过程。

二是从社会资本出发，强调社会关系网络转型。认为市民化不单是农民居住地的转变，还意味着具备了在非农产业就业的职业特征及与城市文化接轨的意识。因居住空间从传统的以亲密关系为主的乡土社区网络转变为以契约关系为主的城市化社区网络，社会资本的获得就不再局限于亲朋好友或邻居等熟人社会的单一来源，同样地，社会资本的扩大再生产，也主要依靠信用杠杆获得。

三是从社会角色转型出发，强调外部特性与内部属性。认为农民市民化不仅仅是农民职业身份的转变（非农化）和居住空间的转移（城市化），更是农民社会文化属性与角色内涵的转型（市民化）和城乡关系的重构过程（结构化）。户籍转变、地域转移、职业转换只是农民市民化进程的外部特性，而更为重要的是新市民群体如何在角色内涵上实现真正的转型与再造。

上述关于农民市民化的概念界定，既强调农民市民化是社会权利、社会地位、社会身份、社会资本、职业属性等结构性因素的转变过程，同时也强调农民市民化是生活区域、生产方式、生活方式、行为方式以及价值观念等能动性因素的转变过程。但对农民市民化中的"农民"一般界定为"进城农民"这一单一主体，而且，把农民看成身份概念而非职业概念，这不仅容易把我国城乡关系割裂开来，而且容易误导人们把农民和市民这两个概念对立起来，使城乡分裂得以延续，更限制了我国农民市民化的推进路径，也使得我国农民市民化的研究重心和推进路径仅局限于"进城农民"的市民化上，而忽略了居村农民的市民化问题。这称为传统意义的农民市民化阶段，其农民市民化的主要内容如下（表1-3）：

表1-3　　传统意义农民市民化（农民向市民转化）的主要内容

转变类别	转变内容
职业角色	以第一产业或者第一产业为主转变为以第二产业和第三产业为主
居住地域	以长期居住在乡村转变为长期居住在城市
户籍	以农业人口转变为非农业人口
收入分配方式	以实物性收入分配为主转变为以货币性收入分配为主
消费方式和内容	以自给自足和食品消费为主转变为以商品和非食品消费为主
受教育程度	以接受基础教育为主转变为以中、高等教育为主
思想价值理念	以小农意识向现代意识转变，从传统保守向开放创新意识转变
人际交往	以血缘、地缘、亲缘为主，转变为以业缘、信息缘为主
权利意识	从漠视自身权利的观念转变为自觉维护自身权利的理念

从对农民和市民概念的分析可以看出，现代意义的农民主要是一种职业，而市民主要是拥有和享受相应的权利。因此必须对农民市民化的概念进行重构，突破传统的农民属于身份概念的束缚，恢复农民的职业身份并使农民获得相应的公民权利。

2017年，我国城镇化率为58.52%，仍有6亿多人口在农村，新型城镇化的核心是农民市民化问题，但若让这6亿多农民进城实现异地城市化是不可能也是不现实的事情。一方面，城市容纳城镇人口能力有限，空气雾霾、车辆拥堵等"城市病"已经爆发。另一方面，农村空心化、"三留"人员等"农村病"也正在生成。新型城镇化与传统城镇化的最大区别体现在，它不仅仅是土地要素的城镇化，同时也是农村劳动力要素的城镇化。人口城镇化的本质是使居住在一定区域（无论是大中小城市，还是小城镇、新型农村社区）的人口共享均等的公共基础设施和基本公共服务，并分享共同的城市文化，具备相同的生产方式、生活方式、行为方式以及价值观念。因此，农民市民化的推进逻辑不是让所有农民的生活区域都从农村转移到城市，不是让所有的农民都从农业户口转为非农业户口。农民和市民的本质区别不是体现在户籍、居住区域、身份上，而是体现在生产方式、生活方式、行为方式、思维方式、价值观念以及社会权利等方面。

从农民和市民的概念本源以及从城乡融合背景出发，本书认为，农民市民化是指农民逐渐转变为市民的一种过程和状态，至少包括两个方面的变化：一是农民逐步转化为享有充分权利，具有同等国民待遇的城乡共同体成员。二是实现思想意识、价值观念、行为方式和生活方式的本质变化。所以，农民市民化不等于农民向城市居民身份的转变过程，不等于农村人口向城市人口的转移过程，也不等于由从事农业生产转化为从事非农业生产的过程。农民市民化的最终目的和意义，不是让所有农村人口都迁移到城市，而是要让所有人口，无论居住在城市还是农村，都能享受现代文明生活，农民市民化的目标是在城乡一体化基础上最终消除城乡差距。

本书把农民市民化界定为，农民向市民转变的过程中，获得并运用市民的基本资格和能力，适应市民生活并具备基本素质的过程。可以说，农民市民化的过程实际上是培育农民现代化意识，分享现代城市文明，共享城市经济社会发展成果的过程。其最终的目的是通过城乡资源自由流动和公平交易来提高农民收入，提高乡村治理现代化水平，以缩小城乡差距、实现城乡融合发展。这一目标除了通过城市异地转移实现以外，还可以通过农村就地转移实现。

总之，从农民到市民是一项涉及产业转型、文化生产力培育、社区治理、农民个体现代化对接、制度适应性变迁等在内的复杂的社会系统工程。既需要微观主体主动参与市民化进程，摆脱小农传统守旧的思想观念和行为方式，优化经济行为提高生产生活质量，培育市民权意识，提高社会治理参与能力；也需要中观社会层面持开放包容态度，以辩证的观点、发展的思路，客观对待农民市民化后在分享城市文明中的短暂不适。同时，国家宏观层面应及时废止不合时代发展要求的体制性制度性安排，研究发达国家工业化、城镇化、农民市民化的有益做法，总结规律性内容，结合最新国情、农情、民情变化，与时俱进地改造或制定新时代农民就地市民化纲领性文件，营造有利于加快推进农民就地市民化进程、提高农民就地市民化质量的制度环境。

第三节　农民市民化的逻辑顺序及路径比较

改革开放前，中国农民基本是土地承包者、经营者和劳动者"三位一体"的均质化群体。改革开放后，随着农村产业结构的调整和农村人口的不断流动，从事农业生产不再是农民的本质特征，原来均质性的农民群体逐渐分化，呈现出角色和身份的多元化。由于中国城乡关系经历了从分割到逐渐融合的演变，中国城镇化走的是由传统城镇化向新型城镇化发展的道路，加上中国幅员辽阔，各个地方的经济发展水平、风俗习惯、价值观念和农民综合素质等都有很大的差异，在现实实践中，按我国城镇化的推进顺序，农民市民化大致是按以下逻辑顺序推进的，农民市民化的路径选择也不是同一路径。

一、农民市民化的逻辑顺序

（一）农民市民化的第一阶段：农民工身份市民化

农民工是指从农民中分化出来、与土地保持着一定经济联系、从事非农业生产和经营、以工资收入为基本生活来源，并具有非城镇居民身份的非农从业人员，主要包括进城农民工、乡镇企业职工和城郊失地农民三部分。① 农民工是我国特有的城乡二元经济体制的产物，是我国改革开放后随着工业化、城镇化的发展而出现的一个特殊的社会群体。

因受城乡二元社会结构的制约，中国农民工不同于传统的产业工人，虽然农民工主要从事非农产业生产活动，或者主要时间是在从事非农业生产活动，并依靠工资收入生活，但中国农民工的户籍身份是农业人口，无法享受与城市居民平等的待遇，如就业、住房、教育、社会保障等基本公共服务等。农民工作为一个特殊的社会群体，为中国工业化、城镇化和现代化发展做出了重大贡献，一方面，大量富余农村劳动力的流出减轻了农村人口对有限自然资源的依赖与压力，也缓解了人口与土地资源的矛盾，提高了农业劳动力的生产效率。另一方面，大量农民工进城为城市二、三产业的发展提供了源源不断的低成本劳动力，满足了工业化进程加快对劳动力的需求。第三方面，农民工在城期间，潜移默化接受了城市先进生产技术和管理经验，其生产生活的近城市化和思维的近现代化，以间断传导方式不断影响在村农民，提高了农民的要素市场价值化意识和市场风险防范意识，在一定程度上促进了乡村传统产业和传统文明的现代转型。

从农民工市民化过程来看，农民工市民化是一场深刻的社会变迁过程，必须包括三个相互联系、衔接推进的环节：一是农民工身份市民化，即农民工在身份上获得与城市居民相同的合法身份和社会权利的过程，如居留权、选举权、受教育权、劳动和社会保障等。二是农民工生活方式市民化，即农民工与城市市民在行为上逐渐融合，实现传统劳动方式、生活方式、行为方式向现代化劳动、生活与行为方式的转化。三是农民工社会心理市民化，即农民工在城市长期的工作和生活中，逐渐融入城市社会，并从心理上对城市产生认同和归属感，是农民工的价值观念、心理形态从传统走向现代的过程。从一般意义上说，没有完成市民化三个环节的农民工，都不属于真正意义上的市民。

---

① 刘传江. 当代农民发展以及面临的问题（二）：农民工生存状态的边缘化与市民化 [J]. 人口与计划生育，2004（11）：44-47.

农民工身份的市民化与国家制度层面相关联，而生活方式市民化、社会心理市民化则更多地强调非物质文化方面的长期磨合与适应，主要与农民工自身的素质、自我发展能力等有密切关系。通过农民工身份市民化，不仅可以为城郊失地农民平等融入城市社会创造制度环境，也使一些有基础资金、有意愿、有冒险精神、有一定能力的进城农民工，以及半耕半工民营企业职工依法自愿流转承包地，实现大量农民工彻底的非农化转移，真正无后顾之忧地在城镇定居下来。更重要的是，农民工身份市民化大幅度减少了边际效率接近零的农民，置换出大量低效率使用甚至撂荒的土地资源，实现了土地资源的适度集中，提高了农业劳动力人均土地资源的占有量，使专业化、规模化、机械化的农业生产活动成为可能，为农民增收、农业现代化以及农村经济的发展提供了物质基础。所以，农民工身份市民化是农民工市民化的前提，也是农民市民化的首要环节，是城乡融合发展的关键环节。

随着我国社会制度和社会结构转型的加快，以及城乡二元治理体制改革的不断深入，阻碍农民工市民化的思想障碍、政策障碍、体制障碍、信息障碍等将被彻底排除，农村劳动力转移和农民市民化的环境也将不断优化，而进入城市的农村劳动力在完成职业、身份转化的同时，必将不断接受现代城市文明，在工作方式、生活方式、价值观念等方面真正融入城市体系，完成农业劳动力角色的异地转型。

（二）农民市民化的第二阶段：农民逐步职业化

长期以来，人多地少、分散经营制约着我国传统农业向现代农业转型。此外，中国农户平均土地规模只有半公顷左右，土地承载力过大，实施了近四十年的家庭联产承包责任制的边际效益也在递减。通过农民工身份市民化的制度创新效应，可大幅度减少农民，缓解农村人多地少的矛盾，促进农业集中规模经营，提高农业劳动生产率，同时也能够缓解农村过于分散造成的财政投入稀释问题。近年来随着脱贫攻坚和乡村振兴战略的不断推进，农村社会经济环境日益改善，特别是在国家"大众创业、万众创新"的号召声中，农民工回乡创业和城镇劳动力下乡创业的热潮蓬勃兴起，为农村经济的发展注入了资金、技术和人力资本。返乡创业的农民工和已完成城镇定居与身份转移的市民化"农民"，回乡后从事的是熟悉的领域，他们有技术、懂管理，有一定的社会资本，又善于发现特色，了解市消费需求的新变化。他们对规模化农产品的种植、高品质养殖业的推广、农副产品的深加工和循环利用有信心、有思路，这必然带动农产品原料基地建设和营销网络建设，有助于延长农业产业链，拓展农村经济和产业发展空间，实现传统农业向现代农业的转型。

在传统生计农业走向现代产业农业的过程中，传统农民群体将逐渐分化为由农业企业家、农场主、种养大户和农业工人组成的职业农民队伍。首先，随着土地流转的加快，现有种养大户的经营规模将不断扩大，向建立家庭农场、农业企业的方向发展。其次，规模较小、有经验、有一定资金储备、有强烈扩大农业生产经营意愿的一般种养户，或组建合作社组织，或做出一定让利以支付管理费为代价参与大型家庭农场、农业企业的生产管理和营销网络中，递进扩大经营规模，逐步向种养大户过渡，继而向建立农业企业的方向发展。其余的可以采用土地入股的形式加入农业的合作化、产业化建设中，作为农业企业的股东可获得利润分红，作为农业工人也可获得工资性收入。尤其一般种养小户中的高龄农民，可将承包地完全流转出去，以流转收益弥补基本养老保险金的不足，这实质就是一些地方正在探索的"以土地换社保"的做法，当然，相关的制度建设和法律规定必须同时跟进，防止特殊弱势群体因"两头皆空"陷入贫困状态。

传统农民职业化是农业市场化、农业产业化的前提，是发展现代农业的必然要求。所以，农民将走出传统的家庭经营的生产模式，或者进入现代农业产业成为农业企业工人，以劳动报酬作为收入方式；或者按照现代企业和市场运作的方式进行自主经营，成为农业企业家或现代农场主；或者兼而有之，自主劳动为主，并加入松散型合作组织。总之，小农户与现代农业对接的新型城镇化背景下，农业人口缩减的趋势不可避免，进入非农和农业深加工领域的农民将会越来越多，财产性收入在农民总收入中的比重也将会越来越高，一直持续到农业资本积累速度超过农业人口增长速度，农村没有多余的剩余劳动力为止。

（三）农民市民化的第三阶段：行为心理市民化

中国历代封建王朝经济上奉行重农抑商政策，以农为本，商业为末，视工商业为"奇技淫巧"，如商鞅变法中的奖励耕战，魏国李悝的"农伤则国贫""尽地力之教"思想，汉景帝诏令郡国官员以"劝勉农桑"为首要政务。农民几千年来生活在自然村落环境中，过着日出而作、日落而息、自给自足的生活，养成了一整套与商品经济、社会发展和进步不相适应的相对落后的小农意识和观念。

中华人民共和国成立以来的工业先行、城市优先政策造成的二元经济社会结构，又牢牢地把几亿农民限制在了农村，束缚了农民个体的发展，再加上政府长期以来偏重城市教育而对农村教育工作的人力、物力、财力投入严重不足，

也导致了农民整体素质不高。截至 1985 年底，农村住户文盲或半文盲占比
27.87%，小学以下文化程度高达 65%，服务业收入占总收入比重 0.55%，生活
消费支出占总支出比重 65.38%，文化娱乐、书报杂志、医药卫生总支出比重仅
4.25%。① 行为心理市民化，首先是文化素质的先行先提高，文化素质高的农民
更容易接受新事物、更容易学习新知识新技术，在面对风险损失时更趋向采用
科学理性的解决办法，这也是新型农民与传统农民的最大区别所在。所以，没
有先行的、完善的、有效的职业教育，城镇化了的农民不一定能够顺利完成市
民化过程，进城农民即使获得了与城市居民相同的合法身份和社会权利，也不
一定能够实现生产生活方式、价值观等方面的自我转型，达到与城市化相匹配
的自身素质现代化的要求。

我国城镇化具体道路实施的不是欧美式自然进化路径，而是中国特色的空
间城镇化与人的城镇化并举路径，这些政策措施虽然导致了阶段性问题的存在，
但也明显加快了中国的现代化进程。农民群体中的早期进城务工者（也称第一
代和第二代农民工），大部分已经完成了从农村富余劳动力到农民工，再到产业
工人的身份变化，实现了生存空间从封闭的自然村落到开放的现代城镇的位移。

有研究证明，如果人们改变了一个地区的经济结构，只需要几年的时间，
那儿的精神状态就会随之发生变化。一方面，职业教育和城市文化熏陶等潜移
默化地提升着农民工的综合素质，改变他们的思想意识和价值观念。另一方面，
城市生活方式的多元化和个性化也在不自觉地影响和规范着农民工的言行，改
变他们的生存理念和生存方式，使他们逐渐融入新型的现代市民社会中，实现
传统生产方式、生活方式和价值观念的深刻转变，并从心理上对城市产生认同
和归属感，即完成社会心理的市民化，成为真正意义上的市民。即对于农民群
体中的传统农民而言，在完成职业化转变的同时，也要发生思维认知方面脱胎
换骨的变化。

就一般规律而言，随着新型城镇化和乡村振兴战略的推进，农村与城市的
资源、资金、技术、人力等各种要素实现自由流动和优化组合，必将促进农业
生产向产业化、规模化、专业化、标准化发展，推动当地农业结构的调整，拓
展农村经济和产业发展空间，逐渐消除城乡差别并走向城乡一体化，乡村的生
存方式、生产方式、生活方式、人口素质等逐渐向城市接近，乃至最终融为一
体。需要特别指出的是，以上对中国农民市民化的逻辑顺序分析，主要是基于

---

① 数据依据《中国农村住户调查年鉴 1992》（中国统计出版社，1993 年版）第 3、11、
12、14 页计算整理所得。

中国城镇化发展道路的分析,中国推进经济社会发展的顺序是先城市后乡村,最后实现城乡一体融合发展。因此,推进中国农民市民化的三个阶段并不是时间上的顺序而仅是逻辑顺序,也就是说,并不是在完成农民工身份市民化之后再去推进传统农民职业化,或者说,农民异地市民化和农民就地市民化这两种模式在时间上是可以同时推进同时进行的,在潜移默化的互动影响中逐步完成行为心理的市民化转变。

二、农民市民化的路径比较

基于农民群体分化的事实,城乡融合背景下,农民就地市民化至少有以下几条路径:农民工市民化;城郊失地农民(征地农民)市民化;居村农民市民化;少量的脱贫攻坚、生态移民异地城市化安置。因脱贫攻坚、生态移民的异地城市化安置也存在市民化问题,但过程基本不属于市场化行为,本书不予展开论述,前三种市民化路径比较如下(表1-4)。

表1-4　农民工、城郊失地农民和居村农民市民化比较

	农民工市民化	城郊失地农民市民化	居村农民市民化
发生背景	城镇化	城镇化	城乡融合
发生地域	大中城市	城镇郊区、大中城市	小城镇、农村社区
综合成本	高	低	低
人员构成	新生代农民	农户	农户
难点	身份转变	城市融入	非农职业转化
弊端	"拉美陷阱"	"被动上楼"	

一是从发生背景上看。农民工和城郊农民的市民化起源于工业化需求和农户家庭利益最大化需要,工业化初级和中级阶段主要表现为城市对农村的"虹吸",城市人口增多农村人口减少,这两种市民化路径在工业化、城市化初期或仍存在城乡二元经济社会结构下是行之有效的,但我们也看到随着城镇化的持续推进,人口大国、耕地红线,国家粮食安全战略、转虚向实的经济导向,都形成了防止城镇化速度过快的刚性约束。而居村农民市民化则是在新型城镇化和乡村振兴协同推进背景下实现的,既能保障国家粮食安全,也能使农民享受到与城市等值的发展机会和权利,达到城乡优势互补、国民经济结构合理、农民生活美好多重目标。

二是在发生地域上。农民工市民化是农民工的地域转移,主要是从乡村进

入城市，特别是大中城市的市民化问题。城市郊区失地农民市民化的形式相对多样，有的可能因土地置换在城郊从事服务行业而实现非农就业，有的可能进入大中城市和农民工一样实现非农就业。而居村农民就地市民化则不发生长距离的地域转移，是通过当地小城镇和新农村社区建设实现的。

三是从市民化综合成本来看。农民工市民化最高、城市郊区失地农民市民化其次，居村农民就地市民化成本最低。有研究表明，农民工市民化成本包括随迁子女教育成本，医疗、养老和其他社会保障支出，保障性住房支出和社会管理费用等。城郊失地农民市民化成本则相对较低，由于失地农民主动或被动失去土地时获得了一定补偿，其在物质方面完全有能力承担一定的市民化成本，只是农民融入城市的心理成本可能比较高。居村农民市民化也需要一定的成本，但随着乡村振兴和新型城镇化的联动发展，城乡基础设施的一体化，城乡医疗保障、养老保障的无缝对接，农民渐进式地适应小城镇和新型社区生活等，居村农民就逐步实现了市民化，而且农民就地市民化不管是居住成本还是生活成本，都是农民完全能够承受的，因此从综合成本来讲，居村农民市民化成本应该是最低的。

四是从长期影响看。农民工和城郊失地农民市民化都源于传统城镇化对大量劳动力和土地资源需要而进行的盲目扩张。农民工虽然生活在城市，而且被统计在中国城镇化率中，但并不能和城市居民享有同等的社会福利待遇，而城郊失地农民更是"被上楼"，虽然用土地置换了一定数额的补偿，但若没有较强的非农就业能力，也面临着坐吃山空的危险。因此，无论是农民工还是城郊失地农民，在传统城镇化模式下，他们的市民化是被动的，是非自愿的，传统城镇化模式有其效用边界，超过临界点就出现"城市病"。20世纪七八十年代，拉美国家在城市化进程中忽视了农村在现代化建设中的战略地位，盲目鼓动农民进城而造成城市环境恶化、失业人口较多、公共服务不足，而且乡村因农村劳动力大量流失而变得更加衰落。基于此，我国新型城镇化战略开启之时，国家便强力关注农民工和城郊失地农民的市民化权利，着力解决历史遗留的存量问题，并研究和探索居村农民的就地市民化和市民化权利问题。从长远来看，居村农民市民化能兼顾农业基础地位、工业现代化对生产要素集聚化规模化要求和农民对美好生活的需求，而且让并村集中居住的农民生活在中小城镇和社区也有助于优秀乡村文明的传承。

通过以上对农民市民化的逻辑顺序和路径比较可以看出，随着新型城镇化和乡村振兴的协同推进，在城乡融合发展背景下，"进城"农民与"留乡"农民是农民市民化的两大主体，即农民市民化需要多头并进，除了继续推进农民工、城郊农民向城市转移外，还必须根据城乡融合的内在要求加大留乡（居村）农民市民化的力度。而无论是"进城"还是"留乡"，农民市民化可概括为两种模式。一种是农民通过跨区域流动，进入城市务工或经商，以产业工人或者私营企业主身份在城市安家落户，实现思想意识、生产与生活方式向城市居民的本质转化，即农民异地市民化模式。另一种是在新型城镇化和乡村振兴协调推进下，农民就地就近实现职业非农化、生活市民化和基本公共服务均等化的过程，即农民就地市民化模式。

（一）农民异地市民化

农民异地市民化主要指农民工或城郊失地农民，借助于工业化和城市化的推动，离开自己的户口所在地，跨区域向大中城市和经济发达地区聚集，从事非农业生产或经营，能够享受和城市居民同等待遇的社会福利，并在行为方式、生活方式、意识形态以及价值观念等方面向城市市民转变的过程。

1. 农民工市民化融入现状

2018 年贵州城镇化率为 46.02%，比 2011 年 35% 的城镇化率增长了 10 个以上百分点，而这 11 个百分点主要是把进城农民统计进去而实现的。为了解农民异地市民化现状，笔者采用随机抽样与非随机配额抽样相结合的方法，在 2017 年底向贵州主要城区务工农民（农民工）进行了问卷调查，现将调查分析概括如下：

第一，在经济层面上，务工农民经济融入能力增强，但与现代城市经济发展不相适应。务工农民在经济层面上的市民化，主要指其经济收入从出售传统农产品为主转向非农业经济收入，职业由从事农业劳动向非农业劳动的转变。这种转变，主要表现在就业领域和各种收入在总收入中的比重。[①] 在调查中发现，经过多年的社会流动和打工经验的积累，务工农民目前的月平均收入普遍高于贵州省最低平均工资标准（2017 年，贵州省一类区每月 1680 元、二类区每月 1570 元、三类区每月 1470 元）。在就业方面，随着务工农民劳动技能的提升，务工农民中有少量成长为企业的管理者，还有部分在打工积累的基础上经商或回乡创业。这些都说明，在经济层面上，务工农民市民化的经济融入能力不断增强，为其市民化的深入推进奠定了一定的经济基础。但是，这种经济融

---

① 依据《中国住户调查年鉴2014》（中国统计出版社，2014年版，第3、43、64页），中国国家统计局住户调查主要收支指标解释，城乡住户可支配收入按照收入来源包含四项：工资性收入、经营性收入、转移性净收入和财产性净收入。农村经营性收入指的是第一产业农产品经营的纯收入和经营二、三产业的纯收入。转让土地承包经营权收入计入了财产性收入，务工工资计入了工资性收入。

人能力与现代城市经济对人才技术化、信息化和法治化的要求还有一定差距，具体表现在务工农民经济收入与消费支出的不平衡、职业获取渠道单一、职业技术含量低及劳动关系不稳定方面。

第二，在社会层面上，由于受城乡二元社会结构的影响，农民虽然已经离开乡村到城市就业与生活，但并不能与城市市民享有同等待遇，不能真正融入城市社会。民主权利方面，由于身份的限制，进城务工农民的基本民主权利得不到保障和实现。一些企事业单位，仍把农民工划入另册，与原有城镇职工的待遇差别很大，很多农民工还不能参加职工代表大会，不能行使正常的民主管理权利。住房保障方面，根据当前国家对廉租住房和经济适用房的规定，能够申请廉租住房的对象只能是"城镇常住居民户口"的最低收入家庭，而务工农民由于户籍不在城镇不能作为廉租住房的申请对象。同样，经济适用住房销售对象为城镇中低收入住房困难家庭，农民工无疑也被排除在能够购买经济适用房的对象之外。子女教育权利公平方面，虽然自上而下政府都发布了"确保所有符合输入地政府规定条件的随迁子女接受平等义务教育"的通知，但83%的被调查者认为子女不能真正公平地接受义务教育，42%的被调查者子女在城郊环境较差、师资力量薄弱、教学设备落后、教育资源匮乏的社区学校或民办学校就读。

第三，在心理层面上，务工农民市民化融入程度低，主动市民化意愿不高。心理层面的市民化主要指的是务工农民对城市市民身份的渴求，其生活方式城市化，价值观念趋向现代性，并最终完全融入城市生活之中。调查发现，务工农民虽然工作、生活在城市，但主动市民化意愿不高，究其原因：一是城市"玻璃门"现象让他们望而却步，放弃努力；二是因收入限制，生活能简则简，社交对象单一、娱乐方式单调，心理上自我感觉就是个过客，始终认为自己的根在农村，不愿意花费时间和精力去过多地了解城市；三是他们对城市生活的心理认同度不高，感觉城市的水没有乡村甜，空气没有农村净，人心没有乡村人善；四是土地作为生活资料和生产资料还承担着一定的社会保障"安全阀"作用，乡村振兴下还有增值的空间。所以，农民工，尤其第二代农民工主动市民化意愿并不十分强烈，新生代农民工相对而言持比较积极、乐观、开放态度的居多一点。

2. 农民工群体分化及其发展需求分析

作为一个特殊的社会群体，农民工不仅与在乡农民和城市居民有着清晰的界限，而且农民工群体内部在经过社会选择和自身选择之后产生了分层分化，大致存在以下四类，每类农民工群体发展需求也有所不同。

（1）稳定转移型农民工

稳定转移型农民工指在城市已经有了稳定职业和收入来源，思维和生活方式已经与城镇居民趋同，子女在城市接受教育或参加工作，本人和子女均不愿意也不可能再返回农村从事农业劳动的农民工。这类农民工往往较早撂荒或转包土地而选择进城务工或经商，文化水平较高、头脑灵活、有冒险精神、善于把握机遇，务工后在城时间多于在乡时间，他们凭借自身的聪明才智和艰苦努力，经过多年的打拼，获得了稳定的工作和收入，在城市有了立足之地。

目前，稳定转移型农民工的需求主要集中在这几方面。

一是社会保障需求。稳定转移型农民工虽已实现相对稳定转移，但由于各种原因，社会保障参保率还比较低，参保项目主要是医疗保险、养老保险、失业保险、生育保险类社会保障项目，单位代缴则有，自营或零星务工时则无，人身伤害、财产类商业保险基本不考虑。这与有着较为完善健全社会保障体系的城镇居民相比，其生活还相当脆弱，一旦打工期间受到伤害等，很有可能受到沉重的打击，对社会保障的需求十分强烈。

二是子女教育需求。稳定转移型农民工一般都是举家外出，存在子女入学受教育需求。现在贵州各地都把农民工子女纳入当地义务教育体系，但一些地方公立学校在农民工子女入学时设有"高门槛"，农民工子女想到办学条件好、教学质量高的公办学校就读还是比较困难。

三是社会融入需求。尽管农民工来自乡土社会，与乡村的土地和社会关系有割不断的联系，但对于平时在城，只有重大节日偶尔返乡的稳定转移型农民工来说，乡村事务已经感觉无法参与，也不想参与，反而渴望实现从乡土社会向城市社会的跨越，渴望社会融入，这也是稳定转移农民在村庄彰显个人价值，家族社会竞争的重要的"标的物"。

（2）返乡创业型农民工

返乡创业型农民工指在打工期间掌握了一定的技术、积累了一定的资金，学到了经营管理知识，了解市场行情和城市消费需求，不再满足于为别人打工，不想继续游走在城市和乡村边缘，利用自身优势返回家乡从事非农业生产或开发性农业的农民工。这类农民工往往先集中外出打工一段时间，有一定经验和启动资金，加上政府鼓励动员、减免用地出让金、税收优惠、小额贷款支持，经综合平衡外出收支结余、机会成本与在乡发展预期收益后慎重做出选择回乡创业。近几年来，贵州省不少地区为鼓励农民工返乡创业采取了一些行之有效的政策措施。贵州省每年有数十万农民工选择回乡发展，数据显示，2012年至2015年，农民工返乡创业就业人数呈逐年上升之势，分别达53万人、57万人、

62 万人、81 万人。① 大量农民工返乡创业就业，成为推动贵州省跨越发展、后发赶超、同步小康的重要力量。

美国黑人经济学家阿瑟·刘易斯在《发展中国家的失业》一书中指出，农村人口向城市流动有个阈，也就是临界点，超过城市市场化现代工业部门的需求量，就会造成城市失业，随后出现逆城市化的人员流向变动，一部分城市剩余劳动者会返回农村。近年来中国频繁出现的"打工潮带动创业潮"符合刘易斯二元结构下城乡劳动力流动理论。从调研情况看，贵州省返乡创业型农民工主要有以下方面的发展需求。

一是创业增量资金的需求。尽管返乡创业型农民工大都有一定资金积累，但通常都很难满足其创业需求。虽说有小额贷款优惠政策，但贷款一般需要资产或联户担保，且手续复杂、使用周期短、信用评价要求高，返乡创业型农民工普遍存在融资信贷难问题。据调查，有 76.5% 的返乡创业型农民工认为面临缺乏资金的困难。

二是产业规划科学性的需求。尽管返乡创业农民工有技术、有经验，也从事相对熟悉的产业领域，但依据经济地理和区域经济学理论的基本观点，产业项目只有在足够的区域空间内实现科学规划，才不至于同质竞争、恶性争夺有限的消费市场，至少在乡镇域范围内不能有多个主导产品几无差异的企业。而返乡创业农民工十分缺乏宏观经济的把握能力，对同类产品生产企业的知晓程度最多能够熟悉到县域，这是返乡农民工面临的最大创业风险。政府规划部门有义务有责任发现特色优势资源，分析区域外产业发展现状，做好区域内产业规划，并积极研判返乡创业农民工现状和趋势，做一个有担当、负责任、一心为民的农民工返乡创业好参谋。

三是公共服务精准高效的需求。对公共服务的评价，一看效率，二看质量，三看可及性程度。执行和落地效率低、质量明显偏低、要求过高难以企及，均会挫败农民工返乡创业的信心。目前来看，主要集中于企业办证相关的工商注册、税务登记、环保评估、生产许可、卫生许可、安全许可方面，还有交通、水利、工业用电基础设施方面，以及政府关于土地流转、经营权再抵押，企业与村民及村集体权责关系要有明晰制度规定等方面。

---

① 姚东. 去年贵州省 81 万农民工返乡就业创业　人数逐年增加 [N]. 贵州都市报，2016-06-30（A11）.

（3）城乡流动型农民工

城乡流动型农民工指在城市没有稳定的工作和收入，未能完全脱离土地和农业生产，长期在城乡之间、不同城镇之间双向就业流动的农民工。这类农民工一般自身文化水平低、没有经过系统的专业性非农就业培训，就业特点表现为季节性、灵活性和非正规性，劳动关系不确定、就业岗位不确定、转移时间不确定、工资收入不确定，是最易被新市场、新产业、新岗位挤出的一类人，这类农民目前仍在农民工群体占相当大部分。从需求特征看，城乡流动型农民工的需求核心是经济利益诉求，包括工资标准、劳动条件、权益维护、教育培训等。

一是劳动报酬保障需求。能够按时足额拿到工资报酬、按物价上涨速度至少等比例增加名义工资，是大部分城乡流动型农民工的最大愿望。近年来虽然农民工工资水平有所提高，但其所得报酬除去城市生存生活成本后仍是所剩无几。若赶上物价上涨过快，名义工资虽有所上涨，实际工资却在下降，城市生活质量优势递减。

二是权益维护需求。城乡流动型农民工由于就业岗位不确定和劳动关系不确定，加上自身教育文化水平不高等因素，有些用人单位不与农民工签订劳动合同，或者签订"阴阳合同"，随意延长劳动时间，造成劳动伤害不按法律规定赔偿等。还有一些行业存在较严重的拖欠甚至随意克扣农民工工资现象，劳动者合理合法劳动报酬权能不能得到有效维护仍是城乡流动型农民工最为关心的问题，城乡流动型农民工正当权益维护需求强烈。

三是教育培训需求。教育培训是提升农民工人力资本，增强其在劳动力市场竞争力的有效途径。城乡流动型农民工多在就业前没有经过专业的非农技能培训，在上岗和就业竞争中处于不利地位，一般只能从事搬运、建筑、餐饮、卫生清洁、服装制作、电子厂流水作业等工作，劳动报酬低、工作时间长，因技术含量低，岗位可替代性强，随时可能被替代而失业。能够在务工前接受一定技能培训是最佳选择，一边工作一边接受实际劳动技能培训也是城乡流动型农民工普遍能够接受的一种选择，前者需要付出一定的机会成本，后者边劳动边学习的优点是报酬立即得，缺点是起步较慢。两者都存在参加教育培训的愿望，这也是社会一大进步。

（4）返乡务农型农民工

返乡务农型农民工指虽长期在城镇打工，但却未能成功融入城市而不得不返回农村，凭借城市打工期间的积累或承包土地生活的农民工。这类农民工的共性特征有三：一是文化素质较低、就业技能较差，年老体衰而丧失劳动力优势，难以再就业，又难以承担日益上涨的城市成本，加上叶落归根思想影响，选择返乡务农。二是有浓厚的故土情结，与在乡农民的联系没有中断，十分重视亲情乡情的维系，并在日常十分注意把这种乡情亲情当作一种社会资本来投资。三是户籍地在农村，承包地可收回耕种或参与承包经营户劳动，有一定保障。

返乡务农型农民工在城镇打工再重新回到农村后，其需求主要有：一是土地权益保障需求。返乡务农型农民工返乡，失去了城镇打工收入，农业生产成为他们收入的主要来源。由于当前我国农地流转方面的法律法规还不完善，不少地区仍存在侵害农民工的土地承包经营权问题。二是养老保障需求。本人不能有效融入城市，但子女有可能在城市定居，就会出现农村留守老人增多问题，这就需要城乡养老尽快实现同质统筹，解除他们的后顾之忧。三是发挥其见多识广优势，鼓励他们加入乡村文明治理自治组织，以尽早再次融入熟悉但又陌生的乡土社会。

3. 分类推进农民工市民化

鉴于以上分析，农民工流动转移出现的群体性分化分层及发展需求，对于农民工市民化问题不能采取"一刀切"政策，而应按照分类推进、分类指导原则来推进农民工市民化。对稳定转移型农民工应优先解决落户和住房问题，尽快促进其融入城市；对返乡创业型农民工应优化创业环境，加速城乡一体化发展；对流动就业型农民工应强化其劳动权益保障，加大教育培训力度，加强农民工流动的社会服务和管理；对返乡务农型农民工应逐步完善农村社会保障体系，加强心理关怀，使农村居民真正享受到城乡融合的实惠。

（二）农民就地市民化

农民就地市民化是通过实施以农村经济繁荣、农民走向富裕为基础的新型城镇化和乡村振兴战略，以企业为龙头带动农村工业化和农业产业化，推动农民分工分业，把农村富余劳动力转移到第二、三产业，优化农村社会结构，逐步缩小城乡居民在基本权益、公共服务、收入等方面的差距，实现城乡互补和融合发展，把传统农业改造成现代农业，把传统农村改造成新农村社区，实现农村工业化、农民职业化相互交织、同步运行的过程。

1. 农民就地市民化的内涵

所谓农民就地市民化，指农民借助乡村振兴和新型城镇化联动推进，依托农村城镇化、农业现代化、新型农民培育、新型农村社区建设等，就地或就近实现农村居民与城市居民有等值的收入、同质的生活条件、均等的公共服务、等价的社会保障、相似的思维方式和相近的文化认同的过程。农民就地市民化内涵示意图如图1-1所示。

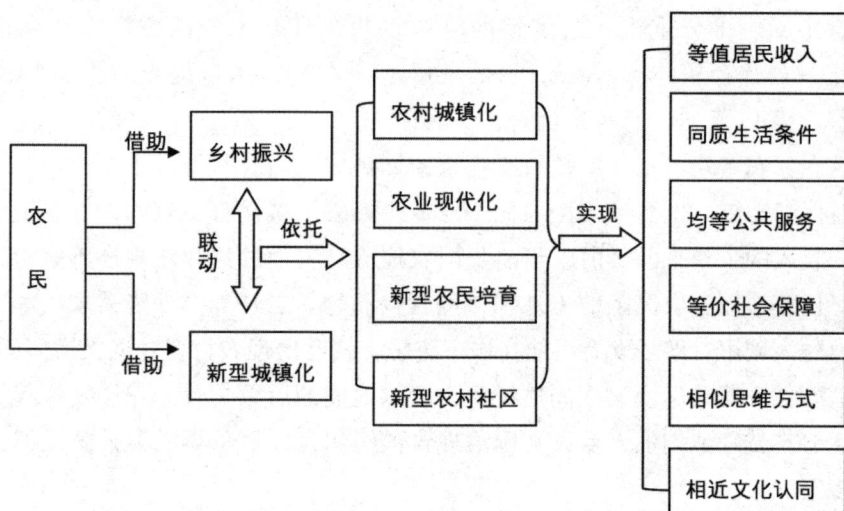

图1-1 农民就地市民化内涵示意图

2. 农民就地市民化的衡量标准

农民就地市民化有无具体标准？总体上达到什么样的程度就可以说农民实现了就地市民化？本书认为，应该按照农民就地市民化的内涵来建立农民就地市民化的指标体系，使农民就地市民化有一定相对稳定的标准。应选择最能反映"人"的城镇化的指标，能够反映农民就地市民化程度，以及能够体现农民和市民同等分享中国现代化红利和成果的指标。

在对农民就地市民化的内涵充分把握的前提下，在借鉴学界关于农民就地市民化相关研究成果的基础上，结合贵州农民就地市民化的实际，本书将农民就地市民化发展水平评估体系从基础设施维度、生活水平维度、公共服务维度、公民权益维度四个方面进行了构建（表1-5）。

表 1-5 农民就地市民化发展水平综合衡量指标

目标	总指标	分指标	单位
农民就地市民化发展水平	基础设施完善程度	农村道路硬化率	%
		能便利乘坐公共汽车农户比率	%
		能接收有线电视信号农户比率	%
		自然村通宽带农户比率	%
		农村管道供水受益率	%
		饮用水经过净化处理受益率	%
		垃圾集中处理农户比率	%
	生活水平提高程度	农村居民人均可支配收入	元
		农村居民财产性收入占比	%
		农村人均文化业余消费支出	元
		农民人均医疗保健消费支出	元
	公共服务发展程度	农村参加新型医疗保险比例	%
		农村养老保险保障额度	元
		农村有文化活动室的村比率	%
		农村有卫生室（卫生站）的村比率	%
		有幼儿园或学前班的村比率	%
		有小学且就学便利的村比率	%
		拥有畜禽集中饲养区的村比率	%
	公民权益实现程度	村民参与村务决策事项比率	%
		村民对村务公开满意率	%
		村民对村民主管理满意率	%
		农民维权意识及方式变化率	%
		农民思维观念及行为模式改变率	%

（1）基础设施维度

目前城乡居民差距很大程度上体现在基础设施上，农村基础设施不完善，满足不了农民的正常需要，农民就地市民化就无法谈起。基础设施完善程度主要通过道路硬化、农村出入交通工具、宽带、供水供电、健康饮水和垃圾集中处理状况反映。

（2）生活水平维度

这是农民市民化的核心指标。农民就地市民化与否主要看其收入能否接近城市居民。农民收入提高了，消费水平及结构才能变化，生活质量才能得到改善。生活水平提高程度主要通过农民的收入来源、消费结构和就业来衡量。

（3）公共服务维度

医疗、养老和教育情况如何，农民能否享受到与城镇居民相似的基本公共服务，是农民就地市民化的重要内容。基本公共服务发展程度主要从农民医疗养老参保状况和基础教育设施完善程度来体现。

（4）公民权益维度

公民权益实现程度如何，这也是衡量农民就地市民化的一个重要标志。农民市民化不仅包括农民物质文化生活的提高，而且包括农民公民权益的实现以及农民思维观念和行为模式市民化。

本章小结

中国城乡关系从分割到融合的演变过程，也是不断对农民赋权的过程。城乡融合既是实现全面小康和全面现代化的重要前提，也是国家全面现代化的重要标志和必然结果。破除城乡二元体制，推进城乡融合发展，协调推进新型城镇化与乡村振兴，才能最终实现农业农村现代化，并最终实现整个国家的全面现代化。城乡融合背景下，农民只是一个职业概念，市民只是一个权利概念，农民市民化实际上就是农民不断获得权利，共享改革发展成果的过程。城乡融合背景下的市民化是要让所有人都能享受现代文明生活，不论是城市居民还是农村居民。在全面建设社会主义现代化进程中，新型城镇化和乡村振兴是推动农民市民化发展的两个"轮子"。城乡融合背景下，农民市民化有两条推进路径，异地市民化和就地市民化。中国近6亿农村人口的事实和中国城镇化实践，决定了就地市民化是农民市民化的主要路径。

第二章

农民就地市民化的理论基础和实践依据

传统城镇化是半城镇化，农民进城务工享受不到完整的城市服务，没有完成从农民到市民的转型。新型城镇化强调"以人为本"，城乡融合发展，一手探索城市发展新逻辑，一手抓乡村发展，让生产要素在城乡间自由流动，让城市的发展更健康可持续，让农民在乡也能获得美好生活。理论是政策的基础，政策是行为的先导，政策转变迟早引起行为转变。农民就地市民化理论与就地市民化实践是同向而行同步发展关系，也是制定就地市民化政策，因时而变与时俱进完善就地市民化具体策略的主要依据。

第一节　农民就地市民化的理论基础

农民就地市民化满足了城镇化发展需要，更符合工业反哺农业、城市带动乡村振兴的战略逻辑，农民可就地务工增加收入，共享城市公共服务延伸带来的实惠。这一做法得到马克思主义经典作家和以刘易斯、舒尔茨、诺斯、托达罗、诺瑟姆等为代表的西方经济学家理论的支持，更是中国共产党城乡关系理论的实践运用。

一、刘易斯二元经济逐步向一元经济转化理论

阿瑟·刘易斯在《劳动力无限供给条件下的经济发展》（1954 年）中提出了发展中国家经济发展的二元结构的理论模型。① 该模型认为，发展中国家存在"二元经济"并存现象，即存在资本主义和维持生计的两大部门，也称为现代工业部门和传统农业部门，两大部门不仅在资本运用、生产规模、生产方式、

---

① 阿瑟·刘易斯. 劳动力无限供给条件下的经济发展 ［M］//阿瑟·刘易斯. 二元经济论. 施炜，谢兵，苏王宏，译. 北京：北京经济学院出版社，1989：8-9.

生产效率、收入水平均存在显著不同，各自有其独立特点，而且它们之间有着一种重要关联，即工业部门的发展，经常会从边际效益为零、劳动力无限供给的传统农业部门源源不断地获取它所需要的劳动力资源。工业部门发展投资与其所吸收的劳动力数量呈现出较为显著的正相关关系，这两大部门关系运动的结果甚至产生强化反馈效应，直至把农业剩余劳动力全部吸收，即二元经济逐步向一元经济转化。

刘易斯二元结构理论的核心观点是：经济发展是现代部门不断扩张和传统部门不断缩小的过程；效率低下的传统农业不断向现代部门转移人员，现代部门使用先进设备又节省了劳动力。传统部门具有承担接受无效率劳动者，提供高技术劳动者的功能，传统部门存在着无限供给的劳动力；农业不能停滞，农业停滞的经济看不出工业革命的原因。发展中国家的现代化应走外延式扩张道路，先把工业、城市做起来，然后反哺农业；主要方式不是强制，而是诱导，诱导传统部门观念和制度变化，改善土地制度，农民进入合作社实现组织的现代化，采用先进设备实现农业生产的现代化；由政府主导城市基础设施建设向农村延伸工程，让传统部门以更小的代价使用现代部门的基础设施。

刘易斯的二元结构理论受到舒尔茨的质疑，舒尔茨反对以轻视和牺牲农业来发展经济的做法，认为传统农业是有效率的贫困，通过对农民的人力资本投资和农业生产要素的重新配置可以实现传统农业的现代化改造，但舒尔茨改造传统农业理论的实现，须有一个市场经济发达的前提，发展中国家往往未完成市场化改革。还有学者认为，刘易斯二元结构模型夸大了现代部门的社会影响力。

刘易斯二元结构模型的可贵之处在于揭示了发展中国家在实现经济增长过程中面临的实际问题。发展中国家实现经济增长不能走常规的工业化、城镇化、城乡融合再到国家现代化的渐进式发展道路。刘易斯二元经济结构模型理论给我们的启示是，要想促进农业生产方式转换，国民经济结构合理以及迈向现代化，关键就在于实现农业剩余劳动力有效向现代非农部门转移，以劳动力资源优势提升工业化水平，以工业化带动城市化，以工业反哺农业，以城带乡，城乡互补，最终实现城乡共同振兴，城乡全面融合。

二、农村城镇化发展理论

20 世纪 90 年代，诺贝尔经济学奖获得者道格拉斯·诺斯提出了农村城镇化发展理论。该理论提出，为了缩小乡村与城镇的差距，政府应加大对乡村的财政投资力度，提供多种生产性岗位，将农业与非农业生产活动有机结合起来，将城镇生活引入农村地区，争取使农村地区变成"田里的城市"或者"乡村城市"；在生活方式上，将城镇生活引入农村地区，促使农村生活城市化；在社会关系和社会公共服务方面，要突破城乡二元结构的社会关系网络，在村庄内部营造新型的政治空间与社会经济，重视开发在乡村城镇地域的自然资源，修建农村公共建筑，覆盖农村工业与乡村服务等，统筹城乡之间的通信与交通，将乡村与城市连成一体，并不断推动其走向完善。

道格拉斯·诺斯的农村城镇化发展理论，使我们清晰地看到了农村城镇化的路径，即加大乡村投资，使城乡连为一体，突破城乡二元社会关系网络，实现城乡一体化发展。长期以来，我国城乡关系采用"二元结构"的发展模式，导致在改革开放之后各种社会矛盾不断凸显。尽管近年来城乡协调发展的力度不断加大，但城乡分割的惯性作用犹在，对中国的现代化进程形成了强大制约，这也是学界和各级政府部门开始对城乡一体化理论进行深度研究和实践的原因。

三、城乡一体化理论

19 世纪中叶，西方城市学家从城市规划的角度提出了城乡一体化理论，论述了城乡一体化的阶段与模式，阐释了城乡之间相互作用和双向交流的关系，为许多发展中国家的城乡一体化研究提供了新的思路。这一理论主要以霍德华的"田园城市"理论和麦基的"Desakota 模式"理论为代表。霍德华提出了"城乡磁石"（Town-Country Magnet）的概念，并阐述了城乡关系的发展趋势——城乡逐步融合为一体，倡导用城乡一体的新社会形态来取代城乡对立的旧社会形态。麦基的"Desakota 模式"是一种以区域综合发展为基础的城镇化现象，不同于西方国家以城市为基础的城镇化景观，此模型在借助实例进行论证的基础上阐明了城乡一体化是可行的，并明晰了达到这种目标的方法。①

19 世纪 50 年代左右，西方国家经济社会发展依据的理论基础主要是城乡一体化理论。我国在改革开放之后，政策通常偏袒城市，给予工业以最高的优先考虑，弱化了农业的基础地位，城乡关系长期处于分割发展状态，导致各种社会经济矛盾不断凸显，该问题在 20 世纪 80 年代末期尤为突出。我国的城乡关系发展问题引起了众多学者和各级政府部门的关注，开始对城乡一体化理论及中国的实践应用进行了更为透彻的研究与思考。

---

① Mcgee. The Emergence of Desakota Region in Asia: Expandinga Hypothesis, in the Extended-Metropolis: Settlement Transition in Asia [M]. Honolulu: University of Hawaii Press, 1991.

四、城乡劳动力迁移理论——托达罗模型

托达罗模型①是美国发展经济学家托达罗（M. P. Todaro）于 1970 年发表的农村劳动力向城市迁移决策和就业概率劳动力流动行为模型，又称三部门模型。托达罗假定农业劳动者迁入城市的动机主要决定于城乡预期收入差异，差异越大，流入城市的人口越多。根据托达罗模型，可以让准备迁移的人们以此作出更合理的决策。托达罗认为，在任一时期，迁移者在城市现代部门找到工作的概率与现代部门新创造的就业机会成正比，与城市失业人数成反比。

托达罗提出的政策建议包括：应当扩大农村中的就业机会，以缩小城乡就业之间的不平衡；由于拓展城市少量的就业机会，可能引来大量的农村剩余劳动力供给，导致更多的人失业，因此开创城市就业机会无助于解决城市就业问题；农村居民的受教育学历越高，其向城市转移的预期收入就越高，因而不加区别地发展教育事业会进一步加剧劳动力的迁移和失业；政府干预城市工资水平的确定，特别是制定最低工资线，并且对城市失业人口给予最低生活补贴，会导致要素供给的价格扭曲，引致更多的剩余劳动力进入城市，使城市的失业率更高；应当重视农业和农村的发展，鼓励农村的综合开发，增加农村的就业机会，提供教育和卫生设施，发展电力、供水和交通，改善农村的生活条件等，从而减缓农村人口向城市的流动。

托达罗模型的缺陷在于，第一，迁移数量或迁移率直接随就业概率的变化而变化，农村劳动力基本上是根据对城市就业概率的了解而作出迁移与否的决策的，那么迁移在相当大的程度上是"盲目的"，因而得出"就业机会越多，失业率越高"的结论，这显然不符合经验事实。第二，托达罗只考虑迁移者的迁移成本，而忽略了他们在城市里的生活成本。托达罗迁移模型的优点在于正确地反映了人口和劳动力在比较经济利益的驱动下向较高收入的地区或部门流动的理性经济行为；只要存在相对来说收入高的就业岗位和就业机会，就会对收入较低、就业不足的劳动力产生持续的引力（拉力）效应。此外，托达罗关于迁移成本的计算与预期收益是影响劳动力作出迁移与否决策重要因素的观点，也具有一定理论价值和现实意义。

托达罗迁移模型常被学界作为研究农民工市民化的理论基础。此理论基本能够解释中国改革开放后农民工向大中城市聚集的动因，以及当前初见端倪的

---

① TODARO M P. A Model of Labor Migration and Urban Unemployment in Less Developed Countries [J]. American Economic Review, 1969, 59 (1): 138-148.

农民返乡创业的逆城市化现象。为解决农民大规模向城市转移带来的弊端，托罗达提出，应当重视农业和农村的发展，鼓励农村的综合开发，增加农村的就业机会，提供教育和卫生设施，发展电力、供水和交通，改善农村的生活条件等，这些建议无疑是符合当前中国农民就地市民化的。因为，随着中国新型城镇化的推进和乡村振兴战略的实施，农村就地城镇化带来农村基础设施和基本公共服务的提升等，必然带来城市对农民吸引力的弱化，这不仅缓解了农村人口向城市的流动压力，而且实现了农民就地市民化的目标。因此，托达罗迁移模型为研究农民就地市民化奠定了一定的理论基础。

五、城市化发展曲线理论

1979 年，美国地理学家诺瑟姆通过对各国城市化发展轨迹的研究，提出了城市化发展曲线理论，试图用城市化发展曲线来描述各国城市化发展过程及所经历的阶段。诺瑟姆城市曲线揭示了城市化发展水平同发展阶段的对应关系，以城市人口占总人口比重的城市化率表征着不同的城市化发展阶段，相应的城市化曲线呈变体的 S 形。①

诺瑟姆把一个国家或地区的城镇人口与总人口的比值变化过程概括为一条稍被拉平的 S 形曲线，并把城市化过程分成三个阶段：一是城市水平较低、发展较慢的初级阶段，这一阶段对应的城市化率在 25% 以下，特点是农业占国民经济绝大比重且人口分布分散，城市人口占比小。二是人口向城市迅速聚集的加速阶段，特征是城市人口从总人口的 30% 增长至一半乃至 70%，经济社会活动高度集中，第二、三产业增速超过农业且占 GDP 比重越来越高，工业、服务业吸纳劳动力数量持续快速增长。三是进入高度城市化以后，城镇人口比重的增长又趋缓慢甚至停滞的稳定阶段，这一阶段，城市人口比重超过 60%，但仍有依靠乡村人口从事农业或非农业生产来满足城市居民需求的需要，当城市化水平达到或超 70% 后，增长又趋缓慢甚至停滞增长。

诺瑟姆认为，城市化水平达到 10% 就意味着城市化进程已经开始启动，该阶段城市人口占区域总人口的比重不足 25%，城市发展速度缓慢，经历时间较长。而当城市人口在当地总人口中的比重大于 30% 时，城市产业发展和城市生活运行便会吸收大量农村剩余劳动力，农村人口开始大量流入城市，城市人口快速增长，城市规模随之扩大，城市的数量急剧增多，这是城市加速发展阶段。城市人口占区域总人口的 60% 以上后，经济发展以第三产业和高科技产业为主，

---

① NORTHAM R M. Urban Geography [M]. NewYork：J. Wiley Sons, 1975：65~67.

人口增长模式向"低出生率、低死亡率"转变,城市人口增长速度趋缓甚至出现停滞,处于稳定发展时期,城乡差距越来越小,区域空间一体化,并有可能出现逆城市化现象。

诺瑟姆城市曲线理论揭示了城市化发展水平同城市发展阶段的对应关系,特别是以城市人口占总人口比重的城市化率来说明不同的城市化发展阶段,这对解决当前我国新型城镇化中的人口市民化问题有一定的启发意义,中国作为最大的发展中国家,借鉴诺瑟姆城市曲线理论中关于人口城市化与城市化发展水平的论述,有助于避免陷入"拉美陷阱",使城乡关系获得良性发展。

六、人口迁移理论——推拉理论

20世纪60年代,美国学者E. S. Lee提出了系统的人口迁移理论——"推拉理论"。推拉理论首次划分了影响迁移的因素,并把它分为"推力"和"拉力"两个方面。其中,前者是消极因素,因为这些因素促使移民离开原居住地。后者是积极因素,因为这些因素吸引怀着改善生活愿望的移民迁入新的居住地。推拉理论认为,劳动力迁移主要是由迁入与迁出地的工资差别所引起的。现代推拉理论认为,迁移的推拉因素除了更高的收入以外,还有更好的职业、更好的生活条件、为自己与孩子获得更好的受教育机会,以及更好的社会环境。[1]

推拉理论认为,人口从农村向城镇转移主要源于城乡发展的不平衡,产生拉力的主要因素包括城市里有较高的工资收入,较多的就业机会,较好的受教育机会,较多的话语权,较完善的文化设施和交通条件等。产生推力的因素主要有农村收入水平低、没有挣钱机会、农村太穷、生活太苦、农村学习条件差、受教育机会少、农村思想不解放、农村社会封闭循环等。中国改革开放后大量农民工进城,特别是20世纪90年代以来"民工潮"的涌现,也印证了推和拉因素对我国劳动力转移的影响。

推拉理论强调城市里面有更多的机会、更好的配套服务,在前拉后推双向作用下农村人口自然就向城市集中。但现在中国的社会结构、人口结构以及人们的价值观念都发生了改变,新一代的年轻人,包括新一代的农民工,他们不再简单追求经济收入,而是注重生活质量和幸福的感受。同时,农村户籍包含的隐性价值也在上升,农村居民所享有的隐性福利以及土地可能带来的收益,已经形成了新的拉力。而城市生活成本、环境污染、交通拥挤、个人发展的天

---

① 李强. 影响中国城乡流动人口的推力与拉力因素分析 [J]. 中国社会科学,2003 (1):125-136, 207.

花板等形成了一种推力。这种新的推力和拉力的反转，就使得一些城市失去了吸引力，所以很多农民工纷纷回流，回到农村发展，这也为农民就地市民化提供了新的理论价值。

七、马克思主义经典作家的城乡融合理论

马克思对于与农民相互依存的小农制的性质，有着比较深刻的认识。马克思认为，小农制不仅在前资本主义社会中占有主导地位，即使进入了现代资本主义社会以后，"它也是农业本身发展的一个必要的过渡阶段"①。但"小块土地所有制按其性质来说就排斥社会劳动生产力的发展，劳动的社会形式、资本的社会积聚、大规模的畜牧和科学的不断扩大的应用。高利贷和税收制度必然会到处促使这种所有制没落。资本在土地价格上的支出，势必夺取用于耕种的资本。生产资料无止境地分散，生产者本身无止境地分离。人力发生巨大的浪费。生产条件日趋恶化和生产资料日益昂贵是小块土地所有制的必然规律"②。"这种小生产正在无法挽救地走向灭亡和衰落。……资本主义的大生产将把他们那无力的过时的小生产压碎，正如火车把独轮车压碎一样。"③因此，恩格斯晚年在《法德农民问题》中进一步强调："我们永远也不能向小农许诺，给他们保全个体经济和个人财产去反对资本主义生产的优势力量。"④"如果我们许下的诺言使人产生哪怕一点点印象，以为我们是要长期保全小块土地所有制，那就不仅对于党而且对于小农本身也是最糟糕不过的帮倒忙。"⑤

马克思和恩格斯认为，"城乡之间的对立是随着野蛮向文明的过渡、部落制度向国家的过渡、地域局限性向民族的过渡而开始的，它贯穿着文明的全部历史直到现在"⑥。关于城市和乡村分离的后果，恩格斯指出："第一次大分工，即城市和乡村的分离，立即使农村居民限于数千年的愚昧状况，使城市居民受到各自的专门手艺的奴役。它破坏了农村居民的精神发展的基础和城市居民的肉体发展的基础。"因此，早在1847年，恩格斯就提出了城乡融合的概念，恩格斯认为废除私有制的主要结果是，"通过消除旧的分工，通过产业教育、变换工种、所有人共同享受大家创造出来的福利，通过城乡的融合，使社会全体成

① 资本论：第3卷 [M]．北京：人民出版社，1995：909．
② 资本论：第3卷 [M]．北京：人民出版社，1998：910．
③ 马克思恩格斯选集：第4卷 [M]．北京：人民出版社，1995：485．
④ 马克思恩格斯选集：第4卷 [M]．北京：人民出版社，1995：500．
⑤ 马克思恩格斯选集：第4卷 [M]．北京：人民出版社，1995：501．
⑥ 马克思恩格斯文集：第1卷 [M]．北京：人民出版社，2009：556．

员的才能得到全面的发展"①。

对于消除城乡对立的可能性和好处,恩格斯指出:"城市和乡村的对立的消灭不仅是可能的,而且已经成为工业生产本身的直接需要,同样也已经成为农业生产和公共卫生事业的需要。只有通过城市和乡村的融合,现有的空气、水和土地的污染才能排除,只有通过这种融合,才能使目前城市中病弱群众的粪便不致引起疾病,而被用作植物的肥料。"② "消灭城乡对立不是空想,不多不少正像消除资本家与雇佣工人的对立不是空想一样。消灭这种对立日益成为工业生产和农业生产的实际要求。"③

对于如何消灭城乡对立,马克思指出,消灭城乡对立是社会统一的首要条件之一,并且"这个条件又取决于许多物质前提,而且任何人一看就知道,这个条件单靠意志是不能实现的"④,"把农业和工业结合起来,促使城乡之间的对立逐步消灭"⑤,"把城市和农村生活方式的优点结合起来,避免二者的片面性和缺点"⑥ 等,都可以消除城乡对立,实现城乡融合。马克思、恩格斯还对小农制和小农消失之后"城乡融合"的社会进行了美好的展望。在小农消失之后,"城市和乡村之间的对立也将消失。从事农业和工业劳动的将是同样的一些人,而不再是两个不同的阶级"⑦。

在苏联建立社会主义制度后,对于消灭城乡对立问题,斯大林也有专门的论述。斯大林指出:"关于消灭城市和乡村之间、工业和农业之间的对立的问题,是马克思和恩格斯早已提出的大家知道的问题。产生这种对立的经济基础,是城市对乡村的剥削,是资本主义制度下工业、商业、信用系统的整个发展进程所造成的对农民的剥夺和大多数农村居民的破产。因此,资本主义制度下的城市和乡村之间的对立,应当看作是利益上的对立。""无意地,在我国,随着资本主义和剥削制度的消灭,随着社会主义制度的巩固,城市和乡村之间、工业和农业之间利益上的对立也必定消失。"⑧ 关于消灭城乡对立的手段,斯大林指出:"必须实行电气化,因为这是农村接近城市和消灭城乡对立的手段。"⑨

---

① 马克思恩格斯文集:第1卷 [M]. 北京:人民出版社,2009:689.
② 马克思恩格斯文集:第1卷 [M]. 北京:人民出版社,2009:313.
③ 马克思恩格斯文集:第3卷 [M]. 北京:人民出版社,2009:326.
④ 马克思恩格斯文集:第1卷 [M]. 北京:人民出版社,2009:557.
⑤ 共产党宣言 [M]. 北京:人民出版社,1949:45.
⑥ 马克思恩格斯文集:第1卷 [M]. 北京:人民出版社,2009:686.
⑦ 马克思恩格斯文集:第1卷 [M]. 北京:人民出版社,2009:689.
⑧ 斯大林选集:第2卷 [M]. 北京:人民出版社,1979:557,558.
⑨ 斯大林选集:第1卷 [M]. 北京:人民出版社,1979:355.

马克思主义经典作家关于消灭城乡对立的理论揭示了经济社会发展的必然趋势。经典理论体现的城乡融合思想启示我们，在现代化背景下，农村可以发展为城市，农民可以就地变成市民。

八、中国共产党关于城乡关系的理论

中国共产党成立后，以毛泽东同志为核心的中央领导集体，把马克思主义的城乡关系理论运用到新民主主义革命的具体实践中，提出了农民问题是中国的根本问题，坚持工农武装割据，走农村包围城市从而夺取政权的道路，农村包围城市道路是马克思主义城乡关系理论中国化的开始。

中华人民共和国成立之初，国民经济恢复时期，党的领导人结合中国国情提出了以农业为基础，农村支援城市的以城市为中心的城乡兼顾、工农业协调发展思想。1949 年 3 月的七届二中全会上，对于党的中心工作，毛泽东指出："从一九二七年到现在，我们的工作重点是乡村，在乡村聚集力量，用乡村包围城市，然后取得城市。采取这样一种工作方式的事情现在已经完结。从现在起，开始了由城市到乡村并由城市领导乡村的时期。党的工作重心由乡村移到了城市。"①

在城乡关系上，1949 年 3 月 12 日，刘少奇在《关于城市工作的几个问题》中指出："要有城乡一体的观点。过去我们只有乡村，现在加上城市，就是说，加上了大工业、国营企业（社会主义性质的）、国家资本主义、城乡关系等等新问题。我们要以城市工作为重心来领导全党工作，就要想到、照顾到这种种问题，'单打一'的做法必须改变，否则就要犯错误。"② 毛泽东指出："城乡必须兼顾，必须使城市工作和乡村工作，使工人和农民，使工业和农业，紧密地联系起来。决不可以丢掉乡村，仅顾城市，如果这样想，那是完全错误的。"③

1949 年 9 月 29 日通过的《中国人民政治协商会议共同纲领》中明确规定：中华人民共和国经济建设的根本方针，是以公私兼顾、劳资两利、城乡互助、内外交流的政策，达到发展生产、繁荣经济之目的。这就是著名的"四面八方"政策。随着"四面八方"政策的实施，城乡之间商品、资金和劳动力等生产要素自由流动，形成了开放、自由、互助、互惠、协调的城乡关系，"四面八方"政策稳定了城乡关系，促进了城乡经济发展，巩固了新生的国家政权。

---

①　毛泽东选集：第 4 卷［M］. 北京：人民出版社，1991：1426.

②　刘少奇选集：上卷［M］. 北京：人民出版社，1981：419.

③　毛泽东选集：第 4 卷［M］. 北京：人民出版社，1991：427.

1953 年，我国开始实施重工业优先发展的"一五"计划，为解决落后的农业不能满足工业化快速发展要求的矛盾，政府在农村开展农业合作化运动，并实行"统购统销"政策，限制农产品向城市自由流动，城乡分割的二元体制渐见雏形。而且，为保证粮食生产，阻止农民向城市流动，1958 年颁布《中华人民共和国户口登记条例》限制农民在城市就业和随意流动。刚性制度体系导致的城市偏向，使城乡分割制度完全形成且日益固化，最终形成城乡"二元"分割体制。因此，从 1958 年开始，在统购统销制度、户籍管理制度以及城市劳动就业和福利制度等一系列制度的安排下，城乡之间的界限就产生了，把农村和城市、农业人口和非农业人口彻底割裂开来，形成了城乡分治各自封闭的二元格局。

改革开放后，我国进入了社会主义现代化建设历史新时期，党领导人民逐渐探索出了全面实现社会主义现代化的中国特色社会主义道路。在改革开放的大环境中，党对我国城乡统筹发展理论探索的脚步一刻也没停止过。在总结了中华人民共和国成立以来城乡关系发展的经验教训后，党始终把马克思主义城乡关系理论的一般原理与中国改革开放伟大实践相结合，先后形成了"城乡互动""城乡协调""城乡统筹发展""城乡融合"为主要内容的城乡统筹发展理论。

十一届三中全会前后，邓小平对中华人民共和国成立以来指导城乡关系发展的理论与实践进行了反思。一方面纠正了在实践中重城轻乡的思想，另一方面继承和发展了毛泽东关于工农并举、城乡兼顾的思想，为具有中国特色的城乡一体化思想的形成提供了政策支持和实践准备。1975 年，邓小平在国务院讨论《关于加快工业发展的若干问题》时谈道："工业支援农业，促进农业现代化，是工业的重大任务。工业区、工业城市要带动附近农村"，同时"工业支援农业，农业反过来又支援工业"。1982 年至 1986 年，中央连续发出五个关于农村工作的"一号文件"。从这些文件中的政策取向可以看出，中央的农村经济政策由"控制"转向"放活"，一些政策得以突破，城乡分治的二元关系也开始出现松动。1983 年中央一号文件明确提出要调整购销政策，"要打破乡村分割和地区封锁，广辟流通渠道"。1984 年中央一号文件针对转移农村富余劳动力和发展农村工业提出："不改变'八亿农民搞饭吃'的局面，农民富裕不起来，国家富强不起来，四个现代化就无从谈起。""鼓励城市技术人员下乡，倡导和组织不同地区、不同单位之间的人才和技术的流动，为发展农村工业增强技术力量。"1985 年中央一号文件提出"改革农产品统派购制度"，"进一步扩大城乡经济交往，允许农民进城开店设坊，兴办服务业，提供各种劳务，鼓励易于分散生产或需要密集劳动的产业，从城市向小城镇和农村扩散"。①

党的十四大提出了建立社会主义市场经济体制的改革目标，进一步明确了农村基本经济制度和农业基本经营制度，从制度层面给农村和农业注入了新的活力，使"城乡分治"的二元体制松动从制度层面给予了保证。但从总体上讲，以公有制为主体、多种所有制经济共同发展的基本经济制度和以家庭联产承包经营为基础、统分结合的双层经营体制的确立并没有从根本上打破"城乡分治"的二元体制。但在"城乡分治"的二元体制框架下，农村支持城市发展的路径发生了本质的变化，由原来的工农业产品剪刀差方式转向农村为城市发展提供大量廉价劳动力的方式来支持城市经济的发展。党的十四届三中全会通过的《中共中央关于完善社会主义市场经济体制若干问题的决定》明确指出："逐步改革小城镇的户籍管理制度，允许农民进入小城镇务工经商"，"促进农村剩余劳动力的转移"。这就从体制机制上为打破分割相对发达的城市和相对落后的农村之间的坚实壁垒创造了条件，有利于逐步实现生产要素的合理流动和优化组合，促进了城乡经济和社会生活的结合与协调发展，从而为城乡一体化思想的形成提供了政策和理论准备。

党的十五大以后，中国改革的重心转向活跃城乡生产要素方面，统一开放、竞争有序的市场体系的基本建立，为新世纪城乡关系的改善奠定了体制机制基础。党的十六大报告提出，统筹城乡经济社会发展，建设现代农业，发展农村经济，增加农民收入，是全面建设小康社会的重大任务，统筹城乡经济社会发展的基本方略初步形成。十六届三中全会提出了"以人为本，全面、协调、可持续"的科学发展观，把"统筹城乡发展、统筹区域发展、统筹经济社会发展、统筹人与自然和谐发展、统筹国内发展和对外开放"视为科学发展观的根本要求，并首次提出要"建立有利于逐步改变城乡二元结构的体制"。在十六届四中全会上胡锦涛提出："在工业化初始阶段，农业支持工业、为工业提供积累是带有普遍性的趋向；在工业化达到相当程度后，工业反哺农业、城市支持农村，实现工业与农业、城市与农村协调发展，也是带有普遍性的趋向。""两个趋向"的重大历史论断标志着中国工农城乡关系重大历史性变动。这一时期，城乡关系有所改善，但是造成城乡二元分离的体制还未破除，城乡关系失衡的本质并没有发生改变。

党的十七大报告首次提出"城乡一体化"概念。报告指出，要统筹城乡发

---

① 中共中央、国务院关于"三农"工作的一号文件汇编（1982—2014）［M］. 北京：人民出版社，2014：56，60.

展，建立以工促农、以城带乡长效机制，形成城乡经济社会发展一体化新格局。党的十七届三中全会通过的《中共中央关于推进农村改革发展若干重大问题的决定》把加快形成城乡经济社会一体化新格局作为推进农村改革发展的根本要求，深刻指出这一战略任务的重大意义，认为"加快形成城乡经济社会发展一体化新格局，是破解农业、农村、农民工作难题的根本出路，是推动城乡生产要素优化组合、促进城乡共同繁荣的根本举措，是缩小城乡差别、实现城乡共同繁荣的根本途径，必须认真落实"。十七届五中全会提出"在工业化、城镇化深入发展中同步推进农业现代化"。这些重要决策，对于推进改革创新、打破城乡二元结构、加强农村制度建设，对于加快农村发展、促进农民富裕、实现全面建设小康社会奋斗目标，具有重大意义。

党的十八大报告继续提出"推动城乡发展一体化的战略思想"。报告指出："解决好农业农村农民问题是全党工作重中之重，城乡发展一体化是解决'三农'问题的根本途径。"要"加快完善城乡发展一体化体制机制，着力在城乡规划、基础设施、公共服务等方面推进一体化，促进城乡要素平等交换和公共资源均衡配置，形成以工促农、以城带乡、工农互惠、城乡一体的新型工农、城乡关系"。党的十八大报告明确指出城乡发展一体化是解决我国"三农"问题的根本途径，为我国城镇化指明了发展方向。接着，党的十八届三中全会审议通过了《中共中央关于全面深化改革若干重大问题的决定》，从全面深化改革角度对构建城乡一体的和谐城乡关系提出了要求。十八届三中全会提出："城乡二元结构是制约城乡发展一体化的主要障碍。必须健全体制机制，形成以工促农、以城带乡、工农互惠、城乡一体的新型工业城乡关系，让广大农民平等参与现代化进程、共同分享现代化成果。要加快构建新型农业经营体系，赋予农民更多财产权利，推进城乡要素平等交换和公共资源均衡配置，完善城镇化健康发展体制。"这是我国首次明确指出"城乡二元结构是制约城乡发展一体化的主要障碍"，以"城乡融合"发展来破解城乡二元结构的国家官方文件，明确让广大农民平等参与现代化进程，共同分享现代化成果，为农民就地市民化的开展提供了理论和政策依据。

党的十九大报告提出"实施乡村振兴战略"，重塑了中国工业与农业、城市与乡村的发展方向。报告指出，"要坚持农业农村优先发展，按照产业兴旺、生态宜居、乡风文明、治理有效、生活富裕的总要求，建立健全城乡融合发展体制机制和政策体系，加快推进农业农村现代化"。"培养造就一支懂农业、爱农村、爱农民的'三农'工作队伍。"2017 年的中央农村工作会议首次提出走中国特色社会主义乡村振兴道路，强调要重塑城乡关系，走城乡融合发展之路。

2018 年 1 月，中共中央、国务院发布的《关于实施乡村振兴战略的意见》指出了实施乡村振兴战略的意义，提出要加快形成工农互促、城乡互补、全面融合、共同繁荣的新型工农城乡关系。2018 年 5 月 31 日，中共中央总书记习近平主持中央政治局会议审议《乡村振兴战略规划（2018—2022 年）》，会议强调实施乡村振兴战略是决胜全面建成小康社会、全面建设社会主义现代化国家的重大历史任务，是新时代做好"三农"工作的总抓手。2019 年，中共中央、国务院在《关于坚持农业农村优先发展做好"三农"工作的若干意见》中强调：落实更加积极的就业政策，加强就业服务和职业技能培训，促进农村劳动力多渠道转移就业和增收；发展壮大县域经济，引导产业有序梯度转移，支持适宜产业向小城镇集聚发展；扶持发展吸纳就业能力强的乡村企业，支持企业在乡村兴办生产车间、就业基地，增加农民就地就近就业岗位；稳定农民工就业，加快农业转移人口市民化，加快补齐农村人居环境和公共服务短板，推进城镇基本公共服务常住人口全覆盖；鼓励外出农民工、城市各类人才返乡下乡创新创业。

2020 年，中共中央、国务院在《关于抓好"三农"领域重点工作确保如期实现全面小康的意见》中要求：有条件地区将城市管网向农村延伸，推进城乡供水一体化；增加学位供给，有效解决农民工随迁子女上学问题；鼓励城市文艺团体和文艺工作者定期送文化下乡；优先安排农产品加工用地指标，有效扩大农业投资，稳定农民基本收益，稳定粮食生产；农民工失业后，可在常住地进行失业登记，享受均等化公共就业服务；将符合条件的返乡创业农民工纳入一次性创业补贴范围。

加快推进农村地区人口、产业向城镇集聚；把生产经营权下放给农民，调动农民的积极性；转变农业生产方式和村庄建设模式，逐步改变城乡二元结构，在工业化、城镇化深入发展中同步推进农业现代化；是改革开放以来，中国处理城乡关系中的辩证法。1982 年至 1986 年，中央连续五年发布以"三农"为主题的中央一号文件，对农村改革和农业发展作出部署。2004 年至 2020 年，中共中央、国务院又连续十七年发布以"三农"为主题的中央一号文件，体现出解决好"三农"问题在我国社会主义现代化建设中的重大意义，也对独具中国特色的城乡一体化理论的形成与实践的开拓起到了极大的推动作用。

第二节　农民就地市民化的现实依据

　　城镇化与工业化相伴相随，城镇化与农业现代化联动互动。农村人口大幅减少、农业衰落实则是农业农村农民自我更新过程，城对乡的带动发展最终会转为城与乡的共同发展。中国工业化进程仍在加速推进中，城镇化率还比较低。统筹城乡发展，引导农民就地市民化，实现农村土地高效流转，提升农业产业化、规模化和现代化水平，让城、乡之间人员和资源进一步实现自由流动，最终达到城、乡之间人口结构与产业结构平衡是发达国家的一般经验，也是我们党一直非常重视的大问题，关系小康社会质量，更关系全面现代化战略全局。

一、确保国家粮食安全战略需要的有力支撑

　　党的十九大报告指出：农业农村农民问题是关系国计民生的根本性问题，必须始终把解决好"三农"问题作为全党工作重中之重。确保国家粮食安全，把中国人的饭碗牢牢端在自己手中。对于有着14亿人口的中国来说，吃饭问题是天大的问题，而粮食安全大于天。近年来，我国粮食总产量持续减少，粮食产量减少的原因是多方面的，直接原因是国家转结构、促增长的大环境下实施农业供给侧结构性改革。但同时应看到，城镇化的发展促使大量农村青壮年劳力涌向城市，守在乡村的多是"三留"（留守妇女、留守儿童、留守老人）人员，农村劳动力素质降低，数量减少，是粮食产量减少的重要原因。而青年农民外出打工不愿种地的根本原因在于农村收入过低。家庭联产承包责任制后，土地以一家一户碎片化状态存在，不能形成规模效益，农民在小规模土地上的产出基本上是保障自己消费，单靠提高粮食产量去实现全面小康根本行不通，农民种粮半年的纯收入可能抵不上外出打工一个月的收入。外出打工增加收入对农民的吸引力不断增强，土地对农民特别是新生代农民的吸引力在持续下降。因此，虽然国家在2006年全面取消了农业税，规定对种粮进行补贴，但多地调研情况显示，农村许多地方仍有土地撂荒、弃耕现象。因此，如何实现农民就地市民化，使农民就地提高收入和生活水平，这是确保国家粮食安全的基本条件。

　　实现农村人口就地市民化可以提升农民收入水平，稳定农业生产者队伍。农村劳动力过剩，人均支配的土地资源太少，劳动生产率提高缓慢无疑是农村农民收入低的根本原因。通过农民就地市民化大幅度减少农民，把置换出来的

土地资源适度集中到职业农民手里，提高农业劳动力人均土地资源占有量，留在农业中的劳动力才能通过专业化、规模化的农业生产活动，提高农业劳动生产率，保证国家粮食产量和粮食安全，使农民获得更多的收入。同时，保证我国粮食持续增产，保障粮食安全，提高农业劳动者队伍素质刻不容缓。实现农民就地市民化可以增加农业地区的集聚力，吸引城市人才和大学生成为新型职业农民，致力于农村现代化事业，为我国农业的可持续发展储备人才，焕发农业和农村新的活力。

二、有助于消解我国传统城镇化中存在的现实弊端

长期以来，我国城镇化走的是"重城轻乡""重工轻农"的路子，传统城镇化导致城乡严重分割，农村萧条与"城市病"并存。从农村来说，大量建设农村的生力军涌向城市，造成农村劳动力的数量和素质下降，农村日益空心化，各种社会问题日益凸显。从城市来讲，大量农业转移人口涌向城市，造成城市人口急剧膨胀，增加了城市就业、交通、环境、公共服务等方面的压力，而进城农民却很难真正融入城市社会，人口市民化进程严重滞后于土地城市化。

实现农民就地市民化，一方面，农民不用到大城市就业，可以减轻当前大城市人口膨胀的压力，缓解城市资源和公共服务紧张状况，消解大城市的"城市病"。另一方面，农民就地市民化，不仅能够实现农民家庭团聚，减少外来务工人员异地市民化的种种弊端，而且能使农村空心化问题得到缓解和治理，为乡村振兴奠定人力资源基础。

三、有利于新型城镇化发展目标的实现

新型城镇化的核心是人的城镇化，而人的城镇化最根本的问题是市民化。从就地城镇化到就地市民化是一种质的提升，是一种发展理念的重大转变。

首先，就地城镇化强调的是城镇化的发展过程，关注的是农业转移人口就业的非农化、居住的社区化和生活方式的现代化，而就地市民化强调的是城镇化的发展质量，关注的是农业转移人口社会保障制度的完善和基本公共服务的均等化。

其次，就地城镇化的动力主要是产业拉动，需要通过发展非农产业，引导农村富余劳动力从农业向二、三产业转移，而就地市民化的动力主要是制度创新。通过制度设计，完善各项社会保障制度，促进城乡基本公共服务均等化。

最后，就地城镇化的目标是把更多的农村转变为城镇，把更多的农村人口转移到县城和小城镇，注重的是人口的空间转移和身份转换，而就地市民化的

目标是让更多的农民享受到与城市居民一样的社会保障和公共服务，注重的是人际公平和社会和谐。从就地城镇化到就地市民化不仅是发展形式的重大转变，更是发展理念的重大创新。

所以，新型城镇化的最终目标不是要消灭农村，更不是要消灭农民，而是要缩小城乡差距，实现城乡良性互动和协调发展。就地市民化可以让农民在就近转移，甚至不转移的前提下，享受到与城市居民一样的社会保障制度和均等化的基本公共服务，这样更有利于新型城镇化发展目标的实现。

四、推动乡村振兴的主要内容

传统城镇化下，城市非农产业的高附加值与农村薄利的农业产业形成鲜明对比，城市对乡村各类要素的虹吸效应十分强烈，农民纷纷弃农进城务工，将家庭收入的增长空间寄托在城市，但经济空间的城市化并没有带来人的城市化，农民进城务工却不能定居，没有完成从农民到市民的转型，福利改进空间有限。这种城镇化是被动的、零散的，缺乏稳定性和自主性，造成"城市病"泛滥，形成城市中的贫民窟，同时也造成农村萧条，形成"农村病"。城乡发展最不平衡，农村发展最不充分，受发展不平衡不充分影响最大的还是农民。

乡村振兴坚持农业农村优先发展总方针，一手抓乡村发展，一手探索乡村振兴下的城市发展新逻辑，是要素投入向农村农业倾斜、城乡要素平等交换，不断缩小城乡公共服务供给质量的过程。乡村振兴摒弃了传统新农村建设中的"造村"运动，一方面，着力改善农村的住房、道路、通信、供水、供电等基础设施，完善农村教育、医疗、养老社会保障服务，使农民就地就能享受到与城市同等便利的基础设施和公共服务。另一方面，大力发展农业关联产业，延伸农业产业链，发展城乡资本交汇的园区经济，推动农村农业现代化，促进农业人口就近就业。第三方面，乡村振兴阵地在农村，农民是主体，乡村振兴通过职业教育培训提高农民农业和非农就业技能，通过现代文明理念教育提高农民的法律和道德意识，促使传统农民真正完成向职业农民或现代产业工人的转变，从而提高其就地市民化的内生能力。

五、扩大内需，实现经济可持续增长的动力源泉

世界主要发达国家经济发展历史表明，大国发展起来之后，要想继续走经济增长的道路，必须由以出口导向型为主的经济模式向以扩大内需为主的经济发展模式转向，要更多依靠国内消费带动国内生产、交换和分配。美国和日本的经济史都证明了这一点。由于美国和日本在经济增长达到一定阶段后注意扩

大内需，促进经济转型升级，所以越过了"中等收入陷阱"，经济持续增长，实现了国家现代化。而巴西和阿根廷等南非国家在进入大国经济阶段后，由于没有及时促进经济转型升级，遭遇国际制裁时，农业资源满足不了城市工业发展需要，农民有限的消费能力超过了工业品供给量，造成经济萎缩，落入了"中等收入陷阱"，没有实现国家现代化的历史任务。

工业化创造供给，城镇化创造需求，消费使生产得以实现，并引领和创造新的生产。中国农业大国的经济特征决定了未来扩大内需的着力点和突破点在农村和农民。2018 年，我国城镇常住人口增加到 8.3 亿人，城镇化率提高到近60%，农村人口 5.6 亿人，按照 2030 年人口峰值 14.5 亿人、城镇化率 70% 计算，仍有 4 亿多乡村人口，这是一个庞大的消费群体。统计数据表明，我国现有城镇居民收入相当于农村居民收入的 2.73 倍，城市居民消费支出是农村居民的 2.3 倍，86% 的消费是在城镇实现的。① 当前广大农民多属于低收入支持的培育型消费群体，这是支持我国经济长期持续增长的重要动力源泉。党的十九大报告提出，要坚持农业农村优先发展，按照产业兴旺、生态宜居、乡风文明、治理有效、生活富裕的总要求，建立健全城乡融合发展体制机制和政策体系，加快推进农业农村现代化。试想一下，如果居村 6 亿农民同城市居民一样享受到了市民待遇，这种城乡均衡的消费政策必将刺激经济出现新的活力，拉动经济持续增长。因此，从我国的经济转型来看，农民就地市民化具有迫切性。只有农民市民化了，才能达到刺激消费，扩大农村内需的目的。

六、实现农民美好生活的有效途径

古希腊哲学家亚里士多德曾经说过：人们来到城市，是为了生活。人们居住在城市，是为了生活得更好。美国学者麦克说：将城市的光芒照耀农村的好处，也许比以不断增加的城市生活环境的吸引力诱惑农民进城的好处要大得多。其实二者并不矛盾，反映的是不同发展阶段需求的动态变化。党的十九大报告指出，中国特色社会主义进入新时代，我国社会主要矛盾已经转化为人民日益增长的美好生活需要和不平衡不充分的发展之间的矛盾。实现农民市民化，根本目的是让农民的生产条件和生活条件彻底改善，让农民的生活更加美好。农民的美好生活需要体现在居住、教育、医疗、养老和情感寄托等诸多方面。

---

① 2015 年全国城镇常住人口达到 7.7 亿　城镇化率近 6 成 [N]. 人民日报，2016-01-31（02）.

第一，农民就地市民化能够改善长期困扰农村环境治理问题。长期以来，我国传统农村村落以分散居住为特点，垃圾堆积院坝池塘河沟边居多，农村厕所多以旱厕为主，大部分农村没有污水收集管网，厕所污水处理成为农村环境治理的一大难题，农村垃圾、污水治理、厕所改造事关农村家庭生活质量。农民就地市民化，可以实现农民集中居住，对厕所和污水处理进行集中改造，提高农民生活环境质量。

第二，农民就地市民化能够提高农民的实际收入。农民外出打工，常年的钟摆式流动，不但造成交通的压力，而且交通费用也会造成其实际收入的减少。实现农民就地市民化，农民在家门口就业，或者到产业园区当产业工人，或者到高效农业园区当农业工人，或者在贸易市场从事商务活动，这些都会大幅度提高农民的收入。由于农村地区消费水平一般低于大中城市，农民支出成本相对减少，加上没有打工往返的交通费用，有时农民在家门口看似比外面打工赚得少些，但是实际收入水平提高，农民的购买力将会相应提高，会极大改善农民的生产生活条件，有助于扩大国内消费，使城市工业再生产和规模扩大得以实现。

第三，农民就地市民化给农民生活质量提高带来新机遇。农民就地市民化，必然带来教育、医疗、养老和社会服务等政策向农村倾斜，从而开创农村公共服务新局面。从当前新农村建设的实践成果来看，各地农村的基础设施建设硬件方面已经得到了很大改善，如通水、通电、道路硬化方面基本都已经得到了解决，但在软环境方面还存在较大欠缺，如农民业余文化生活仍比较单调，农村医疗养老服务还很不到位，农民环境保护意识还有待提高等。农民就地市民化，不仅可以从基础设施硬件方面改善农民的生活条件，更重要的是，能够引导农民的思想行为观念得到革新，使农民从物质到精神层面享受到深化改革的成果，提高生活质量，实现美好幸福生活。

第四，农民就地市民化能解决留守儿童、留守妇女和留守老人的社会问题。

农民工外出打工，在家的是留守儿童、留守妇女和留守老人，团聚少离合多。有多少留守儿童因为从小不能享受到父母的关爱和家庭的温暖而成为问题少年，有多少留守老人在本该晚年享受天伦之乐之时还得负担起留守孙辈的抚养和看护职责，又有多少留守妇女承担着常人难以想象的心理和精神负担。据中国农业大学"中国农村留守妇女研究"课题组一项研究表明，劳动强度高、精神负担重、生活压力大，是压在农村留守妇女头上的"三座大山"。① 实现农民就地市民化，农村"三留"问题都将解决，农民全家可以享受幸福生活，美好生活。

本章小结

农民就地市民化既是一个理论问题，更是一个实践问题。城乡关系理论、城镇化发展理论、人口迁移理论、人的全面发展理论等从不同视角为农民就地市民化提供理论基础。中国城乡关系的现状，二元结构下农民问题的严重性，新型城镇化和乡村振兴联动发展，为农民就地市民化提供了现实依据。新型城镇化强调"以人为本"，立足农民分化现实，一手抓乡村发展，另一手探索城市发展新逻辑，既让进城农民工实现市民化，也探索在村农民的就地市民化，最终目标是解决城乡发展不平衡，实现全面现代化。就地市民化有助于保持农村社会稳定，实现以农业农村农民现代化为标志的乡村振兴；有助于维护国家粮食战略安全、扩大内需、解决城市扩张过快带来的城市病和效益递减问题。农民就地市民化已得到国内外理论研究的支持和实践的检验，是新时代中国城镇化理论研究的重点，更需要进一步总结经验，把实践推向深入。

---

① 中国农业大学"中国农村留守妇女研究"课题组.2012 农村留守妇女调查：难忍"牛郎织女"分居生活［EB/OL］.中国广播网，2012-03-31.

第三章

国际国内农民就地市民化的经验与启示

人财物的城市集中可产生聚集效应和规模效益，任何一个国家的现代化都必定同时是城市化的过程。从各国经验看，减少农民和增加非农就业，工业服务业补贴农业，城市反哺乡村，才能实现城乡高水平的均等化，最终解决"三农"问题。发达国家农村城镇化起步早，农村城镇化率高，农民就地市民化实现模式各具特色，对我国农民就地市民化具有重要借鉴意义。贵州作为欠发达省份，农民就地市民化才刚刚起步。梳理国际国内农民就地市民化的成功经验，对贵州农民就地市民化有一定的启示和借鉴作用。

第一节　国际农民就地市民化的实践与启示

从目前农民市民化水平横向相比而言，美国、日本、韩国、德国、以色列等发达国家都很高，但在农民就地市民化的路径上，各国却经历了全然不同的道路。前序国家的农民就地市民化实践多多少少可以为后序国家提供一些指引。贵州属于欠发达地区，工业化、城镇化和农业现代化起步都比较晚，探索和研究贵州农民就地市民化问题，就需要回溯、考察和剖析发达国家农民市民化的演化道路，探寻其中所蕴含的共性规律与基本经验。

一、典型发达国家农民就地市民化实践

20世纪60年代初，韩国城乡二元结构非常明显；90年代以后，韩国城市化进程加快，城乡经济协调发展，城乡居民收入水平实现了同步提高。日本二战后也实行了一套城市偏向政策，注重发展城市工业，1960年开始出现城乡发展失衡的矛盾，通过国土再造与工业下乡、均等化城乡公共服务、推进农民就业与农业兼业化，增加农民收入，到20世纪70年代，日本实现了城乡收入均衡的目标。美国以城乡互惠共生为原则，通过城市带动农村、城乡一体化、小

城镇建设带动乡村发展等策略最终实现了工业与农业、城市与农村的双赢。其他国家如德国、瑞士、荷兰、以色列都在工业化后期不再单纯追求城市的规模化，而是从城乡一体化角度，实施乡村再造，打造小城镇，大力推广就地市民化。

（一）美国农民就地市民化的实践

美国工业化城市化起步较早，城市现代工业部门不断扩张和乡村农业传统部门不断缩小。到 20 世纪初，一方面城市人口不断增加，城市中心过度拥挤，部分中产阶级开始向城市郊区迁移。另一方面农民持续向城市迁移，农业衰退。于是美国因势利导，以城市带动农村、城乡互惠共生为原则，推行"示范城市"试验计划，大力建设乡村小城镇，推动农民就地市民化。

1. 规模化的现代农场解放了大量农村劳动力

19 世纪初，美国社会仍是一个典型乡村社会，居住和生活在乡村的人口占总人口的 80% 以上。城市数量少，城市人口少，城乡交通不便利，导致城乡人口流动缓慢。19 世纪末，第二次工业革命促进了美国工业化的快速发展，也为农业现代化创造了物质条件，大量劳动者从传统农业和土地中分离出来，大批农业劳动力就近向非农产业转移，农村土地则实行集中经营，实现农业机械化和规模化生产。进入 20 世纪后，美国家庭农场的经营规模逐步扩大，数量逐渐减少，1930 年时美国的农场数超过 630 万个，每个农场的平均面积 63.5 公顷。2000 年，美国共有农场 217.2 万个，平均每个农场的土地面积为 175.6 公顷，平均每个农场的劳动力仅 1.4 人进行生产、管理和经营，一个劳动力可以养活 146 人。每个农业经济活动人口经营土地 125.4 公顷，为世界之最。①

2. 完善发达的产业体系促使农民实现就地市民化

随着美国农业的发展，其产业化程度越来越高，产业体系不断健全，农业的产前、产中和产后各环节逐渐连接成了一个有机整体。1999 年，美国的奶牛专业农场、牛肉专业农场、果树专业农场、大田作物专业农场以及棉花农场的专业化比例分别达到了 84.2%、87.9%、76.9%、96.3% 和 81.1%。农业专业化产生集聚效应，带动产生了一大批与农业相关的部门和机构，促生了许多非农工作岗位。

3. 完善的法律体系为农民就地市民化提供了有力保障

美国在推动农民就地市民化过程中，格外注重农村劳动力素质技能的提升。20 世纪五六十年代以来，美国政府制定了各种提升农村劳动力素质技能的计划

---

① 刘志扬. 美国农业新经济 [M]. 青岛：青岛出版社，2003：5.

和立法,并成立了旨在提升农村劳动力素质技能水平的机构。为顺利实现农民就地市民化,美国还制定了涵盖农村工业发展、剩余劳动力转移、成人教育、就业服务、医疗卫生设施、农业信贷、土地保护等方面的法律法规,为农民就地市民化保驾护航。此外,美国构建了完整的以科研、教育为后盾的农业技术推广体系。

4. 以乡村小城镇为农民就地市民化载体

小城镇建设以农村完善的公共服务体系和发达的城乡交通条件为基础,有着良好的管理体制和规章制度,功能设施齐全,自然环境优越,强调结合区位优势和地区特色打造个性化功能,符合农民生产生活习惯,也有利于土地的集约化耕种,同时也是城市有产阶级定居和城市资本新的投资机会。"示范城市"试验计划和乡村空间上的小城镇建设,加快了美国的城乡一体化进程。

美国通过上述措施,最终实现了农民就地市民化。美国农民就地市民化是在农业现代化对农村剩余劳动力的推动下,在农业产业化产生集聚效应带动下,在农民素质提升和法律法规体系不断完善的保障下实现的。美国农村人口所占总人口比重由 19 世纪初的 95% 左右下降到 1930 年前后的 43.8%,① 标志着美国农民基本实现了就地市民化。在美国,农民与市民仅是不同职业而已,城乡一体化将农民与市民紧密联系起来,实现了融合发展。

(二) 日本农民就地市民化的实践

在城乡关系上,日本最初实行城市偏向政策,注重发展城市工业,实现了快速工业化和城市化,但农村发展远远落后于城市。第二次世界大战后,为挽救农业和农村、实现城乡一体化目标,日本实施"造村运动",对农业生产给予大量补贴和投入,培育特色农产品生产基地,实施农业接班人计划,开设各类农业培训班,推进农民就业与农业兼业化,提升农产品附加值,拓展农业农村多重功能,制定村落发展规划,促进农地流转和集体化,合理配置农业基础设施,增加公共投入,改善农村生活环境。通过城乡融合发展,日本的农业产业竞争力得到较大提升,农民的生活条件、居住环境等整体生活状况得到了根本改善,其收入水平、生活条件与城市居民趋于一致,甚至超过城市。1975 年,日本农户的平均收入是城市家庭平均收入的 1.03 倍,此后,农民人均收入一直高于城市②。

---

① 谭炳才. 国内外农村建设主要模式比较与启示 [J]. 南方农村,2007 (1): 9-11.
② 丁玉,孔祥智. 日本农民增收的经验和启示 [J]. 世界农业,2014 (5): 6-9,63,215.

1. 高速发展的农村工业化促进农民非农化转移

日本在第二次世界大战后开始了均衡发展城乡工业化历程。1961 年制定《农业基本法》，大力倡导发展农村工业。为鼓励工业向农村地区发展，1971 年日本颁布了《向农村地区引入工业促进法》，随后又颁布《新事业创新促进法》《关于促进中心小城市地区建设及产业业务设施重新布局的法律》等，对农村工业企业实施税收减免、提供低息贷款等金融优惠、实施信用保证、整备基础设施等一系列优惠措施，吸引"工业下移"。工业在农村的兴起，使日本农村非农产业的就业岗位迅速增长，大量的农村富余劳动力就地转移。农村劳动力完成向非农部门的大规模转移只用了 30 多年的时间。1946 年日本农业就业的劳动力占全社会就业人口的 53.3%，1955 年为 41%，1960、1965、1970、1980 和 2000 年分别为 32.6%、24.6%、19.3%、10.9%、5.1%。在农村劳动力的快速和大规模转移中，日本农民兼业化特征明显。1980 年，兼业农户达 403.8 万户，占总农户数 87.1%。[①] 绝大多数的兼业农户都有固定的非农工作，非农收入稳定。

2. 政府实施一系列惠农政策，消除城乡差别

日本之所以能在短时间内完成农村富余劳动力的转移，与政府高度重视农村教育是分不开的。第二次世界大战前，日本已经普及了 6 年义务教育，第二次世界大战后又把义务教育的年限延长至 9 年。城乡教育投入相对均衡，农村劳动力与城市劳动力教育水平差距不大，使日本劳动力能够顺利实现现代工业企业转移。同时，国家的职业培训制度为农村劳动力获得专业技能和适应工业化发展提供了制度保障。

在 20 世纪 70 年代的日本经济高速发展时期，日本政府实施了对农村的特殊优惠政策，对于农副产品生产给予了高额的补贴。1960 年颁布的《农业基本法》，标志着工业反哺农业的开始。之后又颁布《农业现代化奖金筹措法》，并实施农产品价格保证制度、"预购置"等，有效地保障了农民的利益。

为了消除城乡差别，尤其是消除城乡居民不平等的社会保障待遇，日本政府制定了全国统一的社会保障制度，并通过公共基础设施改造，实现农村就地城镇化。日本农村城镇化并不是把一些小村落进行人为的拆并，集中起来建高楼小区，而是在不改变他们原有的居住地、不实行村落拆并的前提下，由政府出资进行现代化的农村基础设施改造，做到家家通电、通煤气、通自来水、通无线网络。因此，日本农民在过去几十年中，家没有搬，但是生活的环境改变了，整个农村的基础设施都实现了现代化。农民的居住与生活条件与城市居民

---

① 冯昭奎. 日本经济 [M]. 北京：高等教育出版社，1998：93.

相差无几，甚至许多家庭都超过了城市居民的居住条件。

3. 日本的"农村经济更生"与职业农民教育

日本早期的农村建设运动称为"农村经济更生"运动，经济更生强调"经济更生之精神"，把农民定位为经济更生运动的旗手。农村经济更生运动的直接目标是实现农业和农村经济上的组织化和农村社会的组织化，以解决农村的经济危机。工作的重中之重是通过构建系统的农民职业教育培训体系、制定完善的法律体系、奖补农业生产者为农业农村的现代化提供人才支撑。日本的农民职业教育培训，主要由文部科学省和农林水产省主导。前者注重普及式和研究式的农业教育，后者注重职业农民教育。课程内容更侧重于讲授农业技术的实际应用与农业生产经营的日常管理。出台《农业振兴法》等法律予以保障，并明确农协在农民职业教育体系的作用。另外，对培训后的农业生产者进行资格认定，给予资金扶持和税收优惠，并附健全的农村养老保险体系和输送青年农业生产者进修制度来不断地吸引青年进入农村务农。在日本，农民是一个令人艳羡的职业，从 1973 年农村居民人均收入超过城市居民以来，这一状况一直持续至今。日本农民在住房、车辆、旅游、休闲娱乐等方面的消费水平也明显高于城里的中等收入者。他们的收入比白领稳定，实行一周四天工作制，还参加环球旅行、各类培训和音乐会等休闲活动。①

（三）韩国"新村运动"推动农民就地市民化的经验

韩国地处东北亚，是我国的近邻，文化环境相似。韩国在 20 世纪 60 年代末，仍然是个落后的农业国，人均耕地少，小规模经营，农业基础薄弱。但是，随着外向型经济发展，农村人口大规模涌入城市，农村劳动力老龄化现象明显，扩大了城乡居民收入差距，城乡矛盾突出。于是，韩国政府 1970 年开始掀起了以农民增收、改善乡村环境、缩小城乡差距为中心目标的"新村运动"，以此为契机，韩国走上了农村、农业经济振兴之路，实现了城乡统筹。当前，韩国已跃入新兴发达的工业化国家，城市化率将近 90%②。

2019 年 7 月 3 日的《中国信息报》上的一篇报道《韩国"新村运动"创造美好家园》，详细介绍了韩国新村运动促进农民各方面变化的做法，现摘录如下：

1. 坚持政府主导作用

韩国政府通过立法手段，为保障城乡有序发展提供了法律依据和行动指南。

① 高荣伟. 令人艳羡的日本农民 [J]. 农村·农业·农民（A版），2012（5）：49-50.
② 官爱兰，蔡燕琦. 农业现代化中农民职业培训：美国、韩国经验及启示 [J]. 高等继续教育学报，2013，26（5）：63-67.

20世纪70年代以来，为了促进小城镇发展，韩国政府采取了一系列的政策和措施，形成了小城市培育事业阶段（1972—1976年）、小城镇培育事业阶段（1977—1989年）、小城镇开发事业阶段（1990—2001年）。进入新世纪，韩国政府先后制定《地方小城镇培育支援法》（2001年）和《小城镇培育事业10年促进计划（2003—2012年）》促进了新一轮小城镇发展高潮。所有这些举措都为顺利推进新村运动提供了法律保障和制度支持。

2. 发挥村民主体作用

韩国政府认为，由于发展条件和目标不同，具体选择哪些项目，最终由村庄独立决定，不能强制推进。在新村运动初期，由于经济基础比较薄弱，政府加大了基础设施和公共服务的投入，对改善农村落后面貌起了很重要的作用。20世纪70年代末，新村运动达到了预期目标后，村民建设的自治力量开始兴起。全国各地以行政村为单位自发地组织了开发委员会主导新村运动，吸收全体农民为会员，并成立了青年部、妇女部、乡保部、监察会和村庄基金，自发组织修筑乡村公路、整治村庄环境、发展文化事业和社会救助等活动。坚持以村民为主，同时鼓励民间组织积极参与。

3. 注重农民职业教育

韩国新村运动中实施新型职业农民培育，其基本做法是：第一，以《农村振兴法》为核心提供系列法律保障。教育部门与农业部门分工明确、各负其责又相互合作。农协会大学、农业研修院、企业是培育新型职业农民的主阵地，以产校协作为基本培育模式。第二，注重社会价值观教育。注重培养农民对农业的感情，强调农民勤勉、自主自立、团结合作精神对农业的贡献。第三，以一个村或几个村为农村定居生活圈，实施农民职业教育。第四，奖惩结合。让农民意识到参加职业农民培育是利国更利己的事情，为此，农民和农民所在乡村应承担部分职业培训费用，相应地，对培训成果转化效果较好的农民和农民所在乡村给予奖励和更多的发展援助。

4. 多力量推进文明建设

韩国政府积极鼓励多元化社会力量参与新村运动，加大农村文化基础设施建设，提高农民文化水平和道德修养，为城镇化建设提供了强有力的智力支持。在新村运动过程中，韩国修建了村民会馆、敬老院、读书室、运动场、娱乐场、青少年活动中心等农村文化设施。通过多种的文化娱乐活动，逐步培养村民的"勤勉、自助、协同、奉献"精神。同时，实施志愿指导员制度，一般志愿工作者大多数来自大学教师、大学生等素质比较高的群体。这些举措不仅丰富了农民的文化生活，调动了农民参加新村运动的积极性，而且还提升了农民文化水平和人文素养。

新村运动最主要的特点是以农民为主体，以政府为主导，以社会各种力量积极配合，改变农民以往保守的态度，唤醒农民自立自强的意识，让更多农民通过勤劳的双手建设美好家园。新村运动造就了大批道德和文化素质较高的城市居民，不仅成为农村城镇化稳步发展的动力，而且农民收入大幅增加，城乡居民差别基本消失，改变了农民的生存状态、居住条件、生活方式，提高了农民社会道德和科技文化素质。

二、发达国家农民就地市民化的启示

（一）农民就地市民化是国家现代化的重要组成部分

从农民就地市民化的国际经验来看，在经济发展到一定程度后，重视农村人口就地市民化是一个普遍性的规律。现代化是工业化、城镇化、农业现代化和农民市民化综合演进过程。忽略农业、农村和农民的现代化不是真正意义的现代化。在"三农"现代化中，核心问题是农民的现代化，不仅要让进城的农民实现市民化，而且也要让乡村农民实现市民化，当农村居民和城市居民能够享受到基本相当的社会公共服务后，才能说国家真正实现了现代化。

（二）政府在农民就地市民化中起主导作用

现代化实质上是人的现代化，城镇化实质是人的市民化。就农村城镇化而言，指农民生产生活方式向现代化转变的过程。它不是农民简单进城问题，农民仅生活在城市，但不能享受到城市居民所拥有的社会基本公共服务，这不是真正的城镇化。城镇化不是城市简单扩张的问题，城市通过扩张接纳了农村人口，但如果农民因此失去土地而没有新的就业岗位，就会产生一系列"城市病"问题。从世界发达国家农村城镇化的先进经验看，走农村人口就地市民化的城镇化道路值得提倡。政府可通过制定法律保障农民基本公共服务，制定政策规范小城镇建设，实施科学规划发展小城镇，组织协调各方力量共同建设小城镇。因为，政府在乡村规划和小城镇建设中的决策、组织和监管等职能是市场力量不能替代的。

（三）农村劳动力素质的提高是推动农民就地市民化的根本动力

农民就地市民化是农民生产方式和生活方式向市民转变的内在统一。农民素质技能提升，是农民生产方式和生活方式发生根本性转变的基础，也是农村经济社会转型发展的根本原因，是实现农民就地市民化的内生动力。从发达国家农民就地市民化的实践经验可以看到，无论是高度发达的美国现代农场，还

是使日本农民从产业链条中获利，抑或从"新村运动"中实现现代化的韩国农村，其成功的根本原因都离不开各国重视农村职业教育，培育了高素质的新型农民，发挥了农民的创造精神。

（四）重视产业的发展是有序推进农民就地市民化的关键

农民能否就地市民化，在一定意义上取决于农民职业身份的转化以及农民收入与城市居民收入差距的缩小。小城镇建设和新农村社区建设要尽量依靠产业或者引进产业，产业兴旺能加快农民身份的转变，促使农民变为新型职业农民、现代产业工人和创业者等，从而在农村城镇化中减少农民非农就业，增加农民收入。大力发展农业现代化，突出培育特色农业产业，形成资本、技术、人才等生产要素的集聚效应，为农民就地市民化提供有力支持。

（五）小城镇建设是农民就地市民化的重要依托

发达国家在推动农民就地市民化过程中，都注重小城镇的规划与建设工作。譬如，日本的卫星城、法德的特色小城镇、美国乡村小城镇、英式乡村等。小城镇可疏散大城市人口，缓解大城市人口过分集中的压力，又可吸收农村富余人口，实现人口聚集，让更多的农民就近变市民。发达国家小城镇建设的共性经验是要突出特色，体现预见性和长期性特点，城市规划要突出公共服务功能，小城镇产业定位不贪大求全，但十分强调关联性，强调经济空间概念，这是农民就地市民化具有可持续性的重要保障。

第二节　国内农民就地市民化的实践探索与经验

经济发达地区作为全国现代化的先行地区，城乡融合程度接近发达国家水平，农民收入、生产生活条件、基础设施和社会保障等方面与城市居民差距显著缩小，在提升农民就地市民化水平方面积累了宝贵经验。搜集国内各地农民就地市民化的典型案例，可以为贵州农民就地市民化提供思路。

一、国内农民就地市民化的实践

党的十六大以来，城乡关系由城乡统筹向城乡一体和城乡融合发展，我国各地根据经济社会发展实情，因地制宜推动城镇化、建设新农村，探索出了各具特色的农民就地市民化道路。本书以江苏、浙江和河南部分地区为例，进行经验总结。

（一）江苏省苏州市走人口与土地城镇化协调发展的就地市民化道路

2013年5月，《大众日报》对苏州农民市民化进行了详细报道。摘要如下：

苏州，传统意义上的农民正在消失：90%的农民已实现稳定非农就业，农村养老保险、新农合、农村低保等词已成为历史。苏州被称为"全国城乡差距最小的地市之一"。苏州乡镇企业星罗棋布，县域镇域乃至村域经济发达，成为城镇化的主要载体，迅速壮大为新型小城市，让万千农民实现就地城镇化。人与地，是城镇化进程中绕不开的话题。苏州是如何做到人口城镇化和土地城镇化的协调统一呢？

1. 农民集中居住推动生产方式变化

如何把分散的农民集中居住在一起，苏州采用多种方式来实现。通过货币补偿、宅基地置换商品房、宅基地置换生产厂房等，农民实现了集中居住，增加了财产性收入，实现了非农就业。2012年底，苏州近半数农民已实现集中居住，2015年农民集中居住率将达到63%。90%的农民稳定非农就业，农民财产性收入占比达38%，农民生产生活方式发生根本性变化，为城镇化的顺利推进奠定了坚实基础。

2. "三合作""三置换"模式将农民变股民

"三合作"指社区股份合作、土地股份合作和成立农业专业合作社。通过把集体资产折算成股份后再量化到村民的方式，使农民成为股民；通过农民土地入股形式组建合作社来发展现代农业；通过组建富民合作社来增加农民收入，组建劳务合作社来解决农民职业技能培训和就业。"三置换"指将集体资产所有权置换成社区股份合作社股权，土地承包权置换成土地合作社股权，宅基地使用权置换成城镇住房或非农产业用房股权。"三合作""三置换"实现了苏州农村资源资产化、资产资本化和资本股份化，极大增加了农民的非农收入。

3. 城乡社保并轨促使农民就地市民化

2012年，苏州在全国率先实现了社保"三大并轨"，即城乡低保并轨、养老并轨和医疗保险并轨，使农民与城镇居民享受到同等的社会保障待遇。在就业方面，实施积极的农民就业政策，将农民就业体系纳入城镇就业体系，通过制度设计促进农民就地向非农就业转变，走出了一条以农民就地就近就业为核心的特色市民化道路。

（二）浙江省海盐县"就地城镇化"实现农民就地市民化

近年来，浙江海盐县全面深化农村改革，以农村产权制度改革为切入点，通过就业方式转变与公共服务延伸等方式，探索出了一条低成本、高效率、多选择的农民"就地城镇化"之路。2017年全县农村居民可支配收入32177元，城乡收入比 1.69∶1。① 海盐的新型城镇化以"就地城镇化"作为鲜明的发展模式和特色，突出了"市民化内涵"，以解决"人"的城镇化为突破口，以就地就近实现就业和市民化为目标，在统筹城乡综合配套改革的基础上，针对不同人群设计提供进城和留村的市民化路径。通过做大做强县城、做精做全集镇、做优做美农村三个层面的发展，实现了农民的就地就业、就地转移和就地保障，使农民职业化、生活方式城市化。

1. 通过确权、赋能，提高农民收入，实现农民就业非农化

要解决农民市民化问题，首先是保障农民的权益，提高农民收入。海盐县通过"确权""赋能"产权制度改革，提升农民财产性收入比重，逐步破解城乡二元结构，推进城乡融合发展。率先推动农村房屋产权、宅基地使用权确权工作，全面完成农村集体资产股份制改革；积极探索以农村宅基地、集体资产股份等农民财产权利为基础的农村金融产品创新，健全农村产权交易中心，推进农村集体资产产权公开交易；探索将村集体经济组织改制为社区股份制经济组织，使村集体组织成为市场主体，通过资产量化折股，把原来虚拟的共同所有改为实在的人人有份，加之股随人走，让农民能持续享受集体经济发展壮大的成果。通过壮大村级集体企业，实现农民抱团致富入城镇。明确集体资产的产权主体，理顺分配关系，使农民持股权证放心进入城镇从事二、三产业。

2. 成立劳务专业合作社，发展特色产业集聚效应

农民转变为市民遇到的最大问题之一，就是缺乏技能，难以就业，自然也就面临生存困难。鉴于此，为提升农民的就业能力，海盐县搭建农村劳务合作平台，对农村剩余劳动力统一开展劳务登记、培训、管理、劳务分配和发送，经过培训的人员主要在居住地附近的工业园区从事二、三产业，既增加了农民收入，也解决了周边地区企业和种养大户的用工问题。近年来，根据当地实际，海盐规划形成了"1+3+X"特色产业平台矩阵，引导产业向县城和镇（街道）集中。其中，"1"指县开发区；"3"指拥有特色产业的武原街道、秦山街道、百步镇；"X"则是沈荡镇新能源新材料、通元镇电缆产业、于城镇纺织服装产业等各种园区平台。依靠发达的二产，农民不用离土离乡，在家门口就能就业创业。

3. 基本公共服务均等化，社会保障全覆盖

围绕"城市基础设施向农村延伸，城市公共服务向农村覆盖，城市现代文明向农村辐射"的目标，近年来，海盐县出台多项宅基地收储、置换政策，持

---

① 在城乡之间诗意栖居——海盐以"就地城镇化"推进城乡融合纪事［N］.浙江日报，
2018-06-04（01）.

续推进农村土地综合整治，不仅盘活了农村土地资源，更有效促进了人口集聚，为公共服务城乡均等化奠定了基础。探索建立面向职业农民的社会保险办法，建立全覆盖的城乡居民社会养老保险、医疗保险和医疗救助保障体系，完善了以职工基本养老保险等为核心的社会保险制度，理顺了各类保障制度的衔接。通过公共服务向村级延伸，使农民与城市居民享受同等的保障和服务。通过确权、赋能、同待遇，基本实现了农民权益市民化、就业方式非农化和城乡公共服务均等化。

4. 就地城镇化助推乡村振兴

秉承"做大做强县城、做精做全集镇、做优做美农村"的理念，海盐县的"就地城镇化"探索在实现产业发展、村集体经济壮大的同时，还通过改善农村基础设施，恢复村落原有的韵味，建设美丽乡村，为后人留下了"美丽乡愁"，形成了产业发展与生态文明的良性互动。目前，全县基本实现"耕地数量不减、农民住房改善、农村环境美化、农业生产提升、城乡人口集聚"的多赢局面。

（三）河南省各地新型农村社区推动农民就地市民化

农民就地市民化涉及农民职业非农化，农民与城市居民基本公共服务均等化，农民综合素质的提升等问题，是一个综合系统化工程。2006 年 10 月，十六届六中全会通过的《中共中央关于构建社会主义和谐社会若干重大问题的决定》明确提出要积极推进农村社区建设。新型农村社区不是简单地对传统农村社区的否定，而是在传统农村社区的基础上，发展更有利于农村进步、农业现代化和农民市民化的新的管理模式。近年来，河南各地针对不同地理位置、不同实际特点，因地制宜地选择不同的符合自身发展的新型农村村区建设模式。

1. "城镇开发建设带动"模式

为解决农村产业发展和改善农民居住环境，河南省洛阳市按照"做强主城、膨胀县城、发展集（聚区）镇、建设社区（中心新村）"的思路，把新型农村社区建设作为推进城乡统筹发展的切入点、促进农村发展的增长点，站在实现城镇化、工业化、农业现代化的高度，通过出台一系列政策支持，把县域经济发展、小城镇开发建设、新型农村社区（中心村）建设，一体规划、一并推进。

2. "产城联动"模式

为有效破解"三农"难题，创新管理体制机制，河南省安阳市以社区建设为突破、以产业发展为支撑、以人文关怀为纽带、以文明建设为保证，制订城乡一体化发展战略规划，通过对代管的行政村进行村庄、土地双整合集中的产城联动模式，农民在产业集聚区内找到了工作，提高了收入，并搬迁到环境优美的城镇社区居住,实现了人口集中;人口集中又加速了土地流转、土地向大户集中。土地集中加速了农业产业化,又反过来促进了村庄整合,人口向城镇社区集中。产城联动模式实现了人口向城镇社区集中,土地向农业企业家、农民专业合作社等大户集中的农民就地市民化道路。

3. "'合村'+'合地'"的"双合"模式

河南省安阳市滑县在确保农民"失地不失权""失地不失利""失地不失业"的原则下,通过"合村"和"合地"建设新型农村社区,助推农民就地市民化。"合村"就是村庄整合,集中建设新型农村社区。滑县经过整合,将33个村庄的占地面积由9500亩减少到3925亩,节约土地5575亩。成立滑县产业集聚区,围绕农副产品深加工、电子新能源两大主导产业,以优惠政策、优质服务、优良环境吸引外来投资。通过入驻企业,解决农民非农化就业。"合地"即土地流转。滑县产业集聚区对"合村"农民的土地统一进行流转,进行规模经营,建设现代农业示范园区,实现农业现代化。

除以上模式外,河南各地还探索出了其他新型农村社区建设模式,譬如鹤壁市的"龙头企业带动"模式、漯河市的"中心村辐射"模式等。新型农村社区统一基础设施建设,统一基本公共服务,让当地农民享受到了城市文明,是城乡一体化发展的有力支撑,成为城乡基层社会的重要链接点,加快了农民向市民转化的步伐。

二、国内农民就地市民化的经验

(一) 农民就地市民化是新型城镇化的重要内容

中国新型城镇化是在吸取传统城镇化经验和教训基础上提出来的城镇化道路,新型城镇化的"新"主要在于能够避免传统城镇化造成的"城市病"和"农村病",是城乡一体化协调发展,城乡居民共同发展的城镇化。农民就地市民化是新型城镇化的重要内容,因为,新型城镇化主要指人的城镇化,即农民的城镇化。

(二) 农民就地市民化是乡村振兴的重要表现

实施乡村振兴战略的目的就是实现农村现代化,使亿万农民能共享中国改革发展成果,农村居民与城市居民一样,有体面的职业,能享受现代公共服务,实现现代社会文明。农民就地市民化内在包含农民与城市居民一样享受中国改革发展成果,获得美好幸福生活,因此,农民就地市民化是乡村振兴的重要表现。

(三) 农民就地市民化的核心问题是农民就业问题

农民就地市民化内涵丰富,但基础和核心的问题是解决农民就业问题。农民能否就地城镇化、就地变市民，关键是看农民在当地是否能够稳定就业。要让从土地转移出来的农民有新的非农工作岗位，让失地的农民经过培训变成技术工人，让从事农业生产的农民成为新型职业农民，使农民就地就近充分就业，有稳定可靠的收入来源，这是农民就地市民化的前提。

（四）注重培育产业是农民就地市民化的重要依托

实现农民就地充分就业，发展当地特色产业是重要途径。通过农业企业化经营，促使农业产业结构优化升级，发展区域特色优势主导产业，以企业化促进工业化，以工业化带动城镇化，促进农业发展、农村稳定、农民富裕，这样才有利于形成资本、技术、人才的集聚效应，形成规模经济。要依托当地自然资源优势，开展"一村一品"建设活动，形成当地产业特色。

（五）政府在农民就地市民化中要发挥好"有形之手"的作用

农民就地市民化是一个自然的历史过程。要充分发挥市场机制作用，通过产业集聚、人口集聚发展特色小城镇，为农民就地市民化创造条件。同时政府在规划引导、资金协调、组织产业、监督管理和公共基础设施建设等方面要起主导作用，这是农民就地市民化的重要保障。政府要通过招商引资做大做强经济产业，实现农民就地非农就业，及时化解农民城镇化进程中的纠纷，为农民就地市民化提供良好政策环境。

本章小结

国际国内农民就地市民化推进路径不同，模式各异，但从中还是能看出一些共同经验，为推进贵州农民就地市民化提供了很好借鉴。一是加强小城镇建设，实现农村就地城镇化，是促进农民就地市民化的共同经验。无论是德国的小城镇建设，抑或是日本的卫星城、韩国的新村运动，还是国内发达地区农民就地市民化的经验，小城镇都是促进农民就地市民化的主要动力之一。二是发展特色产业是实现农民就地非农化的重要途径。农民就地市民化首先体现在农民职业非农化，特色产业发展促进了农民就地实现非农职业转化。三是要发挥好政府和市场的作用。政府的宏观调整，有效政策的制定是推动农民就地市民化的主导作用，而农民就地市民化过程中各种资源的最优配置，则要发挥市场的决定性作用，只有两者配合好，才能有效推动农民就地市民化。

第四章

农民就地市民化的动力机制

农民就地市民化既是一项经济社会发展的历史变革，又是一项包含多种要素的复杂系统工程。本章将从村居农民的角度，对农民就地市民化动力系统的内外部构成要素及其载体进行分析，构建农民就地市民化的动力机制，分析推动实现农民就地市民化的内外部动力要素，以便给贵州农民就地市民化的顺利实现提供理论指导，也希望为解决其他地区农民就地市民化问题带来有益的借鉴。

第一节　农民就地市民化动力机制的内涵及理论基础

一、农民就地市民化动力机制的内涵

动力原指机械做功中的各种作用力，后泛指事物运动和发展的推动力量，管理学中有物理动力、精神动力、信息动力之分类。动力是一个系统概念，涉及动力源，动力源组合，动力输出机制和动力输出结果等。动力源又可划分为内在动力和外在动力，相应存在内在动力机制和外在动力机制。一般认为，动力与能力相对应，能力不足会导致动力不足，动力不足也容易造成能力培育失败，形成"能力不足"与"动力不足"的恶性循环。

（一）动力机制的含义

在研究农民就地市民化的动力机制前，首先得弄明白动力机制的含义，只有核心概念清晰，基本概念的内涵才能清楚明了。《现代汉语词典》并无动力机制这个合成词汇，而是对动力和机制分别作出了解释。其含义分别如下。动力：①使机械做功的各种作用力，如水力、风力、电力、畜力等。②比喻推动工作、

事业等前进和发展的力量，如人民是创造世界历史的动力。机制：①机器的构造和工作原理，如计算机的机制。②机体的构造、功能和相互关系，如动脉硬化的机制。③指某些自然现象的物理、化学规律，如优选法中优化对象的机制，也叫机理。④泛指一个工作系统的组织或部分之间相互作用的过程和方式，如市场机制，竞争机制。

（二）农民就地市民化动力机制的界定

根据《现代汉义词典》对动力和机制的解释可以看出，针对我们的研究对象——农民就地市民化问题，动力机制的含义应该是"动力"解释的第二层含义和"机制"解释的第四层含义。因此，本书把农民就地市民化动力机制定义为，推动农民就地市民化发展的各种力量之间相互作用的过程和方式。研究农民就地市民化动力机制，不仅有助于考察现阶段的农民就地市民化的实践活动，而且能够为后续如何推动农民就地市民化提供参考和用力方向。对于农民就地市民化的动力机制问题，首先要明确两点：

1. 识别和确定农民就地市民化的动力因素

推动农民就地市民化的动力因素主要有两大方面，即内部动力因素和外部动力因素，也可细分为内生动力因素、外生动力因素和制度政策环境三个方面。所谓内生动力因素指作为农民就地市民化主体的农民，其自身存在由农民向市民转化的渴望，是就地市民化的向上推动力，也是最为根本、最为持久的推动力来源。同时，农民就地市民化是在城镇化、农业工业化、国家经济社会发展战略支持的拉动中进行的，而且往往需要国家相应政策先行引导，以制度变迁促进行为变迁。譬如，为什么农民能够有转化为市民的意愿？除了农民对收益和损失的谨慎比较和理性权衡，更离不了国家现代化、新型城镇化和乡村振兴战略等政策的推动。所有这些，都构成了农民就地市民化的动力变量。

2. 判断和分析这些因素之间以及它们对农民就地市民化整体结果

所谓系统，就是若干相互联系、相互作用、相互依赖的要素结合而成的，具有一定的结构和功能，并处在一定环境下存在的有机整体。系统内外相互联系、相互作用、相互依赖的要素构成系统运行的动力源，在一定组织机制下，输出大小不一的结果。可以说，农民就地市民化是众多要素的共同聚合与催化，是内在推力与外在拉力集成所最终形成的一个结果。农民不仅要从身份上、居住环境上、就业内容上，更要从素质技能、意识行为和生活方式上转变为一个适应城市生活与工作的全新生产与消费主体。因变量存在一定差异，系统组织管理能力不同，不同地区、不同发展阶段的农民的市民化，动力机制和输出结果则必然有所不同，这就需要科学分析当地的整体资源布局与发展优势，发现新的动力源，或以重新组合的方式将原有资源的作用发挥到最大。

二、农民就地市民化动力机制的理论基础

当前，关于农民就地市民化动力的研究还很少，但国内外对农民市民化动力方面的研究，可以为研究农民就地市民化动力提供一些思路和借鉴。

（一）"哈里斯—托达罗"人口迁移模型

如前文所述，托达罗提出了著名的"哈里斯—托达罗"人口迁移模型。该模型表明，作为农业劳动者个体在决定是否迁移到城市时，不仅要看城乡之间在实际收入方面的差距，而且还要看城市的失业状况和求职状况。城市就业机会越多，城乡预期收入差异越大，流入城市的人口越多，相应地，愿意留在农村的人口越少。工业化城市化进程中，农业衰退现象难以避免。

（二）刘易斯二元结构论

刘易斯认为，正是由于发展中国家农业资本投入不足，才导致大量农村剩余劳动力的产生。边际生产效益接近零的大量农村富余劳动力为工作岗位展开竞争，压低了工资需求，工业部门按现行工资标准甚至更低的劳动力报酬可以非常容易地雇佣到任何数量的劳动力。城市现代工业部门依靠劳动力的低成本优势获得竞争优势，进而得到较高的利润。经多次反馈强化效应后，工业生产规模扩大，工业再次对劳动力产生新需求，新的用工需求又再次促使农业部门的人口流向城市，直到工业化自然延伸到农村为止，届时农村作为蓄水池，主要承接被城市淘汰的劳动力。

（三）诺瑟姆的 S 曲线理论

诺瑟姆的 S 曲线理论实质上考察的是农民市民化的历史进程，农民市民化的历史进程大致表现为 S 型。农民市民化过程和通常意义上的城市化过程是合一的，二者互为表里。当城市人口占总人口比重达到或超过一定规模时，城市规模效益递减，而农村因农业人口下降为机械化的集约耕种提供了可能，人均生产效率和效益提高，农业收益上升，城市化进程和农民市民化进程呈现出停滞甚至是下降的趋势。再到下一个阶段，又是农村人口向城市迁移。如此便形成了农民市民化的 S 型历史进程。S 曲线理论对我们今天认识城市化和农民市民化具有重要参考价值。

第二节　农民就地市民化的动力机制构建

农民市民化作为一个系统过程，与一般系统一样具备要素、载体和目标。构建农民市民化动力机制需要系统工程思维方法，目标决定结构，结构决定功能，功能和条件决定效果，效果检验目标，效果偏离目标太远，要么存在结构性问题，要么是内部要素和环境条件出了问题。农民就地市民化的系统目标是推进农民就地市民化进程，系统要素可分为内生动力要素（内部要素）、外生动力要素（外部要素）两个方面，制度环境因素是发挥结构功能的重要载体。

一、农民就地市民化的内生动力因素

农民市民化动力系统的内生动力因素是指从农民市民化的主体出发，能够使农民自愿向市民转化的要素构成。主要包括农民素质技能的提高，生活条件改善的影响，以及农民对市民福利的渴望。

（一）与素质技能提升匹配的高价值追求

劳动者素质技能包括身体素质、技能素质和精神文化素质三个方面。身体素质主要包括体能、寿命、身体健康状况和各项生理指标，技能素质主要包括技能、知识和受教育程度等，精神文化素质指的是劳动者的精神状态、思想意识、价值观等。[①] 其中，技能素质与社会分工相互补充、相互促进。社会分工造就了不同行业和产业的出现和发展，行业和产业促进了劳动者技能素质的提高，而劳动者技能素质的提高也促进了行业、产业的发展。行业与产业特性提出技能素质需要，技能素质的提高是行业和产业发展的前提。改革开放四十年，中华人民共和国成立七十周年，我国农民的素质技能已经取得了很大提升，这是推动农民就地市民化的根本内生动力。

1. 农民素质技能提升是其生产方式和生活方式变革的基础

农民就地市民化是农民生产方式和生活方式向市民转变的内在统一。农民素质技能提升，不仅是其生产方式发生根本性转变的前提，也是其生活方式变革的基础。生产方式是人们在生产过程中形成的人与自然界之间和人与人之间的相互关系的体系，是生产力和生产关系在物质资料生产过程中的统一。生活方式是人们在一定的社会条件制约和价值观念指导下所形成的满足自身生活需

---

① 　刘永佶. 主义·方法·主题 [M]. 北京：中国经济出版社，2002：304.

要的全部活动形式与行为特征的体系。生活方式从广义上包括劳动生活、消费生活和精神生活等活动方式，狭义上指个人及其家庭的日常生活的活动方式，包括衣、食、住、行以及闲暇时间的利用等。生产方式和生活方式的关系是，生产方式决定生活方式，生活方式影响并制约着生产方式的发展转变。

在现阶段，生产方式对生活方式的决定作用主要体现在工业化对生活方式变革的推动上。工业化推动了人类社会从传统的农业社会生活方式向现代工业社会生活方式转变。① 农民作为劳动者，其素质技能提升和发挥是其生产方式和生活方式发生根本性转变的基础。没有农民素质技能的提升，则没有农业的工业化和现代化，也没有农村经济社会的转型和发展。改革开放以来，随着国民经济的快速发展，人民生活水平不断提高，我国农村劳动力的身体素质、技能素质和精神文化素质都得到了明显提升，体现在就业结构方面就是从事第一产业的人员比重逐渐减小，从事第二产业和第三产业的人员比重逐年增加，意味着农村劳动者素质技能得以明显提升，为农民生产方式和生活方式的转变奠定了基础。

2. 农民素质技能的提高是引起农村经济结构变化的根本原因

经济结构主要由产业结构来体现。产业结构是指各产业的构成及各产业之间的联系和比例关系，是一个地区就业结构的反映。就业结构是劳动者在不同产业之间就业的状况，是产业结构在就业领域的体现，是劳动者的素质技能结构在产业结构和就业结构的内卷化。我国的产业结构已经发生了极大转变，由最初的农业为主导的产业结构形式开始向第二、三产业比重上升并最终占据主导地位的产业结构形式转变。

就业结构是劳动者素质技能结构的直接表现形式。从产业结构的演变中可以清楚看到，只有劳动者的素质技能结构变化，就业结构才会相应改变，也才会有产业结构的变化。产业结构的优化过程，从根本上说，就是劳动者素质技能提高的过程。当国民素质技能普遍只能匹配低效农业劳动时，不可能出现现代产业结构。因此，产业结构优化的背后，一定存在一群素质技能结构同样优化了的劳动者。另一方面，产业结构升级也对劳动者素质技能的提高起到激励和促进作用，呈现动态发展特征。劳动者的知识结构和技能结构可以直接与较高层次的产业结构相适应，并在较高的基础上实现累积和发展。在劳动者素质技能结构和产业结构中，前者居于主导地位。产业结构要适应劳动者素质技能

---

① 王振华．"四位一体"生产方式对生活方式的影响［M］. 上海：上海交通大学出版社，2011：43.

结构，脱离了劳动者的素质技能结构，产业结构就成为空中楼阁，即使建立起来，也不能稳固。农民素质技能提升和发挥是其就地市民化的内在依据和根本条件，以劳动者素质技能结构为基础的农民就业结构和产业结构的变化也为农民就地市民化提供了必要的动力支持。

3. 素质技能提升的农民工回流有助于农民就地市民化

农民工作为农业剩余劳动力，进城后由于就业行业的变化，不得不主动适应现代工业对生产者高素质技能的要求，提升自身技术水平。在不断经历市场经济洗礼，城市生活方式影响和城市文化熏陶后，农民工开阔了眼界，更新了观念，在身临其境和耳濡目染中自觉或不自觉地习惯了城市居民的文明生活方式，综合素质有了很大提高。但部分农民工在外拼搏一段时间后，由于主客观原因，选择返回家乡。

当农民工回流返回农村后，在就业方面，他们一般不再简单地从事农业生产，而是寻找更多的现实可行的多种脱贫致富之路。有的返乡农民工根据自己所在地的优势资源，引进城市资本下乡，发展特色农业，走农业深加工道路；有的返乡农民工发展同规模企业紧密衔接的配套产业，走合作化道路，延伸了农业产业链；有的凭借优越的资金和全新的思维优势回到家乡创业，着重满足近邻城市消费需求新变化，也有效解决了农村劳动力的就业问题，提高了农民收入。在观念和思维方面，农民工回流返回到农村之后，必然会将先进的文化和城市文明带回农村，引领农村更加关注信息社会的动态，更加注重科学文化知识学习，更加注重自身能力素养的提升，更加关注子女的教育培养等，把城市的生活方式作为自己的生活方式目标，这不仅是农民就地市民化的根本动因，而且大大加速了农民就地市民化进程。

（二）对市民福利的追求

农民为什么想转变为市民？或者说农民为什么渴望平等的市民待遇？一个原因就是发展机会和福利不成比例地集中于城市，使得城市更具吸引力。平等的市民待遇主要是针对现阶段我国农民与城市市民在社会保障方面的巨大差距而提出的。我国城镇居民的社会保障体系，虽然较之国外发达国家存在一定差距，但总体来说还是相对健全的。无论是最低生活保障、失业保障，还是医疗保险、养老保险、工伤保险，都作了较为全面细致的规定，能够切实地发挥对城镇居民的保障作用。农民务农为工业服务，外出务工为城市服务，为国家工业化、城镇化和现代化做出了重大贡献，也理应享受与城市市民同等的社会保障，获得最低生活保障、教育、医疗、就业、失业救济等方面的公平对待权利。

（三）对文明有序社会环境的向往

除了平等的市民待遇外，农民也渴望农村拥有文明有序的社会环境，特别是渴望像城市一样的文化基础设施，完善的平等议价权市场，无所不在的契约，迅捷的纠纷处理机构，公开公正公平的市民参与渠道，包容性较强的社区等。通过脱贫攻坚、乡村振兴和中国经济几十年来高速增长的溢出效应，农村与城市的差距有所缩小，但差距仍然较大，尤其是熟人社会的复杂人情，乡村自治的强人固化和家族固化，文化生活的贫乏，让农民尤其是新生代农民产生厌倦，不断萌发对城市的向往。不离乡或较近范围的就地市民化，使农民能够就近享受城市精神文化的熏陶，更多地参与城市的文化活动，便利获得各类公共服务，还能从事熟悉的农业，兼顾在乡亲属长辈，维系乡情，维持社会资本，自然对农民具有很强的吸引力。

二、农民就地市民化的外生动力因素

农民就地市民化的外生动力因素是指在农民就地市民化过程中，能够对农民转化为市民起到推动作用的各种外部因素构成。主要包括农村城镇化、农村工业化、农业现代化及产业结构变动几个方面。

（一）农村城镇化

农村城镇化是人口、资金、土地等各种要素不断向农村城镇中集聚，以乡镇政府所在地或中心村为主的农村小城镇人口不断增多、规模不断增大、质量不断提高的过程。农村城镇化是我国统筹城乡发展和实现乡村振兴的重要内容，也是国家改善农村人居环境和实现农民就地市民化的重要方式。农村城镇化在本质上是农民的城镇化，农村城镇化建设的主体是农民，城镇化推动着农民身份向市民身份的转变，农业生产方式向现代化工业方向转变，农村传统生活方式向城市生活方式转变。农村城镇化在农民就地市民化的动力作用主要表现在以下方面：

1. 农业生产方式向非农业生产方式转变

城镇化的推进和实现离不开工业化的发展。工业化的实质在于劳动力由传统农业生产形式逐渐向现代工业生产方式的转变。工业化发展从根本上改变了农民原有的个体化小生产方式，大大提升了劳动生产率，促进了农业工业化和现代化，国民经济结构持续优化，非农业部门逐渐替代农业部门，经济增长方式发生粗放到集约的根本性转变。工业化过程内在的要求人员要素、经济要素和自然要素集中使用，城镇随之出现，且规模越来越大。随着城镇化的推进，城市的自身发展能力和辐射带动作用不断增强，城市主要依靠渗透、辐射作用实现自我发展，城市化取代工业化而成为推动经济社会发展的首要因素。城镇化必然带动基础设施、交通运输、社会公共服务事业、商业餐饮、文化消费等的发展，需要大量劳动力实现由传统农业生产方式向工业和服务业等非农业生产方式的转变。

2. 农村生活方式向城市生活方式转变

农村城镇化推动着农民从农村生活方式向城市生活方式发生质变，城镇化的过程同时也是农民在生活条件、消费结构和社会关系上由单一化向城市生活的复杂化和多样性转变的过程。在农村城镇化期间，由于农业机械化提高了劳动生产率，使农民的闲暇时间多了起来，为农民生活方式的日益多元化打下基础，农民生活内容也日渐丰富起来，逐渐转变为消遣、健康娱乐和个人价值实现综合型的城市闲暇生活方式。

由于工业化的持续成长，农村经济水平的不断提升，农民物质生活水平的不断提高，农民的消费结构逐渐发生变化，日常生活中以食品消费占生活消费比重明显下降，文教娱乐和服务性消费方面比重逐渐上升。城镇化的推动也影响着农民的消费理念发生变化，农民的家庭消费由以前的自给自足逐渐改变为量入为出，从物质消费开始转变为重视精神消费和消费效益，消费习惯向市民化消费生活方式靠拢。城镇化加速了农村人口的集聚，集中居住打破了原有村落以血缘和地缘为主的社会交往形式，代之以农民业缘为根基，重视精神沟通，或者是信息交换的城市社会交往形式。

3. 传统思维方式向现代思维方式转变

农村城镇化不仅推动着传统农业生产方式向现代工业生产方式转变，传统农村生活方式向现代化城市生活方式转变，而且不断推动着农民由传统思维方式向现代思维方式的转变。物质决定意识是辩证唯物主义基本观点。简单地理解，思维方式就是人们想问题、做事情的方式、方法、途径。随着农民生产方式和生活方式的市民化，最终必然引起农民思维方式的市民化。

具体来说，随着城镇化的推动，机器大工业的运用，智能化信息化时代的到来，传统的自给自足的小农经济必将消亡，农民的思想观念、价值观念和思维方式必将随之发生改变。工业化引起农民职业非农化，农民不再日出而作日入而息，时间观念、纪律观念逐渐培育起来，法律意识、契约精神不断增强。智能化、信息化促使农民不断学习新技术、新理念、新思想，了解新事物，把握新趋势成为农民思维生活新常态。这些变化都可归结于城镇化所引起的农民素养的整体提升，以及伴随引起的农民社会地位的提高，这样的变化最终体现为整个农村社会制度和文明形态的积极变迁。

（二）农村工业化

工业化是城镇化的基础，城镇化是工业化的必然趋势。农村工业化的发展，体现为农业工业化和农村工业企业的发展，而农业工业化和农村工业企业发展所引发的农村经济结构的优化，会促进各种生产要素的集聚，逐步形成许多区域的社会、经济、文化中心，这样就为农民就地市民化创造了条件。随着农民就地市民化的发展，农村基础设施逐步完善，第三产业快速发展，各种社会化服务体系趋向健全，反过来又会提高农村工业化的水平和效益。因此，农村农业化与农民市民化具有相互促进作用。

1. 农村工业化促使农村产业结构发生优化升级

传统农村产业结构单一，农民世代从事传统农产品耕种，兼养家畜补贴家庭支出，是以户为主的碎片化生产，属于自给自足的小农经济，也称前工业化农业。农村工业化是以农业为主的传统农村经济结构向以农村工业为主的经济结构的转变过程，农村产业结构呈现多元化，建筑、商业、交通运输、餐饮服务等非农产业在农村兴起并迅速发展，非农产业在农村经济中所占的比重不断上升，在一些地区已经取代农业成为农村经济的支柱产业。农村工业化促使农业结构进行调整，形成了种植业、畜牧业、林业等多部门共同发展的良好局面。并且随着工业化技术、设备和现代管理模式不断应用于农业，农业工业化水平不断提升，农业产业链不断延伸，使农村产业结构发生根本性转变。

2. 农村工业化引发农村劳动力就业结构发生深刻变化

城市规模达到一定程度，便出现规模效益递减问题，就业压力增大，失业率上升，引发"城市病"，农村劳动力因整体素质偏低，率先被就业市场挤出。所以，传统城镇化发展到一定规模，大中城市再难成为吸纳农村剩余劳动力的主渠道。农村工业化将新型工业化道路深入到农业中去，通过工业在农业领域的拓展，产生许多新的就业岗位，使农村剩余劳动力真正在内部得到消化，实现农村剩余劳动力就地转移，扩大了农村剩余劳动力转移的空间范围，也缓解了"城市病"。农业生产力的发展，社会分工越来越细，农业生产的商品化、专业化和社会化程度不断提高，必然导致农业与相关产业部门相互结合、彼此依存，从而出现产供销或农工商等农业经营的一体化。农业生产链通过加工、储存、销售等各部门不断延长深化，农业生产逐渐成为一种适应新形势要求的市场化、规模化和深度开发的渐次高度化过程。这一过程中，新的生产方式、新的领域和新的工作岗位都得以实现或增加。

3. 农村工业化促进农民生活方式向市民化转变

首先，农村工业化的发展，为农村中的相关经济组织（包括集体和民营企业）及农民个人积累了财富，改变农村的消费观念，使其融入现代工业化社会的健康消费模式。随着经济收入的增加，他们在教育、医疗、文化娱乐等方面的消费需求与能力也在不断提高。其次，农村工业企业在实践中逐步形成为全体员工所认同、遵守、带有本企业特色的现代价值理念，农民在这种企业文化中得到熏陶，再把这些现代价值观念应用于新农村建设，对乡风文明的形成具有重要的促进作用。再次，农村工业化培养了新型农民，他们懂技术、会管理，懂得依靠科技和市场的力量发家致富。这样的新型农民逐步富裕后，其生活方式、价值观念和思维方式会不断向市民化转变。

（三）农业产业化

所谓农业产业化，是以市场为导向，以经济效益为中心，以主导产业、产品为重点，优化组合各种生产要素，实行区域化布局、专业化生产、规模化建设、系列化加工、社会化服务、企业化管理，形成种养加工、产供销、贸工农、农工商、农科教一体化经营体系，使农业走上自我发展、自我积累、自我约束、自我调节的良性发展轨道的现代化经营方式和产业组织形式。农业产业化实质上是对传统农业进行技术改造，推动农业科技进步的过程，是从整体上推进传统农业向现代农业的转变，是加速农业现代化和农民市民化的有效途径。

1. 农业产业化经营是实现农民增收的主要渠道

发展农业产业化经营，可以促进农业和农村经济结构战略性调整向广度和深度进军，能有效拉长农业产业链条，增加农业附加值，显著提高农业整体效益。可以促进小城镇的发展，创造更多的就业岗位，转移农村剩余劳动力，增加农民的非农业收入。可以通过农业产业化经营组织与农民建立利益联结机制，使参与产业化经营的农民不但从种养业中获利，还可分享加工、销售环节的利润，增加收入。

2. 农业产业化为农民职业非农化提供了条件

农业产业化极大地提高了农业劳动生产率，使大批农民逐步从传统农业生产中解放出来。我国各地蓬勃兴起的乡村企业即是农业机械化和产业化的结果。大批长期进城务工的农民，转而从事二、三产业，成为产业工人的过程中，其市场观念大大增强，生产技能和管理水平不断提高，生产方式和生活方式也随之发生根本性变化。正是从这种意义上讲，农业产业化是农民就地市民化的内在驱动力。

3. 农业产业化发展促使农民与农村农业相分离

农民与农村分离，离村农民将转身成为市民；农民与农业分离，居村农民将转身成为职业化农民。职业化农民是传统农业向现代农业转型过程中成长起来的新型农民，他们不仅区别于传统农民，有知识、懂管理、会经营，而且农业资本化驱使他们不断地租地雇工，努力追求不低于工商资本的平均利润。以雇工承担家庭农场的日常性经济活动为例：一方面，农场家庭成员的劳动已不能有效保证农业生产正常运行，没有雇工，多数家庭农场就难以正常运转，规模大的家庭农场尤其需要雇工。另一方面，随着农村机械化程度提高，农业劳动强度降低、劳动时间缩短，居村分散农户愿意成为雇工，与家庭农场形成一定雇佣关系。

三、农民就地市民化的政策环境推动因素

国家政策是国家为了实现一定历史时期的路线和任务而制定的行动准则、达到的奋斗目标、遵循的行动原则、完成的明确任务、实行的工作方式、采取的一般步骤和具体措施等。在农民就地市民化过程中，除了发挥农民的主观能动性和外部动力因素之外，还离不开国家的政策和社会环境的推动作用。

（一）国家战略对"三农"问题的重视

改革开放40年来，为打破二元经济结构，统筹城乡发展，实现共同富裕，国家实施扶贫开发战略，在惠农兴农政策、资金等方面给予农村极大支持。1982—1986年，中央连续五年发布以"三农"为主题的中央一号文件，对农村改革和农业发展作出部署。20世纪末，人民生活总体上达到了小康水平，党的十六大明确提出全面建设小康社会目标。2004—2020年，中共中央、国务院又连续十七年发布以"三农"为主题的中央一号文件。从关于促进农民增加收入若干政策意见、推进社会主义新农村建设意见、加大统筹城乡发展力度进一步夯实农业农村发展基础的意见，到实施乡村振兴战略意见，足以看出中共中央、国务院对"三农"问题的重视。

2005年10月，十六届五中全会在通过的《中共中央关于制定国民经济和社会发展第十一个五年规划的建议》中，明确提出社会主义新农村建设重大历史任务。2005年12月29日，十届全国人大常委会第十九次会议高票通过，决定自2006年1月1日起废止《农业税条例》，全面取消农业税，中国延续了2600多年的"皇粮国税"终于走进了历史博物馆。

党的十七大报告强调，解决好农业、农村、农民问题，事关全面建设小康

社会大局，必须始终作为全党工作的重中之重。要加强农业基础地位，走中国特色农业现代化道路，建立以工促农、以城带乡长效机制，形成城乡经济社会发展一体化新格局。强调社会建设与人民幸福安康息息相关，必须在经济发展的基础上，更加注重社会建设，着力保障和改善民生，推进社会体制改革，扩大公共服务，完善社会管理，促进社会公平正义，努力使全体人民学有所教、劳有所得、病有所医、老有所养、住有所居，推动建设和谐社会。

党的十八大提出全面建成小康社会总目标，强调解决好农业农村农民问题是全党工作重中之重，城乡发展一体化是解决"三农"问题的根本途径。要加大统筹城乡发展力度，增强农村发展活力，逐步缩小城乡差距，促进城乡共同繁荣。坚持工业反哺农业、城市支持农村和多予少取放活方针，加大强农惠农富农政策力度，让广大农民平等参与现代化进程、共同分享现代化成果。加快完善城乡发展一体化体制机制，着力在城乡规划、基础设施、公共服务等方面推进一体化，促进城乡要素平等交换和公共资源均衡配置，形成以工促农、以城带乡、工农互惠、城乡一体的新型工农、城乡关系。

"十三五"规划纲要提出加快建设美丽宜居乡村。推进农村改革和制度创新，增强集体经济组织服务功能，激发农村发展活力。全面改善农村生产生活条件。科学规划村镇建设、农田保护、村落分布、生态涵养等空间布局。加快农村宽带、公路、危房、饮水、照明、环卫、消防等设施改造。开展新一轮农网改造升级，农网供电可靠率达到99.8%。实施农村饮水安全巩固提升工程。改善农村办学条件和教师工作生活条件，加强基层医疗卫生机构和乡村医生队伍建设。建立健全农村留守儿童和妇女、老人关爱服务体系。加强和改善农村社会治理，完善农村治安防控体系，深入推进平安乡村建设。开展生态文明示范村镇建设行动和农村人居环境综合整治行动，加大传统村落和民居、民族特色村镇保护力度，传承乡村文明，建设田园牧歌、秀山丽水、和谐幸福的美丽宜居乡村。

党的十九大提出实施乡村振兴战略，要坚持农业农村优先发展，按照产业兴旺、生态宜居、乡风文明、治理有效、生活富裕的总要求，建立健全城乡融合发展体制机制和政策体系，加快推进农业农村现代化。2019年的中央一号文件《中共中央国务院关于坚持农业农村优先发展做好"三农"工作的若干意见》提出，对标全面建成小康社会"三农"工作必须完成的硬任务，抓重点、补短板、强基础，深化农业供给侧结构性改革，加快推进城乡基本公共服务均等化，全面推进乡村振兴。2020年的中央一号文件《中共中央国务院关于抓好"三农"领域重点工作确保如期实现全面小康的意见》提出，持续抓好农业稳产保供和农民增收，推进农业高质量发展，保持农村社会和谐稳定，对标全面建成小康社会加快补上农村基础设施和公共服务短板，提升农民群众获得感、幸福感、安全感。

（二）国家政策推动社会基本公共服务均等化

2005 年 10 月，十六届五中全会在通过的《中共中央关于制定国民经济和社会发展第十一个五年规划的建议》中，首次提出"按照公共服务均等化原则，加大对欠发达地区的支持力度，加快革命老区、民族地区、边疆地区和贫困地区经济社会发展"。2006 年 10 月，十六届六中全会通过《中共中央关于构建社会主义和谐社会若干重大问题的决定》，将逐步实现基本公共服务均等化任务作了全面阐述，明确 2020 年和谐社会建设目标之一是"覆盖城乡居民的社会保障体系基本建立；基本公共服务体系更加完备"。党的十七大报告从缩小城乡差距角度进一步强调基本公共服务均等化的重要性，强调加快建立覆盖城乡居民的社会保障体系，保障人民基本生活。

2012 年 7 月，国务院印发《国家基本公共服务体系"十二五"规划》，首次明确了基本公共服务的概念和范围。基本公共服务指在一定的经济条件下和发展时期内，由政府主导提供，旨在保障全体公民生存和发展基本需求的公共服务。本次规划把基本公共服务范围确定为公共教育、就业服务、社会保险、社会服务、医疗卫生、人口计生、住房保障、公共文化体育 8 个领域，突出体现了"学有所教、劳有所得、病有所医、老有所养、住有所居"。该规划提出的主要目标是，经过努力，"十二五"时期，覆盖城乡居民的基本公共服务体系逐步完善，推进基本公共服务均等化取得明显进展；到 2020 年实现全面建设小康社会奋斗目标时，基本公共服务体系比较健全，城乡区域间基本公共服务差距明显缩小，争取基本实现基本公共服务均等化。

"十三五"规划纲要明确提出，统筹推进户籍制度改革和基本公共服务均等化。促进城乡公共资源均衡配置，统筹规划城乡基础设施网络，健全农村基础设施投入长效机制，促进水电路气信等基础设施城乡联网、生态环保设施城乡统一布局建设。把社会事业发展重点放在农村和接纳农业转移人口较多的城镇，推动城镇公共服务向农村延伸，逐步实现城乡基本公共服务制度并轨、标准统一。

（三）社会人文因素

我国传统的农村社会交往主要以血缘、亲缘和地缘为纽带，这种人际关系网络通常是自发或者自然形成的熟人关系为主，由此形成了我国的"熟人社会"。熟人社会的成员在彼此身份认同中形成的交往生活圈集合往往具有熟人关系的网络化、行为方式的互助化、信任关系的约定化和零散行动的聚合化的特征。熟人社会可以通过伦理道德来有效约束其中成员行为达到自我秩序安定，以及成员可以获得不同程度的安全感及社会认同的效果。农民有着浓厚的乡土观念，而且异地市民化易引发"城市病"和"空心村"等一系列问题，使得农民在条件允许的情况下，更愿意在自己的家乡就业或者创业，这为农民就地市民化的现实性和可行性提供了条件和根据。因此，就地市民化能够使农民在心理上更好更快地适应市民生活，通过生产方式发生根本性转变，生活方式也日益与市民趋同，农民的收入与基本公共服务和市民基本一致，最终完成市民化过程。

第三节　农民就地市民化动力机制运作机理分析

农民就地市民化作为一个系统，是由其内生动力因素、外生动力因素和政策环境推动载体共同作用的结果，这三个方面要素相互作用、相互影响，通过同向耦合和匹配，对农民就地市民化产生巨大的动力。

一、动力系统内生动力要素之间及其与系统目标的关系

农村劳动力素质技能的提高，农民对市民福利与良好的社会环境的渴望共同推动了农民就地市民化进程，强化了农民主动就地市民化的意愿。农民劳动素质技能的提高使农民不再单纯从事简单的农业生产劳动，农民家庭收入不再单纯依靠农业生产收入，农民家庭收入增加而且收入来源多样化，农民不再仅仅满足于生存需求，也开始追求更舒适、更文明、更有意义的生活，城市市民的生活条件无疑成为其向往的目标。又因为城市市民享有的各种福利的存在，让农民渴望通过向市民的转化，享受到同市民一样的待遇、福利，包括良好的受教育权、均等化的基本公共服务，这又促进了农民劳动素质技能的进一步提高。另外，劳动素质技能的提高，使农民有机会外出从事非农产业，农民对城市良好的文明社会环境也是渴望的，也希望通过市民化改变农村的基础设施建设。因此，作为农民就地市民化的主体，农民自身素质的提高、对市民待遇的渴望，向往文明有序的社会秩序，这三者之间既相互促进、相互推动，同时又共同对加快农民市民化进程这一系统目标起到了推动作用。

二、动力系统外生动力要素之间及其与系统目标的关系

农村城镇化、农村工业化、农业现代化和农村产业结构调整之间存在着相互促进、相互影响的内在统一关系，四者耦合联动，共同加速农民就地市民化进程。

（一）农村工业化是农村城镇化的基础

农村城镇化发展的前提是工业化，城镇人口聚集能够帮助解决工业化劳动力需求，促进工业化发展。同样，工业化和城市化息息相关，城市化的巩固和不断发展需要工业化来提供一定的基础和动力，如果没有工业化作为后盾，城市化的发展就没有实质性的发展空间和发展内容。农村城镇化的发展需要大量劳动力来从事第二、三产业。农村劳动力进行非农就业，促使农村产业结构不断优化升级，农业进行规模产业化经营，农村现代化水平不断提高，农民市民化进程加快。

（二）农村城镇化助推农村工业化和现代化

农村工业化的发展要以城镇化作为基本依据和根本条件。城镇化的发展，为工业化的发展提供了一个良好的市场，促进工业化后续的发展，也是其动力来源。城市化的不断发展，提高了农业的生产率，促进了农业的工业化。工业化的发展，带动了城镇人口及周边乡村人口的就业，使得农村经济结构不断调整，农村工业化促使农村产业结构发生巨大变化，使以农业为主的传统农村经济结构转变为以农村工业为主的经济结构，农村产业结构实现多元化，建筑、商业、交通运输、餐饮服务等非农产业在农村兴起并迅速发展。当乡村人口进入城市后，他们留下的土地进行化零为整，对土地整体出租，承包人使用机械化实现农业现代化。乡村人口不断向城镇涌进，城镇人口不断聚集，而这些来自乡村的人员在城镇生活，就必须有足量的医疗设施，生活服务设施，交通设施，这样就促进了农村现代化发展。

（三）农业产业化是农村工业化和城镇化的重要条件

农业产业化水平是决定农业现代化水平的重要因素之一。随着农业产业化水平的提高，农业生产效率不断提升，使得农村不断产生剩余劳动力，农村富余劳动力进城务工，直接加快了中国城镇化进程。农业的产业化发展不仅为城镇人口提供优质充足的食品，而且为工业化的发展提供原料。传统农业向机械化、规模化现代农业的转型，进一步提高了农业先进适用技术的应用程度。土地流转和集约耕种释放出的更多剩余劳动力，自然向农村工业、服务业转移，

为农村一二三产业的融合发展与农村产业结构的不断优化提供了人力资源条件，同时也对接了城市资本需求，为城市资本下乡和城乡融合的新型城镇化做了人员、土地与基础产业准备。

（四）农村产业结构优化是衡量农村工业化和城镇化水平的重要指标

农村产业结构调整是农村工业化、农村城镇化和农业产业化的必然结果。农村工业化促使农村产业结构发生巨大变化，农村产业结构升级速度不断加快；农业产业化经营，促进农业和农村经济结构战略性调整向广度和深度进军，有效拉长农业产业链条，增加农产品附加值；农村城镇化发展促使更多农村人口从事非农产业，促使农业产业结构不断优化调整、农业经营规模不断扩大。农村产业结构调整与农民职业变动关系详见图4-1。反过来，农村产业结构调整通过市场化，又不断为农村城镇化、农村工业化和农业产业化发展不断提供更优质的劳动力资源和原材料来源，促使农村城镇化、工业化和农业产业化更好地发展，为农民就地市民化奠定更好的基础。

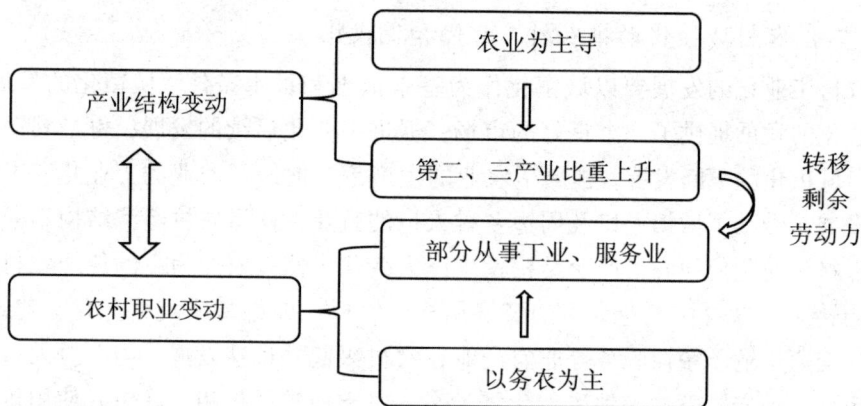

图4-1　产业结构变动与农村职业变动关系图

三、动力系统政策环境因素之间及其与系统目标关系

农民就地市民化归根到底是经济社会发展的必然结果，是动力机制因素共同作用的结果，政策动力发挥了引导性作用。政策是经济增长关键因素，有效政策安排能够促进经济增长和发展，无效政策安排则会抑制甚至阻碍经济增长和发展，在同等技术条件下，通过政策创新或变迁，同样能增进经济发展。农民就地市民化作为伴随经济增长和结构变迁而出现的社会现象，同样与政策安排和变迁密切相关。

党的领导是我国经济社会良性发展的根本保证，国家政策的颁发决定了统筹城乡发展的大原则、大目标和大方向，引领和推进农民就地市民化进程。譬如，关于新型城镇化、乡村振兴、基本公共服务均等化等，都指引和推动着农民就地市民化的发展。不管是国家层面的大政方针，还是地方层面的措施落实，都彰显了随着经济社会发展的进步，农民将不断共享我国改革开放红利，不断提高获得感、幸福感和安全感。国家政策的制定和执行会考虑特殊的社会环境因素，而社会环境因素也会对政策制定和执行有一定影响。譬如，对农民工进城务工，国家政策就经历了一个从限制约束、逐步放开到鼓励保护的过程。今天，为了乡村振兴，国家又大力倡导农民工返乡创业，而这正与农村人文环境相契合。

四、动力系统中各动力要素之间及其与目标系统的相互关系

动力系统的内生动力要素之间、外生动力要素之间，以及各自与政策环境要素之间都是相互促进、相互推动的关系，即一种要素的变动，会或多或少地引起其他要素朝同样的方向变动。动力系统中各动力要素之间及其与目标系统的相互关系如下（图4-2）：

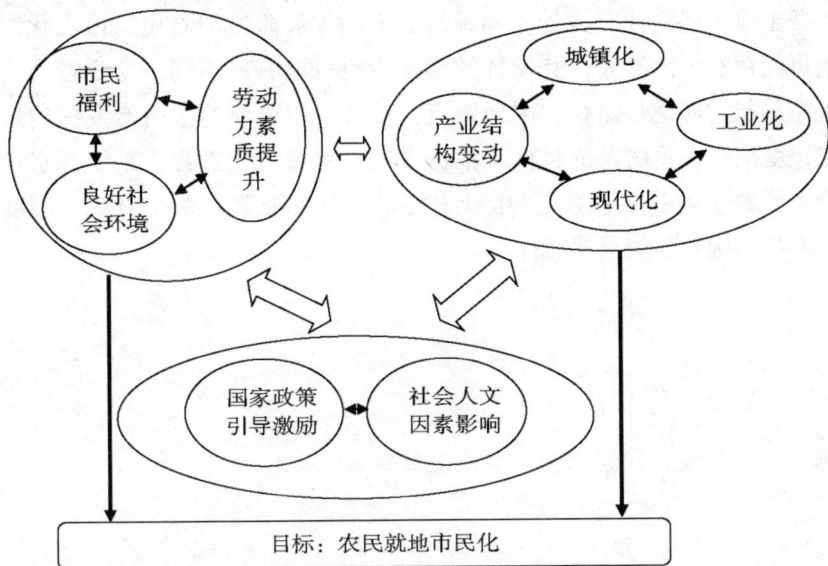

图4-2　农民就地市民化动力机制关系图

新型城镇化归根到底是人的城镇化，农村工业化需要转变高污染高耗能的粗放发展方式，创新驱动工业化水平提升。农业产业化需要提高农业劳动生产率，发展特色高效农业。城镇第三产业需要发展现代服务业，提升服务质量。这些都离不开劳动力素质技能的提升所带来的人力与技术支持。同样地，农村城镇化、农村工业化和农业现代化的发展，使大量农民不断地涌进城镇，使得农民逐步向市民化方向转变，包括生产方式、生活方式，消费理念，价值观念和思维方式等，这些变化，又不断促使劳动力素质技能的提升。反过来，农村劳动力素质技能的提升，农民市民化水平的不断提高，又促进了农村城镇化、工业化，农业现代化和农村产业结构的变化，也影响着国家政策和制度安排的变迁。国家政策的激励和引导，促进农村劳动力素质技能的提升，又进一步推动农村城镇化、工业化和产业化的发展，促进农村产业结构进一步优化升级。

本章小结

农民就地市民化是众多要素的共同聚合与催化，是集成内在推力与外在拉力所最终形成的一个结果。农民不仅要从身份、居住环境、就业内容上，更要从素质技能、意识行为和生活方式上转变为一个适应城市生活与工作的全新生产与消费主体。但是针对身处不同地区、不同发展阶段的农民的市民化，动力机制则可能存在一定差异，其发挥的作用力也可能有所不同。这要看当地的整体资源布局与发展优势路径，因地制宜，使各动力要素的作用能发挥到最大优势。农民就地市民化的系统目标是推进农民就地市民化进程，系统要素可分为内生动力要素（内部要素）、外生动力要素（外部要素）两个方面，制度环境因素是发挥结构功能的重要载体。

第五章

农民思想政治教育与农民就地市民化

思想政治工作是党的各项工作的生命线。中央农村工作会议多次强调，走中国特色社会主义乡村振兴道路，必须重塑城乡关系，推动新型工业化、信息化、城镇化、农业现代化同步发展，走城乡融合发展之路。尽管今天的振兴乡村有稳定而有力的国家政策支持，但仅仅靠行政杠杆根本无法撬动中国农村这块巨石。

第一节　农民就地市民化与农民思想政治教育关系探析

毛泽东同志在《工作方法六十条（草案）》中指出："思想工作和政治工作是完成经济工作和技术工作的根本保证。"要使农民走上中国特色的社会主义现代化道路，实现就地市民化，必须努力提高农民的整体素质，激发出农民身上自有的活力和激情，这也是农民思想政治教育工作承担的重大历史任务。只有深刻认识和准确理解农民就地市民化与农民思想政治教育的内在关系，才能正确地揭示和把握乡村振兴的规律，才能不断推进农业农村现代化。

一、农民思想政治教育对农民就地市民化的重要意义

农民就地市民化包括农民经济层面市民化、政治层面市民化、生活方式市民化、思维方式市民化和价值观念市民化等。农民就地市民化不是农民个人或者农户一家的事情，而是农民整体素质的提高，农业发展和农村现代化的事情。如何在新时代做好农民思想政治教育工作，提高农民思想政治素质，增强他们的主体意识、民主参政意识、现代公民意识、法制意识和现代文明意识，不仅关系着整个农村的稳定和谐发展，而且关系着乡村振兴战略和农民就地市民化的成败。

（一）农民思想政治教育为乡村振兴提供精神动力和智力支持

马克思主义认为，生产力决定生产关系，生产关系反作用于生产力，经济基础决定上层建筑，上层建筑为经济基础服务。虽然生产力本身是没有阶级性的，但是任何生产力都与一定的生产关系相联系，经济基础也总是跟上层建筑相联系。而在生产力诸要素中，人是生产力诸要素中起主导作用、最革命、最活跃的因素。先进的生产力更多的是取决于劳动者的劳动积极性、科学文化水平和劳动技能。长期以来，我国农村生产力落后，自给自足的自然经济是导致农民思想政治落后的根本原因，而农民的小农思想又是制约农村生产力发展的重要因素。农民作为就地市民化的主体，其思想政治素质、科学文化素质的高低以及参与经济建设的积极性等，对农村经济建设有着直接的关系和影响。因为"强大的精神力量不仅可以促进物质技术力量的发展，而且可以使一定的物质技术力量发挥出更大的作用"。① 把农民思想政治教育与推广、普及农业实用新技术相结合，对农民科学文化素质的提高可以起到重要的推动作用，为乡村振兴提供精神动力和智力支持。

乡村振兴需要良好的社会环境。一个良好的社会环境应当包括良好的精神环境、良好的道德环境、良好的治安环境和良好的社会心理环境。思想政治教育为乡村振兴营造良好的社会环境主要体现在四个方面：第一，引导农民摒弃与乡村振兴不协调的消极落后思想观念，为振兴乡村创造一个良好和谐的精神环境。第二，帮助农民树立诚实守信，公平竞争，崇尚奉献、服务大局等观念，提高农民的道德素质，营造有利于乡村振兴的道德环境。第三，开展法制教育，引导农民通过正当的手段和合法的途径维护自身权益，为振兴乡村营造良好社会治安环境。第四，引导农民理性对待农村经济改革带来的"利益冲突"，营造轻松愉悦、公正平等、互信互爱、同心同德、积极进取的乡村氛围，形成有利于乡村振兴社会心理环境。

（二）农民思想政治教育有利于推进农村民主政治发展

改革开放40多年来，我国农村发生了翻天覆地的变化，各项事业都获得了长足发展。但是，相比农村经济的发展，农村的政治改革和政治文明则进展缓慢，有些地方的政治发展甚至举步维艰。以下因素限制了农民的政治认知，影响了农民的政治觉悟、政治责任感，主体意识、参政意识和民主法制意识的提

---

① 中共中央文献研究室．江泽民论有中国特色社会主义［M］．北京：中央文献出版社，2002：397．

高，进而制约了农村民主政治的发展。

一是农村受地理位置所限，交通不便，信息不畅。广大农民由于民主政治意识不强，不了解自身的相关权利和义务，往往被动或主动地放弃自己的政治权利，如选举权、监督权等。

二是经济相对落后使得农民少有精力去关心政治问题。由于政治参与往往需要付出成本，例如，因参加选举而损失的务工费用等，部分农民并不愿意付出精力去参与看起来并不能为自己带来直接好处的政治活动。

三是农村教育相对比较落后。广大农民科技文化素质和政治素质普遍偏低，而文化水平的限制也制约了农民政治参与意识和能力的提高，不知道怎么参与，也存在认为自己的一票不影响公共投票结果的心理，所以不珍惜政治投票权。

四是长期人治思维的影响。部分农民群体对于通过法律途径解决纠纷和矛盾的态度消极，既有对法律途径所需成本、时间、效率的考虑，也有自身法律知识不足的原因，还存在对司法机关不信任的顾虑，这些都印证了农民群体法律意识淡薄的现实。

习近平总书记把理想信念形象比喻为精神之钙。在农民就地市民化过程中，通过开展农民思想政治教育，特别是中国特色社会主义理想信念教育，引导农村基层干部和农民群众深刻认识到中国特色社会主义道路既是实现社会现代化和中华民族伟大复兴的必由之路，也是创造人民美好生活的必由之路。只有在广大农村普遍开展马克思主义理论教育，中国特色社会主义理想信念教育，党的路线方针政策教育，民主和法制教育，让农民对政治理论和政治知识有一个比较清楚的认知，才能进一步提高农民的政治觉悟、政治责任感、政治参与度和民主法制意识，实现农民政治层面的市民化，从而推动农村基层民主政治建设，为农村民主政治的发展扫清道路。

（三）农民思想政治教育为农村精神文明建设奠定坚实基础

首先，农民思想政治教育能够确保农村精神文明的社会主义方向。农民思想政治教育是以马克思主义为指导，通过对农民开展政治教育和思想教育，帮助农民树立正确的世界观、人生观、价值观，坚定中国特色社会主义理想信念。通过强有力的文化渗透，用先进的社会主义文化占领农村阵地，帮助农民抵御腐朽、落后的文化侵蚀。农村社会主义先进文化建设，离不开党的思想政治教育。离开了党的思想政治教育，农村精神文明建设就难以确保始终坚持正确的发展方向。

其次，农民思想政治教育是新农村精神文明建设的重要途径。马克思主义认识论表明，文化和思想道德意识是不会自发地产生和发展的。一个社会的精神文明建设离不开思想政治教育的参与。农民思想道德的提高，要靠思想政治教育中的道德教育来完成，而农民科学文化素质的提高和精神文化需求的满足，需要思想政治教育发挥其文化创造和传播功能来实现文化阵地的占领。对此，《中共中央国务院关于实施乡村振兴战略的意见》指出加强农村思想道德建设的重要性和途径：以社会主义核心价值观为引领，坚持教育引导、实践养成、制度保障三管齐下，采取符合农村特点的有效方式，深化中国特色社会主义和中国梦宣传教育，大力弘扬民族精神和时代精神。加强爱国主义、集体主义、社会主义教育，深化民族团结进步教育，加强农村思想文化阵地建设。

再次，思想政治教育作为一种教育现象，具有文化创造和文化传播的功能，通过对现有的社会政治文化进行不断的改造和整合，不断创造出符合时代要求的社会所需要的先进文化，武装人们头脑。这种文化创造和传播功能，使得农民思想政治教育能够保证农村先进文化的发展方向，帮助农民做好文化选择，以及促进先进文化的传播和渗透，为农村文化建设与发展提供重要的条件，对农村精神文明建设起推动和促进作用。

最后，农民思想政治教育可以促进先进的文化观念的形成，保证先进文化的发展方向。当前，农村社会文化呈现出多元化特征，社会主义先进文化与落后、腐朽的文化并存，主流文化与非主流文化并存，各种文化交织在一起，对于文化程度低、辨别能力不高的农民而言，很难做出正确的选择。引导农民做好正确的文化选择，防止广大农民群众被不良文化迷惑，是基层党组织一项十分重要的工作。通过对农民进行正确的文化观念教育，帮助农民建立起一种适合于市民化的先进文化观念，并让这种先进的文化观念在农民思维方式和行为习惯层面上发挥稳定而持久的影响，使农民能够在先进文化观念的指导下，正确地辨析各种文化，选择社会主义先进、健康的文化，自觉抵制落后、腐朽文化的传播。

（四）农民思想政治教育有利于提高农民的公民意识和公民素质

公民意识是指公民个人对自己在国家中地位的自我认识，也就是公民自觉地以宪法和法律规定的基本权利和义务为核心内容，以自己在国家政治生活和社会生活中的主体地位为思想来源，把国家主人的责任感、使命感和权利义务观融为一体的自我认识。它围绕公民的权利与义务关系反映公民对待个人与国家、个人与社会、个人与他人之间的道德观念、价值取向、行为规范，等等。它强调的是人在社会生活中的责任意识、公德意识、民主意识等基本道德意识。[①] 加强农民的公民意识有利于将权利义务观念、责任观念、守法观念等渗

①　赵健.论新时期我国农民公民意识培育［J］.改革与开发，2016（15）：7-9.

透到其生产生活当中去，使农民自觉在法律的框架范围内办事，互相尊重彼此的利益诉求，用法律手段合法合理解决矛盾和冲突，有利于社会的公平正义与和谐稳定。公民意识的深入渗透也有利于农民理解和支持中央各项改革政策在农村的落实，顺利实现农村的现代化发展和新农民的转型，提高农民素质，增强适应新时期在市场经济竞争中的能力。培育好农民的公民意识才能培养好农民的自主意识、法制意识、竞争意识和理性精神，农民才能正确行使权利和履行义务，并在现代市场经济规则下奋斗拼搏，主动塑造新型农民形象，自觉融入就地市民化进程。

二、农民就地市民化对农民思想政治教育提出了新要求、新挑战

思想是行为的先导。打破固化的习惯性思维对行为的羁绊，需要思想的革命，需要借助正式制度和政策所具有的约束性力量介入传统乡村社会，引导已经落后了的农村非正式制度发生现代化变迁。而当正式制度和非正式制度不适应实践发展要求时，也同样需要根据新的实践要求做出适应性变革，以应对变革新要求和新挑战。

（一）农民劳动生活方式的改变对农民思想政治教育提出挑战

农民就地市民化，首先是农民职业发生变化，农民由农业劳动者变为非农业劳动者。随着现代农业技术的应用，农村经济的快速发展，以及城镇化进程加快，农民劳动生活的范围不再局限于家中的几亩土地。农民或走出乡村进城打工，到周边乡镇企业上班，或办了企业，做起了电商，或跑起了运输，搞起了农家乐，等等。农村劳动生活方式的改变对农民思想政治教育提出了挑战。一方面，农民流动性大大增强，辗转于农村与城市之间的农民，在城市生活的浸染下，思想更为复杂，精神文化需求也日益增强，加强对农民的思想引导，加强道德建设、文化建设成为当前农村的一项紧迫任务。另一方面，农民的独立性、自主性增强，对集体组织的依赖性减少，传统的靠权威推动的农民思想政治教育工作方法已不能适应新形势的需要。因此，进一步加强农民思想政治教育，及时更新农民思想政治教育的内容、方式、方法成为促进当前农民就地市民化中的一项重要工作。

（二）农民消费生活方式的改变需要加强对其消费观的引导

农民市民化也表现在农民消费生活方面的市民化，农民随着收入增长，其消费理念也在发生不断变化。经济学认为，人们的消费水平主要取决于经济水平，两者呈正相关关系。统计数据表明，贵州农民人均收入逐年增长，消费水准也在逐年不断提升，消费结构也发生了很大变化。从2014年至2018年统计数据来看，贵州历年人均可支配收入逐年增长，分别比上年增长或者名义增长了13.1%、10.7%、9.5%、9.6%和9.6%；人均消费支出比上年增长或者名义增长均在10%以上，分别为12.8%、11.3%、13.4%、10.2%和10.5%（表5-1）。

表5-1 贵州省农村常住人口人均可支配收入和人均消费支出及增长率

年份	人均可支配收入（元）及增长率		人均消费支出（元）及增长率	
2014	6671.22	13.1%	5970.25	12.8%
2015	7386.87	10.7%	6644.93	11.3%
2016	8090.28	9.5%	7533.29	13.4%
2017	8869	9.6%	8299	10.2%
2018	9716	9.6%	9170	10.5%

数据来源：历年来贵州省国民经济和社会发展统计公报整理。

从消费结构上看，近年来农村居民消费结构在不断发生变化，其中食品类消费占消费总额比例逐年降低，说明贵州农村恩格尔系数在逐年降低，农民居民生活水平在逐年得到提高。数据显示（表5-2）：2014年至2018年，贵州食品类消费支出占同年消费比重逐年下降，2018年与2014年相比，下降了5.2个百分点；医疗保健占消费支出比重逐年上升，其中2018年与2014年相比，上升了7.1个百分点；用在文教、娱乐等方面的消费除了2018年与往年相比有下降外，其他年份均逐年上升。这表明，贵州农村人民的生活水平在提升，消费结构开始由生存型向发展享受型转变，消费方式开始由乡村型逐步向城镇型发展。

表5-2 2014—2018年贵州省农村居民生活消费支出　　单位:%

项目 \ 年份	2014	2015	2016	2017	2018
食品类	41.7	39.8	38.7	38.0	36.9
衣着类	5.7	5.3	5.0	5.0	5.5
居住	20.1	20.4	20.2	20.3	19.9
家庭设备、用品及服务	5.9	5.7	5.8	5.4	5.5
医疗保健	6.2	6.8	7.0	7.3	13.3
交通和通信	10.7	11.8	12.8	13.0	9.6
文教、娱乐、用品及服务	8.1	8.8	9.2	9.5	7.7

数据来源：《贵州统计年鉴—2019》。

在农村消费结构和消费方式发生转变的同时，我们也应该看到，天价彩礼"娶不起"、豪华丧葬"死不起"、名目繁多的人情礼金"还不起"以及孝道式微、农村老人"老无所养"等问题还大量存在。这些农村社会不良风气的蔓延，成为广大农民群众巨大的家庭负担，实际上它也扭曲了社会的价值观。① 产生这些问题的主要原因是农民消费观念比较落后，跟不上现代经济社会发展步伐。因此，把消费观教育作为农民思想政治教育的一项内容，对农民进行科学合理消费理论引导和科学消费知识灌输，是帮助农民逐步形成健康科学文明消费观念，杜绝农村中日益蔓延的盲目性消费、愚昧性消费和腐朽性消费，促进农民合理消费有效增长的迫切要求。

（三）农民闲暇生活方式的变化需要加强农民闲暇生活的引导

闲暇生活方式是指在一定社会历史条件下，人们在其自由支配时间内的活动方式。农民闲暇生活方式是农民在可以自由支配的时间内，从事具有补偿体力和脑力消耗，发展自身能力，以及获得享受的活动方式。近年来，随着科技的进步，农村物质财富的充裕，贵州农民的闲暇生活方式发生了很大变化，闲暇时间增多，休闲空间扩大，休闲交往方式多样化。乡村振兴战略的实施下，许多农村建起了图书室、篮球场、文化活动中心，有的村还成立了文艺队、业余剧团等，极大地丰富了农民的业余生活。

农民休闲生活方式的变化，与农村经济生活水平的提高是分不开的。同时也应该看到，当前贵州农民的休闲生活中还存在一些问题，急需在农民思想政治教育中加以引导。一是农民休闲生活的目的主要是打发消磨时间。随着网络的延伸和普及，农民的休闲时间主要花在看电视、打麻将、用手机上网聊天、打游戏、看搞笑直播等形式上，农民上图书室看书看报、用业余时间参加培训充电等形式很少。二是休闲生活的内容层次不高，甚至低俗化庸俗化。各种迷信活动在农村蔓延，各种赌博活动在部分农村地区盛行，各种粗制滥造甚至颠覆"三观"的文化产品充斥农村文化市场，一些不正规的文化团体演出的文艺节目低俗不堪等，诸如这些，如果不及时用社会主义核心价值观去引导，乡村振兴战略中的"乡风文明"振兴将成为一句空话。

---

① 国务院新闻办公室于 2019 年 10 月 29 日（星期二）上午 10 时举行新闻发布会，请中央农办副主任、农业农村部副部长韩俊和中央文明办有关负责人介绍《关于进一步推进移风易俗建设文明乡风的指导意见》有关情况，并答记者问。

（四）农民阶层分化对农民思想政治教育的挑战

随着新型城镇化战略和乡村振兴战略的协同推进，贵州农村经济实现了跨越式发展，农民不再死守着山沟沟里的零散土地，逐步实现了职业多样化。不同的职业导致了农民在经济收入和社会地位的差别，从而导致了农民阶层分化。覃雪梅（2015）根据对广西的调查，将农民大致划分为 8 个阶层：农业独立劳动者阶层，农民工阶层，农业雇工阶层，个体工商户阶层，农村知识分子阶层，乡镇企业管理者阶层，农村私营企业主阶层和农村管理者阶层。农民阶层分化是农村生产力发展和市场经济竞争的必然结果，是社会发展进步的标志，对农业、农村和农民现代化有着积极影响。但不同阶层的农民因职业不同，在收入和社会地位上也存在差距，势必产生各阶层间不同的利益诉求和矛盾，如果不及时用农民思想政治教育进行疏导，必然对农民就地市民化产生消极影响。

农民阶层分化，造成农民贫富差距拉大，对农村社会稳定造成冲击。以 2018 年为例，按收入五等份分组贵州农村居民家庭收入情况数据显示，低收入户人均可支配收入仅仅 2462 元，而高收入户人均可支配收入达 23440 元，高收入户人均可支配收入是低收入户人均可支配收入的 9.5 倍之多（表 5-3）。不同农户经济收入的悬殊导致了不同阶层在政治和社会地位等方面也出现较大的差别，高收入农户主要来自私营企业主、个体工商户、职业农民等，他们由于掌握和控制着农村优势的经济和人脉资源，成为农村的强势阶层，而低收入农户和中低收入农户主要是农业劳动者、雇工、部分农民工以及一些无业农民阶层，他们则成为农村弱势阶层。收入悬殊过大容易引发弱势阶层的相对不公平感，产生心理上的不平衡，导致部分农村弱势阶层与强势阶层的对立。部分弱势阶层对农村基层组织不信任，对改革持怀疑和否定态度，质疑一些高收入者收入的合法性，对社会不满、仇富等情绪和心理，对农村社会稳定造成了很大的冲击。

表 5-3　2018 年农户按人均可支配收入五等份分组收入情况

项目	低收入户 （20%）	中低收入户 （20%）	中等收入 （20%）	中高收入户 （20%）	高收入户 （20%）
人均可支配 收入（元）	2462	5973	8436	11989	23440

数据来源：《贵州统计年鉴—2019》。

第二节 贵州农民思想政治教育现状分析

思想政治工作是一切工作的生命线。贵州在新型城镇化和乡村振兴协同推进过程中，坚持用习近平新时代中国特色社会主义思想武装干部群众头脑，推进习近平新时代中国特色社会主义思想进农村进万家，创新农民思想政治教育理念、教育载体和教育内容，推动全省农村精神文明建设，推进农村文化阵地建设，推进农村思想政治教育，激发了农民群众脱贫攻坚的斗志和决心，推动了农村经济社会持续健康发展，对农民就地市民化起到了积极的引导作用。同时，农民思想政治教育仍存在一些困境，需进一步加强。

一、农民思想政治教育的创新性发展

建设什么样的社会，实现什么样的目标，人是决定性因素。思想政治教育本质是做人的工作，其出发点和落脚点在于提高人民群众的思想道德素质和科学文化素质。贵州紧紧围绕决战脱贫攻坚、决胜同步小康、开启农业农村现代化新征程的整体布局，着眼于思想建设、品格塑造，聚焦培育和践行社会主义核心价值观，从农民需求和实际出发，不断优化思想政治教育的内容结构，创新方法和载体，农民思想政治教育取得了一定成效。

（一）农民思想政治教育内容结构的优化

农民思想政治教育内容包括思想教育、政治教育、道德教育、心理健康教育和生态文明教育等，这些内容又可分为思想政治教育的基础性内容、主导性内容和拓展性内容三个层次。各个层次教育内容的重点和模式各不相同，各层次教育内容在农村思想政治教育的整个内容体系中居于不同地位，发挥着不同的功效。

思想政治教育内容结构的优化，就是教育者对构成思想政治教育内容的诸多观点、思想体系、价值标准、道德规范所进行的比较鉴别和合理配置，从而实现思想政治教育内容各要素之间的有机整合、相互贯通、彼此衔接、互动有序、协同发展，使思想政治教育内容结构达到最佳状态。①

1. 农民思想政治教育基础性内容

---

① 熊建生. 论思想政治教育内容结构的优化［J］. 学校党建与思想教育（上半月），2008（11）：11-15.

农民思想政治教育基础性内容是向农民传递最基本、一般性和基础性的思想政治教育内容，核心以社会公德教育和公民个人美德教育为主。常言说，基础不牢，地动山摇。近年来，贵州各地在对农民进行思想政治教育过程中，把农民的基础性思想政治教育作为常规性工作来抓，潜移默化影响农民的思想和行为。注重尊老爱幼、家庭和睦、邻里互助的传统美德教育；倡导建立乡村男女平等、夫妻和睦、扶贫济困、礼让宽容的新型人际关系；完善村规民约，引导农民约束自我、提升境界，规范自己的行为；注重加强法制宣传教育，提高农民法治素养。

2. 强化思想政治教育主导性内容

思想政治教育主导性内容是农民思想政治教育内容体系的灵魂和核心部分，以社会主义理想信念、中国精神、社会主义核心价值观教育为主要内容，在农民思想政治教育中居于主导地位和方向性作用。江河万里总有源，树高千尺也有根。贵州省人民政府办公厅《关于印发贵州省农民全员培训三年行动计划（2019—2021年）的通知》明确提出："依托第一书记、下派（驻村）干部、乡（镇）干部、结对帮扶人员、基层党员干部等力量，利用新时代学习大讲堂、新时代文明实践中心等平台和农村中小学、村支两委活动室、农民夜校等，采取通俗易懂的方式，宣传学习习近平新时代中国特色社会主义思想，党的十九大精神和习近平总书记在贵州省代表团重要讲话精神，习近平总书记对贵州的重要指示批示精神。教育农民牢记嘱托，感恩奋进，感恩习近平总书记，感恩党中央。"[①]

3. 深化思想政治教育拓展性内容

思想政治教育拓展性内容，以提升农民现代化能力为主，是农民思想政治教育内容在实践层面的进一步拓展。新的历史条件下，贵州各地注重传递现代社会所赋予的农村思想政治教育与时俱进的时代内容，着眼于培养农民个体在生产生活中的科学文化素质、农民的创新意识、发展意识、市场意识、合作意识，提升农民市民化能力，实现从传统农民向有文化、懂技术、会经营的新型农民转变。为推进农村产业革命做好思想发动，推动农村经济发展，结合各地实际开展特色经果林种植、特色蔬菜种植、特色养殖技术培训、高山生态茶种植加工技术、民族手工艺技能培训和电子商务及相关物流、快递等就业创业培

[①] 贵州省人民政府办公厅. 省人民政府办公厅关于印发贵州省农民全员培训三年行动计划（2019—2021年）的通知：黔府办发〔2018〕41号［A/OL］. 贵州省人民政府网，2018-12-24.

训，有效提高了农民就地市民化能力。

诚然，在农民思想政治教育中，思想政治教育内容一般是综合性的，既包含有基础性的知识传授型思想政治教育内容，也有主导性的品格塑造型思想政治教育内容和拓展性的能力提升型思想政治教育内容。譬如，2016 年以来，毕节市启动了以"思想信念、民主法治、传统美德、科学文化、政策感恩、文明习惯、团结和谐、是非观念、家训家风"为内容的农村思想政治教育活动，并融入"和在农家"创建工作。① 从思想认识上激发了群众脱贫攻坚的内生动力。

(二) 农民思想政治教育方法的改革

思想政治教育方法是解决思想层面矛盾，实现教育内容和目的向教育对象思想转化的方式方法和措施等。虽然政治工作的根本任务、根本的内容没有变，我们的优良传统也还是那一些，但是，"时间不同了，条件不同了，对象不同了，因此解决问题的方法也不同"。② 在新型城镇化和乡村振兴协同推进过程中，贵州各地创新了多种多样的农民思想政治教育方法，在推动农民就地市民化方面取得了不俗实效。

1. 典型示范法

典型示范法是中国共产党思想政治工作的光荣传统和行之有效的教育方法，通过典型人物或者事迹的榜样教育，达到提高人们思想认识、政治觉悟和道德品质的目的。在农民思想政治教育中，贵州各地针对农村实际，充分运用榜样的典型示范作用，围绕不同教育主题和内容，满足农民需要，通过生动形象的榜样事迹来教育引导广大农民，增强了思想政治教育的感染力和说服力。譬如，毕节市围绕庆祝中华人民共和国成立 70 周年主题，广泛开展中国特色社会主义、中国梦宣传教育和爱国主义教育，开展"文明村镇""文明家庭""星级文明户""最美家庭""脱贫攻坚群英谱"等评选活动，开展向时代楷模、道德模范、最美人物、身边好人等先进典型学习宣传活动。深入推进社会主义核心价值观宣传教育、"明礼知耻·崇德向善"主题实践活动、"文明在行动·满意在毕节"活动③，发挥了较好的示范作用。

2. 双向互动法

双向互动法以受教育者为中心，以教育者为主导，将教育活动方式和受教

———————————

① 农村思想政治教育 [N]. 贵州日报，2017-01-10 (12).

② 邓小平文选：第 2 卷 [M]. 北京：人民出版社，1994：119.

③ 毕节市四措并举掀起基层思想政治教育"头脑风暴" [EB/OL]. 贵州新闻网，2019-06-03.

育者活动方式有机结合,既着眼于充分发挥教育者自身的优势,又重视充分激发受教育者活动的积极性和主动性。思想政治教育从来就不是一种"单相思"式的封闭式教育,而是教育者与受教育者之间双向互动的过程。它既包括教育者主动地认识、教育和改造受教育者思想品德的过程,也包括受教育者能动反映和接受教育影响,主动认识和塑造思想品德的过程。① 譬如,毕节市纳雍县五一村,紧紧围绕"谁教育、教育谁、怎样教育、什么预期"主题,打好组合拳,抓点、带线、扩面,统筹兼顾,切实把农村思想政治教育贯穿各项工作始终,做到融会贯通,抓紧抓实。在农民思想政治教育中,树立"人人是讲师"的观念。坚持领导示范,主要领导亲自组织开展专题培训,亲自到村夜校点上课,亲自深入群众解决实际问题,亲自积极争取项目。分管领导和驻村工作组长亲自安排、亲自督查、亲自考核,组织驻村干部、教师等组成讲师队伍开展宣传教育,发动妇女干部参与包保、指导、帮扶农户。主要领导和分管领导亲力亲为,发挥了传、帮、带作用,实现了人人动手、户户参与。②

3. 多平台教育法

传统的思想政治教育大多采用直接面谈的方式,但随着时代的发展,直接面谈方式已经远不能满足农民思想政治教育需要,必须与时俱进地创新教育方式,发挥传统院坝教育优势,同时集成农民熟知的多媒体手段建立现代化的平台教育渠道,通过电话、微信、QQ等现代通信方式进行农民思想政治教育。譬如,遵义市桐梓县七二村党支部围绕"党建"做文章,按照"基层党组织建设+法治建设"的方式,革除群众思想上的"毒瘤",通过院坝会、圈圈会,拉家常、摆故事和打电话、发信息、写公开信等方式,对群众进行思想政治教育和普法教育。同时,探索实施"两述职一测评"和"四民主两公开"制度,不断完善村民会议制度、村民代表大会制度、重大事项听证制度、便民服务制度等一系列规章制度,有效提升了广大群众法治观念和遵法学法守法用法意识。③

4. 人文关怀法

人文关怀法是通过关心农民的生存发展状况和精神需求,关注农民的发展与自我完善,进而改变他们的思想状况的一种方法。党的十八大报告指出:"加强和改进思想政治工作,注重人文关怀和心理疏导,培育自尊自信、理性平和、积极向上的社会心态。"农民思想政治教育必须从尊重农民的主体地位和主体精

---

① 龙海平. 和谐村镇视域下的农村思想政治教育研究 [M]. 南宁:广西人民出版社,2014:163-164.

② 纳雍县:农村思想政治教育促小康 [EB/OL]. 多彩贵州网,2016-09-30.

③ 娄轼. 桐梓七二村迎来"七十二"变 [N]. 贵州日报,2019-12-04(01).

神，理解农民的主体需要和精神诉求，培育农民的人文精神和社会情怀，实现农民的主体价值和社会地位，营造浓郁的人文氛围的角度去开展工作。关注农民的心理需要和精神需求，注重人文关怀，才能真正落实以农民为本思想。近年来，贵州各地在农民思想政治教育中，充分树立以农民为本理念，以农民为出发点和归宿，尊重和保障农民权利，与农民平等对话、自由交流和相互磋商，耐心倾听农民的不同意见。在教育中，把握宣讲艺术，放低倾听姿态，增强回答担当，设身处地、将心比心，走进农民、关心农民、尊重农民。

5. 分类指导法

由于农民阶层的分化，其存在的思想问题也不尽相同，在对农民进行思想政治教育的时候，必须因材施教，对症下药，分类指导，区别对待，切忌一刀切、一锅煮，以增强农村思想政治教育的针对性。譬如，在调研中发现，安顺市镇宁县白马湖街道永和村对孤寡老人、农村妇女、新型职业农民等进行分类教育指导，倾听不同类型农民的心声，解决共性需求，提供个性方案。通过初步探索，该村群众思想素质整体提高，法治意识得到提升，集体观念增强，自力更生蔚然成风，村民变"要我做"为"我要做"，各项中心工作有力有序推进，密切了党群干群关系，提高了农村基层组织公信力。

（三）农民思想政治教育载体的创新

农民思想政治教育载体是农民思想政治教育活动中描述、承载、传导、转化思想政治教育信息或内容，联结思想政治教育主体和客体，并能使它们产生良性互动的中介和桥梁。

1. 新时代农民讲习所

在脱贫攻坚实践中，贵州各地干部群众深入总结基层经验，创立了新时代农民（市民）讲习所。按照"六有标准"（有场地、有机构、有师资、有制度、有标识、有资料）建设讲习阵地。"五级联动"（市、县、街道、社区、村）拓展讲习主体。通过讲思想，干有方向；讲感恩，干有激情；讲政策，干有思路；讲技术，干有本领；讲比武，干有榜样；讲道德，干有精神的"六讲六干"做到讲习结合。全省创建2万余个覆盖全省城乡的新时代农民（市民）讲习所，开展讲习15万场次，受益群众1600多万人次。新时代农民（市民）讲习所成为贵州凝心聚力的主阵地、脱贫攻坚的大课堂、同步小康的大本营。[①] 新时代农民讲习所，围绕农村中心工作，聚焦"菜单化""便民化""鲜活化""本土

---

① 覃淋. 主阵地　大课堂　新平台——新时代农民（市民）讲习所的贵州实践 [J]. 当代贵州，2018（25）：8-11.

化",开展分类讲习、生动讲习、多元讲习、一线讲习,切实强化精准意识,增强讲习效果,借用传统载体赋予时代内涵,创新讲习方式层出不穷。

"菜单化"分类讲习针对党员干部、农村群众、社区居民、青年学生等不同群体的需求特点,运用不同的讲习方式、选配不同的讲习内容。"便民化"流动讲习按照"课堂式大集中"与"互动式小分散"相结合的原则,不仅在固定讲习所开展集中讲习活动,还在田间地头、村头寨尾、居民院落、园区工地等场所,进行灵活讲习,实现了"群众在哪里,讲习就到哪里"。"鲜活化"生动讲习借用传统载体赋予时代内涵,通过快板、花灯戏、小品、山歌、家庭剧场等形式,将讲习内容精心编排成群众喜闻乐见的文艺节目。"本土化"讲习注重采用方言土语开展讲习,走进群众门槛做动员、下到群众田坎教技术、融入群众心坎转观念。

新时代农民讲习所践行习近平新时代中国特色社会主义思想,用正确的政治价值和政策理念,增强社会主义核心价值观的吸引力和凝聚力,增强道德所能迸发的精神力量,增强"善"的培育,创新了新时代农民思想政治教育载体。

2. 新时代文明实践中心

2018年7月6日,中央全面深化改革委员会审议通过《关于建设新时代文明实践中心试点工作的指导意见》,决定在全国县一级建设新时代文明实践中心,旨在推动习近平新时代中国特色社会主义思想更加深入人心,打通宣传群众、教育群众、关心群众、服务群众的"最后一公里"。2018年8月,贵州省赤水市、清镇市、龙里县入选首批全国50个建设新时代文明实践中心。贵州省创新"骨干+招募"文明实践志愿服务队伍建设,建立以机关党员、基层干部、先进人物、新乡贤、"五老"人员等为骨干,以联系群众、服务群众、宣传群众、教育群众为主责主业,扎根本乡本土的文明实践志愿队伍。

为深化试点工作,2019年全国进一步扩展新时代文明实践中心建设试点范围,贵州省的全国试点由3个县扩展到23个县。同时,贵州在此基础上,还实施省级试点任务,在全省836个易地扶贫搬迁安置管理单元建设新时代文明实践站。明确了市(州)、县级试点任务,印发《贵州省深化拓展新时代文明实践中心建设试点工作的实施方案》,强调以县域为整体,以县、乡、村三级为单元,以志愿服务为基本形式,以群众满意为根本标准,坚持"价值引领、为民服务、整合资源、志愿服务、重在实践、探索创新"工作原则,宣传宣讲党的政策、培育践行主流价值、丰富活跃文化生活、深入开展移风易俗等工作内容,使得农村的思想引领有了新载体、基层思想政治工作有了新抓手、群众工作有了新方法、乡风文明有了新气象。

3. 多载体综合运用

事实上，在对农民进行思想政治教育过程中，农民思想政治教育的各种载体难以区分开来，多数是综合运用的，这样思想政治教育才能更有实效性。载体的创新更多地表现在围绕农民思想政治教育的目标和内容，从多个方面、多个作用点上，综合运用多种不同载体，整合多种力量进行协同作战，发挥它们的协同效应与合力。比如，围绕提高农民科学文化素质、思想道德素质等内容，载体的运用可选择传媒载体、文化载体、活动载体等方式，并从认知、情感、行为等维度充分发挥多种载体的综合效应，健全人格，促进综合素质的提升。特别是丰富多彩、形式多样、生动活泼的活动载体能寓教于乐，充分展现思想政治教育在农村经济社会发展中的独特作用。譬如，毕节市以"十星级"文明户和"和在农家"星级户评比为抓手，以"七个起来"（大喇叭响起来、赶场天赛起来、工作队练起来、宣传队演起来、夜校办起来、文化墙建起来、村规民约立起来）为载体，不拘形式，构建起农村思想政治教育宣传大格局。[①]

二、农民思想政治教育存在的困境

近年来，贵州各地农民思想政治教育实践开展得如火如荼，许多地方取得了不错成效。但在调研中发现，贵州农民思想政治教育工作仍存在若干与农民就地市民化不相适应的问题。

（一）农民思想政治教育重视程度仍需提高，任务落实不到位

邓小平同志曾强调，物质文明和精神文明都搞好，才是中国特色的社会主义。一手抓物质文明，一手抓精神文明，"两手抓，两手都要硬"，这是我国社会主义现代化建设的一个根本方针。但在实际工作中，一些基层领导干部对待思想政治工作的态度还是"说起来重要，做起来次要，忙起来不要"。贵州经济比较落后，发展经济的任务确实很艰巨很紧迫。一些领导干部片面理解"发展才是硬道理"，只顾埋头发展经济，把思想政治教育撇在一边，导致"一手硬，一手软"。调查发现，许多基层干部尚不能清楚认识到开展农民思想政治教育对新型城镇化和乡村振兴的重要意义，农民思想政治教育工作得不到应有的重视，经费投入不足，任务落实不到位，从而使得农民思想、政治、心理素质与农民就地市民化不相适应，农民的主动性、积极性没有得到充分激发。

（二）农民思想政治教育内容不鲜活，时代性不强

思想政治教育内容是思想政治教育目标的具体化，是实现思想政治教育目

---

① 农村思想政治教育［N］. 贵州日报，2017-01-10（12）.

标与任务的重要保证，农民思想政治教育的内容应当根据社会发展需要对农民在思想政治、道德、心理诸方面素质的要求，以及农民的思想实际来确定。推进农民就地市民化，农民思想政治教育理应随着农村经济社会的不断发展和农民思想的变化调整教育内容，以跟上时代的步伐。但调查发现，有些县区农村存在着思想政治教育内容明显滞后于农村发展形势，滞后于农民群众实际需要的问题，表现在思想政治教育仍然停留在讲大道理上，没有结合当前农村发展形势和农民实际，教育内容远不能适应农民就地市民化的需要。政治教育代替思想教育和道德教育的现象十分普遍，心理健康教育基本缺失。譬如，针对城镇化带来农村"空心村"现象，农村留守儿童心理健康教育就显得异常迫切。贵州曾发生多起留守儿童集体自杀、意外身亡事件，而农村留守儿童心理健康教育仍普遍处于缺位状态，有些村至今还没有为留守儿童建立档案，也没有相关财政专项基金来关爱留守儿童。

（三）农民思想政治教育方法老套，不能与时俱进

思想政治教育方式方法是思想政治教育工作者为达到一定的思想政治教育目的对教育对象施加影响所采用的手段和方式，是联结思想政治教育工作者和教育对象的中介，对教育对象的思想转化，以及教育目的的实现有着至关重要的作用。社会主义新时代，农民思想政治教育工作环境、任务和对象较之以往都发生了很大变化，面对新形势、新情况、新问题，传统的教育方式、教育方法已不能完全适应新要求。只有根据新时期农民思想政治教育要求，认真研究新形势下农民思想政治教育工作特点和规律，不断创新教育方式方法，才能提高农民思想政治教育的实效性。而在现实中，相对落后的文化教育决定了贵州农村基层干部文化水平和综合素质的提高绝非一日之功可完成，农村基层干部思想转变不快，思路窄，办法少，又缺乏专业训练，思想政治教育方式还停留在说教式的灌输、"刮风"式的学习、标语口号式的宣传。缺乏深入实际的调查，必然导致思想政治教育流于形式，教育难能收获预期效果。

（四）思想政治教育队伍素质不高，专业人才匮乏

思想政治教育队伍的素质高低直接关系农村思想政治工作的性质和方向，关系农民思想政治教育的效果，关系乡村振兴战略的实施效果。农民就地市民化需要一支党性强、作风正、工作富有成效的思想政治教育队伍，它要求农民思想政治教育工作者不仅要有一定的理论政策水平，还要懂教育、懂管理、懂市场、懂科技，要有良好的群众观念和服务观念，在工作中能够"以农民为本"，吃苦耐劳、实事求是，以身作则。但在现实中，农民思想政治教育工作往

往由农村基层乡镇村干部兼职，一方面领导干部对农村思想政治工作不够重视，缺乏对农村基层干部进行专业的培训。另一方面基层干部或忙于抓经济建设，或忙于应付上级任务，没有时间和精力去认真研究农民思想政治教育问题，使得农民思想政治教育队伍整体素质与新时代农民教育的新任务要求不相适应。

三、农民思想政治教育困境原因分析

农民思想政治教育是一个系统性工程，导致结果与预期存在差距的原因往往有多种，既有教育实施者原因，也有教育接受者原因，还存在教育媒介的原因。而且每一种原因都有系列关联因素发生作用。因此，分析农民思想政治教育困境，也应当坚持系统化思维方法，从多角度，尽可能全面地分析原因。

（一）落后的经济发展水平挑战农民思想政治教育的权威性

经济基础决定上层建筑。由于自然、历史和区位原因，贵州经济发展水平整体落后于我国中东部地区。统计数据显示，2018 年全国农村居民人均收入最高的省份为浙江省，高达 27302 元，而贵州农村居民人均可支配收入仅为 9716元，在全国 27 个省份中位居第 25 位，排名倒数第三，同比浙江相差 2.8 倍多。贵州落后的经济发展状况，使得部分基层干部和农民群众陷入"思想政治教育无用论"观念误区，认为发展是硬道理，"说的再好不如来点实惠好"，提高农民收入才是正道理。

（二）宣传工作不到位弱化农民思想政治教育功能

宣传工作是党的工作中极其重要的组成部分，也是思想政治教育功能发挥和目的实现的基本路径。农民思想政治教育目的的实现很大程度依赖于基层宣传工作的有效开展。调查显示，由于部分领导干部对基层宣传工作的重要性认识不够，经费投入不足，宣传干部素质不高，理论、政策水平有限，导致贵州农村基层宣传工作做得不到位，影响了农民思想政治教育功能的发挥。具体表现在：

一是理论宣传不到位。农民群众对当代中国马克思主义理论缺乏基本的常识性认识，许多农村党员干部也是一知半解。比如，在调查中，多数农民群众不知道什么是农业供给侧结构性改革，何为农民就地市民化。

二是政策宣传不到位。农民群众对党和国家政策因不了解而认同度不高。比如，国家近几年的精准扶贫具体标准是什么，如何精准到位，许多农民仅仅知道有这么个口号，但具体内容并不清楚。

三是宣传表面化的根源是形式化，没有做到"三贴近"。部分地区的农村基

层宣传工作仅仅停留在充当党和政府的"传声筒"层面，理论宣传既不能用通俗的语言将抽象的理论给农民群众讲清楚，也没有做到理论与农民生产生活相结合。政策宣传只是读读文件，没有对政策制定的背景、政策的内容进行解读，也没有对当前形势进行分析，导致政策无法深入民心，政策难以得到拥护和支持，甚至产生某些误解。

（三）教育主体匮乏导致农民思想政治教育力量薄弱

农民思想政治教育的教育主体包括县、乡（镇）、村的思想政治工作者，其中农村基层干部是主力。调查发现，贵州一些县、乡（镇）、村思想政治教育工作机构没有专人领导和负责，工作条件差，处于瘫痪或半瘫痪状态；村级没有稳定的农村思想政治工作队伍，农民思想政治教育工作基本是由农村基层干部兼职。由于县域经济不发达，很多县、乡（镇）财政紧张，加上农村税费改革后，农村基层组织收入减少，没有或很少有资金投入到农村思想政治工作队建设中来，导致农村思想政治工作人员缺乏专业培训，素质不高，待遇低，工作热情不高。贵州村干部月工资收入只有 2000—2500 元，许多能力强的人不愿担任村干部，有不少在任村干部辞职下海经商或外出打工，还有一些村干部在职不在岗。大量青年农民外出打工，使得基层组织后备力量不足，党员队伍年龄结构老化，一些乡村由于外出务工人员多，甚至出现了基层组织"空壳化"现象。以上种种造成农村思想政治教育工作人员严重不足，导致农民思想政治教育的教育主体缺失。

（四）忽视农民群体的分层性导致农民思想政治教育缺乏针对性

深刻认识教育对象的差异性，是提高农民思想政治教育针对性的前提，也是增强农民思想政治教育实效性的保证。贵州是一个多民族共居的省份，除汉族外，世居有苗族、布依族、侗族、土家族、彝族、亿佬族、水族、回族、白族、瑶族、壮族、畲族、毛南族、满族、仫佬族、羌族 17 个少数民族。不同民族在长期的历史发展过程中，形成了相对固定的思维方式、生活习惯和独特的民族心理，一些基层思想政治教育工作者忽视民族心理的差异性，在思想政治教育过程中缺乏深层次心理沟通，导致少数民族农民与教育工作者之间产生心理隔阂，甚至影响民族团结和地区稳定。不同年龄、不同文化程度、不同政治面貌、不同职层、不同民族的农民有着不同的思想特点和心理需求，思想政治教育应当根据不同农民群体的差异性调整教育内容和方式方法，以提高教育的针对性与实效性。

在实践中，一些农村基层思想政治教育工作者对不同农民群体的思想特点、心理需求、知识水平、思维方式、社会诉求等把握不清，对农民个性差异对思想政治教育的影响缺乏认识，在开展思想政治教育的过程中，没有考虑不同农民群体的差异性去进行有针对性的教育。在教育内容上，没有做到根据农民的年龄、教育程度、政治面貌、职层、民族不同而有所侧重；在方式方法上，不能根据不同农民群体的思想特点、心理需求的差异性而采取不同的教育方式，方法简单划一，从而使农民群众与农村基层思想政治教育工作者在心理上、认知上产生距离，感情上难以交流，思想上难以共鸣。

第三节 创新农民思想政治教育，助推农民就地市民化

在新型城镇化和乡村振兴协同推进中促进农民就地市民化，使农民实现经济层面、政治层面、社会生活层面和观念价值层面的市民化，说到底在于农民素质的提高，农民思想的转变。根据存在问题分析原因，提高农民思想政治教育的有效性不仅要加快经济发展，提高人们的认识水平，促进农村文化整体提升，而且要从思想政治教育的原则、方法、载体、队伍建设等方面深入研究。

一、创新农民思想政治教育应坚持的基本原则

提高农民整体素质，推进农民就地市民化，农民思想政治教育不仅要依据科学的教育规律，还要遵循一定的教育原则。要根据新时代农村发展状况和农民实际需要，依据科学教育原则实施农民思想政治教育。

（一）以人为本原则

在现代思想政治教育中，以人为本是最根本的价值原则，是思想政治教育的本质要求和根本理念，也是马克思主义关于人的全面发展理论的重要体现。"思想政治教育说到底是做人的工作，必须坚持以人为本。既要坚持教育人、引领人、鼓舞人、鞭策人，又要做到尊重人、理解人、关心人、帮助人。"[1] "所谓以人为本，就是社会的一切发展既依赖于人的发展又是为了人的发展，人既是发展的目的，又是发展的手段，坚持以人为本的发展观，要把人的全面发展作为社会和人的根本目标，确立人的主体地位和目的地位，尊重人的自由和权

---

[1] 胡锦涛. 坚持用"三个代表"重要思想统领宣传思想工作 为全面建设小康社会提供科学理论指导和强大舆论力量 [N]. 人民日报，2003-12-07（01）.

利，肯定人的价值和意义，促进人的完善和发展。"①

思想政治教育是教育人、说服人、塑造人的工作，只有做到以人为本，才能产生感染力，增强实效性。只有立足于人的全面发展，尊重受教育者的主体性，激发受教育者的创造性，思想政治教育才能真正起作用。对于农民思想政治教育来说，以人为本就是以农民为本，思想政治教育要想农民之所想、急农民之所急、解农民之所困，为农民之所需。具体在农民思想政治教育活动中，教育内容、教育方法、教育目的、教育载体的选择和运用，必须以农民为出发点，围绕农民、关照农民、服务农民。在对农民思想政治教育中，充分尊重农村实际，满足农民的现实需要，充分尊重农民的主体地位，要善于激发农民的积极性、主动性、创造性，体现对农民的人格尊重，使农民在受教育中感受到尊重、尊严和温暖。

（二）"因事而化、因时而进、因势而新"原则

习近平总书记指出："做好高校思想政治工作，要因事而化、因时而进、因势而新。"② 习近平总书记关于"因事而化、因时而进、因势而新"的论述，是习近平治国理政思想的生动体现，也为新时代农民思想政治教育提供了科学思路，是新时代农民思想政治工作方法创新的原则遵循。

在农民思想政治教育中，因事而化，就是要坚持围绕农民，遵循解决思想问题和解决实际问题相结合的原则，以农村事务为抓手，为农民解疑释惑，化解难题，在关心帮助农民中教育和引导农民。习近平总书记指出，思想政治工作从根本上说是做人的工作。做人的工作不能单凭空洞说教、单向灌输，必须结合具体的事务来和农民进行沟通、交流、合作，通过科学管理、真诚服务和因材施教做到动之以情、晓之以理、明之以法、帮之以需。如此才能让农民认可思想政治工作，信任思想政治工作者的为人，进而认同倡导的主流价值观，达到育人目的。

习近平总书记在 2013 年的全国宣传思想工作会议上指出："今天，宣传思想工作的社会条件已大不一样了，我们有些做法过去有效，现在未必有效；有些过去不合时宜，现在却势在必行；有些过去不可逾越，现在则需要突破。'不

---

① 李文山. 科学发展观与大学生思想政治教育创新研究 [M]. 开封：河南大学出版社，2009：14-15.

② 习近平在全国高校思想政治工作会议上强调：把思想政治工作贯穿教育教学全过程，开创我国高等教育事业发展新局面 [N]. 人民日报，2016-12-09 (01).

日新者必日退'"。① 智者顺时而谋。做好农民思想政治教育，必须因时而进，克服因循守旧的旧观念，摒弃不合时宜的老做法，革除长期形成的体制积弊，抓住时机、与时俱进，锐意进取。农村思想政治工作者唯有做到能倾听时代声音、紧跟时代步伐、把准时代脉搏，才能增强思想政治工作的时代感和吸引力，才能提升思想政治教育的亲和力和针对性。

农民就地市民化对创新农民思想政治工作方法、平台载体提出了的新要求，因势而新，要求必须依据农民就地市民化进程中农民情感认知、行为方式、生活观念、话语表达、思维特质等出现的新变化，根据乡村振兴和新型城镇化发展的时代情势变化来创新思想政治工作的话语体系和沟通方式。工作内容和形式的同步创新，使得内涵更加丰富，形式更加贴切，达到与农民在思想上同频共振。

（三）坚持"贴近实际、贴近生活、贴近群众"的原则

胡锦涛曾在全国宣传工作会议上指出："要坚持贴近实际、贴近生活、贴近群众，把宣传思想工作做实做深做活，更好地宣传动员群众、引导教育群众、帮助群众服务。"② 贴近实际、贴近生活、贴近群众是我们党宣传思想工作始终遵循的方针原则，亦是思想政治工作应遵循的原则之一。

贴近实际，要求我们的思想政治教育要始终立足于国情、省情、市情、乡情和村情，立足于中国特色社会主义伟大实践，立足于新型城镇化和乡村振兴协同推进的时代命题，立足于推进农民就地市民化的实际情况来确定农民思想政治教育的工作目标，根据实际需要来开展工作，根据实际效果来检验工作，使农民思想政治教育工作更加扎实深入和不断完善。

贴近生活，意味着农民思想政治教育工作内容和方法必须深入到现实生活中去，贴近农村生活，关注农村老百姓的衣食住行，通过帮助农民解决现实生活中的问题，不断满足农民群众物质和精神文化生活的需求，使思想政治教育不仅能够为农民所接受而且受到农民群众的欢迎。

贴近群众，就是要坚持从群众中来，到群众中去的工作路线，把思想政治工作深深地扎根于群众之中，为人民群众服务。把广大人民群众满意不满意、赞成不赞成、高兴不高兴、答应不答应作为我们思想政治工作最根本的落脚点和出发点。运用农民群众熟悉的、通俗易懂的语言和乐于接受的方式开展思想

---

① 中共中央文献研究室. 习近平关于全面深化改革论述摘编——在全国宣传思想工作会议上的讲话［M］. 北京：中央文献出版社，2014：84.

② 胡锦涛. 胡锦涛文选：第三卷［M］. 北京：人民出版社，2016：59.

政治教育，抛弃空洞的大道理说教，把解决农民群众的思想问题与解决他们生活中的实际问题相结合，拉近与农民群众之间的情感距离，做农民贴心人，使思想政治工作可亲可信、深入民心。

二、创新农民思想政治教育的策略

策略是实现目标的方案方法组合，有近期目标实现的行动策略，也包含着远期目标在内的计划策略。思想政治教育的策略是，目标激励和约束下教育主体谋划教育行动方案的集合，因教育主体、教育过程与教育评价的复杂性，农民思想政治教育策略的制定更需要系统性。

（一）加强农村基层党组织建设

基础不牢，地动山摇。农村工作千头万绪，抓好农村基层组织建设是关键。① 在农民思想政治教育中，农村基层党组织起着举足轻重的作用，关系农民思想政治教育工作能否健康有序开展。

第一，提高基层党组织政治领导力。加强基础党组织政治领导力建设有效开展农民思想政治教育工作的前提，是提升新农村文化软实力的坚强后盾。基层党组织要把农村基础文化设施建设和农民素质的提高放到重要的位置，引导农民抵制封建迷信，革除陈规陋习，推动移风易俗，发挥在乡村文化振兴中的组织领导作用。

第二，建立健全基层党组织干部的激励机制。以农民思想政治教育工作为路径、农村精神文明建设为核心、农村物质文明建设为抓手，三者和谐发展、相互促进，提高基层干部队伍的人文素质和领导水平，把农民思想政治教育工作纳入年度绩效考核评价体系。

第三，配齐配好农村基层思想政治教育工作者。确保农民思想政治教育工作者踏实肯干，有较强的专业素质，密切联系群众，提高农民的思想政治素养，保证新农村文化沿着正确方向发展。

（二）完善农民思想政治教育机制

教育体制改革与创新是农民思想政治教育工作规范有序进行的保证，也是提升农民思想政治教育实效性的支撑点。

第一，建立整体联动工作机制。整合各级党组织、行政管理人员、文化宣

---

① 中共中央党史和文献研究院. 习近平关于"三农"工作论述摘编 [M]. 北京：中央文献出版社，2019：185.

传、妇联等相关部门的力量，党政各部门合理分工，各就其职，严格律己，把农民思想政治教育与各项工作齐抓共管，加大对新农村文化建设的政策力度。

第二，健全农民思想政治教育的保障机制。加大对农村基层党建工作的政策支持，切实把专项活动经费投入到基层党组织建设中。在分配政策上要以县财政为基础，确保农民思想政治教育工作者的收入落到实处。

第三，建立健全农民群众的反馈机制。及时了解民情、民意，认真倾听农民群众的心声，经常开展民情调研，分析农民思想动态，把握农民思想脉络，循序渐进地对农民开展思想政治教育。

此外，农民思想政治教育还需要建立相应的奖励机制和监督机制，通过机制的改革与创新，提升农民思想政治教育实效性。

（三）创新农民思想政治教育体系

当前，促进生产力跨越式发展是实现贵州后发赶超式现代化战略的必然选择，农民思想政治教育必须与农民实际的生产生活紧密结合，与时俱进将其融入时代发展潮流中，促进农村各项工作顺利进行，才能真正让农民思想政治教育落地生根，出成效。

1. 教育内容时效化

国无德不兴，人无德不立。以社会主义核心价值观为引领，提高农民科学文化素质，培育农民科技兴农意识，造就现代化新型农民，保证农民思想政治教育沿着正确的方向发展，为农民思想政治教育价值的实现奠定坚实的理论基础。当下，要"深入挖掘乡村熟人社会蕴含的道德规范，结合时代要求进行创新，强化道德教化作用，引导农民向上向善、孝老爱亲、重义守信、勤俭持家；建立道德激励约束机制，引导农民自我管理、自我教育、自我服务、自我提高，实现家庭和睦、邻里和谐、干群融洽；广泛开展好媳妇、好儿女、好公婆等评选表彰活动，开展寻找最美乡村教师、医生、村官、家庭等活动。深入宣传道德模范、身边好人的典型事迹，弘扬真善美，传播正能量"①。

2. 教育方法创新化

目标既定，条件环境既定，实施主体既定后，关键看方法，方法科学则有效率、有收益，反之，则低效率、无效益。新形势下，面对农村出现的各种新情况和新问题，要密切联系农民群众，视群众为平等的教育主体，在平等对话中增进与农民群众之间的相互了解与信任，尊重农民自尊心的客观存在，多用隐性引导方法鼓励农民充分发表自己的观点和看法，多从身边事讲起，以小见

---

① 中共中央、国务院关于实施乡村振兴战略的意见［N］. 人民日报，2018-02-05（01）.

大、由近及远地调动农民积极性。还可以通过举办诗歌征集和朗诵比赛，通过类似于地方劳动号子的简单旋律将内涵丰富的诗歌串联起来，在村内口耳相传，增强其渲染力和影响力。① 这些耳熟能详的方法，其实都是人文社会科学和自然科学教育的普遍要求，农民思想政治教育方法的创新，更多地体现为新时代如何更好地把主体、空间、载体实现有效联结方面。

3. 探索教育新载体

新载体能增强思想政治教育的生动性、趣味性和实效性，使广大农民易于接受和认可，加大信服力度，对农民产生潜移默化的教育作用。如近年来贵州创建的新时代农民讲习所，设立五级讲师制，重点讲授农民最关心的脱贫攻坚、产业规划、市场营销、乡风文明、法律契约，日常邻里琐事等。组织群众参加形式多样、内容丰富的科教和文艺活动，使村民能够更好地吸收信息，从中获得生产生活的小知识和社会生活中的道德标杆。充分发挥主流网站的示范导向作用，坚持社会主义核心价值体系和马克思主义主流意识形态，唱响主旋律，使网络成为弘扬社会主义主流文化的重要阵地，成为农民思想政治教育和建设社会主义和谐新农村的重要载体。

（四）搭建立体化农民思想政治教育平台

加强农民思想政治教育要以良好的宣传媒介作为支撑，立体化农民思想政治教育平台为农民就地市民化提供了广泛的精神动力和智力支持。改善和提高农民接受思想政治教育的硬件设施，扩大农民信息来源，使其尽快了解国家"三农"政策新变化，增强参与乡村振兴事业的信心。

1. 加强农村公共文化设施建设

发展农村公共文化事业是实施乡村振兴战略的重要内容，也是满足农民对美好生活需要的必然要求，是提升农民精神风貌和思想道德素养不可或缺的路径。加快公共文化基础设施建设步伐，推进乡村文化站、综合文化广场、乡风民俗墙、主题教育栏、文化宣传栏等基础设施建设，形成农村公共文化基础设施网络体系，为农民思想政治教育提供必要平台。

2. 建立健全农村文化活动中心

集中的文化活动，有助于信息及时传播、互通有无，增进群众之间的感情，消除市场经济下人与人之间的陌生感，促进和谐乡村的再形成。为农村活动中心建立必要的文体活动室和活动广场，配备必要的文体设施和器材，多利用农闲季节和农民工返乡季节组织开展书法、戏曲、秧歌、厨艺大赛、体育健身等

---

① 黄昕. 培养农民公民意识的路径研究［J］. 改革与开放，2017（7）：91-92.

形式多样的群众性活动，不仅可以提高农民群众文化活动科学素养，也使农村呈现出一片欣欣向荣的景象。

3. 建立文化信息资源共享工程基层服务点

在农村地区建立融思想性、知识性、趣味性、服务性于一体的文化信息资源共享工程基层服务点，宣传马克思主义理论、党的路线方针政策、社会主义核心价值观，进行中共党史、新中国史、改革开放史和社会主义发展史教育，宣传正面典型，弘扬社会正气，推广好经验等，将农民思想政治教育内容融入其中，形成全方面、多层次的宣传教育网络体系。譬如，2019 年 1 月 1 日中央宣传部"学习强国"学习平台（PC 端、手机客户端两大终端）的上线开讲，成为全党、全社会科学理论学习阵地、思想文化聚合和道德教化的重要载体。

本章小结

毛泽东曾经指出："严重的问题是教育农民。"[1] 思想政治教育是做人的工作，其出发点和落脚点在于提高人民群众的思想道德素质和科学文化素质。城乡融合背景下，做好农民思想政治教育工作，提高农民思想政治素质，增强他们的主体意识、民主参政意识、现代公民意识、法制意识和现代文明意识，不仅关系着整个农村的稳定和谐发展，而且关系着乡村振兴战略和农民就地市民化的成败。围绕农村实现同步小康，提高农民素质，实现乡村振兴这个中心，着眼于思想建设、品格塑造，聚焦培育和践行社会主义核心价值观，从农民需求和实际出发，不断优化思想政治教育的内容结构，创新方法和载体。贵州的农民思想政治教育工作取得了一定成效，但还需要更好地把脱贫攻坚战略与乡村振兴战略有效衔接起来，把新型城镇化和农民就地市民化有效统筹起来，生产发展和文明提升并举，进一步发挥基层党组织战斗力，继续推动农民思想政治教育平台、教育方法、教育内容的整合和创新。

---

[1]　毛泽东选集：第 4 卷［M］. 北京：人民出版社，1991：1477.

第六章

基于市民化能力培养的农村职业教育

　　促进农民就地市民化是我国乡村振兴和新农村建设的必由之路，也是培养农民现代公民意识和提升其现代化水平的重要步骤。当前贵州农民就地市民化水平还比较低，农民市民化能力薄弱是根本原因。加快农民就地市民化进程，提升农民市民化能力是关键。农村职业教育是一种在地缘和业缘上都与农民紧密相关的教育类型，农民市民化能力的提升离不开农村职业教育的支持。同样，农村职业教育要想实现快速发展，必须以满足农民市民化需求为根本，在开展职业教育过程中，大力提升农民市民化能力，提高农民自身人力资本水平，为农民市民化发展保驾护航。

第一节　农村职业教育提升农民就地市民化能力

　　强发展欲望遭遇弱发展能力时，发展的努力几乎难以收获正向结果。教育投资是潜在能力发挥的开端，能更好地利用机会，实现传统资源要素配置最优化和效率最大化。农民市民化需要激发动力，也要依靠教育培训提升能力。在一定程度上，人的能力投资收益远高于设备和土地投资收益。

一、市民化能力不足是制约农民就地市民化的主要因素

　　城乡二元社会结构是农民市民化不畅的根本因素，但如前所述，农民市民化作为一个系统过程，是由其内生动力因素、外生动力因素和政策环境推动因素共同作用的结果，这三个方面要素相互作用，相互影响，通过同向耦合和匹配，对农民就地市民化产生巨大的动力。依据农民就地市民化动力机制，二元社会结构是导致农民市民化缓慢的客观因素，是特定历史时期国家政策的产物。农民市民化不仅仅受制于客观因素，更取决于于农民就地市民化的内生动力因素，以及农村劳动力人力资本素质与外生动力因素的互动能力。三者相互作用，

外在的表现为农民能否融入农村城镇化、农村工业化、农业现代化和农村产业结构调整等。

（一）农民市民化能力概述

关于农民市民化能力的研究，是随着农民市民化研究的不断深入逐步提出来的。经中国知网查阅，直到党的十八大前后才有学者陆续提出"市民化能力"这个概念，目前学界对这一概念尚没有统一的内涵界定。在研究视角方面，主要从人力资本学方面进行研究，少数从经济学和社会学方面进行研究。在研究对象上，主要针对农民工异地市民化能力研究，极个别涉及失地农民市民化能力研究，而专门关于农民就地市民化能力的研究文献至今还查阅不到。

1. 农民工市民化能力

杨云善（2012）认为，农民工市民化能力指农民工在城市中生存和生活的能力，其强弱或大小从根本上决定着农民工个体能否市民化和整个农民工群体的市民化进程。农民工市民化能力大小可以通过多种指标来衡量，包括就业和工资收入水平、住房情况、社会保障情况、受教育程度、赡养家庭情况、自我认知和城市融入情况等。农民工市民化能力还可以通过农民工和城镇居民的指标进行对比，发现两者之间的差距，差距越大，表明农民市民化能力越弱，反之则越强。

王竹林、范唯（2015）从人力资本能力相关理论出发，结合农民工职业、地域、身份转移的过程性特点，把农民工市民化的能力划分为三大方面：一是与职业转换相关的就业能力。包括就业决策能力、就业信息获取使用能力、职业适应与职业转换能力等。二是与农民工生活地域转移相关联的城市生存与生活能力。包括在城市中就业并获取劳动报酬的能力、支付城市生活成本的能力。三是与身份转换和城市融入（合）相关的城市融合能力。包括反映农民工城市融入并适应城市生活的能力，反映经济政治和社会地位获得的政治参与、自我维权等权利行为能力。

宋艳菊（2018）根据"能力论"的一般范式，认为，农民工市民化能力是指农民工进城务工，并完成从职业转换到身份转换过程所具备的所有能力的集合。农民工市民化能力应该包括农村退出能力、城市进入能力和城市融合能力三个方面。概括起来，农民工市民化能力归纳为经济融入能力和社会融合能力两个方面。经济融入能力是农民工市民化的基本能力，是农民工进入城市并跨越市民化经济门槛的能力，主要包括就业能力和获取净收入能力。农民工的社会融合能力主要包括城市融合能力和政治参与能力两个方面。

2. 失地农民市民化能力

陈浩、葛亚赛（2016）根据 20 世纪 90 年代经济学家阿马蒂亚·森提出的可行能力理论把失地农民市民化能力划分为经济能力、政治能力、社会能力、心理能力和发展能力五个方面。其中，经济能力体现农民城镇消费、生产、交换等经济行为状况。政治能力是进城农民能否具备行使其合法权利的能力，包括获取区域政策信息、参与社区决策、有充分的利益表达渠道和权利伸张机制等，政治能力为失地农民市民化转型提供重要政治权力保障。社会能力涉及失地农民能否形成相应的社会化行动能力，构成了失地农民市民化的重要内容。心理能力主要指失地农民对市民身份的心理认知，并在社会心理方面逐步建立起符合城市市民的心理特征，心理能力构成了失地农民市民化的深层次体现。发展能力主要指农民在获取文化教育、就业培训、信贷支持等发展资源和实现自我追求的信心和能力，是其他能力形成和持续发展的源泉。

3. 农民就地市民化能力

杨维（2016）认为，市民化能力是农民成为市民的关键。农民的市民化能力包含四个层面的内容：第一，非农职业能力，即农民走向城市以后，从农业向非农业工作转换的能力。第二，角色转换能力，农民在向市民转换过程中，个人与城市相融合的能力，个人在角色和身份认同上与城市市民达成一致，在社会政治参与上享有与城市市民同等权利，并且积极维护自身的市民权益。第三，文化适应能力，具体包括农民在向城市转移过程中接受城市行为规则，适应城市生活、融入城市文化的能力。第四，人力资本集聚能力，即农民进入城市以后通过学习在人力资本上所获得的提升。

综上研究可以看到，虽然学者们没有明确界定农民市民化能力的概念，但比较详细地从农民市民化的内涵阐述了农民就地市民化的内容，都认为农民市民化能力是推进农民市民化的关键。因此，本书把农民就地市民化能力定义为推动农民就地向市民转化或者农民获得市民资格的各种能力的集合，包含农民非农就业能力、农民适应现代市场能力、农民接受现代新生事物能力等。简言之，就是农民由传统农民就地向现代市民转化的各种能力的总和。

（二）贵州农民市民化能力不足的主要表现

按照美国芝加哥大学经济学教授加利·贝克尔的观点，就业与技术水平呈反方向变动的关系（即技术水平越低，越容易失业），收入一般与年龄都是按递减比率增长，教育消费同时也是一种生产投资，年轻人比老年人更愿意接受教育和在职培训，越有能力的人越比其他人受到更多教育与其他培训机会。① 贵州农民就地市民化能力受文化水平、传统观念、资本化意识不强多重约束，能力提升仍然任重道远。

1. 农业劳动力文化素质偏低导致农民现代综合能力不足

贵州统计年鉴（2019）数据显示（如下表6-1），贵州6岁及以上人口受教育程度构成中，2015年文盲率高达10.93%，随后逐年有所下降，但截至2018年，贵州文盲率仍高达8.49%。从历年来受教育程度构成看，贵州受教育程度中小学和初中占比最高，各年度两者占比都在68%以上，农村人口受教育年限仍不到9年，农村人口整体文化素质偏低。

表6-1 2015—2018年贵州6岁及以上人口受教育程度构成　　单位：人、%

指标	2015	2016	2017	2018
未上过学	10.93	9.70	8.74	8.49
小学	34.73	34.70	34.51	32.15
初中	35.23	35.90	36.42	36.21
高中	10.66	10.90	11.21	12.40
大专	8.45	8.80	9.12	10.75
6岁及以上人口平均受教育年限（年）	7.85	8.03	8.23	8.46

数据来源：《贵州统计年鉴—2019》。

考虑城乡差异，据此推算，贵州农村劳动力整体受教育程度中，初中及以下文化程度占绝大多数，其中多数仍属于体力型和传统经验型农民，这直接影响他们接受新知识、新事物和各种信息的能力，制约着现代化的发展。调研也验证，贵州多数农民缺乏现代农业经营理念和科学管理方法，市场意识薄弱，信息接收和反馈能力差，绝大多数农民没有接受过农业经营管理的教育培训，不了解现代农业经营管理的基本知识，对待农业新技术新品种缺乏积极主动性，现代农业能力不足是农民就地市民化的主要障碍。

2. 农民职业教育薄弱阻碍农民职业技能提升

随着精准扶贫脱贫攻坚和乡村振兴战略的相继实施，贵州近年来在农民教育培训上持续加大政策保障和资源投入力度。贵州省人民政府办公厅《关于印发贵州省农民全员培训三年行动计划（2019—2021年）的通知》（黔府办发〔2018〕14号）指出，围绕"精准培训对象、精准目标任务、精准工作举措、

① 加里·贝克尔. 人力资本 [M]. 北京：北京大学出版社，1987：6.

加强资源整合、提高培训针对性、促进就业创业"的要求，通过大力开展各类培训，不断提高农民，特别是有劳动能力农民的综合素质和技能水平，确保建档立卡贫困户和易地搬迁劳动力家庭至少 1 人以上实现就业，努力实现"户户有增收项目、人人有脱贫门路"的目标。2019 年至 2021 年，拟对 1842 万农民群众开展多种形式的综合素质提升和技能培训，计划通过 3 年时间实现农民培训全覆盖。针对贵州省全体农民、未就业农村劳动力、建档立卡贫困劳动力、易地扶贫搬迁劳动力和输出到省内外就业的农村劳动力，开展不同层次、不同类别、不同方式的扶贫扶志综合素质提升培训和实用技能培训。每年开展农民综合素质提升培训 1000 万人次以上，将建档立卡贫困劳动力、易地扶贫搬迁劳动力和输出到省内外就业的农村劳动力作为重点，通过 3 年时间分别培训 100 万人次、42.62 万人次和 477 万人次以上。①

贵州省人民政府办公厅《关于印发贵州省职业技能提升行动实施方案（2019—2021）的通知》（黔府办发〔2019〕18 号）明确指出：围绕乡村振兴战略，打造"绣娘"等优质本土培训品牌，实施农民教育培育提质增效行动，开展农业经理人培养、新型农业经营主体带头人轮训（含现代青年农场主）、现代创业创新青年培养和农业产业精准扶贫培训，推进职业农民技能培训。农民的受教育层次和技能水平也得到一定程度的提升。

但据 2018 年贵州省国民经济和社会发展统计公报数据，2015 至 2018 年贵州中等职业教育招生人数分别为 16.02 万、19.66 万、18.31 万和 16.66 万，②贵州职业教育系统还比较薄弱，农民能够经过系统化职业教育毕竟是极少数，农民职业技能提升受到较大制约，也有很大的改进空间。

3. 角色转换能力欠缺，边缘心态阻碍了农民市民化进程

农民向市民进行角色转换并不完全由农民"强愿望"的个人意志决定，还需要具备相应的角色转换能力，这种能力通常需要经过一系列的学习和实践才能获得。当前我国社会发展处于转型的关键阶段，农民预期的社会现代化与现实的社会进程不完全匹配，甚至存在冲突和矛盾，这为农民市民化进程增加了新的难度。城市转移农民在生活工作方式、文化价值观念以及语言等方面都与城市市民有着较大差异，这就要求其在既定社会化条件下，调整社会化预期，主动发展社会化融入能力，提升个人素质，适应市民化角色要求，达到条件约

---

① 贵州省人民政府办公厅关于印发贵州省农民全员培训三年行动计划（2019—2021 年）的通知：黔府办发〔2018〕41 号〔A/OL〕. 贵州省人民政府官网，2018-12-24.

② 2018 年贵州省国民经济和社会发展统计公报〔R/OL〕. 贵州省人民政府官网，2019-04-09.

束下的目标最优。农民市民化的推进打破了原有的社会关系，而当前城市转移农民预期社会化和发展社会化还存在着双重不足，使得农民向市民角色转换较为艰难。转型时期，建立从社会价值观念、道德秩序，以及文化符号等方面衡量农民市民化发展效果的指标体系，仍在探索之中。

4. 文化适应能力不强，农民市民化进程遭遇文化资本困境

文化资本在农民市民化过程中发挥着重要作用。文化资本主要指以价值观念、生活品位和生活方式、受教育层次等显现出来的内隐性文化能力以及职业资格证书、学历文凭等外显性制度化文化能力。[①] 从内隐性和外显性文化两个层面来看，城市转移农民具有不同程度的缺失，致使其无法顺利融入到市民生活中来。内隐性文化是农民与外界进行沟通交流的重要载体，农民市民化不只是脱离农村到城市居住，还要与城市市民进行沟通交流。与城市市民相比，农民在以语言、思维方式、价值观念等为首的内隐性文化资本处于弱势地位，语言交流障碍、思维方式差异、价值观念冲突，使得其市民化发展受到很大程度的限制。外显性文化资本又称为制度文化资本，主要表现为以学历学位证书、职业技能证书等为首的国家予以颁布认可的资本形式。外显性文化资本是职业进入的门槛，也是用工单位初选的第一依据。部分农民本身就没有资格证书，部分农民因不重视继续教育和培训而丧失原有职业技能优势，还有部分农民缺少必要文化资本包装。学历、职业技能及资格证书等外显性文化资本薄弱，无法与变动的职业格局相适应，使得转移农民在城市就业中处于不利地位，原有知识技能被充分利用后，继续以复杂劳动获得较高收入回报的机会就显得更加艰难。

二、农村职业教育在农民就地市民化能力提升中的地位

职业教育延伸而出的技术应用能力通过内化到生产工具和劳动资料中发挥作用，并带动其他领域发生显著变化。有效的职业教育体现为生产效率提升、经济效益提高，思维方式现代化，生活质量改善。

（一）促进农民适应现代农业的能力

现代农业主要依靠科学技术，农民是农业生产的主体，农民要想跟上现代农业要求，必须学习和掌握现代农业科学技术。农村职业教育针对农民进行现代农业生产、管理技术和信息技术等方面的培训，使农民更好地运用新的农业技术，实现科技成果向农业生产成果的转化。通过推进农村产业革命，培育农

---

① 张静. 新型城镇化中农民工市民化的路径选择 ［J］. 学术交流，2015（4）：165-169.

业企业、农民专业合作社等，送派院校、企业、科研单位的专家和技术员，以及当地的"土专家""田教授"，针对扎根农村从事农业生产的劳动力群体，依托农民科技培训中心（农广校）、涉农职业院校、农业科研院所、各级农技推广机构、农业专家等，围绕"一县一业、一乡一特、一村一品"和"一坝一业"，采取"短期+长期"的培训方式，开展茶叶、蔬菜、精品水果、食用菌、中药材、烟草、生态家禽及生态畜牧业等产业发展需要的种植、养殖技术培训，能提升农民适应现代农业能力。

（二）提高农民的非农职业技能

随着我国农业现代化时代的到来，更多的农村劳动力从土地上解放出来，富余农村劳动力要适应从传统农业部门向现代工业和服务业部门的转化。农村职业教育在农民就地市民化进程中发挥着十分重要的作用，通过在农村开展相关的职业技能培训，能够有效提升农民的职业技能，增强其综合素质，以满足非农岗位的要求。结合农业园区、农业企业、农民专业合作社自主用工和岗位需求，开展技能型农民培训，提升新型职业农民队伍素质。针对贵州省外企业用工需求和贫困劳动力特点，以制造业、建筑业、服务业、旅游业、民族手工业、农业产品销售等就业容量大的行业用工需求为重点广泛开展培训，可以提升农村转移劳动力技能，提高富余劳动力的人力资本水平。

（三）提升农民的政策感知和利用能力

农民职业教育的内容是多层次和全方位的。对农民进行党的路线、方针、政策的宣传和教育，能够使农民听党话、感党恩，提高农民思想政治素质；对农民进行强农惠农具体政策解读，譬如，退耕还林、农机具购置、传统农产品升级改造、厨卫改造等政策，让农民充分了解各种惠农项目、政策与获得途径。宣讲基础技能培训政策，比如，基础法律知识、劳动纪律、安全生产知识、卫生健康、疾病预防等公共基础和行业基本技能培训补贴优惠政策，可以提高农民基本政策素养和利用政策能力。

此外，结合时代特点和农村实际，对农民进行文化培训，发挥文化宣传扶志扶智的作用，能够提高其现代文化鉴赏素质。结合当地实际开展脱盲再教育培训，使民族地区文盲群众能普遍听得懂汉语、看得懂电视新闻、能写常用汉字、能识别现代符号、能用现代通讯工具交流，为提高农民综合素质奠定基础。通过向广大农民传授科学、文明、健康的生活习惯和行为方式，助其养成遵守公共生活准则和生活秩序的良好习惯。在农村职业教育中穿插普法教育内容，可以提高农民群体的法律意识，培养农民的契约意识和精神，维护农民在就地市民化中的合法权益。

三、以农民市民化能力培养为契机，大力发展农村职业教育

农民对市民化寄予希望，也对通过教育培训提高市民化能力存在共识。新型城镇化、乡村振兴战略与农民市民化意愿耦合度较高，这是难得的大力发展农村职业教育的契机。农村职业教育能否取得实效，关键在于能否构建一个分层次、分类别精细化的教育体系，把农民市民化的真实教育需求充分体现在培训地点、时间和内容的科学安排上。

（一）构建分类分层的农民职业教育体系

改革开放 40 多年，我国农民不再是传统意义的"日出而作日落而息"的务农者，其内部出现了不同的分层分类。比如，以年龄划分，可分为老一代农民和新生代农民[1]。以所处地域划分，可分为长期务工型、短期务工型和农村留守型农民。以是否适应现代农业发展，可分为传统农民和新型农民等。农民内部阶层分化对农村职业教育发展提出了新的要求，为进一步推进农民市民化进程，农村职业教育要逐步完善培训内容，构建分类分层的职业教育体系。譬如，相对于传统农民而言，新型农民具有"爱农业、懂技术、善经营"特点，其受教育程度比传统农民整体要高些。农民层次的分化要求农村职业教育建立起分层的就地市民化教育体系。对于传统农民而言，由于其受教育程度较低，接受能力较差，应开展初级或者中等职业教育，主要传授基础性工作技能和知识。对于新型农民来说，应根据职业所属不同行业，发挥企业和行业协会主体作用，由政府主导购买服务、履行监管责任，依据培训进程和效果评价结果分阶段拨款。对农村职业教育层次进行合理细化，政府和企业各负其责、各尽专长，才能做到因材施教，保证就地市民化教育培训实施效果。

（二）构建农村近地的职业教育培训体系

市民化能力是农民向市民转换过程中所具备的各种能力素质的总和。要想真正实现市民化，不仅要求农民要具有在城市工作和生活的各项技能，还要在思想观念、价值取向等意识层面向市民靠拢。农民市民化过程的复杂性决定了市民化教育必须是多元参与型教育。面对庞大的农民群体，农民市民化教育任务繁重，需要投入大量人力物力，而完全依靠城市进行市民化教育，将难以完

---

[1] 2010 年中央一号文件首次使用"新生代农民工"一词。一般认为，新生代农民工，指的是"80 后"、"90 后"为代表的新一代农民工。与此对应，新生代农民主要指 1980 年以后出生的农民。

成这一艰巨任务，市民化效果也将大打折扣。因此，需要城乡进行统筹配合，尤其要发挥农村职业教育在农民市民化中的近地优势。为此，在农村职业教育内部亟须构建一套完整的市民化教育培训体系，以就近低成本地提升农民市民化能力。农民向市民角色转变是复杂的系统过程，需要一定的时间、耐心，这就对市民化教育的内容、形式和接续性等提出了较高要求。然而从贵州省职业教育的办学实际来看，基层仍存在办学设备陈旧、师资队伍薄弱、办学资金短缺、办学资源分散等问题，远远无法满足广大农民的培训要求。对此，必须加大对农村职业教育的资源投入，营造良好的制度环境，建立多元、开放的市民化教育培训体系，打通农民市民化教育"最后一公里"，在纵向上实现由低到高（初等、中等到高等）教育层次之间的有效衔接，在横向上还要加强学历教育与短期技能培训以及非学历教育等培训形式之间的沟通与交流，以更大范围、更深程度地满足广大农民的市民化教育需求。

（三）以综合素质提升为核心目标设置农村职业教育内容

农村职业教育在技能培训过程中要向农民灌输现代市民意识，从思想上引导农民向市民转换。城市与农村作为两种不同的社会形态，二者之间的生活方式和价值观念都存在显著差别，农民因长期受农村文化观念影响，其思维方式和行为方式深深遗留着农村传统习惯烙印，现代市民意识较为薄弱，已成为农民市民化转型的屏障之一。市民化过程首先是一个小农意识逐渐消解的过程，因此，必须将培养农民的市民化意识作为农村职业教育的重要方向。通过开展职业教育使得农民掌握在城市生存和发展所需的各类知识，有助于其养成现代市民意识，并把市民意识自觉地转化为市民行为。

第一，农村职业教育要向广大农民普及市民化所需的基础文化知识。制约现代市民形成的重要原因就是农民自身所具有的基础文化知识较为薄弱，而职业教育作为发展性教育的主要形式，能够很好地弥补农民在义务教育阶段的教育不足问题，提升其基础文化水平。

第二，农村职业教育要主动向广大农民灌输现代市民意识。农村职业教育不仅承担着专业技能传授的职责，还要主动承担起现代市民意识的传递，向农民普及现代公共文明意识、生活规则意识、社会参与意识等。

第三，农村职业教育还应加强培养农民的法律意识。农民在市民化过程涉及农民与所在村集体之间的利益、责任与义务分割，市民化以后居住地的权益保护与责任担当，工作安置与劳动报酬，侵权纠纷处理等一系列问题。不仅需要市民化农民具有自觉遵守法律法规的意识，还要在遭遇侵权时能够正确运用法律武器来维护自身的合法权益，而不是一味忍气吞声或利用家族势力、朋友关系等传统人治手段达到目的。

总之，农村职业教育作为推进农民市民化的主要教育形式，必须注重对农民的市民意识培养，着力提升农民的市民化能力，最大程度上破解农民向市民转化中面临的素质瓶颈。要不断拓宽农村职业教育的内容，多方面提升农民的市民化素质。市民素质是市民的道德心理、价值信仰、知识能力等因素复合而成的一种集体人格状态。对于多数农民而言，只有对他们的生活观念、思维方式、行为习惯进行科学的引导与教育，才能培育其市民意识、主体意识与法制意识，最终实现市民角色转换。

第二节　乡村振兴背景下贵州新型职业农民培育

自 2012 年起，几乎每年的中央一号文件都强调新型职业农民培育问题。从"大力培育新型职业农民"（2012 年）、"培育新型农民和农村实用人才"（2013年）、"加大对新型职业农民教育培训力度"（2014 年）、"大力培养新型职业农民"（2015 年）、"重点围绕新型职业农民培育"（2017 年）到"新型职业农民队伍建设亟需加强"（2018 年），足以看出新型职业农民培育问题的紧迫性。但是，伴随着工业化、城镇化的进程，越来越多的农民走向城市，农业生产要素流失加快，农业副业化、农民老龄化、农村空心化问题加剧。"谁来种地""如何种好地"成了亟待解决的问题，如何让农民成为体面的职业，让农村成为安居乐业的美丽家园？培育新型职业化农民成了必然选择。

一、新型职业农民培育与乡村振兴的内在耦合

乡村振兴涉及产业、生态、乡风、乡村治理、生活五大方面，是重塑城乡关系、城乡融合发展背景下的农村全面振兴。乡村现代化首先是农村人的现代化，新型城镇化也首先体现为新市民的现代化。教育投入作为生产性资本投资，其作用通过内化到其他生产要素中显现出来，处于决定性地位。

（一）新型农民、职业农民及新型职业农民概念的提出

进入 21 世纪以来，在工业反哺农业，城市支持乡村，全社会大力扶持农业、农村发展形势下，特别是随着农民进城务工导致农村空心化问题的凸显，"谁来种地"成为关乎我国粮食安全和乡村振兴的战略问题，与社会主义新农村

建设、城乡统筹发展和新型城镇化战略相对应，就陆续提出了"新型农民""职业农民"和"新型职业农民"概念。

1. 新型农民

2005年10月18日召开的十六届五中全会提出，要适应现代农业发展和建设社会主义新农村的需要，切实提高农民文化素质和技能水平，培养"有文化、懂技术、会经营的新型农民"。2006年的中央一号文件中设置专篇"加快发展农村社会事业，培养推进社会主义新农村建设的新型农民"，强调"提高农民整体素质，培养造就有文化、懂技术、会经营的新型农民，是建设社会主义新农村的迫切需要"。2007年的中央一号文件再次强调"建设现代农业，最终要靠有文化、懂技术、会经营的新型农民"。从以上几个文件中可以看出，新型农民是相对于传统语境的农民而言的，其基本特征是有文化、懂技术、会经营，培养新型农民的目的是提高农民文化素质和技能水平，适应现代农业发展和建设社会主义新农村的需要。

2. 职业农民

2005年12月20日，农业部在《关于实施农村实用人才培养"百万中专生计划"的意见》（农人发〔2005〕11号）中，首次提出"职业农民"概念。该文件指出，农村实用人才培养"百万中专生计划"的培养对象是：农村劳动力中具有初中（或相当于初中）及以上文化程度，从事农业生产、经营、服务以及农村经济社会发展等领域的职业农民。重点培养村组干部、专业农户、农民合作经济组织骨干、农村经纪人、远程教育接收站点管理员、复转军人以及农村应届初高中毕业生等。① 接着，农业农村部把"2006年拟招收10万名具有初中以上文化程度，从事农业生产、经营、服务以及农村经济社会发展等领域的职业农民，把他们培养成有文化、懂技术、会经营的农村实用人才。重点培养村组干部、专业农户、农民合作经济组织骨干、农村经纪人、远程教育接收站点管理员等"② 列入当年为农民办的15件实事当中。从农业部对职业农民的表述中可以看出，"有文化、懂技术、会经营"也是职业农民的基本特征。

从新型农民和职业农民两个概念提出的时间和基本特征中可以看出，新型农民和职业农民的提出时间基本上一致，基本特征相同，两者的内涵是一样的，只是表述不同而已。

---

① 关于实施农村实用人才培养"百万中专生计划"的意见［A/OL］. 中华人民共和国农业农村部网站，2005-12-20.
② 农业部决定今年为农民办15件实事推进新农村建设［EB/OL］. 中国政府网，2006-02-08.

3. 新型职业农民

梳理中共中央、国务院关于"三农"工作的文件发现，2008 年至 2011 年，没有关于新型农民或者职业农民的提法，仅有农民职业教育培训相关内容。直到 2012 年中央一号文件中首次提出"大力培育新型职业农民"后，几乎每年的中央一号文件都强调新型职业农民培育的重要性。这一概念将"新型农民"和"职业农民"有机地结合起来，适应了我国农村劳动力结构变化和现代农业发展的新形势，体现了农民从身份向职业转变、从兼业向专业转变、从传统农业生产方式向现代农业生产经营方式转变的新要求。2017 年 1 月 9 日，农业部发布《"十三五"全国新型职业农民培育发展规划》提出，新型职业农民是以农业为职业、具有相应的专业技能、收入主要来自农业生产经营并达到相当水平的现代农业从业者。截至 2015 年底，全国新型职业农民达到 1272 万人，比 2010 年增长 55%，农民职业化进程不断提速。到 2020 年全国新型职业农民总量超过2000 万人①。指明了新型职业农民的职业化、专业化和收入来源及特点，对"十三五"期间新型职业农民培育数量提出了具体要求。

（1）新型职业农民的特征

新型职业农民的出现，意味着中国农民正由身份化走向职业化。农民将成为一种自由选择的职业，而不再是一种身份象征。新型职业农民是职业化的新型农民，与传统农民和兼业农民相比，新型职业农民具有爱农业、懂技术、善经营特征。

爱农业。新型职业农民具有比较深厚的农业情怀、农村情结，对农民有认同感、对农业有亲近感、对农村有归属感，能够献身农业，扎根农村。爱农业一方面表现为能够把务农作为终身职业，精心呵护土地、长期培植地力，实现农业的可持续发展，具有较高的稳定性。另一方面表现为具有高度的社会责任感：对消费者负责，为社会提供安全优质的农产品；对环境负责，在农业生产过程中不污染和破坏环境；对后代负责，不改变土地使用性质，为子孙后代留下最宝贵的可利用资源。

懂技术。懂技术既包括掌握相关农业技术技能，如高产优质、防灾减灾、绿色安全、设施装备等，也包括适应农业科技进步对新品种、新技术、新装备的学习能力、应用能力和转化能力。

善经营。善经营是指了解农产品市场需求，能够根据市场信息分析和判断

---

① 农业部关于印发《"十三五"全国新型职业农民培育发展规划》的通知：农科教发〔2017〕2 号［A/OL］. 中华人民共和国农业部网站，2017-01-22.

市场需求变化，从而进行科学生产决策；能够合理安排劳动力、农用机械等生产要素组织农业生产，有效防范和应对生产经营过程中随时可能发生的风险；具备一定的农产品品牌建设和农产品市场开发等能力。

（2）新型职业农民的类型

按照现代农业分工，《"十三五"全国新型职业农民培育发展规划》明确了我国新型职业农民的主要类型。我国新型职业农民主要包括生产经营型、专业技能型和社会服务型职业农民。

生产经营型职业农民，是指以农业为职业、占有一定的资源、具有一定的专业技能、有一定的资金投入能力、收入主要来自农业的农业劳动力，主要是专业大户、家庭农场主、农民合作社带头人等。

专业技能型职业农民，是指在农民合作社、家庭农场、专业大户、农业企业等新型生产经营主体中较为稳定地从事农业劳动作业，并以此为主要收入来源，具有一定专业技能的农业劳动力，主要是农业工人、农业雇员等。

社会服务型职业农民，是指在社会化服务组织中或个体直接从事农业产前、产中、产后服务，并以此为主要收入来源，具有相应服务能力的农业社会化服务人员，主要是农村信息员、农村经纪人、农机服务人员、统防统治植保员、村级动物防疫员等农业社会化服务人员。

（二）新型职业农民培育与乡村振兴的内在耦合

党的十八大以来，中国进入了农业现代化、农民市民化、农村治理现代化、城乡一体化多维结合立体设计，加快推进实现农业农村农民现代化目标的新阶段。无论从时间节点上，还是内容要求上，新型职业农民培育与乡村振兴都存在相互推进的关系。

1. 培育新型职业农民是乡村振兴的内在要求

新型职业农民培育是实现乡村振兴的重要途径。无论是农业现代化，还是新型工业化、新型城镇化，关键是人力资源的现代化及其有序高效流动。从农民到市民，从农业到工业，不只是身份的转变，也不仅是生产方式、生活方式的调整变革，更重要的是要通过人力资本投资培养新型职业农民，让他们接受现代文化教育，掌握高新技术、必备职业技能和现代管理运营能力，能够在农业、工业，农村、城市不同的市场体系中以优异的素质接受市场经济的熏陶与考验。培育职业农民，不仅有助于实现农业现代化和提升农村经济水平、公共服务水平，更有利于推进农村剩余劳动力的有效转移，促进农民就地就近市民化，减少进城务工人员的"半城市化""边缘化"现象，缓解城镇化压力，逐步缩减城乡二元差距，进而促进新型农业现代化、新型工业化和新型城镇化的协调持续发展。可见，新型职业农民培育是新形势下加快推进农业、农村、农民现代化，实现乡村振兴的重大战略部署，也是中国现代化进程中的主要内容和措施之一。

2. 乡村振兴有助于完善新型职业农民培育机制

与"美丽乡村"新农村建设的提法相比较，乡村振兴战略更强调农村的深层次改革，是农业生产方式、农业资本要素概念、农产品市场意识、合作社管理手段，基层治理现代化为核心新发展理念的体现。因此，乡村振兴战略的必经路径是保障推进大量的新型职业农民培育，乡村振兴的实现标准即是新型职业农民培育的内在要求。以乡村振兴为契机和突破口，以乡村振兴优惠政策与措施助力贫困地区新型职业农民培育，有助于转变贫困地区农民的传统发展理念、摆脱传统生计方式依赖，实现脱贫可持续，而且农民从事农业生产技术、经营管理技能的提高，也为贫困地区的整体脱贫和乡村的持续振兴提供内生发展动力，推动脱贫攻坚与乡村振兴协调发展。

3. 新型职业农民培育是实现乡村振兴的重要途径

马克思、恩格斯认为，农业的现代化过程其实质就是农业商品经济代替自然经济的过程，就是实现农业社会化大生产，广泛应用现代科学技术、先进的生产资料和科学的经营方式、管理方法，有效整合各类生产要素，形成比较完善的产业链条，推进农业生产的科学化、标准化、协作化、规模化和集约化。而农民是发展现代农业的主体，农业现代化必然要求从业者适应现代化大生产的要求，掌握和使用先进的科学生产技术，掌握大规模生产的管理与运营方法，从传统的农民身份向"有文化、懂技术、会经营"的职业农民转变。

一方面，新型职业农民培育服务乡村振兴。通过教育培训明确新型农民在农业现代化建设中的主体地位，使他们摆脱传统小农意识，激发他们向科技要产量，依靠质量、品牌、市场、信誉自力更生的意识。另一方面，新型职业农民培育助力乡村振兴。终身学习平台的搭建，扩大了贫困地区农民接受现代化教育，享受精准政策支持和技术帮扶机会，从而提升知识素养、技能素养和信息素养，有助于转变他们的发展理念，提高农业生产技术、家庭经济经营技能，提高现代文明程度，实现由无家庭经营行动力到有行动力，由低水平行动力向较高水平行动力，再到"能力产生能力"良性循环的转变，实现其收入来源多样化、抗风险能力增强、家庭资产迅速增殖的稳定致富目的。因此，新型职业农民培育是贫困地区农民依靠自身内生能力提高实现致富的重要途径，是服务于乡村振兴的重要手段。

（三）培育新型职业农民推动乡村振兴的政策回顾

数据显示，2017 年中国城镇化率为 58.52%，比 1978 年改革开放之初的 17.9%提高了 40.62 个百分点。在这一过程中，大量农村人口向非农业产业和城镇转移，一方面，解决了农村剩余劳动力的出路，增加了农民收入；另一方面，也导致了农村的"空心化"和农业生产的"农民荒"。2012 年，中国科学院、中国工程院 15 位院士联名提出，若不从战略上研究并解决农村"空心化"和"农民荒"问题，我国将面临无人愿种地的境地。① 在这种背景下，党和政府开始从国家长远发展的战略高度关注新型职业农民培育问题，通过制定国家政策，为新型职业农民教育培训的发展提供政策指引和支持。

2012 年中央一号文件首次提出了"大力进行新型职业农民培育"的政策要求，要"依靠科技创新驱动，引领现代农业建设"，要"大力培育新型职业农民"。同年，农业部印发了《新型职业农民培育试点工作方案》（农文发农办科〔2012〕56 号），决定在全国范围内开启新型职业农民培训的试点工作。此后，每一年的中央一号文件都始终把"新型职业农民培育"作为政策主题词，从"推进现代农业发展、提高农产品供给品质、确保国家粮食安全"的战略高度，布局新型职业农民培育工作。

2013 年中央一号文件提出，要"加大专业大户、家庭农场经营者培训力度"。2013 年印发的《农业部办公厅关于新型职业农民培育试点工作的指导意见》（农办科〔2013〕36 号），在总结全国各地新型职业农民培育试点工作的基础上，对新型职业农民培育的意义、类型、目标、重点、教育培训的制度安排、扶持政策等，作出了具体规定。同年，农业部在《关于加强农业广播电视学校建设加快构建新型职业农民教育培训体系的意见》（农科教发〔2013〕7 号）中明确提出，要构建"一主多元"的新型职业农民培训体系。

2014 年中央一号文件强调，要"加大对新型职业农民和新型农业经营主体领办人的教育培训力度"。2014 年国务院印发的《关于加快发展现代职业教育的决定》（国发〔2014〕19 号）指出："服务国家粮食安全保障体系建设，积极发展现代农业职业教育，建立公益性农民培养培训制度，大力培养新型职业农民"。同年，教育部办公厅、农业部办公厅联合印发了《中等职业学校新型职业农民培养方案（试行）》（教职成厅〔2014〕1 号），对新型职业农民的培养培训工作提出了具体的政策要求。

2015 年中央一号文件进一步指出，要"积极发展农业职业教育，大力培养

---

① 李剑平. 两院院士：提防人口大国无人种地〔N〕. 中国青年报，2012-03-19（11）.

新型职业农民"。同年，国务院政府工作报告要求："要在稳定家庭经营的基础上，支持种养大户、家庭农牧场、农民合作社、产业化龙头企业等新型经营主体的发展，培养新型职业农民，推进多种形式的适度规模经营。"

2016 年中央一号文件要求，"将职业农民培育纳入国家教育培训发展规划，基本形成职业农民教育培训体系，把职业农民培养成建设现代农业的主导力量"。同年实施的《全民科学素质行动计划纲要实施方案（2016—2020 年）》提出，实施新型职业农民培育工程和现代青年农场主计划，全方位、多层次培养各类新型职业农民和农村实用人才，着力培养 1000 万名具有科学文化素质、掌握现代农业科技、具备一定经营管理能力的新型职业农民，全面提升农民生活水平。

2017 年中央一号文件从推动农业供给侧结构性改革出发，进一步要求："重点围绕新型职业农民培育、农民工职业技能提升，整合各渠道培训资金资源，建立政府主导、部门协作、统筹安排、产业带动的培训机制。"同年实施的《国务院关于印发"十三五"推进基本公共服务均等化规划的通知》（国发〔2017〕9 号）提出，加快推进基本公共服务均等化，到 2020 年农民工职业技能培训 4000 万人次。农业部 2017 年 1 月 9 日编制印发的《"十三五"全国新型职业农民培育发展规划》明确指出："新型职业农民是以农业为职业、具有相应的专业技能、收入主要来自农业生产经营并达到相当水平的现代农业从业者。"该通知对"十三五"时期全国新型职业农民培育相关问题作了明确规划。

2018 年中央一号文件提出："大力培育新型职业农民。全面建立职业农民制度，完善配套政策体系。实施新型职业农民培育工程。支持新型职业农民通过弹性学制参加中高等农业职业教育。创新培训机制，支持农民专业合作社、专业技术协会、龙头企业等主体承担培训。引导符合条件的新型职业农民参加城镇职工养老、医疗等社会保障制度。鼓励各地开展职业农民职称评定试点。"同年颁布的《乡村振兴战略规划（2018—2022 年）》提出，全面建立职业农民制度，培养新一代爱农业、懂技术、善经营的新型职业农民，优化农业从业者结构。实施新型职业农民培育工程，支持新型职业农民通过弹性学制参加中高等农业职业教育。创新培训组织形式，探索田间课堂、网络教室等培训方式，支持农民专业合作社、专业技术协会、龙头企业等主体承担培训。

2019 年中央一号文件《关于坚持农业农村优先发展做好"三农"工作的若干意见》要求，实施新型职业农民培育工程。大力发展面向乡村需求的职业教育，加强高等学校涉农专业建设。抓紧出台培养懂农业、爱农村、爱农民"三农"工作队伍的政策意见。

为贯彻落实中央一号文件要求，以及《国家中长期人才发展规划纲要

（2010—2020 年）》和《全国农业现代化规划（2016—2020 年）》等部署，以加快构建新型职业农民队伍，强化人才对现代农业发展和新农村建设的支撑作用，在国家颁行相关政策的同时，各级地方人民政府结合本地发展实际，也纷纷出台了地方性新型职业农民教育培训政策，它们共同构成了我国新型职业农民教育培训的政策框架，为我国新型职业农民教育培训的发展提供了政策支持与实践指引。

二、贵州新型职业农民培育的成绩与不足

贵州已培育了一批高素质的新型农业经营主体。但受历史、区位、社会多方面的、长期的影响，贵州属于欠发达省区的状况短期难以根本改变。全面发挥新型职业农民培育在助推贵州振兴乡村中的作用，仍任重道远。

（一）取得的成绩

1. 计划培育新型职业农民的总量和质量逐年上升

数据显示，2013 年，贵州计划培育各类新型职业农民仅 1800 名。2014 年，计划培育各类新型农民逾 3 万人，并且细化了三类型培育目标。2015 年培育计划超过了 3.5 万人，而 2016 和 2017 年计划又分别比上年有所减少，但也都在 2.5 万左右。2018 年，贵州的新型职业农民培育进入分层次推进、分类型培育的精准化阶段，计划培育新型职业农民大于等于 5 万人（表 6-2）。贵州计划 2019—2021 年，每年开展农民综合素质提升培训人次 1000 万以上，全覆盖 1842 万农民群众。

表 6-2　2013—2018 年贵州新型职业农民培育任务表　　　　单位：人

年份 类型	2013	2014	2015	2016	2017	2018
生产经营型		12970	11813	15000	15550	10990
专业技能型		9260	13689		7000	26235
社会服务型		11430	10472		1100	11580
合计	1800	33660	35974	25000（其中专业技能型和社会服务型共 1 万人）	24050（含 400 名现代青年农场主）	50006（含农业职业经理人 100 人，1101 名现代青年农场主）

注：依据《贵州省 2013 年农村劳动力培训阳光工程项目实施方案》和贵州农业信息网有关贵州各年农民培训或新型职业农民培育工作实施方案中的任务分配表计算得出。

2. 初步形成了比较系统的新型职业农民培育制度体系

2014 年始，贵州全面实施新型职业农民培育工作，计划每年安排 1000 万元财政配套资金用于支持扩大全省新型职业农民培育规模。贵州各地在培育工作中，紧紧围绕主导产业、重点项目、农业园区、推广体系、农村改革等农业农村中心工作，落实"分阶段、重实训、参与式"培养模式，积极探索构建"教育培训+认定管理+政策扶持"培育制度体系，较好地实现从"培训"到"培育"的有效转变。新型职业农民培育工作启动以来，省委、省政府将新型职业农民工作纳入全省民生工程进行目标考核内容。贵州省 1 个示范市（六盘水市）、48 个部省示范县均成立了以县领导为组长的工作领导小组，以确保项目统筹实施。

3. 探索出了一些可推广的新型职业农民培育模式

如"1+1+1＝益"的凤冈模式。凤冈县探索出了教育培训、跟踪服务、政策扶持三位一体的凤冈模式。经过实践，该模式被认定为适用贵州山区，已于 2015 年在全省范围内推广。再如，按照按多层次、采取多形式的培训方式，建立农民实训基地，进行全程跟踪服务的思南模式；短期培训，长期支持的石阡模式；"产+校+园（社、企）"一体的盘县模式等。这些模式的探索和实践，不仅推动了全省的新型职业农民培育工作，而且促进了本地区农业现代化的发展，取得了良好效果。

（二）存在的问题

资料收集和调研显示，虽然贵州新型职业农民培育工作近年来取得了一定成绩，但与新时代乡村振兴在新型职业农民需求方面仍存在较大差距。

1. 培育进度慢、总量少

根据表 6-2，2013—2017 年贵州省新型职业农民培育任务共计 12.0485 万人。但资料显示，2013 至 2017 年贵州新型职业农民培育人数并未按原定计划进行。如贵州省农委在 2013—2017 年全省农业工作情况总结中指出，贵州"懂农业、爱农村、爱农民"的农业农村人才队伍培养步伐不断加快，累计培育新型职业农民 10.1 万人。[1] 2016 年贵州培训新型职业农民 1.14 万人。[2] 从 2018 年起，每年将培育新型职业农民 5 万人以上。[3] 依据上述数据，仅仅 2016 年，贵

---

[1] 2013—2017 年全省农业工作总结和 2018 年工作打算 [EB/OL]. 贵州省农业农村厅网站，2018-02-24.

[2] 贵州省农业概况（2016 年）[EB/OL]. 贵州农业委员会官网，2017-01-10.

[3] 关于在大规模调减玉米种植中加强农民培训和技术服务的工作方案：黔农发〔2018〕42 号 [A/OL]. 贵州省农业农村厅网站，2018-04-13.

州省新型职业农民实际培育人数比计划人数就少1.36万人。贵州新型职业农民的培育,不但进度上滞后于原定计划任务,而且新型职业农民数量仅占全国新型职业农民总量的0.6%左右,与其他省份比较差距也很明显(表6-3)。

表6-3　2013—2017年贵州与部分省份新型职业农民培育情况比较　单位:万人

省份	2017年培育人数	2013—2017年总培育人数
江苏	20	240
河南	20	53.4
湖北	4.5	49
福建	3.5	37
广东	1.1	67.5
贵州	2.4(计划)	10.1

数据来源:依据江苏、河南、湖北、福建、广东、贵州省政府网站整理。

2. 成为新型职业农民培育对象的入选条件较高

《贵州省2016年新型职业农民培育工作实施方案》中明确规定了培训对象遴选的基本条件中的关键词是:农业生产职业;较高的专业技能;收入主要来自农业;年龄小于等于60周岁;大于等于3年农业职业经历且达到一定水平。2017年也明确规定,培育对象为现代青年农场主、生产经营型农业经营主体带头人和专业服务型农业经营主体带头人。

和中国其他农村地区情形大致一样,贵州农村地区的青壮年劳动力倾向于城市务工。贵州农村的农业经营者大致可分为四类:第一类是携带城市资本下乡的农业经营者;第二类是返乡创业大学生、农民工;第三类是候鸟型农民,即农忙务农、农闲务工的兼业型农民;第四类是生产生活领域阈于农村,以务农为第一生计来源的农民。第一类、第二类农村农业经营者属于稀缺资源,第三类、第四类农民是当前贵州农村从事农业经营的主要群体,但第四类农民年龄普遍较大,文化程度偏低,以传统种植为主,种地的主要目的也并不是获取高回报农业利润。很显然,按照新型职业农民培育入选条件,文化技能水平偏低、无特色产业潜能,尤其年龄偏大的农民往往不在这些新型主体之列,但这类农民却是当前农村务农的主体力量。在城乡二元结构未有实质性改变的情况下,农民向农村回流的"刘易斯拐点"不会很快出现,全面建成小康社会,并开启第一个15年现代化建设进程的任务迫在眉睫,因此,贵州除重点培养具备新型职业农民特质的农民精英外,还应从年龄虽然偏大,但却具有开发潜质的留守农民中批次选拔培养。

乡村振兴战略下贵州新型职业农民培育工作内在地包含三方面内容：一是根据每年农业部、财政部的"大专项+任务清单"测算全省新型职业农民培养任务，然后按照层级培训原则将任务划分到市县；二是各地依据主导产业、培训对象的受教育程度确定培训重点人群与培训班次；三是新型职业农民培育完成情况的考核与验收。新型职业农民培育任务的考核，主要看达到新型职业农民基本条件的农民数量及增长情况，以及培训后因技能提高、就业领域扩大带来的收入增长情况。任务清单、责任考核与农民文化素质偏低、难以短期有实质性提高之间形成一种矛盾，这种矛盾导致一般农户和贫困人口被忽视，寄希望于依靠先起的农村新型职业农民带动贫困人口农业行为的职业化与新型化。在培育有爱农业、懂技术、善经营的新型职业农民过程中，会有意或无意地忽略掉有潜质、可开发，但缺乏家庭物质资产积累、信息接受能力提高缓慢的那部分农民群体。因此实践中，一般农户和贫困户很难成为新型职业农民培育的培育对象，更多的是作为扶贫部门教育扶贫的一般对象对待。

3. 农民缺乏新型职业农民概念的基本认知

调研中发现，农民特别是贫困农户对新型职业农民培育工作知之甚少。在问及"您知道新型职业农民吗？"时，多数农民表示不了解，部分农民则认为新型职业农民就是咱老百姓，是提法不同而已；只有极少数人表示听说过，知道有人去培训过，还得到过一定补贴。从调研中可以看出，农民对新型职业农民这一新兴职业缺乏基本的认知。在问及"您认为当地的农业大户在本地乡村振兴方面发挥作用如何？"时，有将近一半的被访者坦言，发挥的作用不大，农业大户主要是自己得到了好处，而且农民土地流转的资金不能及时发放到农户手中，有的仅仅得到了第一年的土地经营权流转补偿费而已。当前新型职业农民对乡村振兴的贡献力还有很大的提升空间。

4. 农民职业教育培育体系不能与时俱进

首先，培育理念守旧，定位不能满足乡村振兴要求。培训尚未精准对准农业农村农民现代化目标需求，在培训理念上主要是强化农业技能的实训，而不是引领农民思想观念的根本性变革，譬如没有把终身学习理念，邻里互助、人文关怀等内容嵌入学习之中。

其次，培育方式过于单一，不能针对农民个体因材施教。培育方式仍主要以县区、乡镇集中的大班额课堂授课为主，教学方式方法缺少灵活性，师生之间缺乏有效互动，农民家庭经营的复杂性、个体性和差异性得不到反映和体现。与农民种养直接相关，便捷解决问题的田间地头指导、跟踪服务、现场教学等体现精准培育理念的田间学校教学模式还未广泛建立，往往使培训陷入农民被动接受、似懂非懂，听着有道理、回去不能解决现实问题的尴尬境地，培训效果不理想。

再次，教学内容刻板，尚不能满足实际需求。教材多以农业部开发教材为主，造成培训培育技术与当地产业发展匹配度不够。譬如，2016 年贵州省培育服务产业发展的技能型新型职业农民中，精品水果占 32.3%、蔬菜占 25.4%、生态畜牧业占 16.7%、茶叶占 9.8%，与其重点特色优势产业发展实际不完全匹配，难以满足部分区域发展产业的精准需求。

最后，培训机构相对较少、师资力量薄弱。"专门机构+多方资源+市场主体"的组织服务体系没有全面形成，而且企业等市场主体参与培育工程积极性不高，难以满足年度任务 5 万人以上的精准培育需求。另外，信息化平台运用率不高，贵州省在农业部开发的全国农业科教云平台的入库对象有 50923 人，但培训学员每天上线率仅 50—80 人，占全国的 3.2%。① 信息化利用率不高，省级信息化平台建设相对缓慢，作用有待进一步发挥。

三、乡村振兴战略背景下推进贵州新型职业农民培育的着力点

区域规划科学，有效结合乡村优势资源，与农户利益、兴趣、家庭资产、现时或未来职业直接相关，且培训费用与培训收益成正比增长的教育培育，才能称得上是有效率、有积极成效的培训。贵州省新型职业农民培育工作取得一定成绩，也积累了部分经验，但却"路径依赖"地将一般性培训经验移植到乡村振兴领域，导致思路不清。贵州应以农业职业人才的振兴为突破口深化农村综合性改革，增加培训规模，转人力资源优势为人力资本优势，逐步缩小与发达省份的发展差距，并为后发赶超战略目标的实现储备高质量的农业产业人才。

（一）培育思路的精准化

贵州的优势之一在于农村人力资源比较充沛，农业适合中药材等经济作物养殖。有限经费投入下，围绕主导产业提高培育质量，将其作为振兴乡村的领头雁，发挥其示范引领作用，逐次递进带动周边农民农业农村的现代化，是立足贵州省情，实现贵州乡村振兴的重要途径。

1. 精确摸底各地整体发展状况

精准识别市情、区情、县情、乡情、村情是开展乡村振兴工作的前提。资源稀缺产生了资源配置的需要，掌握稀缺资源的市场主体，就具备了在竞争中

---

① 龙毅，李坦东，扈明璐，等. 贵州省新型职业农民培育现状及对策［J］. 耕作与栽培，2018（4）：48—51.

获得比较优势的可能。因此，组织农户参与新型职业农民培育的基础性工作，首先是开展本地区与周边区域现有产业分布，资源的整体性摸底调研，重点掌握本区特色资源分布、主导产业发展规划、农业规模化程度、合作社发育状况，以及与之相关的本地产销市场容量、就业市场容量。

2. 科学谋篇布局

新型职业农民培育科学规划的要义：一是根据贵州培训任务总量分解到各市的任务清单要科学规划，不能一味依据省内各市区农业人口总量按比例分配，而是以当地农业资源类别与丰裕程度、集约化规模与先进农机具普及程度、劳动力流动状况、农产品加工交易市场发育程度为基本依据确定培训指标，照顾重点、兼顾一般。二是职业化培育体系的设计，应尽可能提供形式不一、层次多样、大中小型产业项目培训相结合的职业化培育体系。其中，深度贫困地区要重点开展以脱贫为首要目标的技术成熟型、小规模种养为特征的农业项目管理和技术培训，而稳定脱贫地区应逐步转向以实现农业农村农民现代化为主要目标的智慧农业产业项目培训。三是以乡镇片区为基本单元，规划集中培训和田间教学的基本单元。距离太远，农民参加培训困难，尤其农忙季节，更是无暇参加，而且田间指导也做不到及时。距离太近，技术指导的需求与目前专业技术人员短缺的矛盾会更加突出，而且产业容易趋同、培训内容相似，导致农民参与培训的兴趣下降。

3. 坚持分层推进原则

分层推进的要义与波浪式发展的本质相似，主要依据是贵州在推进新型职业农民培育中存在培育总量大与经费投入不足之间的矛盾。以 2018 年为例，中央资金和省级资金合计 7729 万元，其中省级匹配资金 600 万元，按 5 万新型职业农民培训任务计算，生均不足 1600 元。出现这一现象的主要原因是省级资金匹配严重不足，而且投入不足的历史欠账较多。几个典型省份的比较如下（表6-4）。

可见，贵州省级资金匹配不但与发达省份江苏相距很远，而且与传统农业大省河南比较也还有很大差距，尽管贵州近年来经济发展速度较快，但贫困大省的面貌短期难以改变。在省级资金十分紧张的情况下，贵州只能实事求是量力而行，而不是贪大贪多，处处搞培训。分层推进的要义就在于，选择性地重点投向有区域资源优势和交通优势的区域，以及一些区域潜质较高、有发展基础的农民，同时兼顾一般区域和一般农户，即集中资源和资金，逐层推进。

表6-4 2018年典型省份新型职业农民培育省级资金匹配情况 单位：万元

省份	中央资金	省级资金	资金总量	省级资金占比
江苏	3000	10000	13000	76.92%
河南	9000	3600	12600	28.57%
湖北	3400	3400	6800	50.00%
福建	2500	3000	5500	54.55%
贵州	17716	3000	20716	14.48%
合计	35616	23000	58616	39.24%

数据来源：江苏、河南、湖北、福建、贵州五省2018年政府工作报告。

4. 注重发挥头雁效应

"头雁效应"就是要发挥好"关键少数"的示范作用，通过"头雁"的率先垂范与潜移默化的"说服"来影响更多的人跟进，从而把工作一项一项地落实好。在新型职业农民培育经费投入总量不足情况下，着重发挥已有新型职业农民的"头雁"作用，是贵州面对省情总体落后状况短期难以改变与培育任务紧之间的理性选择。因此，在县（区）域、乡镇域内，选择存在先天自然资源、人力资源优势的一个或几个村，重点培育建立一个产教融合的实践观摩教育基地，能起到立竿见影的效果。反之，一村一品，一村一个教学点，农村全员参与、大水漫灌式的教学点布局，不但浪费资源，也容易因流于形式导致农民丧失参与培训的积极性。

（二）增量提质相结合

贵州省在加大培养返乡创业农民、退伍军人、大学生农村创业者为新型职业农民并发挥其先发优势的同时，应更多地将贫困农民和一般性农户列入培育行列，做好新型职业农民提质和普通农民培育增量衔接工作，实现两头并进，双管齐下。

1. 拓宽培育对象，实现增量扩大

2018年起，贵州计划每年培训新型职业农民不少于5万人。2018年末，贵州乡村常住人口1889.28万人，农村就业人员1113.21万人，已经接受新型职业农民培育的大约20万人，即贵州还有1800多万乡村常住人口、1100万左右的农村就业人员未接受新型职业农民培训。加快贵州乡村振兴的着力点之一就是扩大新型职业农民培育规模，尤其指标向贫困地区倾斜，让更多的农民首先获得初级职业培训。2014—2018年的培育对象主要是具有一定规模家庭农场主、农业合作社管理者，以及有一定资产基础的返乡创业者、退伍军人、大学生。

贫困户被纳入教育扶贫对象，但帮扶的内容主要是防止因贫失学。而一般农户，则处于被忽视的处境。因此，首要的是增加对一般农户的培训指标。

2. 递进教育，巩固培育成果

与全国情况类似，近年来，贵州农民的职业转型也在加快，一类是从事传统农作物、家畜和种养的小农户，生产手段传统，农作物附加值较低，从业者主要是留守的老年人。二类是兼业型农户。家庭无资金和技术储备，种地仅满足日常生活需要，家庭主要劳动力农忙务农，农闲到城市务工。三类是将土地流转给合作社，在合作社务工取得工资性收入，并凭借股份领取合作社分红收益的农民，与此对应，部分农民获得企业管理者或农业经营者身份。四类是家庭农场主。以自有土地或房产，或租用其他农户土地，举办农旅结合的庭院经济体或立体化种养的家庭农场。贵州新型职业农民的培育对象主要是上述第三类和第四类农业职业群体，已取得了一定成绩，但需要提质。为此，应参考德国的五级职业农民资格认定，实施循环培养和递进教育，不断巩固已有的培育成果。

（三）优化培育模式

1. 精确识别农户家庭基本信息

开展新型职业农民培训，除以贵州省第三次全国农业普查主要数据和贵州每年的国民经济和社会发展统计公报为参考外，更重要的是缩小统计范围，提高统计的针对性，依据家庭资产状况对职业农民进行更精准的培训分类。为此，需深入农户了解他们实际占有的农田林地、农耕机具、灌溉设备、运输工具等家庭资产，还有劳动力构成、家庭负担比，以及可利用的亲朋好友、帮扶单位等的家庭社会资源。农户家庭资产状况调查的直接目的在于根据资产资源实际情况，设置有的放矢、因地制宜、精准性更强的职业教育培训内容。如以种养殖为主业、有一定资产基础、家庭负担比较低的农户，可以通过典型基地的实训，引领他们学习先进科学技术，引导他们由传统种植发展到现代种养殖，实现经济行为的多样化，从而达到持续增收的目的。

2. 精准设定培育目标

把农民培育成哪种类型的新型职业农民，是实施新型职业农民培育的前提，精准设定培育目标是精准创新培育模式的第一步。如因旅游专业技能型人才缺乏，贵州丰富旅游资源并未为依托经典旅游景点的乡村旅游带来多大收益。所以，贵州新型职业农民培育的整体目标需朝增加农业科技能手、旅游服务、农旅结合家庭农场技能型人才这个方向努力。然而，具体到不同的家庭，无论是受家庭现有资产积累的影响，还是负担比影响，抑或是受传统小农意识的影响，他们更容易接受看得见、能力可及的阶段性培训目标。因此，分层次设置培训目标，分阶段提供与目标匹配的培训内容是关键的一步，体现了分类施策的精准性要求。精准设定培育目标因体现实事求是原则，使得培训针对性更强，而且培训兼具现代农业意识、先进实用农业技术、现代乡村文明内容，更受农村青年劳动力垂青。

3. 精准设计培训内容

因中国农地区域空间差异特征明显，中央层面的新型职业农民培育规范更多地倾向于提出原则性的指导意见，制订宏观的标准化流程，难以周全兼顾微观层面各地、各乡村、个别农户的实际差异性。因此，先摸清农户发展需求的差异性，广泛征求农民的培训诉求，设计实事求是的培训目标，然后在农业部开发教材的基础上，编制特色"本土教材"。在教学内容上要因产施培、因岗定培，使培训培育技术与乡村资源相适应，与当地产业发展定位相匹配，与农民现有家庭资产、文化水平、生活负担比、生产经营特长、生活习惯、可及的政策与资金支持，以及所在村的基础设施、集体经济、基层党组织战斗力相适应。只有充分考虑乡村振兴对象的复杂性、个体性和差异性，培训才有针对性。

4. 精确选择培育方式

粗放的传统培训方式，已出现培训效益递减现象。新矛盾催生变革的新需求，总结有益培训经验，探究一般规律性，根据贫困地区农业产业发展新特点创新培育方式，是新型职业农民培育工作的内在要求。经济空间上，贵州地理位置偏远，处于国家中心经济带边缘地位，喀斯特地貌特征不适宜发展传统农业，但传统农业的现代转型非一日之功，通信、交通、水利等基础设施状况的根本改善也是长期的。现有状况下，要想达到最大多数培育农民的目的，必须积极探索"互联网+乡村振兴"模式，采用集中培训与巡回培训相结合，网上培训与线下田间地头交流相结合，通用理论与专门知识相结合，家庭自学与家庭互助学习相结合等多重培育模式。重点打造田间学校型、现场指导型、项目推动型、典型示范型等培育模式，与时俱进构建混合型多维培训模式，使农民真正受益。

5. 精准建设师资队伍

在师资队伍方面，除了农业广播电视学校（农民科技教育培训中心）的教师、农技推广服务机构、涉农院校、农业科研院所以及其他社会力量外，要多渠道吸引优秀人才投身于贫困地区职业农民教育事业，为贫困地区培养一批"双师型"培训师资。教师和师资提供单位应具有开发定制课程，提供预约服务、定向培养，线上解答问题的意识和能力。为了提高农业专家培训新型职业农民的积极性，省、市、县（区）政府应分级匹配，为农业专家提供交通、通信、食宿补助，降低科研院所参与培训的专家型教师的职称评审资格，同等条件下优先晋级。贫困地区要善于发现本地的"土秀才""土专家"，施以重点培养，提升其农业专业知识与农业生产技术技能，进而成立本地讲师团，形成具有便捷优势的"一对一"辅导员制度，对农民田间地头指导，交流经验。

（四）接续培育精准化

知识具有累积性，前面的知识影响后面的选择。新知识的接受过程，是陈旧历史知识淘汰的过程，也是农户经济行为不断优化的过程。农户行为能力既受他们决策时的知识的限制，也受行为发生过程中不断出现的新知识的影响。所以，有效率、有效益的农户教育培训，必须是一个连续性、多轮次、不断强化的过程。

1. 树立接续培育理念

2016 年贵州全省农业经营户 739.54 万户，其中规模农业经营户 3.93 万户。1153.15 万农业生产经营人员中，55 岁及以上的有 315.92 万人，占比 27.4%。有 93.99% 的农民从事种植业（表 6-5）。初中及以下文化程度者占 95.93%，高中或中专以上文化程度者仅占 4.07%（表 6-6）。①

表 6-5　贵州全省农业生产经营人员分布

产业类别	人数（万人）	占比（%）
种植业	1083.85	93.99
林业	33.33	2.89
畜牧业	31.37	2.72
渔业	1.50	0.13
农林牧渔服务业	3.11	0.27
总计	1153.16	100

数据来源：《贵州省第三次全国农业普查主要数据公报》。

---

① 贵州省第三次全国农业普查主要数据公报 ［R/OL］. 贵州省统计局网站，2018-02-13.

表6-6　贵州全省农业生产经营人员受教育程度

文化程度	人数（万人）	占比（%）
未上过学	143.45	12.44
小学	557.09	48.31
初中	405.68	35.18
高中或中专	37.71	3.27
大专及以上	9.23	0.8
总计	1153.16	100

数据来源：《贵州省第三次全国农业普查主要数据公报》。

贵州农业生产经营者呈现55岁及以上年龄者多，高中以上学历者少的"一多一少"情形。这侧面说明贵州的乡村振兴存在农业生产经营人员文化水平偏低、技术吸纳能力较弱、对乡村振兴包含的惠农政策和市场机会敏感度较低，对依靠教育培训实现致富信心不足等问题。若仅寄希望于通过一次培训，就可以实现农民的职业化与新型化，必定事与愿违。新型职业农民的接续培育理念，是通过培训前、培训中、培训后三个阶段，以及各阶段内含的政策连续性、信息及时性、组织的常态化得以体现。首先，要把针对贫困农户及家庭子女培训的最新培训支持政策及时通知到户到人，针对一般农户的优惠政策至少通知到村民小组。其次，树立问题意识，自始至终、及时地将农民生产经营中反馈的问题汇集成册，做到理论与实操相结合。第三，制定后续教育重要时间节点。重点解决培训后的技术适用性问题、前期技术的更新问题、实际管理问题，达到学以致用目的并培养农民的终身学习理念。

2. 实施多轮次培训

第一轮次，以行业培训的形式对所有农民进行集中培训，以讲授农业普识知识为主；第二轮次，筛选有劳动能力，有强烈就业愿望，意愿自主经营家庭农场或家庭资产流转合作社，并参与合作社生产劳动的农户家庭主要劳动力进行集优、专项培训，尽快提升其生产经营家庭资产能力；第三轮次，从新型职业农民中选拔部分高级职称者加入培训教师队伍，理论与实操相结合，通过身边成功农民的言传身教和典型示范，形成农民踊跃参加新型职业农民培育的乡村氛围。如此循环的多轮次培训，贵州的新型职业农民无论在数量还是质量上均可能会每隔几年上一个新台阶。为此，各地不能走只管下达任务，不管培训结果，雨过地皮湿的运动式教育扶贫老路。不能贪求"教育培训+创业服务+政策服务+带动致富"培训体系建设的全面性，而是结合农户家庭资产、政策可及能力、农户所在村资源禀赋、能人带动效应、乡村集体经济与组织程度、民主化与治理程度因人因地施策，从而体现培育模式上的特色与创新，使新型职业农民真正助推乡村振兴，提高乡村振兴成效，为乡村振兴注入新活力。未来一个时期，坚持"不掉队"下的波浪式推进，是立足贵州"三农"实际的新型职业农民培育之路。

3. 重视教育回访工作

做好新型职业农民接续培育，应从以下几方面着手。第一，信息跟踪，动态管理，及时更新。取消新型职业农民认定资格终身制，实施能进能出奖惩政策，对考核结论被认定为不具备新型职业农民资格的，及时从新型职业农民信息库中移出，对新认定的新型职业农民则要及时入库。第二，适时调整扶持政策。新型职业农民往往具有创业、持续增业的冲动和敢于冒险、不断尝试拓宽新产业领域的精神。帮扶政策应适时调整，以精准的接续培育满足新型职业农民的增业需求。第三，重点回访技术的适用性问题，着力解决技术应用中的新问题。农民所学规范化知识、标准化操作往往存在较大的现实应用性障碍，导致学所不能致用。应深入调查其后期生产经营、创业投资等情况，适时实施再教育。

4. 提供创业支持

贵州省为培养新型职业农民出台了一系列帮扶政策，这在一定程度上吸引了广大农民参与的积极性，但更重要的是解决他们培训后、创业中的优惠政策利用、优惠资金借贷与社会保障等方面的问题。首先，政策应当聚焦解决农村土地流转中的问题。农村土地经营权的流转为新型职业农民开展规模化农业生产与经营提供了前提条件，但制度层面、法律层面、基层实践中的困扰仍然较多，需要顶层做更好的规范、解释和引导工作。其次，提供多元创业扶持。包括提高小额贷款额度，设立专项基金，建立资金互助制度，扩大农业保险覆盖范围。第三，培训环节有效衔接。形成多元合力，要实现四个方面的有效衔接：一是农民培训需求、培训内容与就业创业需求无缝对接；二是物质帮扶、特惠金融扶持、补助资金折股与合作社收益分成衔接；三是新型职业农民培育与农村资源变资产、资金变股金、农民变股民的农村"三变"改革相衔接；四是"一对一"的贫困户临时救助机制与"一对多"的大户带一般户发展长效机制相衔接。

本章小结

农民就地市民化能力指为推动农民就地向市民转化或者农民获得市民资格的各种能力的集合，包含农民非农就业能力、农民适应现代市场能力、农民接受现代新生事物能力等。一言蔽之，农民由传统农民就地向现代市民转化的各种能力的总和。对于多数农民而言，只有对他们的生活观念、思维方式、行为习惯进行科学的引导与教育，才能培育其市民意识、主体意识与法制意识，最终实现市民角色转换。农村职业教育作为推进农民市民化的主要教育形式，必须注重对农民的市民意识培养，着力提升农民的市民化能力，最大程度上破解农民向城市市民转化中面临的素质瓶颈。市民素质是市民的道德心理、价值信仰、知识能力等因素复合而成的一种集体人格状态。要结合新型城镇化战略和乡村振兴战略不断拓宽农村职业教育内容，因地制宜、因人而异、分类分层设置教育培训内容，多方面提升农民的市民化素质，发挥政府主导作用，发挥企业和行业主体作用，通过服务购买和进度拨款方式监督教育实施机构履约效果。

第七章

就地市民化视角下的农民工返乡创业分析

"乡村人口的分散和大城市工业人口的集中,仅仅适应于工农业发展水平还不够高的阶段。"① 随着我国经济发展进入新常态,国家大力倡导"大众创业、万众创新",加之新型城镇化和乡村振兴战略的强势推动,我国从农村地区转移到城市就业的农民工群体开始出现大规模的"返乡创业潮"。部分长期外出务工农民工在积累了资金、技术、经营管理经验后,选择回到家乡,依托当地特色资源与优势,走上了创业致富道路,也解决了部分农村富余劳动力就业难问题,促进了农村居民持续稳定增收,成为推动我国新农村建设的重要力量,加快了新型工业化、新型城镇化和农业农村农民的现代化,对推动当地农民就地市民化具有重要意义。贵州是劳务输出大省,对已返乡创业农民工群体开展调研、反馈需求,可为迎接新一轮"返乡创业潮"的到来,为贵州农民就地市民化政策的制定提供现实参考依据。

第一节　农民工返乡创业对农民就地市民化的推动作用

农民工返乡创业者具有在农村的地缘、亲缘优势,相对在村农民而言又具有城市的业缘优势。依靠前期务工积累资金和生产技术,以及营销与管理经验储备,附加开阔的视野、市民化的思维,返乡创业农民工的乡村回归有助于从外部打破传统乡村社会的封闭式生产生活和思维循环,改变农村一产独大的经济结构,延伸农业产业链,增加农产品附加值,更新乡土文化理念,为农村农业农民的现代化增添新动能,为下一步的就地市民化奠定坚实基础。

---

① 马克思恩格斯文集:第 1 卷 [M]. 北京:人民出版社,2009:689.

一、农民工返乡创业研究概述

新农村建设需要人才，特别是农业供给侧结构性改革和乡村的全面振兴更需要新型职业农民加入，各级政府为此匹配了优惠支持政策。随后，农民工返乡创业成为社会关注的热点问题，逐步引起政府和学界的高度关注。当前学界关于农民工返乡创业的研究主要集中在以下几个方面：

（一）农民工返乡创业的概念界定

当前学界对农民工返乡创业的概念并没有一个统一的界定。对概念进行梳理可以看出，从主体上来讲，农民工返乡创业，既可以指返乡的农民工个人（刘唐宇，2010），也可以指返乡的农民工和家庭成员（杨文兵，2011）。从创业的内容上讲，指返乡农民工进行家庭创业活动，包括创办工商企业，发展服务业等。从创业的规模上讲，可大可小，目前还没有严格的界定。

（二）关于农民工返乡创业的作用和意义

农民工返乡创业，有利于推动当地的农业现代化和新农村建设，有利于协调高素质人力资源的分配流动（崔传义，2008）。农民工返乡创业，不仅能够转变劳动力要素外流趋势，减少对劳务经济的依赖，而且能增加农村建设的土地、资金、技术等生产要素的流入，农民创业直接促进了农村产业发展，将农村资源优势打造成为产业优势，逐渐成为农村经济发展的优势，并促进各种生产要素在城乡产业间、城乡区位间、城乡居民间科学配置，为构建新农村提供坚固的基础（李红侠，2014）。

（三）农民工返乡创业的制约因素研究

任洲、刘爱军（2015）认为，制约农民工返乡创业的因素主要有创业培训滞后、创业风险保护机制缺失、创业初期融资困难、基础设施不健全等。赵浩新（2017）、黄建新（2020）认为农民工返乡创业的主要问题有资金不足、缺乏技术支持、信息渠道不畅、政府服务不到位。资源要素城乡间流动仍不够畅通，创业平台不够，优惠政策没落到实处（朱隽，2019）。一些地方支持乡村创业的政策变动较快、持续性不足，前后政策之间缺乏过度与衔接，农村土地制度、集体产权制度处于改革之中（王文强，2019）。务工收入确定性较高，返乡创业存在着较大不确定性风险（贺雪峰，2020）。

（四）提升农民工返乡创业路径研究

针对农民工返乡创业的主客观困境和制约因素，学者们也提出了建设性建议。从政府角度方面，加大财税支持力度，优化农民工返乡创业环境，如从强化土地建设层面，优化公共服务方面等（朱红根，2013；赵排风，2019；楼芸，2020）。从社会角度方面，多角度立体化为农民工返乡创业提供服务，搭建创业平台，建设创业孵化场所等（胡德巧，2013；任洲，2015；杨秀丽，2019；王中群，2020）。从个人角度方面，农民工作为返乡创业的主体，应加大自身综合素质的提高，特别是人力资本素质（赵浩新，2013；孙纪磊，2019；赵志强、孙祖芳，2020）。

二、农民工返乡创业对农民就地市民化的意义

本书的"返乡"指转移出去一段时间的农村劳动力又回流到迁出地。创业是创业者通过发现和识别商业机会，组织各种资源，提供产品和服务，以创造价值的过程。① 农民工返乡创业指外出打工的农民工受各种主客观因素影响返回家乡，在政府和国家政策引导下，利用打工期间获得的各种资源，兴办规模种植业、养殖业、农产品加工业，发展工商服务业，兴办二、三产业的活动等。

（一）农民工返乡创业，促进农民就业增收

就业是民生之本，创业是就业之源。打工孕育创业，创业带动就业。农民工返乡创业是从自己就业到为多人创造就业岗位，带领多人创造财富的"飞跃"。农民工返乡创业解决了返乡创业者本人的发展出路，提高其经济收益和社会地位，吸纳返乡农民工就近就业，继续运用打工积累的技能增收。而且带动当地居村农民就业，为农民农闲及城镇待业人员增添就业增收途径。

"农民增收、农业增效、农村增绿"是当前农村经济改革的重要举措，农民增收对于农民改善生活条件、提高生活质量更是实质性保障。近年来，农民工返乡创业的领域不再仅仅局限于农业，而是扩大到农林牧渔业，采矿、建筑、交运、食品加工、纺织服装、电子、轻工建材、旅游、商业批发和零售、餐饮和房地产等，这些大多属劳动密集型行业，用工量大、门槛低，能吸纳技能相对较低的农村富余劳动力就业，给农民带来较高的收入。

农民工参与发达地区城市的工业化和大范围商品交换，具有市场竞争观念和风险意识，掌握特定非农生产技术，累积了启动资金，有比较可靠的信息来源和扩散渠道，回乡创业时有信心克服种种制约因素，成为发展小城镇二、三产业民营经济的生力军。一些个体、私营的小企业因农民工返乡创业而兴起，

---

① 罗剑朝，李赟毅. 返乡农民工创业与就业指导［M］. 北京：经济管理出版社，2009：94.

延伸了传统农产品产业链，提高了农产品附加值，为传统农区三产的融合发展打下了基础。少数起步早的返乡创业者从事的行业，已发展成为县域经济支柱产业，成为创业带动就业的示范企业。一些具有传统工商业基础的城镇，也因新兴小企业的大量增加，促进了充分就业，增添了经济活力。贫困地区农民工返乡创业难度偏大，意愿偏低，在密集优惠政策的支持下，近年来返乡创业农民工也呈数量增长趋势，成为贫困地区精准脱贫的新动力，个别贫困村在返乡创业农民带领下摆脱了整体脱贫、成长为小康示范村，返乡农民工创业正在成为解决贫困问题的一大利器。

（二）带动现代农业的发展

首先，农民工返乡创业，增加了农村劳动力的有效供给，降低了土地弃耕率，使有限的土地资源得以集中使用，扭转了连续多年农业产出不断下降的局面，对巩固农业基础地位增添了人力资源。农民工返乡创业，利用自己学到的科技知识、市场经验服务于家乡建设，将会促进农民科学种田、知识化经营和观念更新，提高农业新技术利用率。

其次，农民工返乡创业，兴办规模化的种植业、养殖业、农产品加工业等，使农业产业链延长，将小农户与大产业、小生产与大市场有效对接起来，促进了规模养殖、种植、加工、流通环节的一体化，产生了一批关联度高、带动力强的现代农业产业化龙头企业。

再次，返乡创业的农民工中，一些具有现代意识和开阔视野的精英们，从农民的最大利益出发，动员和带领广大农民在农业各个领域建立各种类型的农民合作组织，通过为现代农业提供产前、产中和产后的服务，发展新产业或延长原来的产业链，或者扩大现代生产规模，有效地促进一部分农业剩余劳动力的就地就近转移就业。既提高了农民生产的组织化程度，又提高了农民整体收入水平，促进了现代农业的迅速发展。

（三）优化三次产业结构和就业结构

贵州就业结构变化与产业结构变化速率相差较远，大部分农村劳动力仍聚集在第一产业，就业结构与产业结构的优化升级相比出现了较大的滞后，就业人员没有实现合理有序转移，导致贵州农村城镇化进展缓慢，农民就地市民化进程举步不前。以2016年数据为例，贵州三次产业对GDP的贡献率与其就业占比完全不成比例，农业占GDP比重的15.7%，但却容纳了57.3%的就业人口（表7-1）。

表 7-1 **2016 年贵州三次产业占 GDP 之比和就业人数之比**

指标	第一产业	第二产业	第三产业
占 GDP 的比重（％）	15.7	39.7	44.6
就业人数占比（％）	57.3	17.2	25.5

数据来源：《贵州省统计年鉴—2017》。

返乡创业，能改变贵州长期以来三次产业结构与就业结构严重不协调的局面，加快农民就地市民化脚步。农民工在城市务工期间，多从事于建筑业、服务业、工商业、加工制造业等领域，这些大都属于二、三产业的范畴。农民工返乡后，多利用自己的经验技能，并依托当地资源优势，结合相关产业进行创业。

从改变产业结构方面来看，受资金、技术方面制约，多数返乡创业农民工仍选择在二、三产业创业，尤以轻工业、商业饮食服务业、旅游业等服务业为主，这在客观上对当地经济结构起到一点平衡的作用，也促进了当地农村产业结构的优化。长期以来，贵州农村基本上仍以传统山地农业为主，偏向传统的苞谷、大米等品种种植，农业现代化的努力也多依靠增加土壤肥力实现，这种山地农业和前现代化农业特征严重制约了农村经济发展。农民工返乡创业可以打破上述困境循环，以当地特色资源（如经济作物、蔬菜、水果等）为加工对象，引进先进适用技术，扩大经营规模，邀请专业的产前、产中、产后服务机构介入农业生产，促进农村产业由单一的第一产业向第二产业和第三产业延伸，引导传统农业步入集约化、产业化、组织现代化轨道。

从吸纳劳动力方面来看，农民工返乡创业无论从事第一产业，还是二、三产业，都需要或多或少雇佣传统农业中解放出来的农村富余劳动力，刺激区域内三产就业结构优化升级。如农民工返乡创办的现代农业生产、流通、销售一体化合作组织，可以吸纳农村富余劳动力；农民工返乡创业举办的家庭农场以及订单销售的民族品牌手工艺品加工厂，也可以吸纳农村富余劳动力。另一方面，农民工返乡创业举办的家庭农场、订单销售的民族品牌手工艺产品，也可以吸纳农村富余劳动力。比如，遵义市娄山关村本是省级一类贫困村，返乡农民工开设藤编公司、家庭旅馆后，带动了当地老百姓就业增收。其中，藤编公司解决了 250 多人就业问题，家庭旅馆解决了 1500 多人的就业问题①。正因为有了农民工的返乡创业，使原来囚困于土地上的农民实现了就地非农就业增收。

---

① 崔传义. 返乡创业农民工是乡村振兴的主力军，中国劳动保障报 ［N］. 2018-03-13（A3）.

（四）促进农村民主政治和社会治理的发展

有效的农村治理需要培养造就一批具有一定政治参与意识和能力的农民。进城农民工经过市场经济洗礼，具备了一定经营经验和管理能力，长期居住城市社区接受城市现代文明熏陶，与在家单纯从事农业生产的农民相比，无论是权利意识还是责任意识都得到了强化，遇事找组织、找法律，善于从风险中发现机会，是他们共同的精神品质，当然也存在高下之差别。这些见多识广的农民工返乡后，容易成长为乡村振兴的骨干力量，除了从事农业开发和工商服务业以外，一部分具有领导才能的人还担任了村领导干部和管理人员，这些村民们眼中的"本土化政治精英"极为可能形成"魅力型权威"，并最终使其他村民由感性的崇拜转化为理性的认可。他们的返乡在一定程度上解决了新农村建设中领导人才和管理人才缺乏的困难，他们带来的城市文明理念，有助于提高村民自治能力，促进农村民主政治和社会治理的健康发展。

"返乡下乡、创业创新"的典型代表张明富是贵州省遵义市汇川区团泽镇大坎村党总支第一书记、贵州梦润集团董事长，拥有"全国劳动模范""全国创业之星"等荣誉，还拥有贵州省人大代表、遵义市政协常委等多重身份。张明富是贵州第一个走出大山的"南飞雁"，又是首批返乡创业的"领头雁"。1980年3月，怀揣两把油漆刷子，18岁的张明富到广东打工。1991年，张明富揣着打工攒下的6万元，回到家乡创业，办化妆品厂、办养殖场等带领村民致富，被誉为一个可持续可复制的"返乡下乡、创业创新"的示范和典型。2016年12月，张明富被农业部评为"100名农村创业创新优秀带头人"。作为返乡创业成功的典范，他心里想得更多的是如何带领更多农民工返乡创业。在他的鼓励带动下，原先认为在农村没有发展前途的年轻人，纷纷选择回乡创业就业。近5年来，大坎村有1000多名村民返乡创业就业，不少人成了带动地方发展的"小老板"。目前遵义汇川区共有返乡创业农民工近9000人，占返乡农民工的58%，累计带动就业人数2万多人。2017年6月，汇川区被国务院确定为第二批"双创"示范基地①。

（五）促进乡村文明向现代文明的转变

中国广大农村依然保持着淳朴的传统乡村文化，传统文化的积极内容和形式需要传承，有条件的地区可转化为现实生产力。传统文化中消极的方面对现

---

① 贵州遵义张明富返乡办厂——"一人富不算富，要带大家谋出路（返乡创业带动一方）"［N］.人民日报，2018-10-08（06）.

代文明的发展有阻碍作用,使得现代文化思想难以融入农村,难以被农民接受。农民就地市民化,不仅指农民物质生产生活层面的市民化,而且指农民精神文化层面的市民化提升,包括思想认知、思维方式的现代化,是农民传统价值观向现代价值观念体系转变的过程。文化观念的转变是一个潜移默化、循序渐进、自觉接受的过程。现代化不是要把传统文明和现代文明硬生生地对立起来,而是要把两者相互融合。不能人为地把新观念强制地加给农民,以免造成他们的抵触心理。

从一定意义上来讲,返乡归来的农民工已经不是传统的农民了。在市场经济的推动下,他们走出了农村,在城市中接受了现代化的熏陶,切身体会到现代化带来的思想冲击,其现代意识观念要比一直在家务农的农民强烈。返乡创业的农民工具有亲缘和地缘优势,有责任、有义务,也有能力担当文化传播使者。当前,贵州农村部分地区仍存在浓厚的封建、宗教、宗族等落后思想,返乡创业农民工作为"农村精英",无论是文化素质、思想观念,还是法律意识都远优于当地农民。返乡创业农民工能起到较好的示范引领作用,他们在家族事务决策、村级治理参与的言行等,能潜移默化推动当地农民摆脱传统思想束缚、自觉摒弃不良农村风气,接受新式的、合理的生产生活和思维方式。这批人的回归,给长期封闭的乡村注入新的生机和活力,对农村文化观念的现代化有重要的促进作用。在其带动下,村民们逐步接受进步的、先进的现代文明,有助于提升乡村文明程度。

三、农民工返乡创业的现实基础

依据推—拉理论、刘易斯二元结构理论、格拉斯·诺斯提出的村城镇化发展理论,以及中国共产党相关城乡关系理论,城乡在生产效率和收入分配等方面存在显著差异,农民工自身的价值选择和劳动力资源的逐利性决定了劳动力自由流动的方向和数量。农民工由乡村向城市流动或者农民工回流,是市场机制自发地对劳动力资源进行重新配置的过程,农民工进城或返乡是谨慎利弊权衡得失的结果。当前国家实施"五位一体""四个全面"发展战略,全面推进新型城镇化和乡村振兴,农村发展形势一片大好,特别是鼓励农民工返乡创业的政策促使更多农民工重新选择城—乡流动,这就为农民职业及角色的转变提供了契机。

（一）推动农民工返乡创业的推力因素

农民工返乡创业的原因复杂,可以说,每个返乡创业者都有自己的想法,决定自己最终从打工者变成创业者，是对城乡推拉因素进行理性损益分析的结果。

1. 工资水平和劳动强度之间的反差

农民工外出打工的根本原因在于增加收入。贵州 2017 年统计年鉴显示，2017 年贵州省全省城镇单位在岗职工年平均工资 64549 元（折合月平均工资5379 元）。笔者曾经对贵州省农民工工资收入做过调查，发现该省农民工工资不仅偏低，而且劳动强度大，还存在经常被拖欠现象。调查显示，48%的农民工月均收入在 2500—4000 元之间，有 12%的农民工工资低于贵州省最低工资水平，农民工与城镇职工工资收入差距偏大。而且，大多数农民工是通过延长工作时间获取较高收入的。35.38%的被调查者每天工作时间为 8—10 小时，41%的被调查者每天工作在 10—12 小时，另有 10%者每天工作在 12 小时以上，仅14.46%的被调查者每天工作在 8 小时以下。另外，有 77%的被调查者曾经被拖欠过工资。工资水平低，劳动强度大，两者之间的强烈反差是农民工返乡创业的一个基本原因。

2. 全国经济形势的影响

2008 年美国次贷危机引发的全球性的金融危机，造成世界性的市场疲软，直到今天仍未完全恢复。我国经济发展进入新常态，为适应和引领经济发展新常态，必须转变经济发展方式，由以往的劳动密集型向科技创新型发展转变。随着产业升级，劳动力市场对于技能的要求越来越高，劳动力市场对高技能的劳动者需求会逐渐增加，对低技能的劳动者需求逐渐减少是客观趋势。广大农民工存在文化程度不高、创新能力不强等原因，不适应企业转型发展的需要，往往面临着在裁员大潮中被辞退的危险，隐性失业现象已经大量存在。

3. 城乡二元社会结构的排斥

工资收入低，劳动强度大，工作不好找是农民工在外打工遇到的普遍问题，除此之外，最大问题是难以融入城市，内心长存被边缘化感觉。由于自身素质、故土难离传统价值观，以及城市生活成本上涨等多方面影响，农民工一直游走在现代城市的边缘，无法真正融入城市生活，而当无奈变成顺其自然，将会造成劳动力的低效浪费。在"您对城市生活适应吗"的调查中，仅有 18.9%的人表示"很适应"，有 54.7%的人表示"一般"，另有 26.4%的人表示"不适应"。在"城里人对您的态度如何"的调查中，11.2%的人认为非常友好，22.5%的人认为很友好，48.8%的人认为态度一般，5.3%的人认为看不起自己，2.2%的人认为城里人对自己充满了戒备和敌意。长期的城乡二元体制下造成的影响，使得多数农民工无法完全融入城市，一旦有好的机会窗口出现，部分农民工会毫不犹豫地离开城市返回家乡创业。

4. 城乡推拉因素的影响

由于城市就业机会和经济收入优于农村，大量的乡村人口向城市迁移，但随着城市功能转型，新兴技术行业的增多，传统行业的城市挤出，低技能农民工城市就业将变得越来越困难，普通劳动者之间的工资低价竞争也会导致收入降低。收入无实质增加，但生活成本却不会因此获得同情而降低，水电吃穿用住、子女教育一切都是货币化实际支付。外出打工的生活成本与就地就业相比明显较高，且外出城市务工的收入优势又在递减，使这些农民工在城市生活的压力增大。与此对应的是，随着国家对"三农"问题日益重视，乡村经济逐渐繁荣起来，农民的生活也逐渐好起来，已有部分农民工充分利用创业扶持政策返乡当起了老板，过上了"不离土不离乡""离土不离乡"又富裕的生活，这种生活对处于观望状态的农民工形成了强大的心理冲力。

5. 中年失业的风险

美国芝加哥大学经济学教授加利·贝克尔曾提出，随着年龄的增长，收入一般都是按递减的比率增长。德国经济学家弗里德里希·李斯特认为，财富与智力成正比，财富随智力的增进而增进，随智力的减退而减退。农民工普遍文化偏低，随着年龄的增长，这些农民工在城里工作也不好找，很多工作干不了干不动了，很可能成为中年失业者。在外打拼了半辈子，没攒下多少财产，儿女也大了，自己也老了，很多人也想通了，反正靠打工发家致富是没什么希望了，金窝银窝不如自己的狗窝，靠别人不如靠自己，越发思乡心切。再加上进城农民工大部分都具有不服输敢冒险的品质，于是未雨绸缪，寄希望于返乡创业再拼出一个新天地，也是顺理成章之事。

（二）吸引农民工返乡创业的拉力因素

1. 日益完善的经济体制吸引农民工返乡创业

改革开放以来，农村市场经济体制不断得到改善，农村现代化的发展有了新的突破，为农民工返乡创业创造了良好的条件。

首先，家庭承包经营为基础、统分结合的双层经营体制，破除了计划经济时代的"平均主义"，调动了农民的积极性。通过"权、责、利"相统一的形式，确保生产者能够享有最大程度的自主经营权，可以根据自身情况来灵活调整生产活动，充分发挥土地、资本、劳动力等生产要素的功能。这为农村市场经济体制的建立奠定了重要的基础，为农民提供了广阔天地。

其次，农村流通体制的改革，市场机制被引入到农村经济中。农产品价格放开，坚持以"市场"为导向，开拓多元化流通渠道，调节农产品供给需求，促使买方和卖方形成双向良性互动，加速了向市场经济体制的全面转变。

再次，实现了农村所有制形式多样化。以公有制为主体、多种所有制经济共同发展的基本经济制度，有利于在农村建立和完善新的经营机制，既可以引导人们从事小户个体经济，也可以通过尊重个人意愿以多种形式流转土地承包经营权，发展适度规模经营。农村市场经济体制的建立和完善，使得农村的经济形势有了蓬勃的发展，各项农业基本指标取得了很大飞跃。农民收入大幅增加，居民消费结构逐渐优化，恩格尔系数总体上呈不断下降状态。国家统计局贵州调查队发布统计数据显示，"十二五"期间，贵州城乡居民收入大幅上涨，农村居民收入从 2010 年的 3472 元上涨到 2014 年的 6671 元，涨幅接近一倍，增幅位居全国第一。2019 年，全省农村常住居民人均可支配收入 10756 元，首次突破万元大关。日益完善的农村市场经济体制造就了农村的繁荣景象，这无疑吸引农民工远离城市经济的寒冬，回到家乡自主创业。

2. 优惠的政策导向促使农民工返乡创业

党和国家一直高度关注"三农"问题。20 世纪 80 年代就曾连续五年以"三农"为主题发布中央一号文件。2004 年至今，中央又连续 17 年将一号文件锁定"三农"问题，对农民生活、农业发展和农村改革做出具体规划和部署，采取了统筹城乡发展、"工业反哺农业、城市反哺农村"，不断增加对农村投入，实施保护价收购农产品、农村税费改革、减轻农民负担等一系列支农强农措施。尤其面对农民工返乡创业这个新事物，国家出台了许多政策进行引导和鼓励。2009 年和 2010 年中央一号文件均将农民工返乡创业纳入工作日程，2014 年 9 月国务院发布了《关于进一步做好为农民工服务工作的意见》，提出了一系列鼓励与扶持农民工创业的意见，并提出实施《鼓励农民工等人员返乡创业三年行动计划纲要》，实现新型工业化和农业现代化、城镇化和新农村建设协同发展。

特别指出的是，为支持农民工返乡创业，全面激发农民工返乡创业热情，创造更多就地就近就业机会，加快输出地新型工业化和城镇化进程，《国务院办公厅关于支持农民工等人员返乡创业的意见》（国办发〔2015〕47 号）从总体要求、主要任务、健全基础设施和创业服务体系、政策措施和组织实施五个方面提出了做好农民工等人员返乡创业工作的具体意见。2017 年中央一号文件指出"要支持进城农民工返乡创业，带动现代农业和农村新产业新业态发展"，2019 年中央一号文件明确"要鼓励外出农民工返乡下乡创新创业"。2020 年中央一号文件强调要"深入实施农村创新创业带头人培育行动，将符合条件的返乡创业农民工纳入一次性创业补贴范围"。这些都为农民工返乡创业提供了很好的政策依据。

为积极响应国家政策，畅通外出务工人员返乡创业就业渠道，优化创业就业环境，引导和鼓励更多的外出务工人员返乡创业就业，贵州省委、省政府多次下发文件，制定实施意见，各级各部门先后制定出台配套措施，各地也相继出台了系列政策和措施，形成了部门协同、上下联动促进农民工返乡创业就业工作格局。

3. 深厚的乡土情结引发农民工返乡创业

农民工返乡创业，是根据外部环境和自身条件变化，谨慎权衡利弊后最终做出的一个理性选择。但是，内心深处的"乡土情结"又牵引农民工重返故土。对于大多数农民而言，依恋乡土是一种生存本能表现。在他们眼里，土地不仅是维持生计的生产资料，更是一种信仰和希望依托，即使在收入多元的现代市场经济社会，土地依然被农民视为最为稳定和信赖的生活来源。此外，亲情伦理、家族团结一直被中国人视为重要的社会资本来源。中国传统文化讲求"孝悌为行仁开源，行仁为达道之本"，喜欢组建大家庭模式，如四世同堂、五世同堂，认为家庭生活是一种义务和责任，无论走得多远，都会牵挂家庭思念家乡。对于外出打工的农民工来说，这种自小培养起来的乡土情结，绝不会因为短暂的城市生活而完全消退。况且，对于大多数农民工来说，告别原本的乡土文化习俗，彻底融入城市文化圈也绝非一件易事。特别是，城市繁华喧闹和农村的朴实恬静形成的巨大反差，不同生活方式和生活节奏所带来的冲击和不适，与城市居民、雇主互动中的利益冲突等。所有这些文化归属感的缺失，都不可避免地让农民工产生困惑，不得不对自我价值重新定位，加上思乡情愫日益渐浓，最终选择踏上返乡之路，回到熟悉的土地。

返乡创业的农民工在返乡之前由于长期在外务工，受主客观条件的制约，少有机会回乡与亲人团聚，对家人亲友的挂念，对故土家园和家乡文化的强烈归属感，使他们更希望能够回乡创业。随着年龄增长而产生的就业安全感下降，加上在外务工与家乡工资水平差距的逐渐缩小。这些因素使农民工更愿意选择返乡就业或创业。

第二节 贵州农民工返乡创业调查与分析

农民工返乡创业，消化了部分农村富余劳动力就业难问题，促进了农村居民持续稳定增收，成为推动当地新农村建设和振兴乡村的生力军。然而，贵州农民工总体素质偏低，在返乡创业过程中并非一帆风顺，需要各方面支持和加强引导。

一、调查概况

为进一步了解贵州省农民工返乡创业基本情况，采用问卷调查和个人访谈相结合的方法，笔者在 2019 年 5 月至 8 月组织学生对贵州省农民工返乡创业情况进行了问卷调查。共向贵州各地州市发放了 600 份问卷，收回 558 份，收回率 93%，其中有效问卷 492 份，有效率 88.2%。此外，贵州省社科联理论创新课题组人员在 2019 年 7 月至 8 月，对安顺市的镇宁县、普定县、开发区和平坝区的 42 位返乡创业农民工进行了针对性访谈，旨在对问卷调查进行补充。其中，问卷被调查者基本信息如下（表 7-2）：

表 7-2　被调查农民工返乡创业者基本信息

按年龄分组（岁）		≤30	31—40	41—50	51—60	>60	合计（人/占比）	
人数（人）		32	158	207	87	8	492	100%
性别	男	20	137	162	78	8	405	82.3%
	女	12	21	45	9	0	87	17.7%
文化程度	小学及以下	0	0	0	3	5	8	1.6%
	初中	8	50	68	73	2	201	40.9%
	高中（中专）	12	66	118	10	1	207	42.1%
	大专及以上	12	42	21	1	0	76	15.4%

从男女比例来看，男性农民工回乡创业者明显多于女性。其中，男性有 405 人，占总数比为 82.3%，女性 87 人，占总数比为 17.7%。从文化程度上看，文化程度为初中、高中（中专）的人数最多，两者占比总和为 83%。另外大专及以上文化程度者占比 15.4%，小学及以下文化程度的调查者为 1.6%。从年龄分组上看，被调查者年龄在 40—50 岁之间的人数最多。31—40 岁的 158 人，41—50 岁的 207 人，两者合计 365 人，占总人数的 74.2%，说明多数被调查者正处于年富力强时，新生代农民工回乡创业者居多。

二、调查分析

（一）农民工返乡创业基本特征

1. 返乡创业原因呈现多元化特点，返乡创业动机积极

依照经济学的观点，农民工是理性的"经济人"，农民工是否愿意返乡创业，取决于其返乡创业的预期净收益与预期成本的大小。当返乡创业预期净收

益大于预期成本时，农民工就会愿意返乡创业，否则就不愿意。而在现实生活中，除了经济因素外，影响农民工返乡创业的因素又是多元复杂的。在"您返乡创业的原因或动机是什么"的问卷调查中，"返乡可以照顾家庭"比例最高，占比为63%，其次是"实现自我价值"，占比为55.7%，而"外出打工辛苦、就业难"比例也超高了一半以上，占比为52.4%。返乡目的选择"为家乡做贡献"的占比为48.1%，觉得"家乡创业机会好"占比为42.2%，返乡创业是"想自己做老板"的占比为32.3%，认为家乡"有合适的创业项目"占比为29.8%。调查数据（表7-3）表明，农民工返乡创业的原因是多元化的，并且比较注重精神层面的感受，返乡创业动机积极，比如，考虑到照顾家庭，实现自身价值以及在外打工就业难等，由此获得的生活幸福感才是农民工返乡创业的主要原因。

表 7-3　农民工返乡创业的原因

按年龄分组（岁）		≤30	31—40	41—50	51—60	>60	合计
人数（人）		32	158	207	87	8	492
外出打工辛苦就业难	人数（占比）	14 (43.8%)	76 (48.1%)	109 (52.7%)	54 (62.1%)	5 (62.5%)	258 (52.4%)
家乡创业机会好	人数（占比）	10 (31.3%)	71 (44.9%)	86 (41.5%)	37 (42.5%)	4 (50%)	208 (42.2%)
有合适的创业项目	人数（占比）	5 (15.6%)	51 (32.3%)	65 (31.4%)	24 (27.5%)	2 (25%)	147 (29.8%)
想自己当老板	人数（占比）	14 (43.8%)	53 (33.5%)	71 (34.2%)	19 (21.8%)	2 (25%)	159 (32.3%)
返乡可以照顾家庭	人数（占比）	15 (46.9%)	93 (58.9%)	134 (64.7%)	62 (71.2%)	6 (75%)	310 (63%)
实现自我价值	人数（占比）	14 (43.8%)	83 (52.5%)	115 (55.6%)	57 (65.5%)	5 (62.5%)	274 (55.7%)
为家乡做贡献	人数（占比）	12 (37.5%)	71 (44.9%)	102 (49.2%)	47 (54%)	5 (62.5%)	237 (48.1%)

注：因为有人选多项，故各年龄段占比之和与合计占比之和均大于1。

2. 产业分布多以农业相关产业为主，但呈现多样化特点

依据国务院发展研究中心农村经济研究部研究员崔传义①的调研，农民工返乡从事传统种植业的占44%，从事非农产业的占40%以上，从事开发性农业的占13.7%。返乡创业农民工很多不是退回传统农业，而是在打工中挣了票子，换了脑子，利用打工获得的资金、技术、信息创办工商服务企业，发展有特色的农业开发经营。回乡创业也不仅是回村创业，所办企业相当多的是在集镇和县城，成为一些地方发展乡镇企业、开发农业、带动农村劳动力就近转移、促进小城镇发展和新农村建设的一支生力军。

目前来看，农民工返乡所创产业主要分为四大类：一类是城市旧业，主要是城市第三产业如餐饮、理发、房屋中介等。回乡可避开城市高昂的房租和生活成本，因职业熟悉存在路径依赖，回乡后依然延续原有职业作为创业方向。二类是农产品加工或农产品经纪服务。从事此类产业的农民工了解城乡消费差异，具有互联网影响经验，对农业有感情，有品牌意识，寄希望于通过农产品深加工，个性化开发，满足城市差异化消费需求，提高农产品附加值。第三类是发展庭院经济。依靠周边旅游资源或本村山水风景、人文遗址，以家庭房屋、庭院、自留地和部分承包地为基础，发展农旅结合的庭院经济。第四类是"互联网+农+工+商"企业集团化经营，多为股份制的合作社形式。小农户、小企业与大市场联通，城乡产销供求直接对接，资金抱团、风险共担、收益按股分成。

受自然环境、地理区位、文化传统、历史因素影响，贵州属于欠发达省份的状况仍要持续一段时间，一产不强，二、三产业薄弱是贵州最大的省情。农民工进城务工一段时间后返乡创业，会选择什么产业作为自己创业的主打产业呢？数据（表7-4）显示，被调查者选择以种植业作为创业产业的占20.3%，选择养殖业的占18.1%，选择农产品加工业的占比为13.6%，三者占总和之比为52%。还有19.3%的被调查者选择了"服务业"，有12.4%选择"其他"，两者占总数的31.7%。此外，分别有8.3%和7.1%的被调查者选择了制造业和建筑业。

调查数据表明，从总体上看，农民工回乡创业选择的多是农村农业关联产业，在产业具体形态的选择上呈现多样化特点，产业分工越来越细化。这样的产业分布符合现代经济中的产业发展规律。一方面，农村农业资源丰富，可以就地取材，农民工对农业资源比较熟悉，创业有信心。另一方面，随着城乡一

_____

① 崔传义. 中国农民工返乡创业创新调研［M］. 太原：山西经济出版社，2017：235.

体化的发展，农民的观念在不断革新，各种新业态也出现在农村，各种服务业已蓬勃发展起来。从年龄分组来看，农民工返乡创业所涉足的产业类型与自己的年龄也有相当大的关系，比如，选择服务业为创业类型的，30岁以下和60岁以上的被调查者占比最高，而30—60岁之间的被调查者选择与农业相关产业作为自己的创业产业占比较高。究其原因，30岁以下的年轻人对农业的兴趣或者说与老一代农民的土地情结相比，要明显低得多，而60岁以上的老年人由于年老体衰，体力精力可能不适合再进行与农业相关产业方面的创业。相比较而言，30—60岁年龄阶段者对农业相关产业比较了解，又处于人生黄金时期，倾向选择农业相关产业作为自己的创业领域。

表7-4　被调查者农民工返乡创业主要产业分布类型

按年龄分组（岁）		≤30	31—40	41—50	51—60	>60	合计
人数（人）		32	158	207	87	8	492
种植业	人数（占比）	7（21.9%）	32（20.3%）	45（21.7%）	16（18.4%）	0（0%）	100（20.3%）
养殖业	人数（占比）	5（15.7%）	24（15.2%）	38（18.4%）	20（23%）	2（25%）	89（18.1%）
农产品加工业	人数（占比）	6（18.8%）	19（12%）	27（13%）	14（16.1%）	1（12.5%）	67（13.6%）
制造业	人数（占比）	2（6.2%）	16（10.1%）	18（8.7%）	5（5.7%）	0（0%）	41（8.3%）
建筑业	人数（占比）	2（6.2%）	11（7%）	20（9.7%）	2（2.3%）	0（0%）	35（7.1%）
服务业	人数（占比）	8（25%）	32（20.1%）	34（16.4%）	18（20.7%）	3（37.5%）	95（19.3%）
其他	人数（占比）	2（6.2%）	24（15.2%）	21（10.1%）	12（13.8%）	2（25%）	61（12.4%）

3. 多数创业者尚处于起步或上升阶段，创业实体规模不大

从农民工创业时间的长短、创业启动资金的多少和用工人数的多少，可以大致看出农民工创业实体规模的大小。从调查问卷看，贵州多数农民工返乡创业尚处于起步阶段或者事业上升阶段。具体表现在以下几个方面。

创业时间的长短能直观表明创业者所处的创业阶段。从创业时间看，多数

农民工创业时间都在五年以下（如表7-5）。其中，创业时间1—3年的占比最高，有24.6%，创业3—5年的占比次之，有21.7%，最后是创业不满1年的，占14.8%，三者共计占比61.1%。从年龄段来看，农民工创业时间一般与农民工年龄成正比，年龄愈大，创业时间可能愈长，反之亦然。比如，60岁以上被调查者，创业时间在10年以上的占比达37.5%，51—60岁的被调查者创业时间在10年以上的也达到了25.3%。在30岁以下年龄组里，创业不满一年的占比最高，达到了40.6%；在31—40岁年龄组里，创业1—3年的占比最高，有34.1%；在41—50岁年龄组里，创业3—5年的占比最高，有24.2%。现实观察也可以认证，这种基于整体调查数据分析得出的结论，也符合个人事业发展规律。

表7-5　被调查者农民工返乡创业时间调查

按年龄分组（岁）		≤30	31—40	41—50	51—60	>60	合计
人数（人）		32	158	207	87	8	492
不满1年	人数	13	28	28	6	0	73
	（占比）	（40.6%）	（17.7%）	（13.5%）	（6.9%）	（0%）	（14.8%）
1—3年	人数	8	54	42	17	0	121
	（占比）	（25%）	（34.1%）	（20.3%）	（19.5%）	（0%）	（24.6%）
3—5年	人数	6	35	50	15	1	107
	（占比）	（18.8%）	（22.2%）	（24.2%）	（17.2%）	（12.5%）	（21.7%）
5—7年	人数	3	18	33	15	0	69
	（占比）	（9.4%）	（11.4%）	（15.9%）	（17.2%）	（0%）	（14%）
7—10年	人数	2	15	34	12	2	65
	（占比）	（6.3%）	（9.5%）	（16.4%）	（13.8%）	（25%）	（13.2%）
10年以上	人数	0	8	24	22	3	57
	（占比）	（0%）	（5.1%）	（11.6%）	（25.3%）	（37.5%）	（11.6%）

创业启动资金指农民工返乡准备创业时所拥有的原始资金，也可以说明创业规模的大小。调查（表7-6）显示，有27.6%的被调查者创业启动资金在5万元以下，31.1%的被调查者启动资金在5万元—10万元之间，两者合计占被调查总数的58.7%。也就是说，有超过一半以上的被调查者创业启动资金在10万元以下。从年龄分组来看，60岁以上的创业者最初的创业启动资金在5万元以下和5万元—10万元的各占37.5%，两者之和占比高达75%；51—60岁年龄

组中，创业启动资金在 5 万元以下的占 33.3%，5 万元—10 万元的占 32.2%，两者之和占比 65.5%；41—50 岁年龄组中，启动资金在 5 万元以下的占比 33.8%，5 万元—10 万元的占 28%，两者之和占比 61.8%；31—40 岁年龄组中，启动资金 5 万元以下的占比 16.5%，5 万元—10 万元的占比 34.2%，两者之和占比 50.7%；30 岁以下年龄组中，启动资金 5 万元以下的被调查者占比 25%，5 万元—10 万元的占比 31.2%，两者之和占比 56.2%。

调查数据表明，无论是哪一年龄组，均有超过一半的被调查者的创业启动资金在 10 万元以下，创业初期实体规模比较小。年龄愈大的创业者，开始创业的年份可能愈早，启动资金 10 万元以下的占比越高。30 岁以下和 31—40 岁年龄段中，创业启动资金在 10 万元—30 万元的被调查者比例偏高，分别占比 37.5% 和 28.5%。这一方面说明，新生代农民工在外打工的原始积累不断增多；另一方面也说明，我国农村经济水平在整体上有了较大提升。

表 7-6　农民工返乡创业启动资金调查

按年龄分组（岁）		≤30	31—40	41—50	51—60	>60	合计
人数（人）		32	158	207	87	8	492
5 万元以下	人数（占比）	8（25%）	26（16.5%）	70（33.8%）	29（33.3%）	3（37.5%）	136（27.6%）
5 万元—10 万元	人数（占比）	10（31.2%）	54（34.2%）	58（28%）	28（32.2%）	3（37.5%）	153（31.1%）
10 万元—30 万元	人数（占比）	12（37.5%）	45（28.5%）	54（26.1%）	21（24.1%）	2（25%）	134（27.3%）
30 万元—50 万元	人数（占比）	2（6.3%）	33（20.9%）	25（12.1%）	9（10.3%）	0（0%）	69（14%）

农民工返乡创业实体所拥有的雇工数量，也可以说明农民工创业实体规模的大小。调研（表 7-7）显示，在"除了本人和家庭投入外，您所创业实体目前的工人数量有多少"的问题中，选择"0 人"的有 114 人，占被调查总数的 23.2%，选择"10 人以下"的有 199 人，占被调查总数的 40.4%，选择"11—30 人"的有 88 人，占被调查总数的 17.9%，另有 12.6% 的被调查者选择"31—50 人"，仅有 5.9% 的被调查者选择"51 人以上。"数据显示，雇工人数在 0—10 人的被调查农民工创业实体占比为 63.6%，农民工创业实体规模普遍较小。从年龄分组来看，农民工创业实体规模与农民工年龄呈正相向关系，年龄组愈

大，雇工人数愈多的占比可能就偏高，在最年轻组30岁以下组，雇工人数在30人以上的被调查者是0人，而最年长组60岁以上的被调查者，30岁以上的雇工人数占比达62.5%，51—60岁组的占比达36.7%。而50岁以下的三个年龄组中，雇工人数在0—10人的被调查者均占同组被调查者比例超过了2/3，按年龄组从大到小依次为67.3%、67.8%和90.6%。调查数据说明，从雇工数量看，农民工创业实体规模与农民工的年龄、阅历之间存在一定关联关系。

表7-7 农民工返乡创业实体雇工数量调查

按年龄分组（岁）		≤30	31—40	41—50	51—60	>60	合计
人数（人）		32	158	207	87	8	492
0 人	人数	17	38	47	12	0	114
	（占比）	（53.1%）	（24.1%）	（22.7%）	（13.8%）	（0%）	（23.2%）
10 人以下	人数	12	70	93	23	1	199
	（占比）	（37.5%）	（43.7%）	（44.9%）	（26.4%）	（12.5%）	（40.4%）
11—30 人	人数	3	25	36	20	2	88
	（占比）	（9.4%）	（15.8%）	（17.4%）	（23%）	（25%）	（17.9%）
31—50 人	人数	0	19	21	19	3	62
	（占比）	（0%）	（12%）	（10.1%）	（21.8%）	（37.5%）	（12.6%）
51 人以上	人数	0	6	8	13	2	29
	（占比）	（0%）	（3.8%）	（3.9%）	（14.9%）	（25%）	（5.9%）

4. 创业方式仍以家庭单干为主，但也逐步向多样化趋势发展

创业的组织方式，主要反映创业者在多大程度上能够向现代企业制度靠近，逐步摆脱几千年的小农经济的束缚。① 调查数据显示，有45.3%的农民工返乡创业采用自家单干形式，有21.3%的被调查者采取与人合伙方式，成立股份企业的占16.7%，以资金、技术或管理方式入股创业者占12.4%，还有4%的选择其他方式创业（表7-8）。农民工创业方式以家庭单干为主，但也有逐步向现代企业化靠近，创业方式逐渐呈多样化发展方向转变。从各年龄组来看，年龄组愈大，农民工创业方式所占比例愈均衡，其中60岁以上组，在四种创业方式占比中各占四分之一，这可能与农民工创业经验、规模等都有关系。

---

① 赵新浩. 农民工返乡创业调查与分析［J］. 学习论坛，2017，33（12）：43-46.

表7-8 农民工返乡创业组织形式调查

按年龄分组（岁）		≤30	31—40	41—50	51—60	>60	合计
人数（人）		32	158	207	87	8	492
自家单干	人数（占比）	21 (65.6%)	78 (49.4%)	87 (42%)	35 (40.2%)	2 (25%)	223 (45.3%)
与人合伙	人数（占比）	8 (25%)	35 (22.2%)	44 (21.2%)	16 (18.4%)	2 (25%)	105 (21.3%)
成立股份企业	人数（占比）	1 (3%)	28 (17.7%)	39 (18.8%)	13 (14.9%)	2 (25%)	83 (16.7%)
以资金技术管理入股	人数（占比）	0 (0%)	12 (7.6%)	31 (15%)	16 (18.4%)	2 (25%)	61 (12.4%)
其他	人数（占比）	2 (6.3%)	5 (3%)	6 (3%)	7 (8%)	0 (0%)	20 (4%)

（二）农民工返乡创业面临的问题分析

问题是矛盾的集中反映，问题和矛盾是事物发展的动力。主要问题的顺利解决，有助于矛盾的温和化解。作为新事物，农民工返乡创业客观上必然存在一些问题，这些发展中的问题，也应当采用发展的手段予以解决。农民工返乡创业面临的问题，或者说急需政府支持的内容主要有以下方面（表7-9）。

表7-9 被调查农民工返乡创业急需政府支持的内容

按年龄分组（岁）		≤30	31—40	41—50	51—60	>60	合计
人数（人）		32	158	207	87	8	492
资金	人数（占比）	24 (75%)	102 (64.6%)	121 (58.5%)	47 (54%)	4 (50%)	298 (60.6%)
技术	人数（占比）	20 (62.5%)	85 (53.8%)	98 (47.3%)	37 (42.5%)	3 (37.5%)	243 (49.4%)
管理	人数（占比）	17 (53.1%)	77 (48.7%)	95 (45.9%)	41 (47.1%)	4 (50%)	234 (47.6%)
信息	人数（占比）	12 (37.5%)	68 (43%)	91 (44%)	40 (45.9%)	4 (50%)	215 (43.7%)
服务	人数（占比）	18 (56.3%)	70 (44.3%)	76 (36.7%)	31 (35.6%)	2 (25%)	197 (40%)

注：因为有人选多项，故各年龄段占比之和与合计均大于1。

1. 创业资金不足

在城市打拼过的农民工能够下定决心返乡创业，一般而言，都是有一定资金积累，这也是农民工能够返乡创业的基础。贵州省近年来为了吸引农民工顺利返乡创业，在金融政策和减税降费方面出台了很多文件，也做了很多工作。譬如，从2012年开始，贵州采取"3个15万元"的扶持措施大力扶持微型企业发展。然而，"在创业中最需要政府哪方面的帮助"的问题中，有68.9%的被调查者选择"资金"选项。如前所述，农民工返乡创业启动资金一般都比较小，而在创业发展过程中，随着创业实体规模不断扩大，所需资金将更大。虽然政府出台了很多诱人的投融资政策，但这些优惠的政策可能对农民工来说门槛还比较高。而被政府扶持的行业多是新兴产业或者高科技产业，而如本调研中的被调查者——返乡创业的农民工多数文化程度不高，去从事高科技产业或新兴产业的可能性不大，因此，很少能符合享受"3个15万元"优惠政策。资金不足问题，仍是返乡创业农民工面临的首要问题。2019年国家统计局《"乡村振兴之路"调研报告》在关于农民对乡村振兴意愿的调研中，有64.6%的受访农民认为乡村振兴最急需的是资金。可见，缺乏资金是农民普遍存在的问题。

2. 急需技术和管理方面的支持

如前所述，农民工返乡创业所从事的产业主要是农业相关产业，而农民工进城务工主要从事工业或服务行业，他们在城市所学的技术回到农村时可能就派不上用场。而且，随着从打工者到创业者身份的改变，农民工的思维方式等也要发生衔接性适应变化。作为打工者，农民工只需按部就班干好自己分内事就可；作为创业者，相应的管理、技术、沟通协调等综合能力也要与角色转换相相应，这方面对返乡创业农民工提出了更高的要求。"在创业中最需要政府哪方面的帮助"的问题中，分别有49.4%和47.6%的被调查者选择"技术"和"管理"选项。诚然，贵州省针对农民工返乡创业技术培训方面也出台过多种政策，但在访谈中我们也了解到，多数技术培训对农民工或多或少有些帮助，但核心技术的掌握还要靠自己去领会，特别是管理方面，需要因人因地制宜，随自身阅历的不断积累而有所领悟。农民工整体素质还不高，文化层次偏低，对新事物认识和接受能力还有待提高，在创业项目选择上还缺乏理性思考。开展相关技术培训，搭建广泛的、多领域的管理经验交流平台是返乡创业农民工的急需，也是狭窄地域内处理竞争与合作关系的大难题。

3. 创业信息不畅通

现代社会是一个信息多元、爆炸式更新的社会，如何在最短的时间内获取真实的、对自己有用的信息，即信息来源的可靠性和获取信息渠道的便捷性，是农民工在返乡创业中比较关心和需要获得支持的重要方面。在问卷调查中，有45.3%的被调查者选择"信息"作为急需政府支持的内容。在各年龄段中，愈是年龄段大的组，对信息支持的需求就愈大。在30岁以下组中，仅有37.5%的被调查者选择了"信息"，随着年龄组的增大，需求占比也不断增大，分别为43%、44%、45.9%和50%。这可能仍与返乡创业农民工群体特征有关：一方面，返乡创业者年龄愈年轻，获取信息的渠道愈多元和畅通，特别是获得新型信息资源的渠道更宽泛。另一方面，年龄愈大的返乡农民工，愈看重信息来源的可靠性，对本地区行业领军人物和同行提供的信息尤其看重，这是一种需要经历长期创业经验才能积累起来的信息过滤能力。除了问卷调查外，在访谈中，我们也听到多位返乡创业农民工反映关于"信息"方面的问题：一是信息获取比较滞后。农民工返乡创业产业部门多是与农业相关产业，产品原料的来源、成品的销售等都需要信息时效性，而在实践中，由于信息获取不及时，可能会造成产销过程中很多问题，如食品变质、产品滞销等。二是信息渠道比较单一，个别地区、个别行业存在信息垄断。多位农民工反映，他们获取信息的来源，主要是亲朋好友介绍的老客户，或是网络上。

4. 政府服务仍需提升

农民工返乡创业，是我国城乡融合发展下人力资源流动的必然现象，也是党和国家政策支持、引导和扶持的结果。在对返乡创业的农民工进行访谈时发现，农民工返乡创业者对当地政府提供的各方面服务还是比较满意的，但希望政府能进一步提高服务效率。在问卷调查中，仍有40%的农民工希望政府的服务再进一步提升。因此，在乡村振兴战略背景下，各级政府应该不断适应新形势、新任务的要求，不断提高服务效率，为返乡创业者提供高效优质服务。

（三）破解农民工返乡创业问题的对策路径

农民工返乡创业为农村经济发展注入新鲜活力，是促进城乡发展的重要途径，是当地新农村建设和乡村振兴的助推剂。立足农民工返乡创业调查实际，提出针对性的破解对策，使农民工返乡创业对贵州农村经济社会发展贡献力量。

1. 推动返乡创业农民工思维革新

农民工返乡创业不仅仅是农民工具有返乡创业的勇气和资本，更重要的是怎样让返乡创业的农民工具备良好的现代市场经济意识，能够把企业做大做强。创造条件让返乡创业农民工革新思维，摆脱小农意识羁绊，提高企业价值理念，培育新型社会资本理念，学习在竞争中合作，收益中预留风险基金，渐次提高内生动力，才能使其在思维上和能力上跟紧"双创"步伐，并逐步做大做强。

2. 强化农民工返乡创业政策支持

贵州作为欠发达省份,在基础环境方面,农民工返乡创业要比发达省份返乡创业农民工面临的困境多得多。如贵州产业基础薄弱、生态脆弱、农民增收渠道狭窄的状况短期难以有根本性扭转,城乡融合一体发展的任务非常艰巨。为此,国家应当加大倾斜性扶持力度,在普惠支持的基础上,实施特惠财政、税收、金融、人才政策,为贵州农民工返乡创业助力。贵州自身也要打造"精神高地",用好用足乡村振兴发展机遇,走出"经济洼地"。

3. 优化融资环境拓宽融资渠道

调查中可以看到,创业资金短缺仍是制约农民工返乡创业的最大障碍。一方面,资金短缺使一些农民工不敢有返乡创业的念头,不敢想就不敢付诸创业行动;另一方面,资金短缺使一些先行创业的农民工束缚了做大做强的手脚,限制了产业的发展壮大。应制定农民工返乡创业财政扶持政策,优化农民工返乡创业融资环境。对于农民工返乡创业,加大税收优惠,着实减轻农民工创业负担,让更多农民工能够享受到"3个15万元"优惠政策。建立支持农民工返乡创业专项资金,并列入地方财政预算,用于农民工返乡创业的创业补助,创业担保等。完善农村金融体系,创新农村信贷模式。积极进行农村信贷改革,创新信贷模式,放宽农村小额度贷款的限制条件,提高小额度贷款比例。积极探索农民利用农村宅基地抵押贷款、土地承包经营权贷款、农户通过"互联互保"形式贷款。集中社会闲置资金,成立农民创业基金合作社,多渠道筹措创业基金。建立以政府补偿机制为基础的农民工返乡创业风险投资基金,防范和降低农民工返乡创业风险。

4. 创新技能培训做好创业跟踪服务

返乡农民工在经历了外出打工的摸爬滚打后,深知管理、技术等知识对其成功创业的重要性,虽然《"雁归兴贵"促进农民工返乡创业就业行动计划》明确"将农民工纳入终身职业培训体系",但调查显示,技术力量薄弱、市场竞争力不强仍是当前贵州农民工返乡创业普遍存在的问题。因此,仍应积极探索农民工返乡创业技能培训机制,创新立体化培训方式,优化培训内容,完善农民工返乡创业终身培训体系。在培训方式上,采用灵活多样的培训方式,比如,半工半读、集中培训与零星指导、线上线下相结合立体化多元培训方式,除了定期的集中培训外,通过"田间学校""科技大篷车""三下乡""硕博服务团"等开放式培训,让返乡农民工参与形式多样的培训活动,有助于缩短农民工适应返乡创业的周期,提高其生存和发展能力。培训机构作为返乡创业农民工的培训主阵地,不仅在培训期间要注重提高培训质量和效果,而且要注意做到

"扶上马送一程"，做好培训后的跟踪服务工作。培训主管部门要对参加培训的返乡农民工建档立卡，与返乡创业农民工建立长久联系，定期走访指导，帮助他们选准创业产业，解决创业过程中遇到的技术问题，为返乡创业农民工提供个性化、精细化和专业化指导咨询服务。

5. 强化组织和信息平台建设

"互联网+"时代，返乡创业者对信息和组织合作在创业成功中的作用已经有比较充分的认识，但农民工返乡创业期初规模一般都比较小，组织能力较低，单靠农民工单打独斗，想成功创业并做大做强，就显得比较困难。因此，应强化农民工组织建设，畅通农民工创业相关信息，变单打独斗为抱团发展。劳动部门、工商联等有关部门应集思广益，创立返乡农民工创业协会、农民工返乡创业联合会等组织，使返乡创业农民工组织起来，通过共建共享，及时分享不同行业不同产业信息，为正在创业或有创业意愿的返乡农民工提供资源信息和发展提升空间。宣传部门应积极搭建成立"创业模范"或"创业先锋"平台，除了集中宣传创业优惠政策外，创业者可直接通过平台相互交流创业经历，相互学习，取长补短。建立和完善创业网站，收集创业者信息，关注农民工创业动态，实现创业信息资源共享。完善农村基层自治制度，鼓励农村土地"三权"促"三变"，创设农民工创业团体，加强创业者之间的协同合作，提高创业者的整体竞争力和收益。

6. 优化公共服务营造创业氛围

在影响农民工返乡创业的因素当中，政府扶持政策和力度对农民工返乡创业意愿起着强烈的诱导作用。在社会主义市场经济条件下，应推进服务型政府建设力度，优化农民工返乡创业基本公共服务，为农民工返乡创业营造良好氛围。政府应将引导和鼓励农民工返乡创业纳入当地经济社会发展总体规划，列入各级政府政绩考核内容，成立领导机构，强化服务意识。简化农民工返乡创业审批手续，探索急需审批项目一站式报批制度，完善法律服务体系，加快农民工返乡创业立法工作，建立农民工返乡创业保障体系，畅通农民工利益表达和利益诉求渠道。组织开展创业活动大赛，大力宣传农民工返乡创业意义。通过组织开展农村创业创新大赛活动，及时表彰优秀创业者，增强返乡创业农民工的自信心、光荣感和使命感，激发他们返乡创业热情，吸引更多外出打工人员返乡创业。通过媒体在社会中宣传创业典型，提高全社会对返乡创业的认同，促进创业活动蓬勃发展。

本章小结

国务院办公厅关于支持农民工等人员返乡创业的意见（国办发〔2015〕47号）明确指出：支持农民工、大学生和退役士兵等人员返乡创业，通过大众创业、万众创新使广袤乡镇百业兴旺，可以促就业、增收入，打开新型工业化和农业现代化、城镇化和新农村建设协同发展新局面。农民工返乡创业为当地乡村注入新鲜活力，让一度因大规模的农民工进城而显得萧条的农村重现勃勃生机，增收入、促就业、改观念、注活力，农民工返乡创业对推动农民就地市民化和新村振兴意义多元而重大。贵州"雁归兴贵"促进农民工返乡创业就业行动计划，对拓展农民工返乡创业、提升农民工返乡就业创业能力和健全农民工返乡创业就业体系方面进行了明确规定，在各级政府的大力支持和鼓励下，出现了农民工返乡创业高潮。同时我们也看到，由于各种主客观因素限制，贵州农民工返乡创业还存在着很多困境，需要在未来关注这些问题和困境，为农民工搭建更好平台，以激励农民工返乡创业。

第八章

脱贫攻坚助力农民就地市民化

农民就地市民化的首要内容是农民就业机会的城市融入，或者农村产业结构与城市产业结构的互补。农村一产比重大，三产比重小，现代城市正好倒过来，城市第三产业发达、第二产业次之，除了在近郊预留少量生活保障性土地，城市几乎没有第一产业。城乡一二三产互补融合，可形成一个完整的产业布局。农畜产品种养以及农产品初级加工产业是农民最熟悉的领域，也具有比较优势，这些产业往往又是城市产业结构的有益补充。所以，城乡融合不是空间上简单的融合，而是深层次的产业结合，这所有的条件都无法跃进实现，但又时不我待。贵州目前最大的省情是全国脱贫攻坚的主战场，剩余贫困人口多，贫困程度深且集中连片。脱贫攻坚、乡村振兴、新型城镇化的推动速度与建设质量，近期直接影响贵州 2020 年全面建成小康社会任务完成，长远决定贵州后发赶超战略的实现。因此，并联式发展就成为贵州的必要选择，需要一边脱贫攻坚克难，一边为就地市民化谋篇布局，既要打好当前的消除绝对贫困攻坚战，也要通过乡村振兴和新型城镇化推动农民就地市民化，为 2020 年后贵州解决相对贫困问题留足时间空间和资源空间。

第一节　脱贫攻坚战略内含农民就地市民化要义

为提高扶贫效率和针对性，2013 年全国开始"精准扶贫"战略行动。2014年开始实施贫困人口精准识别、贫困户建档立卡，2015 年通过"回头看"工作确认贫困人口数量为 5575 万人。2015 年 11 月，中共中央、国务院发布《关于打赢脱贫攻坚战的决定》，2016 年至 2020 年为脱贫攻坚年，目标是 2020 年全面建成小康社会。所以，学者和政府文件中经常使用精准扶贫脱贫攻坚战略一词。精准扶贫脱贫攻坚的对象既包括贫困户，也包括贫困区域，是贫困户精准脱贫和片区整体脱贫联动的反贫困战略。反贫困措施涉及社会保障扶贫、产业扶贫、教育扶贫等,又可进一步细化为电商扶贫、金融扶贫、基础设施扶贫、生态扶贫、健康扶贫、科技扶贫、文化扶贫等。

脱贫攻坚战略不仅仅为了扶弱,更是涉及农业农村、城镇化战略在内的系统工程。如中共中央、国务院 2015 年颁布《深化农村改革综合性实施方案》《关于推进农村一二三产业融合发展的指导意见》,2016 年颁布《全国农业现代化规划(2016—2020 年)》《推动 1 亿非户籍人口在城市落户方案》《国务院关于深入推进新型城镇化建设的若干意见》,2017 年颁布《关于进一步加强医疗救助与城乡居民大病保险有效衔接的通知》《国务院关于印发"十三五"推进基本公共服务均等化规划的通知》,还有 2018 年的《中共中央国务院关于实施乡村振兴战略的意见》,2019 年的《中共中央国务院关于保持土地承包关系稳定并长久不变的意见》,2020 年中共中央办公厅印发了《关于持续解决困扰基层的形式主义问题为决胜全面建成小康社会提供坚强作风保证的通知》。可见,脱贫攻坚战略已经内在地包含了推进贫困人口市民化的要求。

一、产业扶贫夯实贫困人口市民化的增收基础

产业扶贫相比于一般的产业化发展,更强调对贫困人群的目标瞄准性和特惠性,更加强调贫困家庭从产业发展中受益。[①] 2013 年 12 月,中共中央办公厅、国务院办公厅发布《关于创新机制扎实推进农村扶贫开发工作的意见》,将"特色产业增收工作"列入十项重点工作之中。2015 年 11 月,中共中央、国务院《关于打赢脱贫攻坚战的决定》再次强调了产业扶贫在脱贫攻坚战中的重要地位。2016 年,《中华人民共和国国民经济和社会发展第十三个五年规划纲要》把产业扶贫放在脱贫攻坚八大重点工程之首。此后,《关于加快构建政策体系培育新型农业经营主体的意见》《关于打赢脱贫攻坚战三年行动的指导意见》等要求均明确指出要"加大产业扶贫力度",到 2020 年,每个贫困县建设一批贫困人口参与度高的特色产业基地,初步形成特色产业体系。

围绕打牢富民产业、以产业化提升农业、以农业现代化带动农村整体脱贫为目标,党的十八大以来各地探索形成了劳动密集型农业产业为主,"公司+合作社+贫困户""企业+基地+贫困户""农民专业合作社+贫困户"等产业发展的直接带动模式。劳动密集型农业产业大多技术含量低,劳动力需求量大,特别适合农村"三留"人员参加。"公司+合作社+贫困户"直接带动模式降低了农民、合作社、公司的生产、运营成本和风险,带动了农村分散生产向规模化、

---

① 殷浩栋.产业扶贫:从"输血"到"造血"[J].农经,2016(10):25-31.

集约化、现代化、品牌化迈进，实现了公司、合作社与贫困户多方共赢。

资产入股、扶贫再贷款、返乡就业创业优惠政策，增加了农民的非农就业机会，扩展了农民经济自由度，优化了农户收入结构，促进了贫困农民脱贫致富和贫困地区的扶贫开发。从全国建档立卡的数据分析来看，近半数的贫困人口通过发展生产、扶持就业方式实现了脱贫增收。循环农业、特色农业、农业示范园、特色产业基地，三产融合的产业体系已初步形成。乡村现代化和新型城镇化的联动发展，提升了贫困人口和贫困地区的自我发展能力和内生动力，为贫困地区的整体脱贫和新型城镇化建设提供了坚实的经济基础。

二、教育和健康扶贫提高贫困人口参与市民化进程的能力

阻断贫困代际传递是贫困治本之策，也是提升农民市民化能力的基本要求。《中共中央、国务院关于打赢脱贫攻坚战的决定》把教育扶贫作为脱贫攻坚战的重要措施，要求"着力加强教育脱贫"。国务院办公厅印发的《乡村教师支持计划（2015—2020 年）》、教育部等六部门联合印发的《教育脱贫攻坚"十三五"规划》均提出"让贫困家庭子女都能接受公平有质量的教育"。《国家新型城镇化规划（2014—2020 年）》和《国务院关于加强职业培训促进就业的意见》要求开展面向新生代农民工职业技能提升计划。习近平在中央扶贫开发工作会议和党的十九大报告中多次强调，脱贫攻坚要"注重扶贫同扶志、扶智相结合"[1]"授之以鱼，不如授之以渔"，物质之"鱼"固然可贵，但"渔"才是真正意义上让贫困家庭彻底摆脱贫困，实现共同富裕的核心要素。为此，我国在贫困地区大力推进教育扶贫工程，全方位提升贫困地区教育发展水平，力求阻断贫困代际传递，把贫困地区丰富的人力资源转变为人力资本。

身体健康是就业创业的生理前提。因收入低、生存环境恶劣，贫困人口营养不良、患病概率比非贫困户要高，贫困地区因病致贫返贫的比例更高，一人患病，家庭财力直接受损，"小病拖大、大病拖重"现象普遍存在，贫困人口和贫困地区有更多的医疗服务需要。将贫困户全部纳入医疗保险覆盖范围，全面提升贫苦地区医疗服务保障能力，成为打赢脱贫攻坚战的重要举措。对此，《关于打赢脱贫攻坚战的决定》《关于支持深度贫困地区脱贫攻坚的意见》多次明确"两不愁、三保障"的扶贫目标。《"十三五"脱贫攻坚规划》做出了一系列具体的、操作性强的社会保障减贫政策、项目和工作安排。国务院相关部委相继

---

[1]　习近平在中央扶贫开发工作会议上强调：脱贫攻坚战冲锋号已经吹响，全党全国咬定目标苦干实干 [N]. 人民日报，2015-11-29（01）.

印发《"十三五"卫生与健康规划》《关于实施健康扶贫工程的指导意见》《农村贫困住院患者县域内"先诊疗，后付费"工作方案》《健康扶贫工程"三个一批"行动计划》《关于在打赢脱贫攻坚战中做好人力资源社会保障扶贫工作的意见》《关于进一步加强医疗救助与城乡居民大病保险有效衔接的通知》等文件，明确了就业支持、居住安全、教育、医疗卫生、低保等领域社会保障扶贫的具体要求和内容。政府代缴入险费用、降低贫困户医疗报销起付标准、提高报销比例的努力，大幅减轻了个人就医费用负担，贫困地区重大传染病和地方病得到了有效控制，基本公共卫生指标接近全国平均水平，减少了因病致贫、因病返贫现象，贫困地区和贫困人口的健康状况有了较大改善。

贫困地区往往也是特色文化富集区，但特色文化资源不会自动带来现实的财富。文化扶贫以文化活动为抓手，依据《新时代公民道德建设实施纲要》制定或修订完善村规民约，广泛开展群众喜闻乐见的文体活动，让群众在活动中接受教育，寓教于乐，让社会主义核心价值观有效引导和规范农民群众行为。文化扶贫一方面避免了主流文化与地方文化的冲突与相互撕裂，另一方面地方特色文化资源的挖掘保护开发也有助于实现文化"潜在生产力"向"现实生产力"的转化，为脱贫和就地市民化提供一种新的选择和支撑。

三、水电路网改造加快城乡基本公共服务均等化进程

基础设施滞后是制约脱贫解困的重要原因，脱贫攻坚把交通扶贫、水利扶贫、电力和网络扶贫以及人居环境整治作为基础设施建设的四大主攻方向，加快补齐贫困地区基础设施短板，这对于打赢脱贫攻坚战、提高城镇化率、缩小东西部和城乡内外差距、全面建成小康社会都具有至关重要作用。党的十八大以来，尤其脱贫攻坚战略实施以来，贫困地区水电路网改造速度明显加快，城乡基本公共服务不均衡状况得到很大程度的扭转。

"想致富、先修路"，农村道路交通条件改善是贫困地区发展的基础。脱贫攻坚着力在贫困地区构建成外通内联、通村畅乡、客车到村、安全便捷的交通运输网络。目前，贫困地区乡镇、建制村之间基本通硬化路，原来的窄路基路面得到加宽，部分危桥得到改造，农村道路交通条件的改善畅通了贫困乡村的旅游路、产业路和资源路。

强化水源地环境保护和水质保障、因地制宜加强供水工程建设与改造，提高农村集中供水率、自来水普及率、供水保证率和水质达标率的贫困地区农村饮水安全巩固提升工程，解决了大部分贫困地区贫困人口的饮水安全问题。生产性水利设施扶贫也加快了贫困地区节水改造、小型农田水利工程建设进程，

灌溉水源、灌排骨干工程与田间工程协调配套的生产性水利设施在贫困地区已现雏形。贫困地区的农村电网升级改造也在全面推进中，目标是到2020年实现大电网延伸覆盖至全部县城。水利和电力设施的完善，为农业农村的现代化提供了必不可少的条件。

互联网技术应用已延伸到社会生活的方方面面，但因区位劣势，贫困地区持续存在着的互联网鸿沟仍是制约贫困地区整体脱贫的一个重要因素。网络扶贫相应成为脱贫攻坚的一个重点领域，国家通过实施网络扶贫行动，统筹推进网络覆盖、农村电商、网络扶智、信息服务、网络公益五大工程，创新"互联网+"扶贫模式，已实现90%以上贫困村宽带网络覆盖。电商扶贫为"信息捕捉""山货出山"提供了极大便利，深度贫困地区的农民就地可创业增收、在乡村也能随时享受便捷的工业消费品。

四、区域协调发展提高贫困人口市民化的稳定性

改革开放以来，中国经济梯度发展的结果是东部地区已接近发达国家水平，中西部地区特别是贫困地区经济发展水平明显落后。长期实行二元制经济存在一定惯性作用，结果是城乡差距仍然较大。习近平总书记提出的新发展理念中的协调发展，首先是东中西部协调发展，发挥中西部地区资源丰富、劳动力便宜、消费市场潜力大等优势，承接东部地区劳动密集型产业，为东部地区产业转型提供空间，东中西部优势互补，波浪带动，协调推进。其次是促进城乡区域协调发展、缩小城乡发展差距，为乡村提供更充分、更均等的公共服务，以增强城乡发展的协调性和均衡性。

中国地域广阔，贫困问题在区域分布上呈现明显的地区差异，西部地区贫困发生率远高于东部地区。东西部扶贫协作中，东部地区资本、技术和产业向西部贫困地区转移，增加了西部落后地区的就业机会，提高了西部落后地区资源开发利用效率，帮助建立和发展了一批特色产业，提高了这些地区的收入水平和购买能力。西部扩大了的市场需求，反过来进一步促进东部地区产业升级和产业转移。东西部扶贫协作本质上是东中西部互惠互利、共同发展的伙伴关系，在客观上促进了西部落后地区经济社会的整体提升。

改革开放以来，尽管西部地区农村贫困人口在逐年减少，但与城市比较，农村贫困程度更高，公共服务的满意度也较低。脱贫攻坚以缩小城乡发展差距作为重点，着眼于解决城乡公平问题，将更多发展资源嵌入农村，先保基本再追求均等化、协调性，不断增强脱贫和发展资源的开放性、共享性，不断提高农村居民基本权益和平等发展机会保障力度，深入推进中心村建设和自然村整治，提升了美丽乡村建设风貌品位，使农村居民居村即可感受和体验到与城市市民接近的基本公共服务供给。

五、贫困农村社区治理实践取得长足发展

农村社区治理是一个由基层政府、村委会、社会组织以及农民等多元主体参与的过程，农村社区治理体系和机制的发展和完善有利于促进农村社区和谐、有序和长效发展。脱贫攻坚战略实施以来，农村社区化的组织体系日益完善、社区群众自治功能不断延伸、社区服务功能进一步拓展。

习近平总书记强调，"农村脱贫致富的核心就是农村党组织"。作为农村社区第一线负责人，村两委成员的文化素质和工作能力直接影响国家惠农政策和扶贫政策的实施效率和效果，直接关系基层农村的经济发展社会秩序状况。脱贫攻坚针对贫困地区普遍存在的村两委成员整体素质不高、工作能力欠缺情况，从职业培训、待遇改善、执纪监督等方面，不断加强农村党组织建设，鼓励有文化的青年、农村能人、返乡创业人员、机关干部等进入基层当村干部，优化了村两委结构，队伍素质明显提升。

脱贫攻坚注重培养贫困地区和贫困农民脱贫致富的内生动力，全国各地普遍建立新时代学习大讲堂、新时代农民（市民）讲习所。遴选理论素养高、业务能力强的专家学者到帮扶地区为当地干部和农民做专题报告。培训内容对接当地扶贫需求和乡村振兴需求，涵盖惠农政策、农业畜牧经验、文教卫生知识、科技应用、电子商务等领域。一些地方还利用"互联网"新载体，以线上培训来弥补集中培训的不足，不断提高培训覆盖率，取得了良好的培训效果。村民的自治参与意识，科技应用能力，创业致富理念，乡村文明程度均有了明显提高和进步。

第二节　脱贫攻坚为贵州农民就地市民化奠定坚实基础

一、贵州反贫困历程

中华人民共和国成立之后，我国政府为消除贫困，提高人民生活水平做出了巨大努力，特别是改革开放以来，消除贫困问题取得了巨大成就，成效非常显著。1978—1985 年，我国农村经济体制改革，推行家庭联产承包责任制，大大缓解了农村的贫困问题。1986 年，党中央、国务院决定在全国范围内开展有

计划、有组织、大规模的扶贫开发工作。1994年4月，国务院公布实施《国家八七扶贫攻坚计划》。2001年6月，国家颁布了《中国农村扶贫开发纲要（2001—2010年）》，同时采取了农村税费改革、退耕还林、国家义务教育工程、以工代赈、农村新型合作医疗、增加扶持资金等一系列重大措施。2011年党中央、国务院颁布实施了21世纪第一个十年扶贫开发纲要，基本形成专项扶贫、行业扶贫、社会扶贫三位一体的大扶贫格局。2014年1月，中央办公厅详细规制了精准扶贫工作模式的顶层设计，推动了"精准扶贫"思想落地。2015年实施贫困人口"回头看"，落实贫困人口数量底数。2016年正式实施脱贫攻坚战略。截至2019年，全国农村贫困人口减少1109万人，贫困发生率从2012年的10.2%下降至0.6%，累计下降9.6个百分点。①

贵州是全国脱贫攻坚的主战场，贫困面积最大，且有80%以上的贫困人口居住在深山区、石山区、高寒山区等"一方水土养不起一方人"的地方，生态环境恶劣。与我国扶贫开发历程同步，贵州的扶贫经历了救济式扶贫、开发式扶贫和精准扶贫等不同阶段。其中，1949—1977年，贵州绝对贫困人口数量巨大，此阶段主要是个体分散救济式扶贫，但远不能满足贵州贫困人口解决温饱问题的基本生存需求。1978—1985年，贵州先后实施家庭联产承包责任制为核心的农村土地改革和城市体制改革，推动了城乡经济的快速发展，但贵州贫困人口仅减少了87万左右，还有50%以上的农村贫困人口，到1985年贵州贫困人口数还占全国贫困人口数的12%。1986年我国大规模推进扶贫开发，至1990年，贵州贫困发生率下降到30.1%。1991—2000年，以攻坚方式推进开发式扶贫，困扰贵州多年的农民绝对生存贫困问题得到基本解决，但由于这一时期扶贫资金主要投向城市和工业以及农村大户，贫困农民受益较少，贫困人口众多，生活改善有限，绝对贫困情况依然严峻。2001—2010年，扶贫开发向综合扶贫转变，到2010年贵州贫困人口下降到418万人，仍有500多万人口在贫困边缘徘徊，返贫问题突出，但该阶段贵州省取得的显著的经济成效，为后续贵州脱贫攻坚奠定坚实的经济基础。

二、脱贫攻坚成效助推贵州农民就地市民化

党的十八大以来，贵州省认真贯彻、落实习近平总书记关于扶贫开发的重要指示精神，围绕科学治贫、精准扶贫、有效脱贫，探索出了贫困县摘帽不摘

---

① 全国农村贫困人口去年减少1109万人　贫困发生率降至0.6%，贫困地区农村居民人均可支配收入11567元［N］. 人民日报，2020-01-25（01）.

政策、六盘水市农村"三变"改革、威宁县迤那镇精准扶贫"四看法"、惠水县易地扶贫搬迁"五个三"改革配套经验、赫章县大病医疗救助、剑河县慢性病兜底救助和平坝区"塘约经验"等成功做法,形成了可信可行、可学可用、可复制可推广的"贵州经验",创造了全国扶贫开发的"省级样板",为贵州贫困地区农民的市民化和新型城镇化提供了前提。

（一）贫困发生率连年大幅下降

2012—2019年,贵州省贫困人口从2011年末的1149万人减少到31万人,累计减贫1118万人,贫困发生率累计下降26个百分点（表8-1）。而同期全国贫困人口从9899万人减少到约551万人,[①] 累计减贫9348万人,贫困发生率累计下降9.6个百分点。

表8-1　贵州省2012—2019年贫困变动情况

年度	贫困人口规模（万人）	贫困发生率（%）	减贫速度（%）
2012	923	26.8	19.7
2013	745	21.3	19.3
2014	623	18.0	16.4
2015	507	14.7	18.6
2016	372	10.6	26.6
2017	280	7.75	24.7
2018	155	4.3	44.6
2019	31	0.85	80.0

注：根据国务院扶贫办网站和贵州省政府网站资料整理。

从减贫速度来看,2012—2019年,贵州年平均减贫速度31.2%,高于全国24.4%的年平均减贫速度6.8个百分点,尤其是2017、2018年和2019年,减贫速度均位列全国第一。其中:

2012年,减少贫困人口226万人,有8个贫困县、194个乡镇实现减贫"摘帽",改造农村危房144万户,贫困发生率由2011年的33.4%下降到26.8%。2013年,减少贫困人口178万人,有6个县、172个乡镇"减贫摘帽",贫困发生率下降到21.3%。2014年,减少贫困人口122万人,有11个县、159个乡镇"减贫摘帽",完成农村危房改造35万户,建成扶贫生态移民房4.3万套,扶贫

① 2019年全国农村贫困人口减少1109万人　未脱贫人口仅剩551万 [EB/OL].中国政府网,2020-01-23.

生态移民搬迁 17.2 万人，贫困发生率下降到 18.0%。

2015 年，贵州组建了扶贫开发投融资平台，设立了省政府"扶贫专线"，建成了"扶贫云"大数据中心。聚焦"两有户、两因户、两无户、两缺户"，坚持"六个精准""六个到村到户""四到县"，制定实施了"33668"脱贫攻坚行动计划，出台落实了大扶贫战略行动意见和"1+10"等政策文件，实施"两线合一、减量提标"和精准扶贫"特惠贷"政策。共计减少贫困人口 116 万人，易地扶贫搬迁 20 万人，实现了 35 个贫困县、744 个贫困乡镇摘帽，改造农村危房 192 万户，贫困发生率下降到 14.7%。

作为打赢脱贫攻坚战的首战之年，2016 年贵州将"大扶贫"战略写进贵州省政府工作报告，改造农村危房 30 万户，对 45.8 万农村人口（含 36.2 万建档立卡贫困人口）实施异地搬迁，有 6 个贫困县、60 个贫困乡镇摘帽，1500 个贫困村退出，全年减少贫困人口 120.8 万，贫困发生率下降到 10.6%。

2017 年，贵州省农村贫困人口减少到 280.32 万人，"组组通"公路建成 2.5 万公里，易地扶贫搬迁 76.3 万人，完成 20 万户农村危房"危改""三改"，赤水市成为首个脱贫摘帽县，90 个贫困乡镇"减贫摘帽"、2300 个贫困村退出，贫困发生率下降到 7.75%。

2018 年，积极推进国有企业"百企帮百村"、民营企业"千企帮千村"行动，设立全国首支绿色产业扶贫投资基金，加大财政扶贫资金投入和整合力度，安排预算内资金 170 多亿元用于脱贫攻坚，极贫乡（镇）子基金累计拨付 130.3 亿元。建成易地扶贫搬迁安置房 18.24 万套。66 个贫困县中 33 个贫困县成功脱贫摘帽，减少了 148 万贫困人口，贫困发生率下降到 4.3%。

2019 年，贵州有 24 个贫困县达到脱贫摘帽标准，全面完成 188 万人易地扶贫搬迁，从根本上改变了居住在"一方水土养不起一方人"地方贫困群众的命运。基本完成农村危房改造、老旧住房透风漏雨和人畜混居整治任务，全年减少农村贫困人口 124 万，贫困发生率下降到 0.85%。

（二）农村产业革命深入推进

党的十八大以来，贵州把不断优化产业结构作为工作重点，深入推进农业产业革命。2012 年，将粮经作物种植比例调整到 51∶49，加快发展以旅游为重点的现代服务业，强力推动以"四在农家"等为载体的新农村建设，实现农村劳动力转移就业 63 万人。2013 年，贵州将三次产业比例由 13∶39.1∶47.9 调整为 12.9∶40.5∶46.6，实施产业园区成长工程，高效农业示范园区引进企业 1400 多户，建设高标准基本农田 160 万亩，建成标准化生产示范基地 385 万亩，并推进无公害农产品、绿色食品认证，实施生态文化旅游创新区域产业发展规划，开工建设了一批现代文化旅游重点项目。

2014年，贵州开展土地承包经营权确权登记颁证、农村集体建设用地和宅基地确权登记试点，农民合作社超过2.4万户。2015年，加快产业结构调整和产业培育，大力发展山地农业和山地旅游业，改造提升传统特色优势产业，把粮经作物面积比调整为40∶60。2016年，大力发展特色种养业，在1300个贫困村设立电商网点，73.4万贫困人口实现了产业脱贫。2017年，粮经作物种植比调整为38∶62，实施绿色农产品"泉涌"工程，强龙头、创品牌、带农户，大力发展扶贫产业，"三品一标"产地认证面积比重提高到51.2%，实施产业扶贫项目1.5万个，带动466万贫困人口脱贫。

2018年，继续调减低效玉米种植面积785万亩，新增高效节水灌溉面积18万亩，新增高效经济作物667万亩。2019年，种植业增加值增长8.3%，农民合作社达到6.81万户，"黔货出山"销售农产品320亿元、增长8.3%，十二个农业特色优势产业快速发展，坝区亩均产值增长30%以上。第一产业增加值占地区生产总值的比重由2012年的13.0%上升为2019年的13.6%，第三产业增加值占地区生产总值的2012年的47.9%上升为2019年的50.3%。第一产业的林业增加值相对2012年增长3.92倍，畜牧业增加值2019年比2012年翻了一番，渔业增加值增长1.18倍。单位面积粮食产量也由2012年的3827.64公斤/公顷增加到2019年的3879.96公斤/公顷，增加了52.32公斤/公顷①。

毕节市威宁自治县聚焦蔬菜产业革命，通过"引龙头、做示范""建基地、惠民生""拓市场、助发展"，打赢产业扶贫硬仗。草海镇中海社区蔬菜种植基地采用"龙头企业＋合作社＋农户模式"与五家经营主体合作，流转土地5000亩，吸纳了全县贫困劳动力1930人到基地务工，有效解决了贫困群众就业问题。遵义市播州区枫香镇花茂村统筹推进精准扶贫，发展特色农业和乡村旅游，实现了田园风光、红色文化、陶艺文化与产业发展有机融合，从曾经的贫困村变成了名副其实的"望得见山、看得见水、记得住乡愁"的美丽小康村。

刺梨根系发达，固土保水能力强，适生范围广，对石漠化治理、山区水土保持和改善生态环境具有积极的促进作用。2015年，贵州编制《贵州省刺梨产业发展规划（2014—2020年）》，成立全省刺梨产业推进工作领导小组和刺梨产业专班，引进广药集团推动刺梨产业科技创新、市场开拓、品牌运营，生产

---

① 依据国家统计局分省年度数据和贵州省统计局门户网。其中，2012—2018年数据来自国家统计局，2019年数据来自《贵州省2019年国民经济和社会发展统计公报》。

的刺梨龟苓膏、刺梨糖、刺梨月饼、刺梨凉茶等"刺柠吉"系列产品陆续上市。"龙里刺梨""龙里刺梨干""贵定刺梨"已获国家地理标志证明商标,刺梨吉、刺力王、天刺力、金刺梨、山王果、恒力源、天泷等品牌初具影响力。截至2019 年,贵州省刺梨种植产值达到 2.6 亿元,受益农户 6.5 万户 21.7 万人,人均增收 1854 元以上,仅在黔南州就带动贫困户 1400 余户 6000 余人增收。

合作社是一个新型的农业经营组织,把党支部建立在合作社上,有利于统一思想与整合资源,有利于用正确的理念、新思想、新思维重新认识农业农村资源,激发农业农村的资源和活力。合作社建得好不好,关键要看村干部强不强,致富带头人强不强。2015 年,毕节市大方县猫场镇箐口村还没有村集体经济,村主任张凌整合该村 8 个村民组的 8 个合作社成立为公司,群众和贫困户为股东,建立"1+N"管理模式("1 个公司+N 个股东"),把村庄当成公司来经营,由公司分配资源,以公司模式运作,激活农村农业生产力。2019 年箐口村集体经济增加到 16.3 万元,从穷村变成远近闻名小康村。安顺市平坝区乐平镇塘约村在村支书左文学带领下仅用三年就实现了华丽转身,探索形成了"塘约道路",如今家家有活干、户户有存款,村民住上了小洋楼,开上了小汽车。

(三) 贫困地区农村居民生活质量不断提高

党的十八大以来,贵州省把扶贫开发工作摆在更加突出位置,贯彻落实精准扶贫、精准脱贫基本方略以及"三位一体"大扶贫战略思想,紧紧围绕"一达标、两不愁、三保障"的目标定位,以重大扶贫工程和精准到村到户帮扶措施为抓手,以补齐短板为突破口,贫困地区农村居民生活质量不断提高,生产生活环境不断得到改善。贫困地区居民收入保持快速增长,增速持续快于全省农村平均水平。以 2016 年为例,贵州国定 66 个贫困地区县农村居民人均可支配收入 7894 元,比上年增长 10.1%,高于全省平均增速 0.6 个百分点。其中,国家扶贫开发 50 个重点县贫困农民人均可支配收入 7693 元,比上年增长 10.5%,高于全省平均增速 1 个百分点,集中连片特困地区 65 个县农民人均可支配收入7879 元,增长 10.1%,高于全省平均增速 0.6 个百分点[①]。

随着脱贫攻坚的深入推进,农村经济快速发展,贫困地区农村居民生活水平不断提高,贫困地区农村居民消费结构不断发生变化,从满足温饱标准消费结构向多元化消费结构发展,吃穿住用支出比重不断下降,交通通信、教育文化娱乐、医疗保健支出快速增长,生活耐用品消费数量持续增加(表 8-2)。通

---

① 国家统计局住户调查办公室.2017-中国农村贫困监测报告 [M]. 北京:中国统计出版社,2017:223.

过大力实施农村危房改造工程和异地扶贫搬迁,贫困地区农村住房条件改善,卫生环境得到明显改观。通过实施农村电网改造升级行动,破解了贫困地区用电"瓶颈",贫困地区通电自然村比重达100%,通信基本实现全覆盖。

表8-2　2014—2016年贵州省扶贫重点县农村每百户耐用消费品拥有量

指标 年份	汽车 (辆)	洗衣机 (台)	电冰箱 (台)	移动电话 (部)	计算机 (台)
2014	7.7	75.3	55.0	211.1	10.4
2015	10.7	81	62.3	240.5	13
2016	14.8	91.7	76.8	265.8	14.9

数据来源:根据2015—2017《中国农村贫困监测报告》整理。

统计数据显示,2012年以来,贵州省每年的农民人均可支配收入增长速度都超过了全国平均水平,尤其是2016年高于全国农村居民人均纯收入增长速度3.3个百分点,这说明贵州脱贫攻坚工作取得了与全国同步小康相协调发展的趋势。

(四)基础设施和公共服务有了较大改善

1. 扶贫先扶智

贵州始终把教育扶贫作为最根本的脱贫攻坚政策,连续多年压缩党政机关6%的行政经费用于支持贫困地区教育发展。2013年,建成农村中小学学生宿舍120万平方米,实现农村义务教育阶段学生营养餐全覆盖。实行农村贫困家庭"两助三免(补)"补助政策,普通高等教育、中等职业教育在校生分别增加到41.9万人和60.7万人。2014年,扶贫开发建档立卡工作方案实施,贫困户义务教育补贴、市级兜底资助、省级教育扶贫资助、雨露计划等各项教育资助计划联合发力。2015年,完成教育"9+3"计划,启动基本普及15年教育,19个县市区实现义务教育发展基本均衡,中职"百校大战"基本完成。2016年,建成300个农村幼儿园、300个标准化农村寄宿制学校和1000个农村留守儿童之家,对31.7万贫困学生发放"两助三免(补)"资助金10.1亿元,使16.89万贫困家庭学龄前儿童吃上营养午餐,有效防止了因学致贫返贫,此外,出台了现代职业教育体系建设规划和支持政策,完成44万农村青壮年劳动力规范化技能培训。2017年,资助贫困家庭学生83万人,规范化培训农村青壮年劳动力145.9万。2018年,教育精准扶贫资助贫困家庭学生46.5万人,改造农村义务教育薄弱学校973所,规范化培训农村劳动力63万人。2019年,基本实现建档立卡贫困家庭辍学学生动态清零。

2. 落实健康脱贫政策

2015 年，贵州新增三甲医院 22 所，对 158 万"两无"人员实行政策性兜底保障，把贫困人口全部纳入重特大疾病救助范围，实施基本医疗保险、大病保险、医疗救助"三重医疗保障"，受益贫困人口 113.67 万人次，补偿金额 15.02 亿元。2016 年，实施基层医疗卫生服务能力三年提升计划，完成 329 所乡镇卫生院标准化建设，199 家县级以上公立医院实现远程医疗，32.51 万人次享受城乡居民大病保险，每个乡镇卫生院和社区卫生服务中心配备 2 名以上执业医师，12296 所乡村中小学配备校医。调整了城乡低保标准和困难残疾人生活补贴、重度残疾人护理补贴标准，将 158 万无力脱贫、无业可扶贫困人口纳入农村最低生活保障，实行政策性兜底脱贫。2017 年，有 257 万人次享受"四重医疗保障"。2018 年，建立完善了贫困人口补充医疗保障机制，在全国率先建立了省市县乡四级公立医院远程医疗服务体系，开展远程医疗会诊服务 23.6 万例，深度贫困村卫生室规范化建设全覆盖，基本医疗保险、大病保险、医疗救助覆盖全部贫困人口。2019 年，基本完成行政村卫生室建设和合格村医配备。

3. 不断加大基础设施建设力度

2012 年以来，贫困地区基础设施投入持续增长，截至 2016 年底，贵州全省农村公路总里程达 16 万公里，解决了 36.54 万农村建档立卡贫困人口饮水安全问题。2017 年，优先支持全省 14 个深度贫困县、20 个极贫乡镇、2760 个深度贫困村和拟脱贫摘帽县率先实现"组组通"硬化路，基本解决一批贫困乡村尤其是少数民族特困乡村的水、电、路、讯等发展瓶颈制约问题。2018 年，完成农村"组组通"硬化路 5.1 万公里，98% 的村民组通硬化路，解决 88.4 万农村贫困人口生活用水安全问题，改造农村户用厕所 93.7 万个，村级公共厕所 5300 多个。2019 年，贵州启动实施 3 万公里县乡公路路面改善提升工程，建成了 7.87 万公里农村"组组通"硬化路，完成农村户用卫生厕所改造 75 万户，基本解决了 288.24 万农村人口饮水安全问题，开工建设凤山大型水库和 70 座中小型骨干水源工程，中型水库投运县增加到 76 个，发电装机容量突破 6500 万千瓦，提前一年完成国家新一轮农村电网改造升级。

（五）乡村治理科学化稳步推进

贫困乡村脱贫的目标绝不仅仅是打造乡村产业，而是综合了文化、生态、旅游观光、教育多种目的，以乡村基层自我组织、自我发展、自我治理为主要手段的一种可持续乡村发展模式。这种模式注重经济脱贫，更注重乡村人文历史的传承、生态环境的保持，以及生态农产品的开发和基层组织的管理有效。脱贫攻坚以扶贫项目为载体，以贫困村为平台、以贫困村现有资源为基础，保障贫困群众知情权和发言权，提高基层党组织战斗力，发挥乡贤引领作用，有助于推动贫困地区乡村综合治理的现代化。由于信息不对称、不同行为主体利益诉求和文化的差异，脱贫攻坚的国家逻辑与农村乡土逻辑有时会发生冲突，而且距离城镇越远贫穷程度往往越深，这种矛盾和冲突往往也越大。从这一点上看，以脱贫攻坚为契机推动乡村综合治理科学化现代化是一项庞大的、更需要耐心的工程。

贵州一方面充分向基层"授权"，着力提升基层治理的主动性和积极性。另一方面通过扩大基层群众的参与权和监督权，有效避免了政府贫困干预行为目标的过大偏离。如改变发钱发物直接帮扶方法，采用生产奖补、劳务补助、以工代赈方式，引导广大群众依靠自己的辛勤劳动实现脱贫致富。建立乡村文明理事会，校正畸形婚丧嫁娶习惯。从致富能手和外出务工返乡农民人群中发展党员、担任贫困村党支部书记。围绕"村容整洁、乡风文明"目标，实施"四在农家·美丽乡村"小康行动升级版，打造美丽村庄、美丽庭院、美丽田园。这样既提高了政府对农民需求的回应能力，也提高了基层乡村的自治能力，贵州部分地区乡村社区治理模式已见雏形。

本章小结

打赢脱贫攻坚战，是全面建成小康社会目标的现实需要，也是缩小区域和城乡发展差距，实现均衡发展、共同富裕目标的基础和前提。脱贫攻坚着力于补齐贫困地区、贫困农村基础设施、公共服务、基层组织、基本产业等领域的弱项，综合性地改善其发展环境，系统性提高贫困地区、贫困农村和贫困人口的内生发展动能。贵州在脱贫攻坚中注重挖掘培育乡土文化，通过组建扶贫互助组织激发乡村社区内在活力及向心力，把外部物质资本注入与贫困乡村内部物质资源利用、人力资本培养相结合，尊重贫困人口脱贫主体地位、赋予其广泛自主选择和行动权利，这些努力使贵州贫困乡村的面貌得到较大更新。此外，基层干部队伍在脱贫攻坚中也积累了丰富经验，对符合当地实际、能发挥比较优势的特定发展模式有了比较清晰的了解。随着脱贫攻坚项目的乡村深度介入，一大批"懂农业、爱农村、会管理、善经营"的新型职业农民队伍也在不断涌现。这些都为贵州贫困人口的稳定脱贫、贫困地区的整体脱贫，以及未来的乡村全面振兴和就地市民化工作打好了基础。

第九章

中心镇是推动农民就地市民化的重要平台

农村城镇化是农民就地市民化的外生动力之一，小城镇位于农村之首，城市之尾。加快小城镇建设步伐，对于促进城乡经济社会发展具有重要意义。在推进城镇化进程中，贵州以改革创新为动力，以人的城镇化为中心，走出了一条具有新时代特征，具有山地特色的新型城镇化之路。对贵州来说，小城镇是大战略、大名片、大产业，而中心镇作为重点小城镇，是城乡要素资源双向流动的一个重要节点。加快中心镇的建设和发展，是实现农村现代化和城镇化，解决"三农"问题的重要抓手，是缩小城乡差距，推动乡村振兴的有效载体，是推动农民就地市民化的重要平台。

第一节　小城镇在贵州山地特色新型城镇化的地位

贵州素有"八山一水一分田"之说，是全国唯一没有平原支撑的省份，把山地特色小城镇作为新型城镇化的主要路径具有重要现实意义。如何立足省情，走好特色城镇化道路，是推动贵州经济社会发展的重大课题。

一、贵州山地特色新型城镇化道路概述

（一）贵州走山地特色城镇化道路的依据

作为欠发达省份，由于历史和地理原因，贵州一直以农业生产为主，工业生产不发达，城镇化水平低，城镇基础设施薄弱，承载能力低等问题突出。贵州省人民政府关于印发《贵州省山地特色新型城镇化规划（2016—2020 年）的通知》指出：从中华人民共和国成立初期至 20 世纪末，我省城镇化一直处于缓慢发展阶段，城镇化率仅从 1949 年的 10%增长到 1999 年的 23.6%。进入 21 世纪以来，我省城镇化发展速度逐步加快。2009 年全省城镇化率达到 30%，城镇

化跨入加速发展阶段。2011年全省第一次城镇化推进大会召开后，城镇化发展速度和质量明显提升。① 2011年1月11日，贵州省城镇化推进大会在贵阳召开，时任省委书记、省人大常委会主任栗战书在全省城镇化推进会议上，深刻阐明了走贵州山地特色城镇化道路的依据：

从发展阶段来看，贵州是欠发达省份，仍然处于工业化初期，现代产业经济实力弱，工业化相对滞后，而城镇化又滞后于工业化，这就决定了贵州不能像发达地区那样通过中心城市人口、生产要素向周边扩散为主的方式来推进城镇化，而必须依靠人口集中、要素集聚带动加快推进城镇化。

从地理环境来看，贵州是全国唯一没有平原支撑的山区省份，耕地资源和水资源非常稀缺，决定了贵州不能像平原地区搞"摊大饼"式的城镇面积扩张，而是只能依山就势，搞纵深推进，立足资源环境承载能力，节约集约利用土地等各类资源，保护生态环境，努力实现资源节约、环境友好与可持续发展，走有特色的集约型、多样化、组团式拓展、点状集中分散发展的山区绿色城镇化道路。

从历史文化背景来看，贵州少数民族文化积淀深厚、内容丰富，决定了贵州不能像有些地区那样搞"千城一面"的城镇化，而是要充分挖掘贵州自然、人文、历史、民族等特点，抓纲铸魂，提升特色文化内涵和品位，提升城镇的精气神，塑造城镇个性魅力，建设宜居宜业宜游的特色精品城镇。

（二）贵州山地新型城镇化道路之"特色"

贵州特色城镇化是与贵州省情相结合，与贵州工业化进程相适应，因时因地制宜，坚持资源节约、环境友好、经济高效、社会和谐、大中小城市和小城镇协调发展，城乡互促共进的新型城镇化发展道路。贵州山地特色新型城镇化道路在规划和实践中，主要体现在：

1. 结合贵州地理地貌，突出山区特色

多山的地理地貌，决定了贵州城镇化不能走传统城镇化"摊大饼"的道路，而是采用"蒸小笼"，组团式、点状式、集群式布局，因山就势，从山地特色省情出发，根据资源禀赋和环境约束条件，加强山地建设用地模式研究，科学设定城镇目标、规模尺度、发展空间边界、建设时序和重大项目实施计划，做大做强中心城市，做优做特小城镇，做精做美新农村。按照"小而精、小而美、小而富、小而特"的要求和"六型"小城镇（交通枢纽型、旅游景观型、绿色

---

① 贵州省人民政府.省人民政府关于印发《贵州省山地特色新型城镇化规划（2016—2020年）》的通知：黔府发〔2016〕15号［A/OL］.贵州省人民政府网，2016-05-30.

产业型、工矿园区型、商贸集散型、移民安置型）的分类，遴选出了100个示范小城镇，包括30个省级示范小城镇和70个市（州）级示范小城镇作为重点培育发展对象，进一步提升小城镇层级档次，增强小城镇发展能力，带动城乡协调发展。具体举措包括：提升优化100个示范小城镇总体规划，完成100个示范小城镇详细规划；实施"八个一工程"，即建设或完善一个路网、一个标准卫生院、一个社区服务中心、一个农贸市场、一个市民广场或公园，启动一个污水处理设施或垃圾处理设施项目，建设一个敬老院，建设一项城镇保障性安居工程；加大省级财政投入力度，设立小城镇建设专项资金，实行竞争性分配机制。

2. 后发赶超，新型工业化与新型城镇化并联推进

工业化与城镇化相互带动、相互促进。没有工业化的城镇化犹如无源之水，没有城镇化的工业化也失去了载体和动力。但贵州工业化水平先天不足，只有立足本地实际，发挥区位特色资源优势，一边科学规划城镇体系布局、鼓励农民进城，一边点面结合加快打造城镇主导产业、高起点地推动新型工业化，才能解决农民进得来、留得下、稳得住的市民化难题。贵州在后发赶超的努力中，始终坚持新型工业化与新型城镇化并联推进策略，把产业布局与城镇体系布局有机结合起来，主动培育和发展城镇支柱产业，积极优化升级工业化水平，配套生产生活服务设施，吸引了大量农业人口向城镇非农产业聚集，加快了农民市民化进程，提高了贵州的城镇化率。正是新型工业化与新型城镇化有效地并联推进，才切实奠定了贵州开启跨越式发展的坚实基础。

3. 把地方特色文化、民族特色文化视为新型城镇化之魂

特色是城市生命力之所在。贵州山川秀丽、气候宜人、历史文化厚重，有着良好的生态资源。神秘、古朴、多彩的民族民间文化和豪迈、乐观、英勇奋斗的红色文化是贵州的名片。贵州始终把地方特色文化、民族特色文化作为新型城镇化之魂，视特色文化为特有的财富资源，坚持把民族文化传承和非物质文化保护列入城乡规划编制，努力建设既保留历史记忆、体现文化脉络，又独具地域风貌和民族特点的城镇，打造了一批个性突出、多元文化包容并存的特色城镇。

4. 新型城镇化与乡村振兴协调推进，促进城乡融合发展

在推进新型城镇化建设的过程中，贵州始终坚持以人为本的理念，不以牺牲农村为代价发展城市，不以牺牲农业为代价发展工业。而是努力把好山好水好文化好服务融入小城镇，通过宜居吸引农民入城居住；将产业振兴作为城镇化火车头，坚持以城聚产、以产兴城、产城融合，通过宜业吸引农民入城就业；

对具有传统文化、医药、食品、手工业优势资源的乡村，坚持走保护与开发并举，努力在文化、生态、组织上创特色的乡村振兴之路。同时统筹城乡区域协调发展，推进城乡基本公共服务均等化，大力发展城乡教育联合体和医共体，实行城乡交通、水利、能源、通信、邮政、环保、防灾等基础设施统一布局。如贵州铜仁市碧江区，通过全力打造高质量的城镇经济、高品质的城镇生活、高水平的城镇环境，吸引农民城镇就业居住，或通过发展"农业+生态+旅游""农业+生态+文化"模式实现农民在家门口就业，为贵州整体推进新型城镇化与乡村振兴探索了一条新路。

以促进城乡资源共享及基本公共服务均等化为着力点，扎实推进新农村建设，不断促进城市基础设施向农村延伸，城市公共服务向农村覆盖，城市现代文明向农村辐射，城市资本技术向农村扩散，稳步推进城乡一体化进程。把促进农村经济发展放在城镇建设的重要位置。加快农业结构调整升级，提高现代农业产业化经营水平，努力构建现代农村产业体系。譬如，"一分三向"的新型城镇化安顺模式，即以"城镇型基础设施和公共服务设施是否延伸到位"来划分城镇人口和农村人口，分层次、有步骤地引导农业人口向市区、县城和重点镇、美丽乡村转移。① 具体来说，一分：以城镇型基础设施和公共服务设施是否延伸到位划分城镇人口和农村人口；三向：通过"城镇村"功能完善、产业就业支撑能力增强，"城镇村"间路网通达性提升，逐步引导城镇化人口向市区、县城和重点镇、美丽乡村三级城镇化载体集中。

近年来，贵州立足自身省情，将城镇化带动战略作为经济社会发展的主导战略之一，把加快城镇化发展作为"加速发展、加快转型、推动跨越"的重要载体和支撑，推进城镇化与工业化、信息化和农业现代化同步发展，坚持走有特色、集约型、多样化的山区绿色城镇化道路。

二、小城镇是实现贵州特色新型城镇化的重要路径

小城镇直接联系广大农村，与"三农"密切相关，与乡村振兴息息相关。小城镇是建制镇或中心集镇，一般是基层政府所在地。小城镇是当地教育、医疗中心地、农资农技集散推广地，具有发展当地农村经济，提供当地居民基本文化和生活服务的职能。小城镇是服务"三农"的最前沿，是乡村振兴的主要载体，更是推进农业产业化和农村现代化的直接平台。

---

① 曾永涛. 厚植生态文明理念，推进绿色城市建设 [N]. 安顺日报，2016-07-10 (01).

（一）贵州加快小城镇建设走山地新型城镇化道路的政策梳理

贵州是典型的内陆山区省份，贵州的城镇化是在多山地、多民族、欠发达、欠开发、贫困面广、贫困程度深基本省情下推进的城镇化。党的十八大以来，贵州省委省政府立足贵州实际，把特色小城镇和特色小镇作为贵州新型城镇化主要平台和推进路径，不断出台政策、意见和建议等，为贵州特色城镇化指明了方向。

2012年10月，贵州省委省政府下发《关于加快推进小城镇建设的意见》，要求把小城镇培育成为县域经济发展的新载体，重点扶持100个示范小城镇，以点带面加快推进全省小城镇建设。同年11月，省委十一届二次全会提出重点打造包括100个示范小城镇在内的"5个100"工程重点发展平台，作为贵州省后发赶超、同步小康的战略支撑点和发展增长点，吹响了贵州小城镇加快发展的集结号。

2014年5月，贵州省委省政府实施《关于深入实施城镇化带动战略加快推进山地特色新型城镇化的意见》，确定了贵州省推进山地特色新型城镇化的愿景和方向：坚持以人为本、道法自然、构建山水城市、绿色小镇、美丽乡村、和谐社区的多彩贵州格局，努力走出一条有特色、集约型、多样化、可持续的贵州山地特色新型城镇化道路。2015年10月，国家发展改革委同意设立"贵州山地特色新型城镇化示范区"。

2016年，根据习近平总书记在贵州省视察时提出的"积极适应经济发展新常态，守住发展和生态两条底线，培植后发优势，奋力后发赶超，走出一条有别于东部、不同于西部其他省份的发展新路"指示精神和李克强总理在贵州视察时提出的"希望贵州建设成为西部地区新型城镇化试验区和示范区、成为西部经济增长极"意见，贵州省人民政府印发《贵州省山地特色新型城镇化规划（2016—2020年）》提出：到2020年基本形成山水城市、绿色小镇、美丽乡村、和谐社区的多彩贵州格局，初步建成贵州山地特色新型城镇化示范区，走出一条有特色、集约型、多样化、可持续的贵州山地特色新型城镇化发展新路。

2019年，贵州省人民政府办公厅《关于加快推动特色小镇和小城镇高质量发展的实施意见》提出，坚持"以人为本、共建共享，绿色发展、生态优先，产业立镇、城乡融合，因地制宜、特色发展，深化改革、创新机制"原则，把特色小镇和小城镇作为贵州山地特色新型城镇化的基本单元和重要路径，加快实施全省特色小镇和小城镇"3个1工程"，即推动全省100个示范小城镇提档升级，培育创建100个省级特色小镇和特色小城镇，加快推动全省1000多个小城镇高质量发展。着力促进城乡融合。按照"以镇带村、以村促镇、镇村融合"理念,推广"1+N"镇村联动发展模式。实施规划联动,结合乡村振兴战略,统筹布局镇区与乡村基础设施、公共服务设施、产业发展等重大项目,做到镇区规划与乡村规划同步、村镇建设协调推进。实施产业联动,依托乡村优势资源和特色产品,大力引进一批农业产业化龙头企业,实现城镇居民与乡村群众共同致富。实施基础设施联动,以"8+X"项目建设为基础,推动道路、供水、供电、通信、污水垃圾处理等基础设施向乡村延伸。实施公共服务联动,促进教育、医疗、文化等公共服务向乡村延伸。实施生态联动,统筹山水林田湖草系统治理,留住镇村生态廊道、景观廊道,保护生态环境、山水田园格局。实施管理联动,建立镇村联动管理体系,统筹规划编制、项目建设、环卫保洁、综合执法等工作,实现镇村规范管理①。

(二) 贵州小城镇建设成效与经验

2012 年,聚焦产业拉动和脱贫攻坚,贵州省委省政府决定深入实施城镇化带动战略,着力推动贵州山区特色的新型城镇化,构建城乡统筹的发展体系,按照"小而精""小而特"原则,启动 100 个示范小城镇建设项目。2015 年,国家批复同意贵州省设立贵州山地特色新型城镇化示范区。2018 年,贵州省委省政府确定提档升级 100 个示范小城镇,再培育和创建 100 个省级特色小镇,全域推进全省 1000 个小城镇高质量发展。目标是到 2020 年,新增小城镇人口 120 万人左右,建成 60 个左右城镇人口 3 万人以上的小城镇,建成 40 个左右财政总收入上亿元的小城镇,带动新增城镇就业人口 70 万人左右。到 2018 年,贵州全省小城镇已完成项目投资 4760 亿元,新增就业人口 120 万,小城镇新增城镇人口 160 万,带动城镇化率提升 4 个百分点。②贵州省小城镇建设实践,为全国小城镇特别是欠发达省份推进小城镇建设发展提供了可借鉴的贵州经验,逐渐走出了一条有别于东部不同于西部其他省份的贵州山地特色小城镇发展之路。

1. 特色引领

贵州立足"八山一水一分田"的典型地域特征,以及自然、历史、文化资源丰富省情,按照"一市一规划""一镇一业""突出优势""消除同质竞争"原则,省内统筹规划,先后打造了湄潭市茶叶主题小城镇、水城县高原滑雪山地户外运

---

① 贵州省人民政府办公厅. 省人民政府办公厅关于加快推动特色小镇和小城镇高质量发展的实施意见:黔府办发〔2019〕20 号 [A/OL]. 贵州省人民政府网,2019-10-08.

② 朱浩、姚嵩,杨静. 奋力开创多彩贵州小城镇建设发展新未来——全省小城镇建设发展五年综述 [N]. 贵州日报,2018-09-18 (07).

动玉舍特色小镇、贞丰县"露营基地+大峡谷探险+生态观光体验农业园"者相山地户外运动小镇,以及六枝特区夜郎文化和牂牁文化古镇、习水县土城红色小镇、安顺旧州屯堡文化古镇,还有以侗寨风貌、侗族风情为特色的凯里市下司古镇等。这些特色小镇主题明确,注重三产融合和城—镇—村空间体系连片协调发展,既最大化保护开发利用了地方资源,又避免了同质性竞争发生。

2. 示范带动

2012—2019 年,贵州先后在遵义、毕节、安顺、黔西南州、六盘水、铜仁、黔南州、贵阳召开每年一次的全省小城镇建设发展大会。每一届大会的主办地政府均介绍了属地小城镇建设规划、建设措施和典型案例,如郎岱镇"山地休闲农业+郎山岱水文化"双核旅游产业,突出郎岱、岩脚、落别三镇地貌优势,实施互联互通、产业融合、区域带动的模式;盘州市柏果镇按用地方位属性考虑其功能,实施"产城互动、以产促城"的模式;贵定县深挖布依族乡土特色文化符号,彰显当地民族特色和乡土风貌的适度建设小城镇模式。这些模式起到了很好的示范带动效应,对贵州其他地区因地制宜推进小城镇建设起到较好的启发性作用。

3. 绿色发展

将绿色发展理念融入小城镇规划编制、项目建设,在推进绿色发展上下功夫,集约节约土地、保护好良田好土,打造绿色风貌、加强环境保护、构建生态廊道,"产、城、景、文、旅"融合,产业园区、旅游景区、高效农业示范园区一体的"做特"小城镇、"做美"新农村,是贵州小城镇战略的基本出发点。为此,贵州省专门出台《绿色小城镇建设评价标准》,明确要求提升全省小城镇绿色发展能力,全方位升级小城镇生活、生态、生产设施,省级示范小城镇按照国家绿色低碳重点小城镇标准实施创建,市(州)级示范小城镇按照省级绿色小城镇标准实施创建,让自然与人文各美其美、美美与共。一批小城镇绿色产业从无到有,从有到优,依靠特色化、绿色化、品牌化提升了价值链。一大批小城镇实施了生态河道治理,建成了绿道慢行系统,部分地区已实现市域建制镇生活垃圾无害化处理设施和生活污水处理设施全覆盖。立足山地特色,贵州初步形成了"山水城市、绿色小镇、美丽乡村、和谐社区"城镇化愿景和蓝图,呈现出"依山傍水、显山露水、山水相亲"的自然之美。

4. 镇村联动

党的十九大提出实施乡村振兴战略,要求建立健全城乡融合发展的体制机制和政策体系。贵州创建的"镇村联动"模式,是在全国率先推进城乡融合体制机制的探索。2014 年,贵州省住房和城乡建设厅与清华大学城市研究所深度合作，按照贵州省山地特色新型城镇化的发展理念，把安顺市旧州镇与浪塘村的功能定位、产业发展、基础设施、公共服务设施、生态环境等从全局进行统筹规划，并推动各类项目加快建设，促进了城乡的融合发展，形成"镇村联动"的发展模式。在此成功经验基础上，贵州省总结提炼"以镇带村、以村促镇、镇村互动"的发展思路，在全国率先推广实施"大手牵小手"的"1+N"镇村联动发展模式，推进1个示范小城镇带动多个美丽乡村建设。2015年，确定在首批281个试点村实施1个示范小城镇带动N个美丽乡村建设的镇村联动发展方案。方案取得了明显成效，如贞丰县者相镇带动纳孔村、贵定县盘江镇带动音寨村联动发展，积极推进基础设施、公共服务向乡村延伸，辐射带动美丽乡村建设，都积累了一定经验，也带动了周边村脱贫致富。

第二节　中心镇及其对农民就地市民化的意义

一、中心镇研究概述

中心镇作为重点小城镇，在地理位置上和经济辐射带动作用上都具有较大优势。从地理位置上看，中心镇一般处于若干乡镇中心，具有较好的区位优势。从经济带动方面看，中心镇经济实力较强，对周边产业结构、交通网络、公共服务体系、资源要素的聚集等方面具有较强带动作用，是能够带动片区发展的核心增长极，能助推乡村发展，实现小城镇发展与乡村振兴互促共进。当前学界关于中心镇的研究，主要集中在以下几个方面，从中可以看出中心镇在推动乡村振兴和新型城镇化，实现城乡融合发展中的重要地位。

（一）中心镇的内涵

目前，国内学界对中心镇内涵的认识基本分为三种观点。

第一种观点是"功能"理论，主要从中心镇所发挥的功能方面来界定。张之峰（2005），陶特立、瞿雷、肖大威（2008），易德琴、陈大荒（2014）认为，中心镇是县域城镇体系规划中各分区内，在经济、社会和空间发展中发挥中心作用的镇，即中心镇应该是已经具备一定发展条件，且对周边农村地区具有一定经济带动和辐射作用的小城镇。石媛媛（2013）认为，中心镇是指在我国城镇体系中介于小城市和一般小城镇之间的重点建制镇，是县域经济发展的副中心，中心镇位于城镇体系的末端，直接面向基层农村，是农村经济、政治和文教中心，物资和人流的初级集散地。

第二种是"地理"理论，主要从中心镇的地理位置来界定。晏群（2003）指出，中心镇属地理概念，它是县（市）域内一片地区中周围若干个乡镇的中心，地理位置相对居中，一般是自然形成、客观存在的，在一个较长的时期内具有相对的稳定性，在周围一片地区中相比较而言经济实力较强。

第三种是从"地理+功能"视角进行界定。胡厚国、徐涛松（2008）认为，中心镇在行政辖属上是各地域单元中的核心乡镇，在地理位置上是镇域范围内若干个乡镇的中心，具有组织本片区生产、流通和生活的综合职能，有比较完备的服务设施，在周围地区中其经济实力较强，具有较强的辐射作用和聚集能力，是能够带动片区发展的增长极，其组成包括县城镇和部分发展程度较高的建制镇。王士兰（2009）认为中心镇在地理概念上，是在一个较长时期内自然形成的并具有相对的稳定性，地理位置处于若干乡镇中心的建制镇。在经济概念上，具有较强的综合辐射能力，是一定区域内具有较强的社会经济带动作用的建制镇，为带动一定区域发展的增长极核。

综上学界对中心镇的界定可以看出，中心镇首先突出的是功能效应，其次是位置效应。中心镇具有几个核心要素，或者说与一般镇相比具有几个特征：首先，中心镇是经省、自治区、直辖市人民政府批准设立的建制镇，而不是乡、民族乡人民政府所在地和经县级人民政府确认由集市发展而成的作为农村经济、文化和生活服务中心的非建制集镇。其次，在地理位置上，中心镇是县（市）域内一片地区中周围若干个乡镇的中心，具有较好的区位优势。再次，从经济功能上看，中心镇具有较强的经济实力、较大的发展潜力、较好的基础设施，功能齐全，对周边地区具有一定辐射力。最后，从发展前途看，中心镇的发展目标为中小城市，承担着县城和县级市的副中心职能，人口集聚度高，对周边建制镇具有较强辐射功能。

（二）中心镇的类型

从类型学角度对中心镇进行分类研究，既是深化对中心镇认识的需要，也是对中心镇进行相关研究的重要基础。张之峰（2005）根据中心镇所发挥的专业优势和特色，认为功能型中心镇可以分为如下三个类型：资源输出型中心镇，这类中心镇周边往往蕴藏着丰富的自然资源；加工配套型中心镇，这类中心镇往往距离发达的大中城市比较近且交通便利，有着明显的地理区位和交通优势；生态型中心镇，这类中心镇距离城市较远，几乎没有受到工业污染，空气清新，水质纯净，绿地覆盖，一派田园景象。

林华桂（2008）从中心镇的优势出发，综合对中心镇进行了分类，相对来说，较为全面。他认为，从全国范围来看，中心镇有以下几种类型：大城市近郊的中心镇，产业、居住、基础设施条件等依托大城市，发展水平较高；经济发达及城镇密集区的中心镇，这些地区有二、三产业发达的大中城市作为核心，乡镇企业发展水平较高；中西部农业地区的中心镇，具有一定区位、交通、文化优势，是区域行政、经济、文化中心；作为物资集散地的中心镇，以集市贸易为主，商品流通为重要职能；作为能源工业或其他重工业配套的中心镇，以满足自身完整的生活服务功能为主，同时解决部分家属的就业问题；具有历史文化特色和自然风光的中心镇，以旅游业及相关服务产业为主，并以此带动自身的经济发展。

赵荣荣等（2013）认为，重点中心镇是从现有市县级中心镇中筛选，具有如下条件的中心镇：区位优势明显，对城市群发展和周边乡村辐射带动作用大；产业基础比较雄厚，发展的空间和潜力大；人口集聚度较高，基础设施比较完善；具备培育重点中心镇的良好民意基础。顾建光（2015）认为，我国中心镇按自身特征可分为三种类型：一是以特色产业为基础的中心镇。这类中心镇一般位于城市密集带，有较好的经济条件和交通基础，吸引了大量流动人口，成为一个地区的中心，带动周边经济发展。二是位于区域中心的中心镇。这类中心镇区位条件好，位于县（市）区域中心，有较好的发展潜力，能辐射带动周边乡镇发展。三是具有历史文化特色和自然风光的中心镇。这类中心镇以历史文化或风景名胜区为依托，带动自身及周边乡镇发展。

姜启波（2016）从中心镇的经济带动和辐射力的强弱，把中心镇划分为一般中心镇和重点中心镇。与一般中心镇相比，重点中心镇是指城镇建设布局合理，具有较好的地理区位优势，基础设施比较完善，具有较强的综合实力，且经济社会发展潜力较大，对周边地区具有一定辐射力的区域重点镇。聂开敏（2017）依据各中心镇的资源禀赋和历史条件，将六盘水市的中心镇分为综合服务型、交通枢纽型、工矿园区型、绿色产业型、旅游景观型5种类型。

梳理可见，无论是从地理区位、历史传统、特色资源分布还是主导产业分工方面进行划分，都可将中心镇归纳为近城优势型、特色资源突出型和多功能互补型三个基本类型。

（三）中心镇的功能和地位

关于中心镇的功能和地位，学界主要有"综合"功能和"具体"功能两种研究范式。

1. 功能综合偏向的中心镇

以功能综合为原则建立中心镇是"综合"功能的基本观点，偏向从总体作用、总特征方面概述中心镇在城镇化体系中的位置，以及对缩小城乡差距所起的作用。主要观点有：

中心镇处在副中心城市与一般城镇之间，是连接大中城市与农村的桥梁，是城乡要素资源双向流动的一个重要节点，以极化效应吸纳周边乡镇的优质资源集中，接受更高层次中心辐射的能量，以中心的带动作用实现农村现代化和城镇化、解决"三农"问题（吴翔阳，2001；王孝询，2009；魏亚儒、张波，2014）。所以，中心镇是统筹城乡发展、建设社会主义新农村、走新型城镇化道路的重要节点，是发展县域经济的重要载体，是区域经济发展的重要支撑，是就近转移农村人口的重要平台，是带动周边农村经济发展的桥梁和纽带（李南等，2012；杨曼、赵荣荣等，2013；何春宏、朱栋，2014）。

中心镇上接县城，下连镇村，是农村区域性经济中心，是就近转移农村人员，科学有效实现农民就地市民化的重要平台。中心镇的发展以承接农村资源要素，接受农村富余劳动力的转移，实现集约化、规模化经营，提供均等的社会基本公共服务为主要目标。中心镇应当具备完善的商业服务体系，基础设施健全、三产融合发展、基本公共服务有效、生态环境优良（彭春香，2016；徐海贤、阎欣，2019）。

2. 特色明显主导功能突出偏向的中心镇

"具体"功能，就是具体从某一方面来阐释中心镇的地位，偏向认为中心镇应该特色明显、区域分工明确，突出主体功能，以美好生活的实现为终极目标，但建设过程，尤其是阶段性推进中不贪大求全。

"具体"功能的基本观点是，中心镇是介于城市和乡村之间的政治、经济空间单元，既区别于"城"也不同于传统的"乡"。中心镇短期内很难具备大城市所有的、完备的综合性功能，但若比乡村没有相当优势，也难以吸引农民进入中心镇工作生活居住（关欣、李薇，2014）。按照有耐心、阶梯化发展的要求，中心镇应当遵循由点到面、重点发展兼顾一般的原则，优先发展资源优势明显区域功能突出的产业（曲福田，2013；刘凤祥，2017；章胜峰，2018），如特色农产品、民族手工艺品、红色文化旅游产业，再如交通优势明显但资源贫乏的中心镇应当重点发展为大城市二级物流集散和中转基地，周边存在众多传统养殖村的中心镇，可重点发展高品质牛羊养殖、屠宰、加工、销售为一体的肉制品产业。

"具体"功能主张者认为：中心镇的产业应当是特色化的，先以优势产业的壮大为突破口，逐次带动其他弱势产业；经济先行，后带动基本公共服务跟上。经济先行后带动公共服务跟上。西部落后地区优先发展劳动密集型产业，缓解镇域内人口就业压力，再提质增效引进自动化程度高的技术创新性企业（章元红、游慧玲，2014；郑小碧、孙晓雨，2020）。东部发达地区可并联式发展，高低技术含量产业搭配，技术密集型与劳动密集型企业同存，优先发展高技术含量产业，一边实现经济增长一边增加基础设施和公共服务投入（陈亚通，2014；金兴华，2015）。但无论东部发达地区还是西部落后地区，中心镇的功能不能过于贪大求全，在规划上要体现主导功能和具体业态，与周边村情民情和资源特色紧密结合（王凯元、徐巧玲，2019）。

3. 中心镇的地位

城乡融合发展下，新农村、中心镇与城市之间存在向上的要素流动，城市、中心镇与新农村也形成向下的反向要素流动。中心镇是：统筹城乡发展、走新型城镇化道路、推动乡村振兴的重要节点；农村区域性经济中心、现代城镇体系的重要组成部分；承接城市和新农村双重发展需要，积聚周边农村要素，实现农民就地市民化、推进城镇化进程的重要载体（图 9-1）。

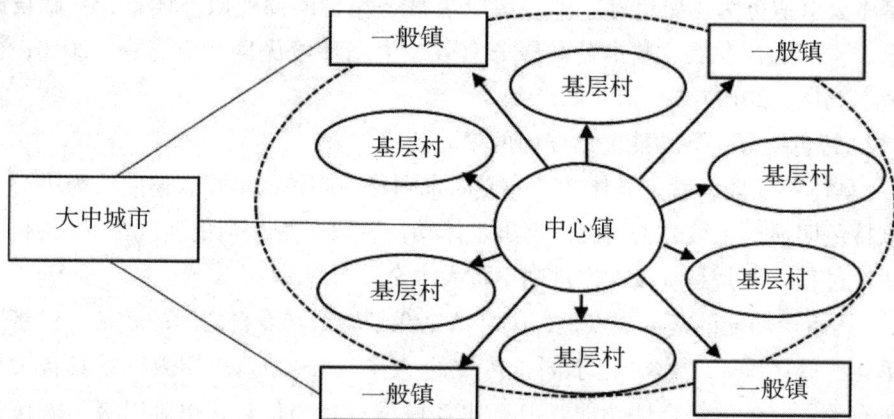

图 9-1　中心镇的地位

一方面，中心镇向上连接区域内城市，承接大中城市辐射，能有效转移和减轻大中城市的人口就业压力，是乡村急需、大中城市过剩产业、过剩资本、隐性失业人员的理想承接地，相当于大中城市蓄水池。同样地，现代化城市需要把过剩的传统产业分流出中心城区，又不愿意产业逃离本经济区域造成经济总量下滑，最佳选择就是把城市基础设施和公共服务提前向中心镇延伸，包括健全的水利电力通信基础设施，教育医疗卫生保健服务机构，商品生产、交易、流通一体化的工业园区，综合性的政务审批和服务大厅等。

另一方面，中心镇向下辐射区域内乡村小镇，就近转移农村人员对周边基层村和一般镇形成了较强的辐射力。农民生产的农产品的就近再加工、深加工既可以降低储藏运输成本，也可以因再加工获得更高的价格收益。以中心镇为中心的乡村商业圈为农村鲜活农产品交易、日常生活用品的采购、先进适用技术的传播、闲暇时间的休闲娱乐、农闲季节的教育培训提供极大便利，是资源集聚、扩大内需、转变农业生产生活方式、传播城市文明、实现垂直化乡村有效治理的平台。

可见，中心镇的建立可有效化解大城市的规模效益递减问题，也可化解乡村分布过于分散造成的治理成本过高问题，是城市需要、农民喜欢的就地市民化模式，也体现了资源流动有序、城乡经济有活力，收益双赢，服务共享的新城镇化理念。以中心镇为核心建立新型村镇结构体系和农村区域社会经济整体板块的基本前提，是合理规划中心镇地理空间和经济空间。中心镇与其他一般镇之间是互补关系而不是竞争关系，尤其避免功能定位模糊、产业过于趋同问题。以此相对应，中心镇内部的村与村之间的空间结构和布局也应当合理化，对无特色村和生存环境恶劣村首先合并集中在中心镇居住，对资源有特色、需要重点保护的村作为中心镇卫星村谨慎开发。

二、培育中心镇对农民就地市民化的意义

中心镇在村镇体系中处于中心地位，相比一般建制镇和乡集镇的聚集功能更强。中心镇虽然位于城镇体系的末端，但直接面向基层农村，是农村经济、政治和文教中心，物资和人流的初级集散地。由于中心镇经济实力较强，具有一定的资源聚集能力，是能够辐射带动乡村周围地区发展的增长极核，因此中心镇具有"城市之末，乡村之首"的特点，在城乡融合背景下是联结城乡的重要纽带和桥梁。中心镇对农村区域经济社会发展具有极强的带动效应，是实现农民就地市民化的重要载体。

(一) 实现农村剩余劳动力就近转移

中心镇集聚的企业大多是劳动密集型企业，对技术和知识的要求不高，单位投资能吸收较多劳动力，更容易成长为农村劳动力就近转移的重要场所。从社会地位的变迁成本、故土情结、社会保障等方面来看，农民更能较快适应农村中心城镇的生活环境。这些使得中心镇往往成为农民创业就业的首选地。通过中心镇，使产业和资源发挥集聚效应，创造就业机会，促使农村剩余劳动力

向中心镇转移，实现农民就地市民化。

（二）推动农村传统产业升级

乡村没有产业支撑，自然不能留住青壮年劳动力，当地城市没有产业支撑，劳动力也会改变流向，到有产业有就业机会能增加收入的城市去。中心镇的建立，必须有几个优势产业和地方龙头型企业，具体就是通过对土地、资本、劳动力以及其他农业资源的调配，形成中心镇和卫星村集约耕种、集中开发模式。非中心镇和中心镇内其他村，依靠中心镇龙头企业辐射带动，围绕中心镇核心产业，采用订单生产方式在其他村发展配套产业，由龙头企业对接合作社或直接对接农户，提供技术指导、规范生产标准，按合约价格收购农产品，这样就能有效促进农村传统农业升级为高效农业，提高农民生活水平，促进农村经济发展，加速农村社会文明进步和农民就地市民化的实现。

（三）形成农村经济区域增长极

法国经济学家佩鲁提出的极化理论和阿根廷经济学家劳尔·普雷维什提出的中心—外围理论，其核心是，经济体系内外是一个相互联系、互为条件、异质性统一的整体，经济体系的稳定是一个动态的均衡性存在，整体均衡稳定并不否定内部不平等的存在，反而均衡的实现，是由一极出发向多极辐射的实现，是增长中心点向外围的延伸。这两种理论都以区域经济内外各经济主体存在差异性、不平等性和互补性为理论前提，比较适合目前中国城乡之间发展不均衡，城乡各自内部发展不均衡的现实。中心镇无论是政府有意建立还是自然进化使然，都会因其便捷的区位优势，资源集中和政策特惠，基础设施和公共服务设施的完善性，工业园区的存在，形成农村区域经济增长极或农村经济增长中心，由中心到外围，从适度不平等交换到公平议价，循环累积渐次带动周边村农产品升级和技术进步，促进非农产业发展。

（四）使居民享受到与城市居民等同的生活和服务

中心镇作为城镇体系末梢，其基础设施和社会公共服务水平比农村要好得多。中心镇的自身发展对周边基层村镇形成了较强影响力，通过中心镇的直观示范和辐射带动，促进周边基层村镇的共同发展，最终形成以中心城镇为核心的新的村镇结构体系和与之对应的农村区域社会经济整体板块。通过中心镇建设和中心镇示范、辐射、集聚功能的发挥，实现产业的集聚与发展，创造更多就业机会，通过行政管理体制和相关制度的变革、产业政策引导等方式，使中心镇成为农民就地市民化的平台。

城市文明和乡村文明在中心镇能得到更好融合，乡村文明更有机会转变为现实生产力，之后再通过经济贸易、社会交流循环传递到乡村每个角落。中心镇的空间环境设计很好地将其他乡村的空间、环境有机地结合在一起，人与自然更加和谐。中心镇具有近村优势，实施农民思想政治教育更加便利。中心镇规范的民主管理模式和政府服务意识，也会无中间环节地直接影响村民，周围每个农村组织都有与政府和官员直接对话的机会，中心镇也更容易化解各村落之间的发展矛盾，将践行群众路线延伸到"最后一公里"。

第三节　旧州镇：中心镇推动农民就地市民化的典范

旧州，地处黔中腹地，始建于 1351 年，距省会贵阳 80 公里，距安顺市区 37 公里，东邻平坝区和刘官乡，西接宁谷镇，南与双堡镇和东屯乡接壤，北达七眼桥和大西桥镇。全镇总面积 116 平方公里，总人口 4.4 万人，少数民族人口占 38.1%，是中国屯堡文化的发源地和聚集区之一，是全国第一批建制镇示范试点镇，是中国历史文化名镇、全国文明村镇、全国美丽宜居小镇和国家 4A 级生态文化旅游小镇，被誉为"梦里小江南，西南第一州"。近年来，旧州镇在国家新型城镇化战略带动下，在贵州省山地特色新型城镇化道路部署下，按照安顺市"一分三向"山地特色新型城镇化要求，坚持求真务实精神，坚持立足古镇特色，发展乡村名镇，建立增长极强镇的思路推进小城镇建设。遵循基础设施先行，产业培育先行，农民跟进的原则，立足本地屯堡文化资源优势，发挥中心特色小镇作用，在推动农民就地市民化方面做出了表率和示范作用。

一、山地特色中心镇建设的旧州模式

（一）依靠地域优势，发挥中心镇集聚辐射带动功能

旧州镇以国家新型城镇化综合试点为契机，围绕城乡融合先行先试要求，深化改革，积极探索，充分发挥地理位置优势，逐渐成为联结城乡的重要纽带，服务农村的重要平台，带动周边的辐射点。旧州建成了连接镇区与安顺中心城区的屯堡大道，改造提升区内路网和对外通道，把周边的双堡、七眼桥、大西桥和刘官、黄腊等乡镇串联起来，形成了具有辐射带动作用的城镇集群。旧州周边村镇民族文化传承较好，但分布较分散，旧州镇以本镇屯堡人聚居区为中心，辐射周边镇村少数民族村落，修复古建筑，挖掘优秀传统文化，开发既有集中，又体现多元化、差异化文化的旅游线路，改变了周边村镇单打独斗形不

成聚合力的局面。此外，旧州镇内动与外联相结合，发挥交通优势，打造以旧州为中心的城乡一体化物资流通、农产品交易和公共服务供给平台，城镇集群效应凸显。

（二）发挥生态和文化优势，建设绿色低碳旅游小镇

旧州，春秋时期属牂牁国辖地，战国时期是夜郎国属地，元代为安顺州治所在地，明洪武初年设普定卫城，建立"军屯""商屯""民屯"，"屯堡"的建立带来了大量移民，也带来先进的文明，明成化年间，州治所迁至安顺，故名旧州。传承600多年的屯堡文化是旧州特色小城镇建设的"魂"。在推进特色小城镇建设过程中，旧州镇依托丰富的文化资源和良好的生态环境，按照"镇在山中、山在绿中、山环水绕、人行景中"的规划布局和发展理念，坚持生态保护优先，先后完成了"土司衙门、古民居、古街道、古驿道"的修复修缮工作，培育了一个国家级湿地公园，一个4A级国家生态文化旅游景区，两个特色观光农业示范区。同时加快旅游慢道、旅游小火车、游客服务中心等旅游基础设施建设，逐步形成了以旧州、天龙、云峰为重点的大屯堡旅游圈，推动了生态旅游与人文旅游融合发展，旅游产品的业态不断丰富，旧州农村变成了景区。旧州镇内河流较多，土地肥沃、植被较好，素有安顺"小江南"之称。旧州镇以文化为特色，以绿色为引领，走出了"绿色+文化"的特色小城镇建设之路。

（三）探索就地就近城镇化路径，建设美丽幸福中心镇

立足实际，推进特色小城镇发展，实现就地就近城镇化，是贵州实现农民就地市民化的必然选择。按照国家"三个1亿人"城镇化行动方案、贵州省"5个100工程"建设规划和安顺市"小而精、小而美、小而富、小而特"的小城镇建设要求，旧州镇率先探索基础设施"8+×"项目建设模式，着力完善小城镇交通运输、污水处理、垃圾清运等基础设施，注重配套优化教育医疗、文化、体育、便民服务等公共服务设施。加强政企合作、借助外力发展，与清华大学城市研究所深度合作，建设美丽乡村人居环境项目，打造浪塘村升级版"微田园"美丽乡村。与葡萄牙里斯本大区维苗苏镇和黄果树旅游集团公司结对合作，打造特色旅游民居、"山里江南"旅游综合体等项目，吸引农业转移人口向镇区和美丽乡村集中。坚持异地扶贫搬迁与新型城镇化、乡村振兴相结合，发挥中心镇对脱贫攻坚的辐射带动作用，将生活在治安条件恶劣、生态环境脆弱、自然灾害频发区域的贫困户整体搬迁、集中安置到镇区附近，并提供就业机会，实现就地就近转移，确保搬得出、稳得住、能致富。

（四）特色小镇与美丽乡村联动发展

在建设好中心镇的同时，旧州镇从山地实际出发，按照"产业兴旺、生态宜居、乡风文明、治理有效、生活富裕"的总要求建设"望得见山、看得见水、记得住乡愁"的美丽乡村，旧州镇在"旧州+浪塘""1+1"联动模式基础上，升级向"1+N"模式发展，以镇区为龙头，以点带面，带动周边村寨，指导其他建制镇在城乡发展一体化、投融资机制、公共服务供给机制等方面进行实践探索和改革创新，构建功能互补、联系紧密的镇村体系。近年来，旧州镇把特色小镇建设与美丽乡村建设有机结合起来，同步推进城镇总体规划和村庄规划编制，同步实施镇、村基础设施和公共服务设施建设，同步推进镇、村产业发展，使各镇、村相互依托、互为借势发展，形成了"以镇带村、以村促镇、村镇融合"发展新模式，旧州中心镇在推动农民就地市民化方面做出了转移探索，并取得了一定成效。

二、旧州镇农民就地市民化的经验——以浪塘村为例

浪塘村是安顺市西秀区旧州镇下辖村，位于镇东北面，离镇区 4 公里，下辖 4 个自然村，面积 8 平方公里，177 户 1461 人，是多民族杂居村。2013 年前，浪塘村还是个道路狭窄泥泞，生活污水随意排放，畜禽乱跑粪草乱堆，脏、乱、差的二级贫困村。2013 年 6 月，西秀区开启"四在农家·美丽乡村"创建活动，浪塘村成为创建点之一。浪塘村借助旧州中心镇优势，积极融入镇村联动融合发展体系，蜕变成了远近闻名的美丽乡村。

（一）探索"党支部+合作社+农户"利益联结模式，农民变产业工人

农村富不富，关键看支部；村子强不强，要看"领头羊"。浪塘村党支部深化推进支部建设，选派农村工作经验丰富的镇属干部到村担任党支部书记，同步选优配强"两委"队伍，带领村民打响产业扶贫攻坚战，吹响乡村振兴号角，因地制宜发展特色山地农业，党支部组织成立种养殖合作社，发动农户以惠农贷、闲散资金等方式加入种养殖合作社，按照"三权促三变"思路，流转土地发展种植业，规模化种植订单特色蔬菜、规模化莲藕养鱼等。对以土地流转方式入股的农户，分类以亩产折算为现金入股，按照"计时+计件"的报酬模式，吸纳普通农户及种养殖大户进入合作社进行管护，建立合作社组织贫困户生产的贫困户脱贫利益联结机制。

浪塘村以"村社合一、支部引领"为导向的"党支部+合作社+农户"利益联结模式，打破了传统小农种植方式，把村中散户凝聚成巨大合力，实现村社

合一抱团发展，增强了农户抵御风险、获利收益的能力，切实保障了农户利益。农民除了以土地入股在合作社获得分红外，还可以在合作社务工，变成了农业产业工人，多渠道增加了农民收入。

（二）因势利导调整产业结构，实现农民非农就业

2014 年，在旧州镇省级示范性小城镇建设推动下，浪塘村顺利完成"四在农家·美丽乡村"项目建设。抢抓旧州民俗乡愁全域旅游机遇，把"以旅促农、以旅兴农""农旅融合"设为主攻方向，挖掘和利用区位优势生态资源，传承乡村自然景观、生产生活、民风民俗等田园"乡愁"，把农业发展与旅游产业相结合，因势利导推动产业结构调整，采取"乡村旅游+"模式建立休闲观光、采摘水果、文化体验为一体的生态旅游观光带，实现休闲、观光、体验、智慧、避暑、购物的融合，让游客在美丽乡村"望得见山、看得见水、记得住乡愁"。如今，浪塘村平均每天接待游客近千人次，旅游黄金周平均每天接待游客 5000 人次以上，黄金周期间旅游收入在 200 万元以上，从事乡村旅游业的农民人数将近 200 人。浪塘村打造"农旅融合"经济增长点的尝试，带动了广大农民增收致富，为农民增收拓宽了渠道。

除发展乡村旅游外，浪塘村借助旧州镇美食名镇效应和优势，引导 30 余名厨艺爱好者，学习食品生产加工技能，发展美食生产，生产鸡辣子、豆腐干、豆腐乳、腊肉、豌豆饼、鸡丝肉饼、甜饭等 10 余个品种。借助优美的生态环境、人居环境及良好的休闲设施发展乡村旅游业，开发邢江游泳、荷塘垂钓、农耕体验项目近 10 项，发展农家乐 35 个，农家旅馆 8 个，便民超市 6 个，服务摊点 31 个、金融服务点 1 个，使外出务工人员近 200 人返乡创业，真正实现了农民"就业不离家、离土不离乡"。通过调整产业结构，从 2014 年开始，浪塘村农民平均纯收入超过 3 万元。

（三）整治村容村貌，农民居住环境实现市民化

浪塘美丽乡村建设以整治村庄为重点，按照"坡屋顶、青石瓦、白漆墙、穿斗枋、雕花窗"江南风格统一打造居民房。整治后的民居错落有致，傍水而立，被赞誉为"山里江南"。重新规划建设富有生态性的"微田园"，增强了村寨的风貌景观效果；拓宽村寨主体街道，改善了村寨交通条件和提高了空间通透效果。为全面提升村民生活环境，浪塘村除了建设美丽民居外，还积极争取项目继续推进配套设施建设，建成社区服务中心、文体活动广场、文化休闲广场、生态停车场、邢江跨河大桥、步町木桥、风味园、公厕等公共设施 20 余项。在环境治理中，浪塘村将生活污水流进铺满细沙以及种植美人蕉和菖蒲的

湿地床，通过植物吸收磷氮成分和细沙过滤杂质，使污水达到排放标准，探索出"污水生态处理法"。邀请清华大学规划团队编制《浪塘村生态保护及村庄整治规划》，按照安顺市委提出的"一建四改治八乱，五有四化三提高"的要求，开展"绿地、碧水、蓝天"行动，加强对林木花草的培育和保护。

近年来，浪塘村先后成功申报为国家级湿地公园、4A级旅游景区，省市级"四在农家·美丽乡村"创建示范村，并获得全国最美休闲乡村、全国文明村寨、中国美丽乡村、中央数字电视摄影频道授予的"摄影创作基地"、贵州省新型建筑业示范村等称号。如今的浪塘村村民，实现了离土不离乡，真正过上了比城里人还幸福的生活。

本章小结

重视小城镇建设是国际国内农村城镇化的重要路径，发展中心镇是基于"大中小城市和小城镇协调发展"的城市化方针提出来的，是对我国城市化传统范式的转换，是新型城镇化的重要内容。发展中心镇有利于实现农村人口的就地城镇化，从而避免人口大量向城市集中，减少大城市的压力，又可以培育农村的发展活力，减少农业人口数量，提高农业比较收益，是我国农村城镇化的现实选择，是农民就地市民化的重要平台。贵州特有的地形地貌，决定了小城镇在贵州新型城镇化中更具有特殊意义，小城镇是贵州的大战略、大名片、大产业，而中心城镇具有"城市之末，乡村之首"的特点，在新型城镇化背景下是城乡联系的纽带和接合部，有利于土地资源的集约利用，有利于农村工业污染治理，实现城乡环境改善，对农村区域经济社会发展具有极强的带动效应，为农民就地市民化的实现提供了外在动力和平台。

第十章

现代农业园区是农民就地市民化的助推器

劳动生产率较低是我国发展现代农业、缩小城乡差距、改变农村面貌的长期屏障和短板。与全国相比，由于特殊的地理地貌，贵州山地农业占比高，农业劳动生产率远低于其他平原地区。2018年第一产业增加值仅占贵州三产生产总值的14.59%，① 经济增长贡献率远低于第二和第三产业。现代农业园区适应新阶段农业发展需求，引入工业和服务业发展理念，借助特色资源、发现区位优势，突出规范化、规模化和标准化的运营特点，给传统农业注入了新的内涵。建设现代农业园区是农业实现从传统农业向现代农业转化的重要引擎，是助推贵州乡村振兴和农民就地市民化的主要抓手。

第一节　现代农业园区及其对农民就地市民化的作用

现代农业园区是探索现代农业发展，实现城乡统筹和乡村振兴的有效模式。由于建设现代农业园区的特殊作用，各地政府纷纷加大财政投入，整合土地资源，改善基础设施，优化规划布局，创新园区管理，有效地促进了现代农业园区的发展，助推了农村经济升级。学界也从各方面对现代农业园区及其作用进行了研究。

一、现代农业园区概述

现代农业是相对于传统农业而言的，现代农业又划分为前现代农业和后现代农业两个阶段。前现代农业需要借助两个外力实现，一个是化肥、农药外力，一个是机械外力，用机械代替人力、畜力。后现代农业的基本特征是产业链拉长，农业、农产品加工、农业服务业上中下游一体，产供销互促，一、二、三

---

① 依据《贵州统计年鉴—2019》计算所得。

产联通。学界研究也大致遵循这样的划分，实践中，因我国地域辽阔、区域发展不平衡，各地各部门对现代农业的理解尽管不尽相同，但基本内涵大体一致，实践中的推进路径也具有相似性。

（一）现代农业园区的内涵及分类

1. 现代农业的内涵

魏德功（2005）认为，现代农业是工业化农业向"替代农业""未来农业"转型过程中的中间态农业。现代农业的发展有赖于相应的生产经营组织方式的建立和完善，不是简单的农民组织化，而是基于产业关联关系和利益联结机制的产业组织化。现代农业是以保障农产品供给、增加农民收入、促进可持续发展为目标，以工程技术、生物技术、信息技术为核心的多元化的产业形态和多功能的产业体系（李国领，2007）。方淑荣等（2010）认为，现代农业是以现代工业和科学技术为基础，重视加强农业基础设施建设，充分汲取传统农业的精华，根据国内外市场需要和 WTO 规则，建立起采用现代科学技术、运用现代工业装备、推行现代管理理念和方法的农业综合体系，是把农业的产前、产中和产后紧密结合、农工贸一体化有机连接的综合性产业。李志明等（2016）认为，现代农业是按照现代产业的理念、以产业关联关系为基础、以科技为支撑、以现代产业组织为纽带的可持续发展的农业，是包括农业产前、产中和产后环节的有机系统，是一个与发展农业相关、为发展农业服务的产业体系。

中国农业部总农艺师孙中华认为，现代农业作为一个动态的概念，它的内涵随着经济社会的发展不断得到丰富和拓展。从目前经济社会发展的阶段看，现代农业就是用现代装备、现代科技、现代经营管理、现代农民等先进生产要素武装，不断提高劳动生产率、土地产出率和资源利用率，实现人与自然和谐相处的农业。从核心和共性的角度看，其显著特征可以概括为以下几个方面：一是物质装备和基础设施条件完备。农业生产的全过程中所必需的物质装备和基础设施条件不断改善，先进程度不断提高。二是生产技术先进。现代的科学技术集成应用于农业，从而实现提高产量、提升质量、降低成本、保证安全的效果。三是经营规模适度。土地、劳动力、资金、管理技术等生产要素适当集中使用，达到最优配比，以获取更大的经济效益。四是产业融合发展。产加销一体，一、二、三产业融合，不断拓展农业生产的广度和深度，形成一个完整的产业体系。五是产品优质安全。更加注重农产品质量安全，确保人民群众"舌尖上的安全"。六是职业农民队伍形成。农民作为一个职业象征，农业经营者成为善经营、会管理、懂技术的新型职业农民并获得体面的务农收入。七是生态环境优美。现代农业是资源节约型、环境友好型农业，在生产过程中同时改善自然环境、维护生态平衡、建设美丽乡村，提高资源永续利用能力。①

2. 现代农业园区的内涵

我国现代农业园区起步较晚，目前还没有一个统一、标准的定义。学术界和农业推广部门常称之为现代农业园区，或者现代农业示范园区，科技主管部门则是以农业科技园区称呼为主。

许越先（1999）认为，现代农业科技示范园是用高科技和高资金投入，以农业设施工程为主体、具有多方面功能和综合效益，进行集约化生产和企业化经营的新型农业组织形式。黄冲平（2000）认为，现代农业园区是农田基础设施、农业的生产、经营和管理基本符合农业现代化要求的农业生产区域。陆学艺（2005）认为，现代农业园区是指在一定区域内以市场为导向，通过土地、资本、技术、人才的高度集中与高效管理，试验、示范、推广新的农业科技成果，促进传统农业向现代农业的根本性转变，大幅度提高农业整体效益、可持续发展能力、农业和农产品国际竞争力的现代农业综合示范区。

王立新（2013）认为，所谓现代农业园区，是以调整农业生产结构、增加农民收入、展示现代农业科技为主要目标，在农业科技力量较雄厚、具有一定产业优势、经济相对较发达的城郊和农村划出一定区域，以农业科研、教育和技术推广单位作为技术依托，由政府、集体经济组织、民营企业、农户、外商投资，对农业新产品和新技术集中开发，形成集农业、林业、水利、农机、工程等高新技术设施、国内外优良品种和高新技术于一体的农业高新技术开发基地、中试基地和生产基地。李志明（2016）认为，现代农业园区是在一定区域内，以发展高效农业为目标、依托农业高科技、以调整农产业结构为突破口，引用先进的园区经营理念，建立以一产为基础，综合二、三产等多种产业形态相融合，具备一定景观效果的现代化空间，能够对当地农业和农村经济的发展起到较强的示范带动作用。

综上学者们关于现代农业园区的界定，可以从中得出现代农业园区的最基本内涵，即现代农业园区是在一定区域内，用现代化的人力、资本、技术、管理去发展现代农业的地理和经济空间，存在有形和无形的边界，目的是调整农业产业结构，推进农业供给侧改革，发展高效农业，提升农业竞争力，多业态结合，全方位推动，以实现当地传统"三农"向现代"三农"转化。

---

① 孙中华. 我国现代农业发展面临的形势和任务 [J]. 东岳论丛，2016，37（2）：17-23.

3. 现代农业园区的分类

李晓红等（2017）根据市场化程度测算，将现代农业园区分为市场投资驱动型农业园区、政府引导型农业园区、技术主导型农业园区、内生发展型农业园区和企业主导型农业园区 5 个大类。李志明等（2016）认为，综观各地兴办的现代农业园区，名称与内容相似又有差异，现代农业园区根据其发展主要有农业高新技术园区、农业高科技园区、农业科技园区、农业科技示范园区、农业综合试验园区、现代农业试验园区和农业高产高效示范园区等。虽然名称和主要功能定位各异，但各类现代农业园区都是农业现代化的重要内容。

（二）现代农业园区的特征

1. 技术现代化

"现代"是现代农业园区的首要特征，现代农业园区的"现代"不仅体现在技术的现代性，即用现代先进的科学技术来取代传统农业技术，而且体现在管理的现代性，以及农业从生产、加工、流通等领域的现代化上。现代农业园区坚持科学技术是第一生产力的宗旨，不断利用农业高新技术改造传统农业，发展现代农业，用现代化装备来武装农业，采用自动化、半自动化设施进行规模化生产，提高生产效率，保证产品质量。吸引高科技企业入园，培养高科技人才，建设先进的信息网络、研发中心、科技推广和技术培训中心。培育优质高效的品种，推广无土栽培、温室调控、节水灌溉、生物防治、无公害蔬菜生产等多种高新技术。

2. 功能多样化

现代农业园区是农业生产力水平发展到一定程度的必然产物，是我国推进农业现代化过程中催生的一种新型农业生产组织形式。现代农业园区以现代科技和物质装备为基础，实施集约化生产和企业化经管，是集农业生产、科技、生态、观光等多种功能为一体的综合性示范园区。目前农业园区在保证高效优质农产品生产这一基本功能下，不断呈现不同层次、功能多样的园区类型，如示范功能、科普教育功能、旅游观光功能、娱乐休闲功能、新技术展示功能等。

3. 效益最大化

现代农业园区是以科技为支撑的农业发展新型模式，是农业技术组装集成的载体，是小农户与现代市场连接的纽带，是现代农业科技的辐射源，是人才培养和技术培训的基地，对周边地区农业产业升级和农村经济发展具有示范与辐射推动作用。现代农业园区的规划与建设由政府主导，但入驻企业和参与的农户均以经济效益为中心，兼顾政治和社会效益，要求合理利用农业资源，具有高起点、高效益运行的基本特点。园区产业规划着重选择有突出优势的农业高新项目，并附加服务农业产前、产后的相关项目，以便形成市场、技术、资源一体化组织的整体优势，有效带动传统农业走向集约化、规模化、产业化、市场化经营之路，以可持续性和较高效益比来提高农业职业和农业经营的吸引力。

4. 体制合理化

现代农业园区建设明确了农业建设方向和建设重点，建立了相应的资金投入、成本分担、风险共担、利润分成新机制，推动了农业发展基金、农村合作基金、农业承包款、企业用工、利益联结关联政策的建立和完善，逐步形成了以国家财政、信贷投入为导向，农民和乡（镇）村集体经济投入为主体，有关农业项目资金、外商、企业及个体投入为补充的农业投入机制，建立了园区各主体合作共赢的激励模式和负面清单压力机制。在园区管理上，厘清了政府与企业责权利边界，建立了现代企业制度，进行企业化运作。入驻企业对园区的生产和经营管理有相应的自主权，可根据自身的发展进行农业技术成果的引进、转化和产业化开发，接受政府和入股农户的监督。现代农业园区是多方投入、市场化运作、边界清晰，有激励有约束，参与方各得其所的现代农业发展模式，相对于过渡期的小农联户经营而言，是质的提升。

二、现代农业园区对农民就地市民化的助推作用

现代农业园区的建立实际上包含对传统农业园区的现代化改造提升和按现代标准新建两种类型。通过改变农业要素投入方式，构建现代农业生产体系，发展农业"众创空间"等，改造传统农业，提高农业良种化、机械化、科技化、信息化、标准化水平，打造农业综合改革样板，助推农民就地市民化。

（一）为农民就地市民化提供物质基础

现代农业园区汇集了人才、资金、科技、设施、土地等生产要素，改善了农业投资环境，通过龙头企业、"公司+农户"组建农民专业合作经济组织等模式，形成"种养加贸工农，产供销一体化"的经济格局，大幅提高了园区的产出效益。同时农民以土地、设施、资金、劳动力入股园区的"土地租金+务工工资+返利分红"收入分配模式，形成"园区+企业+合作社+农户"利益共同体，放大园区专业优势和规模效益，有效地拓宽了农民增收渠道，带动农民农业生产的产业化和现代化，提高了农民收入，对周边农村地区农业经济的多元发展具有强大的辐射带动作用。

现代农业园区项目涵盖休闲农业和乡村旅游，贯穿农村一、二、三产业，融合生产、生活和生态多功能，紧密连接农业生产、农产品加工业、农村服务业，是一种新型的产业形态和消费业态。2018 年以来，贵州省大力实施"休闲农业和乡村旅游精品工程"，在全省建设了一批休闲农业观光示范园、乡村民宿、特色小镇，吸引了大批省内外游客参观学习。据省农委农产品加工处行业统计，2018 年上半年全省休闲农业各类经营主体达 6170 家，比上年同期增加 1178 家，营业收入 45.1 亿元，同比增长 10%，接待人次达 3900 万人次，同比增长 46.8%，整个产业呈现出"井喷式"增长态势。贵州省休闲农业经营主体从业人数达到 89379 人，其中农民就业人数达到 78863 人，同比增长 31.7%，带动农户 95509 户，从业人员工资总额较 2017 年成倍增长。现代农业园区通过产业基地建设，不断优化产业结构，以发展现代产业为主，配套发展特色蔬菜、中药材和采摘休闲观光农业。农民在园区建设中投工投劳为园区企业打工，增加了园区农民的日常经济收入，带动了农民增收致富，农民生活水平和生活质量大幅提升，为当地农民就地市民化奠定了比较坚实的物质基础。

（二）多业态齐头并进繁荣了农业

通过建设现代农业园区集聚各类生产要素，整合各种资源，发挥人力、物力、财力的综合效应，基础设施得以完善，基地、公司、市场形成一条龙服务，增加了农民就业机会，使农民一出家门就能实现就业。水果、蔬菜、养殖方面规范化、标准化先进适用技术的引进和相应的技能培训，提高了农民的科技吸收和应用能力，提高了园区农民就业能力。毕节市农业供给侧结构性改革 2017 年工作总结数据显示，[①] 2017 年，毕节市进一步加大对农业园区投入力度，全市新增农业园区 198 个，总数达到 326 个，其中省级 61 个、市级 25 个、县级 30 个、乡级 210 个，初步实现乡乡镇镇建园区。农业园区完成投资 151.94 亿元，累计入驻企业达 981 家，发展合作社 1467 个，实现产值 193.99 亿元，省级园区从业农民总人数 37.41 万人，辐射带动从业农民 67.54 万人。在农业园区建设推动下，毕节共有休闲乡村旅游经营户 632 个，农家乐、休闲园区（农庄）分别有 557 个、75 个；从业人数 7770 人，农民从业人数 6414 人，带动农户 6875 户；接待游客 633.19 万人次，年营业收入 3.29 亿元，资产总额 63.34 亿元，经营面积达到 9.6 万亩，完成各类农村人员就业技能培训 22697 人。

---

① 毕节市农业供给侧结构性改革 2017 年工作总结 ［EB/OL］. 毕节市人民政府网，2017-12-04.

（三）集中高效培训提高了农民科技素养

现代农业园区在农业技术人才培养和农民培训方面发挥了积极作用，为广大农业科技人员投身农业科技创新和施展才华提供了广阔的空间，科技人员通过技术入股、技术承包或租赁承包、带资入股、利润提成等方式结成利益共同体，到园区实施科技示范项目，参与园区的建设与管理，在实践中锻炼了才干。与此同时，也涌现出了一批由科技人员投资、领办的农业科技园区。农业园区逐步成为联结科技推广部门和农民之间的桥梁和纽带，通过开展通识技术讲座、关键环节现场讲解、先进技术观摩会等多种形式的科技培训，许多进园的从业人员，尤其是附近农民就地学到了新技术，掌握了新业态，自身职业素质得到显著提高，培养了大批农民技术骨干和农民企业家，促进了当地农业生产技术提质升级。

（四）居村农民实现向现代生产生活方式的转变

现代农业园区功能完善，以农业生产为基础，具有农产品供给、文化传承、观光休闲以及生态调节等多种功能，实现了农业由生产型向生产与销售、科普教育、休闲观光、生态的多元化发展，提高了农业衍生性和附加值，促进了休闲观光农业发展。现代农业园区的土地整理和大规模开发，同步推进村庄整治和生态建设，推动了新农村建设和农村社会发展，形成了农村新型社区，转变了农民传统生产生活方式，加速了农村基本实现现代化的进程，农民不再是传统的"日出而作日落而息"望天收，而是按时上下班，有了稳定的收入来源。农旅融合的发展思路也迅速产生了叠加效应——不仅有效拓展了农业空间，更有力带动了乡村旅游业的发展，农旅融合正成为推动现代农业发展、美丽乡村建设的重要载体。

第二节　贵州现代农业园区发展概述

现代农业园区集农业生产、科技、生态、观光等多种功能为一体，实施集约化生产和企业化经管，是农业示范区的高级形态。现代农业园区以优势产业为主导，打造复合型产业网络，创造特有竞争优势，有利于形成区域内产业的合理分工和布局，提高农产品生产能力、生产效率，增加市场风险抵抗力，提升农业综合竞争实力。在美国、加拿大、意大利和日本等发达国家，示范农场、观光农园、休闲农场之类的综合性农业示范园区比较常见，比较推崇埃弗雷特·M. 罗杰斯（1986）的复合生态农业理论。与发达国家相比较，我国现代农业园区实践起步较晚，贵州虽始终处于后发跟进之中，但也打造了一批高效农业示范园区，在推动城镇化、农民就地市民化和传统农业转型升级中切实发挥了引领性示范性作用。

一、现代农业园区发展政策梳理

贵州的现代农业园区支持政策与国家政策同步，因经济发展落后先天制约，实践中，贵州高效农业示范园区项目需要更长时间才能显现其作用，但近年来发展较快，主要得益于脱贫攻坚、乡村振兴战略对贵州的特惠扶持，以及对发扬贵州精神的重视。

（一）中国现代农业园区政策

我国最早一批现代农业园区形成于 20 世纪 90 年代初。1997 年，国务院与地方政府共同建立了被称之为"我国现代农业先导区"的陕西杨陵农业高新技术示范区，之后迅速发展，先后诞生了"小承包、大经营"的浙江模式，农村集体合作的苏南模式，适度规模农场的苏中模式等。2015 年，《全国农业可持续发展规划（2015—2030 年）》正式发布。2016 年，颁布《全国农业现代化规划（2016—2020 年）》。2017 年中央一号文件指出积极发展适度规模经营，大力培育新型农业经营主体和服务主体，完善农业产业园认定办法，扶持规模适度的农业产业园。2018 年，农业农村部答复并公布了"关于大力发展现代农业园的提案"，明确提出要完善现代农业园规划，并推进现代农业园建设。2019 年中央一号文件提出，培育农业产业化龙头企业和联合体，推进现代农业产业园、农村产业融合发展示范园、农业产业强镇建设。2020 年中央一号文件再次强调要加快建设国家、省、市、县现代农业产业园，支持农村产业融合发展示范园建设，办好农村"双创"基地。截至 2019 年年底，全国有 45 个现代农业产业园列为国家级现代农业产业园，各省市级的现代农业产业园更多。

（二）贵州现代高效农业示范园区的发展

贵州的现代农业产业园项目启动相对较晚，但发展较快。2012 年，《中共贵州省委贵州省人民政府关于深化经济体制改革的意见》的实施意见（黔农发〔2012〕194 号）指出：结合我省实际，选择产业优势和特色突出，农业发展方式走在前列，能真正发挥示范引导作用的区域，集中力量建设一批生产要素集聚、设施装备先进、科技水平领先、经营机制完善、经济效益和辐射带动效应明显的山地现代农业园区。通过园区建设，集聚优质资源要素，优化产业布局，推动农业主导产业转型升级，引领全省现代农业发展实现新突破。大力引进龙头企业、经营大户、合作经济组织等市场主体，把农产品的加工研发、品种培育、市场交易及对农民的培训等集中到园区，延长产业链条。同时，把农业园区建设与小城镇建设、新农村建设相衔接，促进农村人口向城镇集中，促进产城联动。

贵州现代农业产业园是全省农业主导产业发展的核心集聚区、先进科技转化的中心区、生态循环农业的样板区、现代农业技术的示范区、新型农民的培养区、体制机制创新试验区，是快速做大产业规模和提升产业水平的强力"推进器""发动机"，是带动区域经济发展和促进农民增收的"火车头"。2013年，贵州省委省政府做出"5个100工程"的安排部署，将"100个农业示范园区"作为"5个100工程"战略部署之一，并制定下发了《贵州省100个现代高效农业示范园区建设2013年工作方案》，共筛选创建113个现代高效农业示范园区，全面启动了贵州省高效农业的建设发展工作。《贵州省2017年国民经济和社会发展计划执行情况与2018年国民经济和社会发展计划的草案的报告》显示，2018年初，贵州省共建设省级现代高效农业园区431个，市、县、乡级609个，基本形成县县有平台，乡乡有园区的发展格局，省级以上农业龙头企业达到711家、园区从业农民504万人，产业新增带动贫困人口71.6万人。

经过几年建设，贵州现代农业园区数量快速增多，园区基础设施不断完善，生产要素聚集效果明显，产业规模迅速扩大，总产值也不断增加，农业生产效率得到有效提高，高效农业快速发展。农业园区已成为贵州省现代农业产业集群、要素集聚、科技集成、开放合作、示范带动的平台。截至2019年，贵州省水城县、湄潭县、修文县和麻江县现代农业产业园已壮大发展为国家级现代农业产业园，成为贵州乃至全国发展高效农业的产业园典范。

二、现代农业园区发展成效

贵州自2013年启动100个现代高效农业示范园区建设工作以来，各级党委政府高度重视，部门协调配合，社会广泛参与，农业园区建设呈现基础夯实、加速发展、效益显现的良好态势。截至2019年年底，创建国家现代农业产业园4个（通过认定1个）、建成省级农业园区464个，主导产业包括茶业、生态畜牧、蔬菜、精品水果、食用菌、中药材、核桃等优势特色产业，部分引领型农业园区从单纯发展种养殖业拓展出农产品加工业、仓储物流业、农村休闲旅游服务业等二、三产业，接二连三、联动发展态势明显，460多个省级高效农业示范园区实现优势特色产业和县域全覆盖。

(一) 基础设施不断完善

贵州省是我国比较落后的地区之一,地貌特征以山地、丘陵为主,少有平原。崎岖的山地地貌阻碍了乡村交通,灌溉管网、温室大棚等农业设施建设也比平原地区难度更大,贵州省高效农业示范园区在发展初期,基础设施建设面临的困难最多。近年来,贵州省在现代高效农业示范园区总体布局规划中,特别重视基础设施建设,尽力克服山地地区农业基础设施建设的困难,园区的基础设施不断完善。道路设施方面,2015 年,贵州省现代高效农业示范园区累计完成道路基础建设 1 万千米以上,基本解决贵州山地高效农业发展的道路阻碍。此外,高效农业园区内农业基础设施的建设也不断完善,铺设的灌溉管网达 3 万多千米,基本实现园区内全灌溉覆盖。各园区温室大棚与标准化圈舍设施也完善较快,贮藏保鲜库房能够最大限度地保存采摘后农产品的营养及新鲜品质,至 2015 年年底,高效农业园区建成贮藏保鲜库房 200 万立方米以上,对维持农产品保鲜贮藏、保障贵州高效农业产品质量、打造贵州品牌都起到重要作用。2019 年,贵州新增省级高效农业示范园区 30 个,按照《省财政厅省农业农村厅关于下达 2019 年省级农业产业发展资金(高效农业示范园区、农垦公益事业专项)的通知》(黔财农〔2019〕90 号)的要求,高效农业示范园区拨付资金首先用于基础设施建设。

(二) 投资引资进展顺利

建设现代高效农业示范园区是贵州农业与产业发展的重要布局。发展高效农业,能够较好地利用贵州独特的资源禀赋,发挥生态农业优势,提高农业产业化水平,能够较好地改善贵州农村与农民贫困落后的面貌。在省委、省政府的高度重视与支持下,现代高效农业示范园区的发展得到了充足的资金支持,除各级财政和部门整合资金投入外,贵州省政府还搭建现代山地特色高效农业招商引资平台,吸引了大量社会资本投入到高效农业中来。

2013 年起,贵州省政府每年都举行现代山地特色高效农业招商引资会,以此平台宣传贵州高效农业,促进各方交流,吸引社会资本投入,实现互利共赢。2015 年贵州省现代高效农业示范园区招商引资暨签约活动上,有 124 个项目现场签约,签约金额 581 亿元,累计达成合作签约项目 881 个,签约金额 1615 亿元。2016 年贵州省现代山地特色高效农业招商引资暨项目签约仪式上共达成合作项目 1070 个,签约金额 1901 亿元。2017 年贵州省现代山地特色高效农业招商引资暨产业扶贫项目签约大会上共达成合作项目 771 个,签约金额 1414 亿元,其中,66 个贫困县达成签约项目 483 个,签约资金 847.5 亿元,分别占全省签约项目个数和签约金额的 63%、60%。2018 年，贵州农业高效园区完成投资 1377 亿元，综合产值 2420 亿元。① 政府投资与社会资本的注入，为贵州高效农业的发展注入了新活力。

（三）经营主体不断增多

贵州省现代高效农业示范园区的经营主体主要为企业与农民合作社。企业与农民合作社经营以市场化为导向，能够有效实现各种生产要素的聚集，推动农业技术进步，提高农业生产效率，实现高效农业发展。2013 年，入驻贵州省现代高效农业示范园区的企业共有 1500 家左右，其中省级以上龙头企业约 300 家，培育农民合作社也有 1500 家左右。2016 年贵州省现代高效农业示范园入驻企业 4142 家，比 2013 年入驻园区数量翻一番还要多，培育农民合作社 4660 个，是 2013 年合作社数量的三倍以上。与此同时，高效农业园区吸纳大量本地农民就业，劳动力资源向园区聚集，农业生产效率得到提高。农民在本地就能实现就业，这也促进了农民收入的增加，提高改善了农民生活。2016 年贵州省现代高效农业示范园带动从业农民 502 万人，有效解决农民本地就业问题。2018 年，入园企业达 5433 家、培育农民合作社 6257 家②。

（四）经营规模不断扩大

要实现高效农业发展，必须通过农业规模化经营。现代高效农业示范园区通过向农户进行农地流转，使土地资源有效聚集，从而实现农业规模化、产业化经营，且经营规模不断扩大，高效农业的产值也不断增加。2013 年，贵州省 113 个现代高效农业示范园区的种植基地面积约 300 多万亩，主要养殖的农产品有猪、牛、羊、禽类、鱼等。至 2017 年现代高效农业示范园区增加到 431 个，种植基地面积达到千万亩规模，主要农产品出产规模也不断扩大，实现了千亿元级的园区总产值。2019 年，计划以 500 亩以上坝区和 25 度以下坡耕地为重点，以特色化、规模化、标准化、品牌化、绿色化为方向，以市场为导向，发展"专精特优"农产品，着力培育 10 个百万亩农业生态产业，打造一批现代农业示范区③。

---

① 农村产业革命首战告捷　农业增速稳居全国前列　农民增收保持"两个高于"——2018 年全省农业农村工作亮点纷呈 [N]. 贵州日报，2019-01-19（03）.
② 农村产业革命首战告捷　农业增速稳居全国前列　农民增收保持"两个高于"——2018 年全省农业农村工作亮点纷呈 [N]. 贵州日报，2019-01-19（03）.
③ 2019 年贵州省政府工作报告 [N]. 贵州日报，2019-02-11（01）.

三、现代农业园区发展中的问题

总体来看，贵州省现代高效农业示范园区有效实现了资金、土地以及劳动力资源的聚集，充分发挥了贵州山地特色优势，产业规模较大、产值较高，促进了农民就业、增收，实现了农业高效发展，整体呈现蓬勃发展的良好趋势。但现代高效农业示范园区的发展中也存在一些不足，部分开办较早的农业示范园区"设施老旧、品种老化、人员老龄化""三老"问题突出，需要政府与园内的企业、农民合作社以及农民共同改进，以实现贵州高效农业更好的发展。

（一）农业生产技术水平偏低

贵州高效农业发展迅速，但高效农业产业仍处于起步阶段。现阶段农业的生产效益主要得益于产业的规模化效应，即通过农地流转实现土地资源的聚集，克服原有山地细碎化小农经济的生产局限，农业得到规模化、产业化发展，生产效益因此显著提高。从长期来看，农业生产水平提高的根本原因应该是农业生产技术的提高，以现代科技的生产技术为支撑，才能保证农业生产长期可持续的发展。目前，贵州省高效农业示范园区的农业生产技术大多达不到国内先进水平，随着贵州高效农业的快速发展，农业生产技术会逐渐显现出弊端，表现为生产技术的更新跟不上产业发展速度，继而影响农业生产效率，高效农业发展可能出现停滞不前的问题。

（二）家庭农场经营主体发展力度不够

目前，贵州现代高效农业示范园区的经营主体多以外来农业企业为主。农业企业的进驻能有效实现土地、资金及劳动力资源的聚集，加快高效农业的发展，但贵州省贫困人口较多，小农经济仍是农民进行农业生产的主要形式。尽管许多农民与企业进行土地流转，进入高效农业园区务工，但农民的角色仍为一般务工人员，既没有主动学习企业的先进农业技术的意识，也没有自主发展的能力。不论是发展传统农业还是现代高效农业，农民都是农业发展的主体力量，把技术进步普及到农民中去才能长期有效地发展现代高效农业。贵州省高效农业示范园区的产值主要来自企业经营主体，农民合作社发挥的作用较少，更别提以农民家庭为主体的家庭农场。从长期来看，农业发展还是要回归农民，以家庭农场、农民合作社为主，农业企业进驻应建立在与家庭农场和农民合作社的合作关系上，为农民提供技术支持与经营战略指导，才能发挥农民在农业中的中流砥柱作用，为现代高效农业的可持续发展奠定坚实基础。

（三）自主品牌不多

贵州现代高效农业示范园区的发展目前仍处于起步阶段，虽然园区规模不断扩大、园区内产值迅速增加，但产品的辨识度不高。前期贵州现代高效农业示范园区发展主要以政府对园区的直接推动为主，不论是资金扶持还是技术指导，都是园区发展的重要支撑。在各级政府的指导下，现代高效农业示范园区发展方向明确，生产的农产品具有贵州山地特色、质量上乘，但贵州高效农业农产品的辨识度与知名度不高，尚未形成具有贵州特色的农产品体系，品牌建设有待加强。农业产业内部结构、种植结构、品种结构还有待进一步优化，特色产业种植规模还较小，标准化、规模化生产比例低，优质产品量少，名、特、优、新等农产品更少，造成农产品市场竞争力弱，产品附加值不高。高效农业园区只有与市场紧密结合，逐步减少对政府的依赖，靠自身做大做强，才能实现可持续发展。

四、现代高效农业示范园区发展对策

早期建立的高效农业示范园区存在农业设施老旧、品种技术更新慢、生产经营状况不好的问题，而新建立的现代高效农业示范园区则存在定位不清、经营主体活力不足、品牌重复建设等问题。需要制度机制先行变革，地域科学规划，持续增加投入，紧盯先进适用技术，提质增效。

（一）提高科技支撑力量

高效农业的发展必须有现代科学技术做支撑，贵州省现代高效农业示范园区虽规模较大，但许多园区的现代农业科学技术仍不够先进。贵州打造高质高效农业，离不开科研单位的支持，应当按照农业部的要求，切实有效地建立起科研机构、大专院校与园区的联动机制，让每个园区都有一个专家团队支持，或让科技人员以科技特派员的方式进驻园区，实现产学研的有机结合，推进科研、教学工作直接面向生产，发挥科学技术对现代高效农业发展的引导作用。一是加强对农民的农业实用技术培训，培育新型农民。二是加大农业专业人才的引进力度，采取有效的激励措施，确保农业专业人才引得进、用得上、留得住。三是建立绩效考核制度，科学合理地评价农业工作人员的绩效，提高他们的职业技能和经营管理水平。

（二）加强经营主体培育

贵州是一个典型的山区农业省份，农业经营模式仍以小农分散经营为主。农业产业化起步晚、发展慢，现代高效农业示范园区的经营主体主要是外来企

业和农民合作社。而从长远来看，园区的生产经营主体应以家庭农场、专业大户与农民合作社为主，因此，在支持龙头企业的同时，要积极发展农民合作经济组织和规模化家庭农场，加大职业农民培育，调适关联政策，在专项资金上支持新型职业农民的发展和家庭农场的壮大。大力培育农产品现代流通主体，提高农产品流通的组织化程度。一是提高组织能力，织密产销网络。加快引进和培育各类农产品加工龙头企业，创新发展"合作带动、订单农业、土地流转、企农共建"的利益联结机制，大力发展订单农业，形成茶叶、韭黄、紫葡萄等特色产业种养加、产供销一体化经营体系。二是大力发展各类农民专业合作组织，充分发挥合作组织"内联基地、外联市场"的桥梁纽带作用。三是加大对农产品生产和流通技术设施建设的财政支持，扶持参与产销对接的超市、农产品加工企业和冷链物流系统等，提升农产品流通效率。

（三）政府扶持下需加强品牌建设

自2013年贵州省打造"100个农业示范园区"战略以来，现代高效农业示范园区蓬勃发展，但仍处于初期起步阶段，园区建设与发展对政府带头牵动的投资与招商引资项目依赖性较强。因此，各园区需加强品牌建设，打造有品质的农产品产业，以名优特主导产品去开拓市场。特别是具有贵州生态优势的农产品，如茶叶、中药材等，需要严格把关质量，通过一段时间努力，形成在国内外市场上有一定影响的名优产品，打响贵州品牌，建成有贵州山地特色的农产品产业带和关联产业群，真正实施品牌带动战略。选准主导产业，大力发展优质特色农产品。一是选准产业，合理规划布局特色农产品基地，扩大种植规模，提高优质特色农产品供给能力，充分发挥地方特色产品的优势，打造特色品牌。二是加快发展特色农产品加工业，引进培育一批农产品加工领军企业，促进初加工与精深加工协调发展，提高产品附加值，实现以工促农，推进特色农产品产业基地建设。

（四）加大财政资金投入力度

农业是国民经济基础产业，但农业投资大、利润薄、自然灾害风险大。高效农业产业园区的资金投入主要是中央财政专项资金、省级财政农业发展资金、地方政府农业发展资金、村集体、企业与个人资金几大来源，中央财政专项资金主要投向国有贫困农场。高效农业产业园区资金投入中，财政资金投入起到启动和保障作用，尤其基础设施的前期投入主要依靠各级政府财政投入。目前主要是省级下达项目资金，县级主管部门制订资金使用方案，分300万元以下和300万元以上两种项目类型。以2019年贵州国有贫困农场、高效农业示范园区、农垦公益事业资金为例，总共资助 36 个项目，其中 300 万元以上 9 个，300 万元以下 27 个，投入资金最多的是 700 万元，最少的只有 10 万元，且获得 10 万元资助的有 12 个，占比 1/3。① 10 万元投入满足不了高效农业产业园区技术更新和规模化生产需求，对企业、村集体和农民的投入预期起不到稳定作用，反而有可能形成抑制反作用，诱致地方搞形象工程骗取财政资金。按照罗斯托起飞理论，从不发达阶段进入成熟阶段，需要多次变革和外力介入，经济才能真正实现增长。高效农业产业园区同样需要政府持续性地增加投入，变革不适应园区发展的体制机制，才能稳定各方投资预期，真正建立起高效化的现代农业产业园区。

本章小结

现代农业园区是以现代科技为依托，立足于本地资源开发和主导产业发展需求，按照现代农业产业化生产和经营体系配置要素和科学管理，在特定地域范围内建立起的科技先导型现代农业示范基地，在传统农业向现代农业转变中发挥了典型示范作用，成为农业产业发展的"发动机"和"推进器"。贵州省现有的高效农业示范园区已初步具备主导产业突出、布局集中连片、生产设施先进、产品优质安全、辐射带动能力强的现代农业示范园区特征，成为贵州现代山地特色高效农业发展的主战场，成为农业转型升级与提质增效的主要载体，成为加快农村发展与农民增收的主要抓手，是农民就地市民化的助推器。未来仍需进一步完善相关制度政策机制，做好区域布局科学规划，增加投入，激发入园主体活力，健全利益联结，避免形式主义，切实把农业产业相关资本要素集中起来、高效利用，转山地劣势为山地特色优势，克服小农经济惯性，实现贵州农业的可持续发展，稳步推进农民就地市民化。

---

① 贵州省农业农村厅 . 省财政厅省农业农村厅关于下达 2019 年省级农业产业发展资金（高效农业示范园区、农垦公益事业专项）的通知：黔财农〔2019〕90 号［A/OL］. 贵州省农业农村厅网站，2019-07-02.

第十一章

新型农村社区是农民就地市民化的重要载体

农村社区是农村社会治理服务的基本单元，社区环境不良、收入差距过大、经济缺乏活力，无效治理过多，城乡融合势必基础不牢。农民就地市民化涉及农民职业非农化，农民与城市居民基本公共服务均等化，农民综合素质提升等问题，是一个综合系统化工程。近年来，农村社区微治理，新型农村社区建设，日益成为现代治理体系建设中的重点问题，也是农民就地市民化的一条重要路径。

第一节　社区的内涵及农村社区的发展

建设新型农村社区是对传统农村社区居住条件、生产生活方式、思维习惯和文化资源等方面的转型努力。新型农村社区不是简单地对传统农村社区的否定和摒弃，而是在传统农村社区基础上发展起来的，更有利于农村进步、农业现代化和农民市民化的新型农村基层自治组织。

一、社区的内涵

文献显示，作为社会学基本概念的"社区"一词，从使用之初到今天，社会学家们的理解都不尽相同，具有历史性、发展性和国情差异特点，并融入了更多的经济学、法学、管理学、心理学元素。

（一）国外学者的定义

"社区"一词最早是由德国社会思想学家 F. 滕尼斯于 1887 年出版的成名作《共同体与社会——纯粹社会学的基本概念》中提出。F. 滕尼斯认为，社区即"基于一定的地域边界、责任边界、具有共同的纽带联系和社会认同感、归属感的封闭性社会生活共同体"。① 1936 年，美国芝加哥大学的社会学家 R. 帕克把社区（community）的基本特征概括为：一是按区域组织起来的人口；二是这些人口与之赖以生息的土地有不同程度的密切联系；三是生活在社区中的人们之间处于一种相互依赖的互动关系。② 1955 年，美国社会学家乔治·希勒里通过研究和文献统计，发现学界给出的社区定义有 94 种，并给社区下了一个简洁的定义：社区是指包含着那些具有一个或更多共同性要素以及在同一区域保持社会接触的人群。1981 年，美国华人教授、社会学家杨庆堃统计发现，有关社区的定义已经高达 140 多种。在这些定义中，有的从社会群体、社会过程角度去界定社区，有的从社会系统、社会功能角度去界定社区，有的从地理区划（自然的与人文的）去界定社区，也有的则是从价值观、生活方式的角度去界定社区，还有人从归属感、认同感及社区参与角度去界定社区③。

（二）国内的研究界定

1948 年，社会学家费孝通发表了论文《二十年来之中国社区研究》，谈到 20 世纪 30 年代初期翻译 F. 滕尼斯著作及汉译词汇"社区"的形成过程。④ "社区"一词正式进入中国，学者们相继展开了对社区的相关研究。虽然，我国学者对社区概念的界定不尽相同，但从中还是可以得出其本质属性和一般特征。譬如，袁秉达认为，社区就是在一定地域范围内，发生特定的社会关系和社会活动，形成特定的生活方式和文化心理，并具有成员归属感的人群所组成的相对独立、稳定的社会实体。人口、地域、结构、文化心理是社区的基本构成要素。⑤ 徐永祥（2000）认为，所谓社区，是指由一定数量的居民组成的、具有内在互动关系与文化维系力的地域性的生活共同体；地域、人口、组织结构和文化是社区构成的基本要素。陈万灵（2002）基于现代经济学方法论提出，农村社区是一个微观主体，是把自利个人组成具有"共同利益"的组织。李敏、邱泽元、许经勇（2014）将农村社区定义为聚居在村委会驻地村和所辖村落范围内，以农业生产为主要生存手段的农村居民所组成的社会生活共同体。

现代汉语词典中对社区的解释有两种：①在一定地域形成的社会共同体；

① F. 滕尼斯. 共同体与社会 [M]. 林荣远，译. 北京：商务印书馆，1999：78.
② 里·莱恩. 都市社会中的社区（英文版）[M]. 芝加哥：芝加哥多塞出版社，1987：5.
③ 徐永祥. 社区发展论 [M]. 上海：华东理工大学出版社，2000：33-34.
④ 费孝通. 费孝通文集：第五卷 [M]. 北京：群言出版社，1980：530.
⑤ 袁秉达，孟临. 社区论 [M]. 上海：中国纺织大学出版社，2000：1-4.

②我国城镇按地理位置划分的居民区。① 在现代汉语词典的解释中，我们可以看出，第一种解释是社区的普遍含义，而第二种解释是我国特有的城乡二元结构之下的社区狭义含义，随着城乡一体化和户籍制度改革的推进，特别是国家关于城乡社区建设和治理的规定，第二种解释已经失去了意义。

综括社区基本要素和学界定义，本书认为，社区是在一定地域内由一定数量的居民组成，具有一定结构和文化的社会共同体。地域、人口、组织结构和文化是社区构成的基本要素。社区建设不是单一的社会学问题，而是涉及社会学、经济学、公共管理学、教育学等在内的系统性问题。

二、传统农村社区的基本特征

从不同的角度，可以把社区进行不同的分类。譬如，按照地域划分，可以分为农村社区和城市社区，而农村社区按照发展历史来划分，又可以分为传统农村社区和现代的新型农村社区。"社区"概念首提者德国社会思想家 F. 滕尼斯笔下的社区是由传统的血缘、地缘和文化等自然造成的共同体关系，而非社会分工的结果，共同体的外延边界主要限于传统村落社区。费孝通认为，传统农村社区是建立在血缘和地缘基础上的熟人社会，是以农业为主要活动聚集起来的人们的生产生活共同体"血缘和地缘的合一是社区的原始状态"。② 这是对传统村落社区内涵的精辟概括。本书从社区构成的地域、人口、组织、文化四个基本要素入手，分析我国传统农村社区的基本特征。

（一）地域特征

农村社区拥有广阔的地域，人口密度低，以动植物等生命有机体为生产对象，其主要生产资料是土地及其地表附属物（如水体、山丘、草原等），这是农村社区居民赖以生息繁衍的基本资源。农村社区发展的快慢优劣，与下面几个因素有直接关系。一是土地的肥沃与开发程度，直接影响着社区居民的生活水平。土地肥沃，旱涝保收，农民基本生活就有保障，反之亦然，这些自然要素资源是提供农村社区居民生活的基本保障。二是社区自然地理条件的优劣、交通条件的好坏与经济、文化中心距离的远近等。区域地理位置直接制约着本社区的经济发展水平以及本社区与外社区的交往，也是社区功能实现程度大小的重要条件。三是区域地理范围直接制约着社区规模的大小和容量。区域地理范

---

① 中国社会科学院语言研究所词典编辑室. 现代汉语词典（第 6 版）［M］. 北京：商务印书馆，2012：1149.

② 费孝通. 乡土中国生育制度［M］. 北京：北京大学出版社，1998：70.

围与区域地理位置往往存在正相关关系，凡地理位置较优越的地方，社区的范围和人口规模就有较大的张力；反之，则必然受到局限。

（二）人口特征

因生态脆弱、地理位置偏远经济中心、生产技术传统，加上大量农田、养殖水体、山林不规则分布对规模化、机械化耕作限制，农民收入长期增收缓慢，农村社区人口的数量与密度要远低于城市社区，近年来尤甚。依赖土地为生的传统农业，不需发达的社会分工，故农村社区人口的同质性较高，异质性极低，人口流动性远低于城镇，人际交往的范围也比较狭小，社会关系主要依靠血缘亲缘圈维系，特别是在小微农村社区居住的人往往非亲即故，他们守望相助，患难相恤，邻里间交往频繁，彼此较为熟悉。姓氏单一的宗族村，这种血缘亲缘关系纽带更为紧密，宗族关系、家族传统常常发挥乡村社会主要力量整合的作用。所有这些，一方面使得农村社区人际关系简单亲密、重感情、重家庭，民风比较朴实；另一方面也影响制约着居民观念的更新和文化素质的提高，从而直接或间接地影响着农村经济与社会的进步。自"乡土中国"快速向"城乡中国"变迁后，大部分农村无论职业、阶层、宗族关系都发生了裂变，但居村农民，尤其是位置偏远、传统文化浓厚、宗族人口较多的村仍保留有较大的"乡土中国"气息。

（三）组织结构特征

农村社区由于社会分工不发达、人口同质性高、异质性低及流动性小等特点，决定了整合居民人际交往之社会群体与组织在数量和结构上的简单化。农村社会组织不像城市科层制组织那样发育得层级复杂，常常依据地方风俗习惯、社会舆论、道德规范、乡规民约等非制度性因素作为社会控制机制。其中，家庭是社区群体或组织的最基本单元，承担着生产、消费和保障等多种社会功能。家庭成员和邻里交往是农村社区居民最重要的交往渠道与交往模式。在这种情况下，整个社会结构相当简单，既没有条件滋生更多的异质性群体，也无须强有力的社区行政管理系统去整合社区内资源、去干预人际交往。城乡一体化背景下，农村社区由紧密型的组织结构开始向松散型组织结构转变，但"在城村民"与"在乡村民"之间，"在城一代村民"与"在城二、三、代村民"之间仍存在紧密联系，传统的乡村组织结构模式还发挥着较大的联系纽带作用。

（四）文化特征

农村社区由于其特殊的地域状况、人口状况和组织状况，居民的文化素质、心理状态、思维模式、生活习惯、价值体系等都明显地区别于城镇社区。从本质上讲，这些差异都根源于生产方式和物质生活条件的差异，农耕文明与农耕社会相对应，工业社会必然催生工业文明与其相适应。传统的农业生产方式是较低层次的经验型生产方式，农民凭借长辈传授、自己观察、日积月累形成的生产经验即可维持原有的生活状况，在此物质资料生产基础上诞生的文化习俗也会代代传承下去，归属感自然形成。无大规模外力介入下，生产生活思维习惯会得以延续，形成固化的土地认同、文化认同、权利义务责任边界认同，进一步体现为注重家庭与邻里关系、注重血缘与宗族关系、注重维护传统文化本质，有一定排外心理，情感比较保守等。正是农村社区居民强烈的认同意识和归属感，才有"他乡遇老乡"时感到分外亲切的心理体验，以及遇事时感觉找老乡帮忙更可靠的不自觉行动意识。当然，中国是一个地域广阔、民族众多的国家，从中原到边陲、从沿海到内地、从平原到山地丘陵地区，不同农村社区的文化各具地方特色，有着相当大的差异性。这些小社区的民情、风俗、习惯、语言、生活方式最终影响农村中心社区的社会关系和社会制度形态。

第二节　新型农村社区及其对农民就地市民化的意义

传统农村社区规模偏小，部分事务已远超社区治理能力范围，又因分布过于分散，距离中心镇、中心村较远，政策信息传递容易失真，政府治理成本较大，赌博、迷信、宗教活动难以管控。新型农村社区，农民集中居住、资源集中利用、就业集中统筹、教育医疗服务均等供给，社会风险发现及时治理快速。在社会流动性加快、个人逐利本性、城镇化提速拉动下，传统农村社区存在向新型农村社区进化的内在驱动力。政府因势利导推动建立新型农村社区，实现就地市民化，是政府、社会、个人理性选择的结果。尽管转型期存在众多困难和疑虑，从长远看，结果是多赢的。

一、新型农村社区的提出及内涵

新型农村社区，既不同于传统农村社区，也不同于现代城市社区，新型农村社区从传统乡村社会中脱离了出来，在推动城乡社会协调发展，实施城乡基本公共服务均等化，实现社会和谐稳定与城乡社会融合，优化基层治理方面发挥着重要作用，是我国乡村社会现代化的重要表现，新型农村社区成为助推农民就地市民化的重要载体。

（一）新型农村社区的提出

中国是一个传统农业大国，农村一直是历代社会治理的最基本单元。社区一词出现较晚，但如何有效治理农村，却历史弥久。中华人民共和国成立后，无论是第一产业在国民经济结构的地位定位，还是农田水利整修、赤脚医生培养、村村通广播、办扫盲班，目标都是实现农村稳定和农民富裕。改革开放解决了农村温饱问题，但繁荣中也夹带衰退。尽管部分农村出现衰退是工业化、城镇化进程中的自然规律，也是必然趋势，但城乡协调发展才是现代社会的重要标志。进入 21 世纪，党和政府，一手推动工业化和城镇化，一手抓农业农村现代化，形成了工业化、城镇化与乡村振兴并举的中国特色现代化道路。

2005 年，党的十六届五中全会做出了建设社会主义新农村的重大部署。2006 年，党的十六届六中全会通过的《中共中央关于构建社会主义和谐社会的若干重大问题决定》提出"积极推进农村社区建设，健全新型社区管理和服务体制，把社区建设成为管理有序、服务完善、文明祥和的社会生活共同体"的号召，这是第一次在中央文件中使用"农村社区"和"新型社区"概念。2007年，党的十七大再次强调把城乡社区建设成为"管理有序、服务完善、文明祥和的社会生活共同体"，说明中央已经把农村社区统一纳入城乡社区建设体系当中，成为城乡一体化建设的重要组成部分。之后，建设农村社区的活动在全国普遍开展起来，新型农村社区应运而生。

以城镇化、工业化、市场化、信息化为核心的现代化正使乡村社会经历着深刻的转型与变革，这种转型与变革不仅体现在基层经济、政治、文化领域，还体现在与民众日常生产生活密切相关的乡村社区社会微观领域，它改变着乡村民众的生活习惯、行为方式、价值观念，重新塑造着具有现代性特征的乡村社会关系及公共空间领域。乡村社会逐渐卷入工业化、市场化、城镇化后，传统乡村社会开始发生深刻变革，乡村社会呈现出"去村落化"特征，当代农民趋向市民化，当代农业发展趋向工商化，乡村社会的现代性特征日益明显，并逐步发展为与城市基层社会同等重要的社会新形态，传统农民正在走向历史的终结。

新型城镇化背景下，为统筹城乡发展，国家积极开展农村社区化建设，把管理有序、服务完善、文明祥和的新农村社区作为新型城镇治理体系的基础单元，以及国家基本公共服务下乡的承接载体。近年来，作为社会微观细胞的乡村社区在现代化冲击下，变迁速度开始加快，不断呈现新的发展趋势，表现出新的特征，这是我国乡村社会转型发展的微观体现，这不仅带来了农村经济空间的重构和农民生产生活方式、价值观念的市民化转变，而且有利于农村基层治理体系的现代化。

（二）新型农村社区的含义

新型农村社区是农村发展的必然趋势，其建设和管理有别于传统农村社区，具有独特的含义和特征。新型农村社区是城乡基层社会的重要连接点，是城乡一体化发展及构建新型城乡关系的有力支撑，也是传统乡村社会现代化发展的重要标志。

韩芳（2017）认为，从全国各地的实践来看，所谓新型农村社区，是指打破原有的村庄界线，把两个或两个以上的自然村或行政村，经过统一规划，按照统一要求，在一定的期限内搬迁合并，统一建设新的居民住房和服务设施，统一规划和调整产业布局，组建而成的具有新的居住模式、服务管理模式和产业格局的农民生产生活共同体（也称为"中心村"）。闫文秀、李善峰（2017）认为，农村新型社区是在统筹城乡发展、促进城乡公共服务均等化、改变农村落后面貌，提高农民生产生活条件、节约集约利用土地、发展现代农业的目标下，按照统一规划和要求，打破原有村庄地域界线，依照城市社区居住方式将原有村庄重新规划改造或者将两个或两个以上村庄合并建设而形成的现代社会生活共同体。新型农村社区不同于传统的农村村落，也不同于城市社区，是在城乡一体化进程及乡村振兴战略实施中新建或翻建的以农民为主体的社区[1]。社区成员关系业缘化、复杂化，社区文化时代化，活动空间扩大化。[2]

上面几位学者对新型农村社区概念的表述侧重点不同，但基本含义一致：新型农村社区打破了原有村庄的地域界线，将原有村庄重新规划改造或者将两个或两个以上村庄合并建设；新型农村社区建设的背景是统筹城乡发展，是居住空间、社会关系、生产生活方式的适应与重塑过程；新型农村社区建设的目的，是促进城乡基本公共服务均等化，实现农民就地市民化，无论这种市民化是主动性适应还是被动性形成，都是城镇中国发展的必然要求和乡村变迁趋势。

二、新型农村社区的特征

新型农村社区相对传统农村社区，一是建设的标准新。新型农村社区是用新型城市化社区的建设理念来改造农村，以现代产业体系支撑农村，以公共服

① 刘伟，笪丽芳. 乡村振兴战略下新型农村社区治理模式研究 [J]. 上海城市管理，2020，29（2）：17-20.

② 梁瑞智. 新型农村社区的特征及管理对策 [J]. 中国集体经济，2018（27）：6-7.

务均等化覆盖农村而建设的农村社区。二是基本功能新。新型农村社区与传统的村落社区完全不同，而是综合具备了教育、医疗、就业、产业、服务等基本功能单元。第三是最终目标新。让农民"既不离土也不离乡"，能够就地转变生产方式，转化生活方式，实现就地市民化，共享现代文明。新型农村社区亦城亦乡，兼具传统农村社区与现代城市社区的部分特征，是传统农村社区向现代城市社区转型的过渡类型，与传统农村社区相比，新型农村社区具有以下特征和优势。

（一）公共服务体系更加健全

李培林在《新型城镇化与突破"胡焕庸线"》一文中指出：城乡基本公共服务均等化，首先是政府服务均等化，包括建设规划、供水、供电、交通、垃圾处理、环境整治等。应逐步把城乡统一纳入政府公共服务框架，让乡村真正美丽起来，让农民的日子过得更好。随着经济社会的发展，新型农村社区建设不断铺开，对社区基础设施的配套要求和建设水平也必然会越来越高，同时也会催生出更多的民生需求。这就要求新型农村社区必须要不断完善基础设施，用以满足社区居民群众日益增长的物质和精神的、生产和生活的各项需求，这与传统农村难以满足的生产生活需求形成了鲜明对比。新型农村社区的道路、供电、供水、通信、购物、电脑网络、有线电视、垃圾污水处理等各项设施基本齐全，完全可以保证农民生产和生活的需要。

社区公共服务是在当地政府组织倡导下，以整个社区为单位开展的社区居民的自我管理和服务，是一种有利于提高社区居民生产生活质量，兼具公益性、福利性、便民利民性的社会化服务。新型农村社区服务体系较之前的传统农村有质的提升和明显改变，基本上涵盖了城市社区的所有功能和作用，包括社会福利服务、便民利民服务社区卫生服务、社区教育培训服务等。新型农村社区的社会保障体系更为健全完善，在居民就业、最低生活保障、新型农村合作医疗、农村"五保"供养、九年制义务教育"两免一补"、大病救助、居民养老保障等方面基本实现了广覆盖、无缝隙，与新型农村社区建设相辅相成，在一定意义上互为促进。可以说，成熟的新型农村社区，教育、卫生、文化、体育、科技、法律、计生、就业、社保、社会治安、社会福利等政府各项服务全面覆盖，很多事情群众不出村也能办到。

（二）现代农业生产内涵更加丰富

传统农业生产主要涉及初级农产品的生产和供应，投入单一、产品附加值低，经济效益不高。现代农业生产与传统农业生产相比，内涵更为丰富、外延更加广泛。现代农业已由原来单一的农业生产环节向经济社会各个领域延伸。从产业功能上看，新型农村社区的现代农业不但能够实现农产品的高质量供给，而且集观光、度假、休闲、旅游等众多功能于一体，大大拓展了农业的发展空间。前提是，集体所有权、农户财产所有权有明晰界定，允许农民的土地承包经营权在规定用途下流转抵押。只有存在大规模的土地流转，才有可能集中耕种、集约利用，提高农产品经营效益，发展好现代农业。新型农村社区的选址，一般优先考虑交通便利、有产业基础、周边村资源丰富的村落。先行先试先发展的新型农村社区，以现代农业产业为中心，辐射带动周边农村地区转变生产方式、就近就业，最终会推动农业增效、农民增收、农村发展，为整个"三农"问题的解决开辟一条新思路。

（三）社区居民综合素质全面提升

新型农村社区强调居民主体意识与集体意识同步增强。家庭联产承包责任制和市场经济推动下，农户家庭经济主体地位上升，基本是以户为单位自主安排生产、自主分配家庭成员务工或务农分工，收益家庭成员共享、风险共担，对集体事务反而淡漠、无意识。新型农村社区强调主体意识，保护农户家庭生产经营积极性，同时也特别强调公共意识和集体意识培养，新型农村社区公共事务的解决，社区居民自身权益的维护，主要依靠全体农户的团结合作、民主协商、共同维护，是更高层次的村民自治。

首先，市场意识增强。市场经济中，农民要增收、农业要增效、农村要发展，都需要农民根据市场需求谨慎判断市场风向、合理调整产品结构，积极应对市场风险，这个过程是农民磨炼自身、提高自身、完善自身的过程。新型农村社区存在比传统农村社区更大的市场容量，交易机会多、增效改进的空间也大。农民市场意识的培养和驾驭市场能力的提高，将与新型农村社区建设形成积极的互动。

其次，法律维权意识和能力提高。由于历史原因，传统农村社区居民的法治意识淡漠。日常生产生活中，很多农民在权益受到损害时往往靠家族来解决，难以拿起法律武器来保障自身的合法权益，或者主观上想利用法律来解决，却没有有效渠道，不知道如何实践。而在建设新型农村社区过程中，广大农民直接参与，充分发挥主体作用，不仅培育了主体意识，而且在民主决策、民主管理和民主监督中提高了法律意识，增强了法治观念，锻炼了用法能力，能在一定程度上改善农民的弱势地位，为加快新型农村社区建设提供了必要的保证。

最后，合作意识增强。"村是村，我是我"是一种典型的利益分割、利益对立下的集体无意识表现，集体无意识的行为表现就是集体冷漠，只扫个人门前雪，不管他人屋上霜，英国学者哈丁（Hardin）称之为"公地悲剧"，结果是村集体公共事业凋敝，公共林地、水库、农耕道路被无序开发、过度利用，反向给农民生产生活带来极大不便利。新型农村社区倡导社区是一个利益共同体，农民群众享受新型社区带来的益处，也要亲自参与其中，自觉履行守护和建设义务。培养团结合作共享理念，实现小农意识到社区集体意识的转变，甚至比土地流转、集中居住工作更要先行。新型农村社区的共享共治理念定位，无疑会提高农民的集体意识。

（四）社会治理结构更科学

传统农村社区，人口世代居住、农业为主、人员流动小，社会秩序封闭稳定。除了城市郊区、中心镇的农村社区，大部分的新型农村社区是以中心村为圆心流转周边村土地、合并周边村农民而成。房屋被拆、土地被征用，农民非农化，大量外来人员进入新社区，新型农村社区的人员结构发生了巨大变化。一部分社区农民继续外出务工，一部分在社区非农就业，一部分在农业企业继续务农，就业结构也发生了较大变化。新社区生活节奏加快，社区成员关系业缘化、复杂化特征明显，曾给传统农民带来很大精神困扰，也给政府治理形成了很大挑战。问题的存在往往和解决问题的办法同时产生，许多地区探索的村民小组自治，社区服务中心直接管理，政府政策引导的方法，尊重了农民主体性地位，保护了社区管理者的积极性。由于政府管理更多运用税收优惠、转移支付、项目扶持等手段，降低了政府管理成本，减轻了政府负担，也提高了治理效率。新型农村社区治理结构和治理手段的现代化更新，扩大了农民生活空间，使农民能更好地体验现代文化，也为乡村治理体系现代化的实现搭建了很好的平台。

（五）居住环境更加优美

传统农村，农民依山傍水而居，就地取材生火做饭，生态环境较好，但物质生活贫乏、精神生活单一，而真正美好的生活是生活富裕、生态优美、乡风文明。新型农村社区规模不一，社区人口少则几千人，多则上万人乃至几万人，建设质量取决于当地经济社会发展条件、资源禀赋和环境条件。共性的特点或标准是，新型农村社区建设要秉承"绿水青山就是金山银山"理念，注意环境的美化、绿化、亮化，绿树成荫，花草遍地，娱乐休闲设施齐全。社区居民的住房设计要科学，体现差异化需求，既有独门独院的别墅，也有多层、高层、廉租房等不同样式、不同面积的套房，居民可以根据自己的需要和财力状况选择不同的住房标准。使用清洁能源，统一使用净化饮水源，工厂有专门的工业废水处理设备，生活区铺设有专用的生活污水管道。

三、新型农村社区对农民就地市民化的意义

新型农村社区建设，既不能等同于村庄翻新，也不是简单的人口聚居，而是通过新社区建设，改变农民生活和生产方式，提升农民生活质量，集约节约用地，调整优化产业结构，发展农村二、三产业，推进农业现代化，促进农民就地就近转移就业，加快缩小城乡差距，让农民享受到跟城里人一样的公共服务，过上像城里人那样的生活，共享经济发展、社会进步所带来的物质文明和精神文明成果。

（一）居住条件市民化

新型农村社区建设打破了原有的一家一户、居住零散的村庄界限，把自然村或行政村搬迁合并，按照服务设施配套齐全、管理完善、环境优美的要求，进行科学规划、合理布局，从根本上改变了以往农村"脏、乱、臭、陋"的面貌，实现了社区农民居住条件的市民化。

（二）生活方式市民化

生活在新型农村社区的居民，彻底改变了传统农民"日出而作日落而息"的农耕生活方式。随着收入来源的多样化，发展性消费在总消费支出中的比重上升，劳动的效率提高给农民节约出更多闲暇时间，新社区配套的文化娱乐设施为农民提供了便利。在社区内，居民可以到阅览室看书看报，到中心广场去运动健身，在家可以上网、看电视，人们可以像城市人一样学习、健身、生活。

（三）就业收入市民化

一部分入社农户土地经营权完全流转，选择外出务工、经商或本地企业就业。有些农民选择部分土地流转土地，部分土地自耕自种自用自销，流转后保留的自用地距离社区一般较远，主要是家庭中的老年劳动力耕种，其他人仍然务工或经商。流转的土地由社区集体管理，承包给企业或家庭农场使用。不管有无土地，绝大多数农民实现了职业非农化，要么作为产业工人上班，要么自主创业当老板，农民的收入也绝不再靠以往的"一亩三分地"，工资收入、转移支付收入、经营收入、出租收入、合作社利润分成收入等收入形式和收入结构，几乎与城市市民无差异。

（四）基本公共服务市民化

生活在社区的农民基本实现了医疗、养老、教育等基本公共服务全覆盖。

社区老年人可自主选择居家养老、互助养老或集中养老，社区为每位老人建立了健康档案，提供专业化、个性化养老服务；社区医疗中心可提供便捷的医疗指导，轻病症患者诊疗康复、重病症患者抢救和转移；统筹配套的幼儿园和义务教育学校，可解除务工经商社区居民子女教育的后顾之忧。以往只有城市居民才能享受到的各种社会福利，新型农村社区的居民同样可以享受。

第三节　新型农村社区建设存在的困境及思考
——以北斗湾小镇为例

一、北斗湾小镇（麻郎新型社区）情况概述

北斗湾小镇是贵安新区为帮助高峰镇麻郎、桥头、狗场三个贫困村走出贫困境地而新建的生态移民小镇。

（一）北斗湾小镇（麻郎新型社区）建设背景

《贵州省人民政府关于深入推进新时期易地扶贫搬迁工作的意见》（黔府发〔2016〕22 号）提出，坚持"政府主导、群众自愿，量力而行、保障基本，统筹规划、合理布局，自力更生、精准脱贫的要求，对居住在'一方水土养不起一方人'地方的建档立卡贫困人口和确需同步搬迁农户实施易地搬迁，落实后续扶持政策措施，强化搬迁成效监督考核，确保贫困群众搬得出、稳得住、能就业、有保障，实现脱贫致富"。[①] 2017 年，贵州提出实施"大扶贫、大数据、大生态"三大战略行动，发展大数据产业，打赢脱贫攻坚战，以示范小城镇为引领，精心打造 10 个世界知名的特色小镇，重点培育 100 个全国一流特色小镇，强力助推全省 1000 个以上小城镇同步小康。贵安新区麻郎村、狗场村、桥头村是高峰镇下属 3 个贫困村，共 676 户 2839 人，有千亩稻田果园，因交通不便、落后闭塞，没有特色产业支撑，村民们一直依靠传统农业勉强维持生计。2015 年，精准扶贫"回头看"最终确认 3 个村有 229 户属于贫困户，800 多人认定为贫困人口。随后，贵安新区结合贵州三大战略，提出一廊一带一园六镇的"1116"发展模式，其中一园即为 VR 产业园，计划以 VR 产业为引领，服务产业为配套，打造世界级 VR 产业聚集地，把"大扶贫+大数据+大旅游"紧密

---

① 贵州省人民政府. 省人民政府关于深入推进新时期易地扶贫搬迁工作的意见：黔府发〔2016〕22 号［A/OL］. 贵州省人民政府网，2016-08-10.

结合起来，实现脱贫致富、区域产业升级、推动城镇化建设三重目标。这是北斗湾小镇（麻郎新型社区）建设的背景。

（二）北斗湾小镇（麻郎新型社区）建设成效

北斗湾小镇实施大数据引领、大旅游增收、就地就近城镇化、龙头企业带动、公司化运作、政策托底"六个一批"扶贫工程，取得了一定成效。

第一，"VR+"把虚拟与现实产业有效聚集，引进VR相关企业入驻，让VR走进美丽乡村和传统村落，打造"食、住、游、购、娱"五大业态，助推贵州本地旅游业和VR关联产业发展。土地流转、异地搬迁到中心镇的村民主要从事旅游服务业和到农业园区务工，社区保障有劳动意愿和能力的搬迁户每户至少1人就业。对其他村寨实行"农户+园区+企业+合作社+基地+市场+电商"发展模式。特色农业、养老产业和旅游产业已成为麻郎新型社区主导产业。全村人均收入从2014年的4000多元增加到了2016年的7200元，2018年再次增加到接近8000元。

第二，家家实现"三管入户"，集中供暖、中水入户，直饮水、中水和自来水随时可用。安装夜晚路灯自动系统，配备1591个停车位，每家都有固定停车位。紧挨社区就有双向四车道的柏油大道，在不远处还有双向六车道的北斗湖城市干道，已开通北斗湾小镇—综保区—大学城、北斗湾VR小镇—清镇职教城—世纪金源（金阳）、北斗湾VR小镇—花溪公园等多条定制公交线路。社区配建有文化广场、幼儿园、农贸市场、计生卫生服务中心、村民食堂、村民祠堂、博物馆、敬老院等生活、文化、休闲、娱乐基础设施。社区与居民携手，多次举办多彩音乐周、民族山歌周、书画熏陶周等活动，为当地聚集人气，带动文化产业发展，也让社区群众在经营中获利、增加收入。

第三，考上大学有资金奖励，生病有医保。麻郎社区城乡居民医疗、养老和最低生活保障制度全面并轨，全民参保，特殊困难群体参保特惠，引入社会力量发展养老事业，对80岁以上老人实行长寿补贴。建立了"基层首诊、双向转诊、急慢分治、上下联动"的分级诊疗体系，实施全人群、全生命周期的健康管理、医疗服务、慢病康复和养老服务，每个居民都有一个"健康账户"。麻郎社区居民在就业、教育、医疗、社会保障，以及保障性住房等方面与城市居民享有同等待遇。

第四，建立市民培训中心、创业就业服务中心，根据实际情况对农民进行分期、分类培训，经过培训之后，可以到附近的云漫湖、VR小镇上班。对发展农家乐、民宿客栈的自主创业农户提供每户5万元以内、贴息3年的优惠贷款。

社区同步配置农村电商平台，构建了金融信贷、物流配送、电子商务为一体的农村电商生态服务体系，建立地理、人口、企业、项目等信息和电子政务、社区云平台等系统。通过发展互联网经济、乡村旅游、现代高效农业和推动创新创业等有效途径，建立起有利于增加城乡居民工资性、经营性、财产性收入的长效机制，让群众在舒适的生活环境中，也能有创业和就业机会。

第五，在社区基层组织管理方面，推进组织体系全覆盖，人人纳入基层组织管理。整合各类资源，推进矛盾联调、治安联防、问题联治、事件联处、平安联创。管理模式由村向社区逐步过渡，每个居民都能享有基本公共服务，一站式满足居民生活需要。

北斗湾小镇给搬迁户每人有 3 个平方的门面，村民不仅拥有一个良好的现代居住环境，还能通过整合关联产业，通过土地流转、门面出租和景区门票分红获得稳定收入，解决村民生产发展的后顾之忧。如今的北斗湾小镇集"产业规划展示、科普教育宣讲、田园旅游体验、创新创业、交易平台展示"五大功能于一体，把易地搬迁扶贫、美丽乡村、特色小镇、产业小镇的发展紧密结合起来，成了贵州产镇融合示范小镇，是对以新型社区方式推动农民就地市民化模式的有益探索。

（三）北斗湾小镇（麻郎新型社区）建设问题

第一，主导产业的主导作用不强。产业按产业链中的地位可划分为主导型产业和关联型产业。北斗湾 VR 小镇的主导产业是 VR 孵化、研发、生产、体验、交易和运用，关联型产业是特色农业、乡村旅游和生态养生度假。高盛预计，到 2025 年全球 VR 产业将形成 1820 亿美元的市场规模，到 2020 年，中国市场规模将达 85 亿美元。艾媒咨询发布的《2015 年中国虚拟现实行业研究报告》预计中国 VR 行业年产值在 2020 年有望超 550 亿元。但 2016 年下半年开始，项目资本遇冷，VR 市场开始从狂热趋于冷静。目前，北斗湾小镇 VR 项目招商引资困难，加上地方政府投入能力不足，后期建设十分乏力，规模难以做大，质量很难提升，人气不足。主导产业增收能力下降，累及关联产业效益递减。

第二，特色趋于平常。省外比较看，北斗湾 VR 小镇与福州新区早期的东湖 VR 小镇、合肥肥东 VR 小镇、邳州 VR 小镇、广州星力 VR 小镇的发展理念和发展重点并无实质差别，这些 VR 小镇为争抢 VR 企业、VR 研究机构和 VR 人才进行恶性竞争。贵州在基础设施、工作场地、企业上市、人才公寓、数据租用费用补助，产业基金、贡献奖励方面的支持和优惠政策力度弱于其他地区。

北斗湾 VR 小镇更显得平常，单靠吸引群众的好奇心难以持久。从省内看，北斗湾 VR 小镇的关联产业也存在同质竞争问题，如都匀毛尖小镇、丹寨万达小镇、贞丰三岔河运动休闲小镇、安顺旧州古镇等，本质上都是在发展乡村游，吸引有限的消费群。

第三，基础设施和公共服务质量趋于下降。因产出效益增长乏力，北斗湾小镇除了按时交付了易地搬迁安置房，近年来在基础设施扩建、卫生设施、文化中心等方面的投入增长有限，一些设施出现锈蚀、损坏、无人维护的状况，个别卫生服务中心医生护工离职，部分农田大棚破旧，自动化耕种设备被弃用。因游客减少，进城公交车班次数量也在下降。

第四，社区管理方式不够精细。北斗湾 VR 小镇由政府、村镇、企业、民间社会资本等多方合作建设，资源共享，利益各得其所。事实并不乐观，多元投资、共同管理也会产生治理乱象，政企关系交错，社区上层管理者利益至上催生信息霸权，进而导致基层群众集体冷漠。一部分社区居民再次选择到大城市务工，还有部分居民要求退回流转的土地，党群干群关系出现裂痕，社区处于紧张性稳定存在状态，不利于社区的健康持续发展。

总体来看，北斗湾小镇（麻郎新型社区）可以促进本地区生态环境、现代农业、文化和旅游观光、现代产业培育、城镇综合治理，也构建了"文化+""旅游+""互联网+"等新型产业形成生态集群。但要实现 VR 产业与大数据、全域旅游业、新型城镇化的紧密结合，形成就地市民化的典范，仍需要把项目特色与当地自然人文风景形成强势互补，与周边城市产业、经济、人口形成广泛连接，形成区域经济增长极，持之以恒增加投入推进基础设施和公共服务的均等化。

二、新型农村社区助力农民就地市民化存在的困境

加拿大著名哲学家查尔斯·泰勒（Charles Taylor）指出，"我是谁"是涉及人的安身立命问题，"如何回答这个问题，意味着一种对我们来说是最为重要的东西的理解，知道我是谁即是认识我应该立于何处"。① 作为现实生活中的人，"我是谁"不仅是一个哲学问题，更是涉及一个人的社会身份和扮演的社会角色定位问题。在中国，提起农民，人们多数想到"面朝黄土背朝天""日出而作，日落而息"的老农民形象，土地历来是世代农民的命根子，至今仍承担农民最

---

① 查尔斯·泰勒. 自我的根源：现代认同的形成 [M]. 韩震，等译. 南京：译林出版社，2001：37.

后社会保障的功能。随着新型城镇化推进，农民身份、角色、阶层也在分层转化，非农收入成为农民的主要收入来源，农户由零散的独家独院居住到楼上楼下集中居住，农民变成了社区居民，其生活生产方式在不断向市民化方向变迁。但由于主客观因素影响，新型农村社区农民就地市民化还存在一些障碍。

（一）新型农村社区投入不足

新型农村社区建设是解决"三农"问题的重要途径，需要政府投入大量的人力、物力、财力，也就是新型农村社区建设的成本问题。新型农村社区建设最终依靠农民发挥本体性作用，发挥企业的主体性作用，激发其内生动力，但前期主要依靠政府的推动。新型农村社区建设是一个包括社区基础设施建设、征地补偿、失地农民安置、就业、社会保障、社区居民职业化教育培训等内容在内的庞杂系统工程。政府作为新型农村社区建设的主要建设者和公共利益维护的责任承担者，应该承担主要建设成本。实践中，新型农村社区建设资金压力大、社会效益高、经济效益低、成本回收周期长。若优惠政策不够大，对企业就没有多少吸引力，各级政府面临巨大的财政支出压力，对新型农村社区建设投入往往表现得"心有余而力不足"，这与新型农村社区建设的资金需求差距甚远。其他的建设主体，如社会组织、社区居民目前的参与度也比较低，社会组织参与社区建设主要表现在宣传组织方面，而农民作为新社区居民对新社区建设具有被动性，尚不能有效激发他们对社区建设的积极能动性。因此，由于各方建设供给能力不足，造成新型农村社区建设往往是"虎头蛇尾"，与城市社区软硬件相比，尚存在不小需求差距。

（二）农民非农化职业转化艰难

农民长期生活在农村，文化水平有限，又没有多少机会接受劳动技能培训，就业能力非常有限，进城务工后多从事又脏又累的建筑业以及没有什么技术含量的制造业和服务业，家庭资金和创业能力均不足。还有部分农民思想观念落后，市场和法律意识淡薄，生活方式单一，交往方式封闭，行为方式散漫。这些都制约了农民职业素养的形成。在土地流转或征用被集中"上楼"成为新型农村社区居民后，传统的种养殖收入消失，工资、租金等非农收入成为其收入主要来源，这迫切需要他们尽快适应新的就业环境，开拓新的增收机会。但由于部分新型农村社区适合农民的工作岗位较少、就业信息不通畅、转岗就业培训跟不上，导致社区新居民就业困难重重，尤其那些学历低、年龄大、转岗能力差的社区新居民，只能继续从事环境差、劳动强度大、技术含量低、工作时间长的工作，更没有优势与城市居民竞争好的工作岗位。在激烈的岗位竞争下，一些头脑灵活的农民,逐步主动或被迫走上自主创业之路,或卖烧烤、摆流动地摊,或从事中介服务,收入增长十分有限。也有部分农民拿到了高额拆迁补偿款后,既不会创业,也不主动外出找工作就业,逐渐沉迷赌博、坐吃山空,以致人生方向迷失、空虚度日。

(三)基础设施和基本公共服务滞后

基础设施和基本公共服务是社区建设的重要内容,包括基本生活设施、公共设施、就业培训、医疗卫生、文娱健身、安全教育、科技文化、社会保障、环卫绿化、日间照料中心、基层行政等内容。由于政府在规划新型农村社区时标准低、准备不充分,多数定位为"安置社区",没有将其纳入城市社区管理体系,导致很多新型农村社区硬件设施不齐全,特别是文化建设投入不足,很多新型农村社区没有配套的菜市场、超市、社区医院等方便居民生活的基本场所,缺少居民阅览室、文化活动中心等基本文化活动场所,更没有电影院、健身房等需要大量资金投入的文化娱乐场所。农民仍以看电视、打扑克牌、搓麻将作为闲暇时的娱乐方式,缺少陶冶情操的精神文化享受。

公共基础设施及文化服务资源的短缺,限制了城市生活方式对农民的引领,制约了社区居民城市生活习惯、思维方式、价值理念的形成。农民市民化最重要的标志就是能够享受到与城市居民均等的社会基本公共服务,而在社会保障方面,由于城乡二元社会结构影响,我国社保仍然采用"城乡两条线"标准,城乡基本公共服务并没有完全实现对接和并轨,居住在新型农村社区的居民的社保也没有完全纳入城市社会保障体系中,与城市居民相比,社区农民在医疗、养老等方面的补助金额、范围仍然是低起点、低标准、低覆盖。与城市居民在社会权利和基本公共服务的差距,阻碍了农民对新市民身份的认同。

(四)农民市民化人格思维缺失

新型农村社区通过村庄合并规划改变了农民的聚居模式。集中居住的生活模式打破了以往村与村、组与组,以及家庭、宗族的传统居住格局,人口、家族结构异质化,形成了"大杂聚,小聚居"新的人际关系,并为人们提供了城市化的公共服务,目的是以城市性取代乡土性,以现代性取代传统性,逐步转变农民浓密的思维方式、生活观念、行为习惯,使其拥有"城市性",并最终成为名副其实的市民。① 虽然新型农村社区的建设消除了显性的地理界限隔阂,但城乡二元结构下的特殊身份安排已经内化为农民的"先赋"身份,使农民文

---

① 厉有国. 农民市民化与新型农村社区文化建设[J]. 理论导刊,2014(9):70-72.

化界限、认同界限还会在相当长的时间内存在于人们的心中。调查当地村民发现，他们对世代生活的大狗场难舍难离，村民普遍对搬迁持否定态度，并曾为此上访过。究其原因：

第一，农民短期内无法适应新型农村社区城市化的现代管理方式。在社会管理方面，农民习惯于自我管理、自我教育、自我服务的低成本村民自治模式。农民住进社区，多了一份物业管理费支出，日常生活支出全部货币化，生活成本增加，一时难以适应。卫生费、管理费、停车费、水电燃气费、取暖费用是入住居民共同关心的话题，对于新型农村社区要缴纳的物业管理费、垃圾清运费、停车费往往存在抗拒心理，较长时间内摆脱不了传统农民思维的影响。

第二，农民传统生活习惯与新型社区的现代生活环境产生冲突。部分居民由于长时间处于农村生活意识和生活状态，不文明的生活习惯一时难以改变，存在抗拒缴纳社区物业费（生活成本的增加）、乱搭乱建违章建筑，违规饲养家禽，侵占公共绿化草地种蔬菜等不文明行为，以及红白事办理的封建习俗与社区文明建设的冲突现象。农民习惯于散漫、缺失规则意识而自由自在的农村生活，在社区生活中表现为在公共场所乱丢生活垃圾，不爱护公共绿地，甚至占用社区绿化种植蔬菜，养鸡拴狗养猫等。贵州各地农村非常看重中元节（每年的农历七月十四，俗称"七月半"），在临近七月半的头天晚上，家家户户都要走出门为过世的亲人焚烧大量的香灰和纸钱，在分散的一家一户的村落居住时，农民多在自家屋后路旁进行。搬进社区居住后，大多居民七月半的祭祖活动则在小区消防通道或垃圾中转箱停放处空地集中进行，搞得小区上空硝烟弥漫，保安人员劝阻也无效，严重影响小区的环境，也存在极大的安全隐患。

第三，在社会交往方面，新型农村社区的建设打破了原有的农村以地缘和血缘为主的人际关系和"熟人社会"，逐渐建立起以理性和业缘为主的人际关系，街坊邻居之间关系疏离。麻郎新型社区里，苗族、布依族、仡佬族等多个民族生活在一起，彼此楼上楼下居住从来没有如此接近，在日常生活、信仰、习俗、交往等方面产生民族纠纷是难免的，一旦产生矛盾都不知道如何处理。

新型社区农民既向往现代城市生活，又不能自如应对城市压力；既不想受传统农村社会关系的约束，又时常怀念农村田园式的生活。因而，不可避免地出现"既不纯粹是农村状态，又非纯粹城市型状态，呈现为一种混合型的精神气质"。① 这种乡土性与城市性、传统性与现代性的矛盾和冲突，造成社区居民

---

① 吴业苗. 农民转身：新型农村社区的适应处境与公共服务建设 [J]. 浙江社会科学，2013（1）：98-107，158-159.

心理上的不适，阻碍了农民市民化人格的形成。

三、加强新型农村社区建设助推农民就地市民化的策略

新型农村社区为农民就地市民化构建了一个可能实现的空间，但由于"由血缘和地缘关系联结的乡村灵魂，它在农民和农业的载体消逝之后，仍然会长期地'存活于世'"。① 这就决定了加强新型农村社区建设助推农民就地市民化工作，是个内外重塑的系统过程，需要一定的耐心，多向度发力。

（一）价值导向：尊重农民意愿、维护农民权益

美国著名心理学家泰勒·哈特曼认为，当一个群体行为是正确的并且希望被其他成员所认可和接受时，人们通常会倾向选择从众。② 农民对任何行为都有相应前景预期和评判标准，因此，在农民市民化推进过程中，应从思想与现实层面去除以往相关实践中农民的"被集中""被上楼"心理感觉，充分尊重他们的意愿，切实维护他们的利益，为农民增收开源辟航，充分尊重他们的生活习俗、生活方式与宗教信仰，有效保障其社区公务知情权、基层选举权、社会保障权、困难补贴权等应享有的一些基本权利。兼顾国家、集体与个人三者利益，妥善解决集中农户的短期实惠与长远利益，建立和完善失地农民合理、规范、多元的社会保障机制。同时，因市民化工程的系统性与复杂性，任何一次实践都不能一蹴而就，应从战略规划、制度设计、政策制定与落地、效率考核等方面着力，按计划、分阶段、有序有效地展开。

（二）主体建设：更新农民观念、加大技能培训

作为城镇化进程主体，大多数农民在观念上仍保留有传统农业社会以农为业的小农思维惯性，虽然他们主观上都希望改变务农命运，但当失地后面临一系列经济与交往压力时，多有怀旧情结。这就要求存在市民化农户迁入的社区组织，必须在思想层面加大对农民观念更新的宣传力度，因地因人施策，帮助农户摒弃传统择业观，加强社区精英人士先进观念的影响力度。进入社区居住后，部分市民化农民将从事非农职业，为提高其从事非农行业工种的就业竞争能力与适应能力，各地应制订专门针对失地农民的职业技能提升计划，划拨一定专款，专用于对他们的职业技能培训，帮助这些农户拓宽就业渠道和创业途径，在"授鱼"保障其基本生活的同时，多以"授渔"方式从源头上丰富这些

---

① 李培林. 村落的终结——羊城村的故事 [M]. 北京：商务印书馆，2004：33.
② 泰勒·哈特曼. 性格色彩密码 [M]. 曾桂娥，译. 武汉：长江文艺出版社，2010：59.

农户的收入来源构成，进而提高其收入能力和收入水平。

（三）客体服务：构建新型社区综合体

新型农村社区"阁楼式"的居住方式阻隔了邻里间的日常交往，解构了农民所熟悉的乡村"熟人社会"，部分新入住社区的农民出现不同程度的价值观念与社会交往适应性障碍。因此，应在增强社区凝聚力、规范社区治理、打造社区文化等方面着力构建新型社区综合体，以提升市民化农民的身份认同、活动参与度和集体归属感，进而帮助社区定居农民尽快适应新的生活方式，提升其社会交往能力，积极主动地参与社区活动，自觉融入社区大家庭。

本章小结

一类新型农村社区是由经济实力较好的传统农村社区自然转化而成，社区经济相对独立、乡村社区文化相对保留完整、社会结构大体稳定，社区成员归属感认同感较高。另一类新型农村社区是移民搬迁、城市扩张的结果，社区经济形式多样、社区人员结构多元，传统乡村社区文化受外来文化冲击接近解体，社区共同意识下降，缺乏强烈的认同感归属感。无论哪一类的新型农村社区建设，都有利于形成集约化经营和多元化发展布局，提高土地资源利用效率，增加收入机会，提高农民收入水平。新型农村社区居民也更容易获得与城市居民一样的居住条件、享受均等质量的公共服务，直接接触到更多的新思想、新文化、新科技等新事物。所以，新型农村社区是农民就地市民化的重要载体，契合乡村振兴和新型城镇化战略要求。建设新型农村社区，一是要有产业支撑，且产业方向与地方文化和资源相适应；二是增加基础设施投入，提高公共服务水平；三是大力发展新型农村社区农民教育，获得城市谋生职业技能，在思维方式、生活习惯、行为方式上尽快适应现代新型社区步伐；四是完善新型农村社区管理，尽力消减传统亲缘血缘关系向业缘事缘关系转型过快给农民带来的不安全感，在新的人缘业缘基础上建立新的归属感，提高新社区认同感。

第十二章

贵州农民就地市民化的 SWOT 分析及推进

SWOT 分析法是 20 世纪 80 年代由美国管理学教授海因茨·韦里克提出的一种企业战略分析方法，S（Strengths）代表优势，W（Weakness）代表劣势，O（Opportunities）代表机遇，T（Threats）代表威胁，后来被学界广泛用来全面分析自己研究对象并作为寻找解决问题的依据。本章在前述章节研究基础上，运用 SWOT 方法分析贵州省城乡一体化战略在推进农民就地市民化方面存在的优势、劣势，面临的机遇和挑战，全面认识农民就地市民化的内部条件和外部环境，提出推进贵州农民就地市民化的原则、思路、措施，以协调推进贵州新型城镇化与乡村振兴战略，缩小城乡差距，让城乡居民共享改革发展成果。

第一节　贵州农民就地市民化的 SWOT 分析

一、贵州农民就地市民化的优势（S）

（一）农民收入持续增长，农村生产生活条件改善明显

农民市民化首先表现在经济层面的市民化，农村居民收入逐步提高，是农民实现就地市民化的前提和基础。统计数据显示，党的十八大以来，贵州农村常住居民人均可支配收入逐年增长，由 2012 年的 4753 元增长至 2019 年的 10756 元，翻了一番还多（表 12-1），农村恩格尔系数逐年下降，由 2014 年的 41.7% 下降到了 2019 年的 36.7%（表 12-2）。数据表明，农村居民收入逐年稳步增长，人民的生活由小康开始走向富裕。

表 12-1　2012—2019 年贵州农村常住居民人均可支配收入　　单位：元

年份	2012	2013	2014	2015	2016	2017	2018	2019
贵州	4753	5898	6671	7387	8090	8869	9716	10756

数据来源：依据 2012—2019 年贵州省国民经济和社会发展公报整理。

表 12-2　2014—2019 年贵州农村恩格尔系数　　单位：%

年份	2014	2015	2016	2017	2018	2019
恩格尔系数	41.7	39.8	38.7	38.0	36.9	36.7

数据来源：《贵州统计年鉴—2019》。

　　据 2018 年贵州省国民经济和社会发展公报数据显示，2018 年，贵州有 1154 个乡镇，13295 个村委会，其中，自来水受益村 13187 个，通有线电视的村有 11843 个，通宽带的村有 13047 个。近年来，随着国家各项强农惠农政策的落实，特别是精准扶贫方略的实施，贵州贫困地区和贫困群众生产生活条件得到了显著改善。扶贫重点县基础设施特别是交通、水利、通信等制约发展的瓶颈被逐步打破（表 12-3）。"四在农家·美丽乡村"基础设施建设六项行动计划（小康路、小康水、小康房、小康电、小康讯、小康寨），吹响了贵州加快农村全面小康建设的"集结号"，助推着贵州乡村"美丽"蜕变，并且成效明显。随着农村生产生活条件的改善，农民收入水平的提高，农民现代生活消费水平也不断得到了提升（表 12-4）。

表 12-3　2016 年贵州扶贫重点县自然村基础设施和公共服务状况　　单位：%

通公路的农户比重	通电话的农户比重	能接受有线电视农户比重	进村主干道路硬化农户比重	饮水无困难农户比重	通宽带农户比重	垃圾集中处理农户比重	有卫生站农户比重	上幼儿园便利农户比重
100.0	100.0	91.8	96.0	86.1	65.1	44.1	95.7	76.4

数据来源：依据《2017 中国农村贫困监测报告》整理。

表 12-4　贵州 2014—2019 年每百户农村居民家庭年末耐用品消费品拥有量　　单位：台

指标	2014	2015	2016	2017	2018	2019
彩色电视	98.9	101.8	103.1	104.0	104.0	107.84
电冰箱	58.6	62.4	77.6	82.3	86.4	103.19
洗衣机	75.2	77.8	89.8	92.0	93.6	96.83
热水器	19.6	21.6	37.4	45.4	52.8	96.91
摩托车（辆）	48.4	54.9	55.7	54.2	54.2	24.01
移动电话（部）	218.1	227.3	240.6	255.5	287.5	287.75

数据来源：依据 2014—2019 年贵州国民经济和社会发展统计公报整理。

（二）农村产业革命纵深发展，产业结构调整优化

　　党的十九大报告指出，要培育新型农业经营主体，健全农业社会化服务体

系，实现小农户和现代农业发展有机衔接。习近平总书记强调"要突出抓好农民合作社和家庭农场两类农业经营主体发展，赋予双层经营体制新的内涵，不断提高农业经营效率"。① 围绕纵深推进农村产业革命，贵州先后出台一系列政策措施推动家庭农场的培育发展，家庭农场发展迅速，生产经营规模化、标准化、集约化程度不断提高，经营效益稳步提升，家庭农场作为新型农业经营主体在发展现代山地特色高效农业、增加当地农民收入等方面发挥着积极作用。2019 年全省纳入全国名录系统的家庭农场数量只有 5408 家，2020 年达到 29674 家，增加 24266 家，其中省级示范家庭农场 652 家、县级以上示范场 1900 家②。

农民专业合作社是引领农村经济从以家庭为单元的分散经营走向规模化经营的新型经济组织，是现代农业规模化产业化发展组织架构的重要环节在生产组织方式上的创新，坚持强龙头、创品牌、带农户思路，通过"龙头企业+合作社+农户"，把大市场与小农户紧密联系起来。截至 2019 年上半年，贵州全省在工商注册登记的农民合作社 6.87 万家。100%的贫困村建立了农民专业合作社，100%的贫困人口参加了农民专业合作社。③ 形成系列示范带动农业合作社模式，"龙头企业+合作社+农户"模式带动晴隆农户脱贫致富，"龙头企业+合作社+农户"模式催生贵安新区新农民，"龙头企业+合作社+农户"模式助力麻江发展成蓝莓种植面积第一县。农业合作社极大提高了农民的组织化程度，促进了小农户与现代农业发展的有机衔接，是对农村经营体制的丰富、发展、创新和完善。

"十三五"以来，贵州在确保粮食安全的前提下，围绕农业供给侧结构性改革，按照"因地制宜、优产协调、绿色引领、创新驱动、市场导向、融合发展"原则，大力调整农业产业结构，聚力发展现代山地特色高效农业，调减低效传统作物，重点发展蔬菜、茶、食用菌、辣椒、中草药等 12 个特殊优势产业，以市场为导向，产业带就业，就业促增收，实现贵州农业产业由"粗放量小"到"集约规模"转化，为乡村振兴和农民市民化提供了有力支撑。

（三）山地特色城镇化协调发展为农民就地市民化奠定良好基础

贵州通过大力实施山地特色新型城镇化带动战略，推广"1+N"镇村联动发展模式，推动小城镇与美丽乡村城乡融合发展，实现镇村"联规、联动、联建、联美、联富、联强"，为农民就地市民化和乡村振兴提供强劲动力。具体来

---

① 习近平. 把乡村振兴战略作为新时代"三农"工作总抓手 [J]. 社会主义论坛，2019
（07）：4-6.
② 2020 年全省家庭农场快速发展 [EB/OL]. 贵州农业农村厅网站，2021-02-19.
③ "龙头企业+合作社+农户"是产业扶贫好模式 [N]. 贵州日报，2019-06-14 (15).

说，通过统筹布局镇区与乡村的基础设施、公共服务设施、产业发展等重大项目和规划编制，不断做到镇区规划与乡村规划同步，实现镇村联规；通过强化镇村管理队伍建设，提高执法水平，创新管理方式，达到镇村联动；根据小城镇总体规划，推动基础设施、公共服务从小城镇向乡村延伸，实现整镇整村连片推进项目建设，持续完善镇村联建；统筹山水林田湖草系统治理，打造干净整洁、生态宜居、生产发展、生活富裕、治理有效、幸福美满、乡愁文脉有效传承的多彩黔味镇村，做到镇村联美；通过"小城镇+"发展模式，立足定位和资源禀赋，促进一二三产融合发展，实现城镇居民与乡村群众共同致富；通过"五大统筹体系"即统筹空间、规模、产业三大结构、统筹规划、建设、管理三大环节、统筹改革、科技、文化三大动力、统筹生产、生活、生态三大布局和统筹政府、社会、居民三大主体，实现村镇联强。

2012年国发二号文件指出，由于自然地理等原因，贫困和落后是贵州的主要矛盾。"十三五"时期，贵州通过山地特色新型城镇化建设，促进城乡区域协调发展，成为西部第一个实现县县通高速的省份，建成一批大中小型水库，基本实现县县有中型水库，提前完成国家新一轮农村电网改造升级，建成贵州·中国南方数据中心示范基地、国家级互联网骨干直联点、国际互联网数据专用通道，行政村实现4G网络和光纤宽带全覆盖，实现5G县县通。路网，水网，电网，地下管网和互联网等基础设施的日益改善，振兴了县域经济，促进了区域协调发展，在基础设施方面加快了农民就地市民化的脚步。

（四）农民工返乡创业为农民就地市民化创造条件

在国家"大众创业、万众创新"号召下，贵州坚持把促进农民工返乡创业就业作为改善民生的重要举措，鼓励农民工返乡创业就业，使他们成为脱贫攻坚和乡村振兴的生力军。数据显示，2017年年底，贵州农村创业创新基地达1125个，双创经营主体9136个，双创人员174876人，带动135万人就业，年营业收入总额达530亿元。[①] 返乡创业农民工不仅从城市带回了技术和信息，促生了农村许多新业态，而且带来了新思想、新思维和新观念。农民工返乡创业，不仅自家亲人得以团聚，财产性收入增多，同时带动了周边村民就地就近非农就业，增加收入，转变传统观念。目前，在各种优惠政策吸引下，贵州农民工返乡创业已经初具规模，为当地农村经济注入了新的活力，也加快了当地农民就地市民化的步伐。

---

① 省农委关于省十三届人大一次会议第177号建议的会办意见 ［EB/OL］. 贵州省农业农村厅网站，2018-05-11.

（五）实施"三变"改革，加快农民向市民的转变

近年来，贵州在脱贫攻坚全面建成小康社会实践中，探索出了农村资源变资产、资金变股金、农民变股东的"三变"模式。各地结合自身实际，探索创新各种"三变"实现形式，推进"三变"改革获得成效。譬如，六盘水市坚持整市推进"三变"改革，获批增补为全国农村改革试验区，继续走前列、探路子、出经验；贵阳市以都市农业现代化、大数据平台化、城乡统筹一体化"三化"促"三变"改革；安顺市着力推动"三权"促"三变"，大力推广"塘约经验"；铜仁市开展"民心党建+'三社融合'促'三变'+春晖社"改革，汇聚改革的强大合力；遵义市积极推广湄潭农村改革经验，推进农村集体产权制度改革与"三变"紧密结合；毕节市通过"五联"促"三变"，探索优化利益联结机制；黔西南州以村支平台化、村庄公司化、村民股东化、村务社会化"四化"为手段，促进"三变"改革；黔东南州以"五融五帮"为抓手，将"三变"改革与脱贫攻坚紧密结合；黔南州以经营乡村为理念，推进"三变"改革、发展股权经济。① 2019 年"三变"改革试点村 4163 个，全省累计达11404 个，覆盖率 72.3%，其中贫困试点村 3883 个，覆盖率 92.1%，坝区土地流转率 48%，平均亩产 7500 元以上。②

总之，贵州各地通过对农村各种生产要素和产权进行确权、赋权、易权，促进乡村资源变资产，资金变股金、农民变股东，使多年来处于休眠状态的乡村资源资本等要素活跃起来。通过"三权"促"三变"改革，激活了农村生产要素，增加了农民财产性收入，激发了农民建设新农村的内生动力，把农民从土地上解放出来，也为农民到市民的职业转变提供了必要前提。

二、贵州农民就地市民化的劣势（W）

（一）就业结构与产业结构调整不同步，农业就业人数比重偏高

据贵州统计年鉴显示，改革开放以来，贵州省三次产业结构调整成效显著，地区生产总值在总量上得到巨大提升（表 12-5）。数据显示，贵州 2019 年 GDP 总量与 1978 年相比，增加 359 倍多，三次产业结构之比由 1978 年的 41.7：40.2：18.1 升级为 2019 年的 13.6：36.1：50.3，产业结构逐步向合理方向调整并逐渐趋于优化。

---

① "三变"成为促农增收的重要力量——2017 年农村"三变"改革试点综述 [EB/OL].
贵州农业农村厅网站，2018-01-29.
② 2019 年贵州省农业农村情况 [EB/OL]. 贵州农业农村厅网站，2020-02-27.

从三大部类比例来看，1978—1991 年间，贵州第一产业在国民生产总值中占比最高，第二产业次之，第三产业占比最低，产业结构呈现"一、二、三"特点。1992—1997 年间，第二产业比重超过第一、三产业比重，位居前列，产业结构呈现"二、一、三"特点。1998—2005 年间，第三产业比重超过第一产业比重，产业结构呈现"二、三、一"特点。2006 年至今，第三产业占比最高，第二产业次之，第一产业占比迅速下降，产业结构呈现"三、二、一"特点。

表 12-5　贵州 1978—2019 年三次产业 GDP 及占比变化

年份	GDP 总量（亿元）	第一产业增加值（亿元）	第二产业增加值（亿元）	第三产业增加值（亿元）	第一产业占 GDP 比重（%）	第二产业占 GDP 比重（%）	第三产业占 GDP 比重（%）
1978	46.62	19.42	18.73	8.47	41.7	40.2	18.1
1979	55.28	23.29	22.41	9.58	42.1	40.5	17.4
1980	60.26	24.86	24.00	11.40	41.3	39.8	18.9
1981	67.89	29.90	24.95	13.04	44.0	36.8	19.2
1982	79.39	37.37	27.44	14.58	47.1	34.6	18.3
1983	87.38	37.76	33.14	16.48	43.2	37.9	18.9
1984	108.27	45.73	43.51	19.03	42.2	40.2	17.6
1985	123.92	50.45	49.88	23.59	40.7	40.3	19.0
1986	139.57	56.46	50.96	32.15	40.5	36.5	23.0
1987	165.50	66.46	60.11	38.93	40.2	36.3	23.5
1988	211.79	85.20	78.63	47.96	40.2	37.1	22.7
1989	235.84	92.88	86.74	56.22	39.4	36.8	23.8
1990	260.14	100.10	92.83	67.21	38.5	35.7	25.8
1991	295.90	115.71	101.54	78.65	39.1	34.3	26.6
1992	339.91	121.18	122.08	96.65	35.7	35.9	28.4
1993	417.69	133.41	155.03	129.25	31.9	37.1	31.0
1994	524.46	183.56	194.80	146.10	34.8	37.3	27.9
1995	636.21	227.13	232.52	176.56	35.7	36.5	27.8
1996	723.18	254.53	255.09	213.56	35.2	35.3	29.5
1997	805.79	271.96	288.99	244.84	33.8	35.9	30.3
1998	858.39	265.04	319.40	273.95	30.9	37.2	31.9

年份	GDP 总量（亿元）	第一产业增加值（亿元）	第二产业增加值（亿元）	第三产业增加值（亿元）	第一产业占 GDP 比重（%）	第二产业占 GDP 比重（%）	第三产业占 GDP 比重（%）
1999	937.50	267.75	350.41	319.34	28.5	37.4	34.1
2000	1029.92	271.20	391.20	367.52	26.3	38.0	35.7
2001	1133.27	274.41	433.52	425.34	24.2	38.3	37.5
2002	1243.43	281.10	481.96	480.37	22.6	38.8	38.6
2003	1426.34	298.69	569.37	558.28	20.9	39.9	39.2
2004	1677.80	334.50	681.50	661.80	19.9	40.6	39.5
2005	2005.42	368.94	821.16	815.32	18.4	40.9	40.7
2006	2338.98	382.06	967.54	989.38	16.3	41.4	42.3
2007	2884.11	446.38	1124.79	1312.94	15.5	39.0	45.5
2008	3561.56	539.19	1370.03	1652.34	15.1	38.5	46.4
2009	3912.68	550.27	1476.62	1885.79	14.1	37.7	48.2
2010	4602.16	625.03	1800.06	2177.07	13.6	39.1	47.3
2011	5701.84	726.22	2194.33	2781.29	12.7	38.5	48.8
2012	6852.20	891.91	2677.54	3282.75	13.0	39.2	47.8
2013	8086.86	998.47	3276.24	3812.15	12.3	40.6	47.1
2014	9266.39	1280.45	3857.44	4128.50	13.8	41.7	44.5
2015	10539.62	1640.61	4175.24	4723.77	15.6	39.6	44.8
2016	11766.73	1846.19	4669.53	5261.01	15.7	39.7	44.6
2017	13540.83	2020.78	5439.63	6080.42	14.9	40.2	44.9
2018	14806.45	2159.54	5755.54	6891.37	14.6	38.9	46.5
2019	16769.34	2280.56	6058.45	8430.33	13.6	36.1	50.3

数据来源：依据《贵州省统计年鉴—2019》和 2017—2019 年贵州省国民经济和社会发展统计公报整理、计算所得。

从国际经验看，产业结构变化必然导致就业结构变化。贵州的现实问题是，就业结构存在严重缺陷，就业结构与产业结构变化的速率相差较远，主要表现在第一产业就业比重过大，第二、三产业就业人数比重相对较小（表 12-6）。数据显示，1978—1988 年间，贵州三次产业就业呈现"一、二、三"的格局，这与1978年三大产业呈现"一、二、三"格局是相一致的，但第一产业就业人数一直高居80%左右，第二、三产业就业人数之和仅占20%左右。从1989年开始，三次产业就业一直呈现"一、三、二"格局（除1995、1996），这与三次产业结构严重不协调，且第一产业从业人数占比持续居高不下有关，直到2018年，第一产业人数占比仍高达53.83%。

表12-6 贵州省1978—2018年三次产业就业人数总数与占比

年份	就业人员总数（万人）	第一产业就业人数（万人）	第二产业就业人数（万人）	第三产业就业人数（万人）	第一产业就业人数占比（%）	第二产业就业人数占比（%）	第三产业就业人数占比（%）
1978	1053.67	872.89	108.26	72.52	82.8	10.3	6.9
1979	1060.62	873.88	105.63	81.11	82.4	10	7.6
1980	1109.63	919.69	102.01	87.93	82.9	9.2	7.9
1981	1152.95	954.55	102.64	95.76	82.8	8.9	8.3
1982	1207.06	989.78	109.53	107.75	82	9.1	8.9
1983	1234.18	1014.15	109.99	110.04	82.2	8.9	8.9
1984	1285.32	1037.71	122.12	125.49	80.7	9.5	9.8
1985	1335.17	1018.38	185.98	130.81	76.3	13.9	9.8
1986	1383.17	1053.26	197.09	132.82	76.1	14.3	9.6
1987	1435.85	1115.35	180.53	139.97	77.7	12.6	9.7
1988	1501.32	1172.51	185.8	143.01	78.1	12.4	9.5
1989	1570.84	1228.64	163.19	179.01	78.2	10.4	11.4
1990	1651.75	1292.3	169.1	190.35	78.2	10.2	11.6
1991	1701.47	1329.56	177.72	194.19	78.1	10.4	11.5
1992	1739.03	1359	173.35	206.68	78.1	10	11.9
1993	1779.01	1374	171	234.01	77.2	9.6	13.2
1994	1828.3	1365	181.9	281.4	74.7	9.9	15.4
1995	1812.2	1312.8	268.8	230.6	72.5	14.8	12.7
1996	1783.2	1235.6	278.5	269.1	69.3	15.6	15.1
1997	1796.7	1251.1	256.6	289	69.6	14.3	16.1
1998	1844.43	1284.72	251.57	308.14	69.7	13.6	16.7

续表

年份	就业人员总数（万人）	第一产业就业人数（万人）	第二产业就业人数（万人）	第三产业就业人数（万人）	第一产业就业人数占比（%）	第二产业就业人数占比（%）	第三产业就业人数占比（%）
1999	1832.5	1299.9	201.4	331.2	70.9	11	18.1
2000	1866.28	1305.28	221.8	339.2	69.9	11.9	18.2
2001	2068.01	1692.33	133.88	241.8	81.8	6.5	11.7
2002	2106.14	1698.39	108.89	298.86	80.6	5.2	14.2
2003	2145	1671.2	120.49	353.31	77.9	5.6	16.5
2004	2186	1672.29	124.6	389.11	76.5	5.7	17.8
2005	1944.29	1497.26	164	283.04	77	8.4	14.6
2006	1953.24	1487.4	174.17	291.67	76.2	8.9	14.9
2007	1872.64	1388.02	172.31	312.32	74.1	9.2	16.7
2008	1867.2	1350.32	180.73	336.15	72.3	9.7	18
2009	1841.92	1299.29	197.6	345.03	70.5	10.8	18.7
2010	1770.9	1209.55	203.52	357.82	68.3	11.5	20.2
2011	1792.8	1194.39	215.86	382.55	66.6	12.1	21.3
2012	1825.82	1189.04	238.1	398.68	65.1	13.1	21.8
2013	1864.21	1179.76	264.32	420.13	63.3	14.2	22.5
2014	1909.69	1171.02	291.42	447.25	61.3	15.3	23.4
2015	1946.65	1161.54	315.38	469.73	59.7	16.2	24.1
2016	1983.72	1136.87	340.41	506.44	57.3	17.2	25.5
2017	2023.2	1123.83	365.99	533.38	55.55	18.09	26.36
2018	2038.5	1097.33	375.49	565.68	53.83	18.42	27.75

数据来源：依据《贵州省统计年鉴—2019》计算所得。

综上分析，由于就业结构变化与产业结构变化速率相差较远，贵州大部分劳动力仍聚集在第一产业，就业结构与产业结构的优化升级相比出现了较大的滞后，就业人员没有实现合理有序转移，导致贵州农村城镇化进展缓慢，农民市民化进程缓慢。

（二）农村居民收支与城镇和全国农村相比差距较大

居民人均可支配收入和消费支出通常被用来衡量一个国家或地区人民生活水平的变化情况。党的十八大以来，贵州经济发展快速，农村居民人均收入逐年增长，生活消费水平大幅提高。但与全国相比，贵州农村居民收支仍有相当大的差距。从农村常住居民人均可支配收入来看，2013—2019 年，贵州农村人均收入均不到全国农村人均收入的 70%（表 12-7）。

表 12-7　2013—2019 年贵州和全国农村常住居民人均可支配收入　　单位：元

年份	2013	2014	2015	2016	2017	2018	2019
全国	9430	10489	11422	12363	13432	14617	16021
贵州	5898	6671	7387	8090	8869	9716	10756
贵州占全国比重	62.55%	63.60%	64.67%	65.44%	66.03%	66.47%	67.14%

数据来源：2019 年国家统计局年度数据，《贵州统计年鉴—2019》，2019 年贵州省国民经济和社会发展统计公报。

从常住居民消费支出看，2013—2019 年，贵州农村人均消费支出同比全国农村人均消费支出均超过 70%（表 12-8）。这与全国农村同比人均收入形成了鲜明对比，说明贵州农村常住居民的消费支出明显高于同期全国农村平均消费支出，农村居民储蓄率偏低，可用于扩大再生产的资金投入有限，制约了其发展。

表 12-8　2013—2019 年贵州和全国农村常住居民人均消费支出　　单位：元

年份	2013	2014	2015	2016	2017	2018	2019
全国	7485	8383	9223	10130	10955	12124	13328
贵州	5292	5970	6645	7533	8299	9170	10222
贵州占全国比重	70.70%	71.22%	72.05%	74.36%	75.76%	75.64%	76.70%

数据来源：2019 年国家统计局年度数据，《贵州统计年鉴—2019》，2019 年贵州省国民经济和社会发展统计公报。

城乡收入差距是衡量农村是否真正实现市民化的重要指标，农民只有先在物质生活上与城镇持平，才能实现其他方面市民化。从城乡居民收支情况来看，贵州城乡居民人均可支配收入逐年增长，城乡居民收入差距逐年缩小，但数据显示（表 12-9），2013—2019 年，贵州城乡居民人均收入差距指数均在 3 以上，也就是说，直到 2019 年年底，贵州城镇常住居民人均可支配收入仍是农村常住居民人均可支配收入的 3 倍以上，城乡居民收入差距过大；同样地，城乡居民人均支出差距指数在 2.0 以上，城乡居民人均支出差距比收入差距要小一点，一方面说明城乡居民生活质量还有一定差距；另一方面说明，农村近几年来，支出压力比较大，既有生活刚性需求遭遇物价上涨造成的支出总额扩大原因，也有部分是农村年轻人向城市生活看齐、攀比性消费支出增多所致。收支结余指数均在 10 倍以上，到 2019 年，城乡常住居民人均收支结余扩大到 24.35 倍，说明农村居民生产生活稳定性、安全性较低，可用于第二年生产生活再投资的资金十分有限，对发展极其不利，也从侧面说明，农村居民对借贷的依存度较高。

表 12-9　2013—2019 年贵州城乡居民收支与结余情况　　单位：元

年份	2013	2014	2015	2016	2017	2018	2019
城镇常住居民人均可支配收入	20667	22548	24580	26743	29080	31592	34404
农村常住居民人均可支配收入	5898	6671	7387	8090	8869	9716	10756
城乡居民人均收入差距指数	3.50	3.38	3.33	3.31	3.28	3.25	3.20
城镇常住居民人均生活消费支出	13703	15255	16914	19202	20348	20788	21402
农村常住居民人均生活消费支出	5292	5970	6645	7533	8299	9170	10222
城乡居民人均支出差距指数	2.59	2.56	2.55	2.55	2.45	2.27	2.09
城镇常住居民人均收支结余	6964	7293	7666	7541	8732	10804	13002
农村常住居民人均收支结余	606	701	742	557	570	546	534
城乡常住居民人均收支结余差距指数	11.49	10.40	10.33	13.54	15.32	19.79	24.35

数据来源：依据《贵州省统计年鉴—2019》计算所得。

（三）农村人口文化素质偏低

据第七次全国人口普查公报数据显示：每 10 万人口中，贵州小学文化受教育程度占比为 31. 92%，初中占 30. 46%，普通高中（含中专）占 9. 95%，高中（含中专）及以下学历的总占比为 72. 34%，大学（含专科）以上学历占比 10. 95%；全国人口中，15 岁及以上人口的平均受教育年限 9. 91 年，贵州为 8. 75 年。① 与全国相比，受教育程度占比还有较大差距（如下表 12-10）。

表 12-10　每 10 万人口中拥有的各类受教育程度人数　单位:%

指标	大学（大专及以上）	高中（含中专）	初中	小学	文盲	15 岁及以上平均受教育年限
全国	15. 47	15. 09	34. 51	24. 77	2. 67	9. 91
贵州	10. 95	9. 95	30. 46	31. 92	6. 86	8. 75
贵州与全国差距	-4. 52	-5. 14	-4. 04	7. 15	4. 19	-1. 16

数据来源：第七次全国人口普查公报（第六号）和贵州省第七次全国人口普查公报（第五号）。

数据对比可见，贵州小学文化程度人口占比最高，高于全国平均水平 7. 15 个百分点，文盲率也高于全国平均水平 4. 19 个百分点。综合来看，贵州初中以下人口占比 69. 24%，接近总人口七成。而且从事农业生产经营人员的受教育程度更不容乐观，《贵州省第三次全国农业普查主要数据公报（第五号）》数据显示，贵州农业生产经营人员中，未上过学的占 12. 44%、小学占 48. 31%、初中占 35. 18%，初中及以下文化程度占农业生产经营人员的总比重高达 95. 93%。贵州农村人口文化素质普遍偏低，接受新思想新理念比较缓慢，容易产生安于现状的思想，既不利于新型职业农民培育工作的开展，也不利于新型农村社区的建设，这是制约贵州小康社会建设质量、影响乡村振兴与新型城镇化战略能否协同推进的深层次原因。在一定意义上而言，提升贵州农民的文化素质，比关注区位劣势、资源贫瘠更为重要。

（四）农村基础设施薄弱

由于受特定的地理环境的制约，贵州农村居民居住分散且住房条件差，水电路讯等基础设施的改善和恢复重建投入不足，特别是贫困地区农业基础设施

---

① 依据国家统计局和贵州省统计局《第七次全国人口普查公报》相关数据整理。

建设滞后。贵州、云南、广西三省区同属西部落后地区，喀斯特地貌明显，省情农情民情近似。选取 2018 年三省区与农业基础设施直接相关的农田水利设施中的水库数和水库总库容量、农田有效灌溉面积和人均粮食产量指标进行比较发现，贵州省农村地区无论水库数量还是库容总量均低于云南和广西，水库数量只达到广西的 1/2、云南的 1/3 多一点，农田有效灌溉面积也是排名最后，人均粮食产量只是略高于广西，明显低于云南（表 12-11）。农业基础设施的薄弱，将在相当程度上制约贵州农田的高效利用率，农业产业链的延伸，农村经济社会的发展水平，延缓农民就地市民化进程。

表 12-11　2018 年贵州农业基础设施情况

指标	农田水利设施水库数（座）	水库总库容量（亿立方米）	农田有效灌溉面积（公顷）	人均粮食产量（公斤）
贵州	2414	444.63	1606.09	295.18
云南	6702	757.1	1898.07	386.37
广西	4537	710.57	1706.88	279.85

数据来源：2019 年国家统计局分省年度数据。

三、贵州农民就地市民化的机遇（O）

（一）西部大开发战略

从 2000 年开始，国家开始实施西部大开发战略。西部大开发促使西部地区经济社会发展状况得到极大改善，人民生活水平持续稳步提高，基础设施和基本公共服务均等化取得一定成效。新一轮的西部大开发战略，为西部地区发展带来了更大的机遇，党和国家多次强调，要深入推进统筹西部城乡改革发展，稳步推进城乡基本公共服务常住人口全覆盖，加快推进农业转移人口市民化，鼓励和支持农业转移人口就地就近城镇化。

据 2018 年 12 月 26 日贵州省庆祝改革开放 40 周年系列新闻发布会数据显示，1978—2000 年 22 年间，贵州经济增速有 13 个年头低于全国水平，22 年间年均增长率 9.6%，低于全国 0.1 个百分点。西部大开发给贵州带来了加快发展的大好机遇，2001 年至 2011 年全省经济年均增长 11.8%，高于全国 1.3 个百分点。2012 年以来，贵州经济增速持续位居全国前列，2012—2017 年年均增长 11.4%，高于全国水平 4.2 个百分点，经济增速持续较快。[1] 2018 年贵州地区生

---

[1]　杨晓月. 改革开放四十年　贵州经济发展取得巨大成就 [EB/OL]. 中国网, 2018-12-27.

产总值 14806.45 亿元，2019 年跃升到 16769.34 亿元。[①] 以上数据显示，正是在西部大开发战略带动下，贵州经济增速开始快于全国速度，并逐步保持经济增速持续位居全国前列。

（二）国发 2 号文件

2012 年 1 月 12 日，《国务院关于进一步促进贵州经济社会又好又快发展的若干意见》（以下简称《意见》）（国发〔2012〕2 号）文件发布。《意见》的出台表明，国家将助力贵州加快发展，推动贵州经济起飞，确保贵州 2015 年接近西部小康，2020 年与全国同步小康。《意见》明确了到 2020 年贵州的发展目标；适应经济社会发展的现代综合交通运输体系和水利工程体系基本建成；现代产业体系基本形成，经济发展质量和效益明显提高，综合竞争力显著增强，城镇化水平大幅提高，科技创新能力明显提升；石漠化扩展势头得到根本遏制，森林覆盖率达到 50%，环境质量良好；基本公共服务达到全国平均水平，城乡居民收入显著提高，实现全面建设小康社会奋斗目标[②]。

《意见》对积极推进贵州城镇化和新农村建设方面进行了详细的规划和安排，明确规定对关乎农村居民的饮水、道路、供电、沼气等基本公共服务项目等加大投入力度。推进农业结构性调整，建立健全农业服务体系，积极扩宽农民增收渠道。国发 2 号文件实施以来，贵州农村面貌发生了翻天覆地的变化，农村基础设施建设投入逐年增加，农民基本公共服务水平有了很大提升，这都为农民就地市民化提供了机遇。

（三）精准扶贫战略

精准扶贫是新时期党和国家扶贫工作的精髓和亮点。精准扶贫是粗放扶贫的对称，是指针对不同贫困区域环境、不同贫困农户状况，运用科学有效程序对扶贫对象实施精确识别、精确帮扶、精确管理的治贫方式。党和国家一直十分关心和重视扶贫工作，改革开放以来，经过全国范围有计划有组织的大规模开发式扶贫，中国贫困人口规模大幅减少，贫困地区落后面貌显著改善。进入 21 世纪以来，中国经济腾飞发展，人民生活水平不断提高，但扶贫开发工作依然面临十分艰巨而繁重的任务，已进入啃硬骨头、攻坚拔寨的冲刺期，对党和国家的扶贫工作提出了新的要求和挑战。精准扶贫正是以习近平同志为核心的

---

① 贵州省 2019 年国民经济和社会发展统计公报［R/OL］.贵州省统计局门户网站，2019-
　04-09.
② 国务院关于进一步促进贵州经济社会又好又快发展的若干意见：国发〔2012〕2 号
　［A/OL］.中国政府网，2012-01-16.

党中央治国理政方略中对新时期扶贫工作新挑战与新要求的积极应对和正确指引。

精准扶贫是国家根据绝对贫困人口减少、贫困人口插花分布、贫困地区相对集中的贫困形势而提出的新时代扶贫开发方式。精准扶贫的要义,一是贫困户识别精准;二是帮扶措施精准;三是精准扶贫与区域发展联动。精准扶贫战略的推进重点和主要任务是产业扶贫,而根本性、长远性的举措则是智力扶贫。把扶贫资源更好地瞄准贫困地区与贫困人群,同时鼓励贫困户依靠自我能力积累实现稳定脱贫致富,才能做到"真扶贫、扶真贫",让扶贫结果经得起历史考验。贵州作为中国脱贫攻坚"主战场",在精准扶贫战略下,脱贫攻坚取得重大成效。2012—2019 年,贵州省贫困人口从 1149 万人减少到 30.83 万人,贫困发生率从 26.8%下降到 0.85%。精准扶贫战略不仅为贵州农民市民化奠定基础,而且为提升农村基础设施建设提供了机遇。

(四)新型城镇化战略

2013 年,中共中央颁布《中共中央关于全面深化改革若干重大问题的决定》,明确提出"坚持走中国特色新型城镇化道路"。2017 年,中央农村工作会议强调要重塑城乡关系。党的十九大以来,新型城镇化战略进入加速推动实施阶段。新型城镇化是以人为核心的城镇化,要求在规划中充分考虑人的需要,有序推进农业转移人口市民化和城乡基本公共服务均等化,促进人的全面发展。新型城镇化建设有利于改善农村教育落后的局面,提高农民整体素质,不仅能提高农民的职业技术能力,为农民非农就业与增收创造更多机会,而且能提升农民的主体意识、平等意识和参与能力,可促进农村劳动力有序转移,有效吸纳农村人口,有利于破除城乡二元结构体制,使农民享有城市居民所享受的福利待遇,为农民就地市民化奠定基础和提供机遇。

(五)乡村振兴战略

党的十九大首次提出实施乡村振兴战略,体现了党和国家对"三农"工作的高度重视。乡村振兴,农业是本体,农民是主体,农村是载体,"本体"没有现代化,不是完整的现代化,"主体"和"载体"如果不能同时实现现代化,作为本体的农业也无法实现现代化,乡村振兴无从谈起。人是最具能动性的因素,实施乡村振兴战略的关键是人,归根结底要靠生产生活在乡村的农民。在国家乡村振兴战略背景下,需要激发农民振兴乡村的原生动力,让城市与乡村各美其美。实施乡村振兴战略是中国特色社会主义进入新时代后解决"三农"问题的重大战略部署。贵州的欠发达,不仅表现在城市经济发展落后方面,更体现在农村自然分布、传统产业为主、农产品产出效益低、治理松散、劳动力流出严重等方面。乡村振兴是包括产业振兴、人才振兴、文化振兴、生态振兴和组织振兴的全面振兴，是"五位一体"总体布局、"四个全面"战略布局在"三农"工作的体现。乡村振兴战略无疑为贵州农业现代化、城乡一体化和农民就地市民化提供了新的机遇。

四、贵州农民就地市民化面临的威胁（T）

（一）土地资源配置效率低

贵州作为全国唯一没有平原支撑的山地省份，耕地破碎、生态脆弱，全省500亩以上坝区仅占耕地面积的7.18%，农业生产条件差，不太适合发展家庭农场等经营模式。[①] 喀斯特地貌，造成了贵州人多地少，实行农业大机械化作业困难。特别是随着城镇化的扩张，农民可用于耕种的田地更少，很多农民只能找石漠化不太严重的山坡去开荒种田，地块面积零星，采用大机械化作业根本无法谈起，造成劳动力和土地资源的低效率配置。以粮食单位面积产量为例，横向比较，2018年，贵州粮食单位面积产量3867.22公斤/公顷，云南为4456.84公斤/公顷，广西为4899.15公斤/公顷，差距较大；纵向比较，2014—2018年，贵州粮食单位面积产量分别为3767.78公斤/公顷、3891.70公斤/公顷、4049.27公斤/公顷、4069.88公斤/公顷、3867.22公斤/公顷，2015年以来连续下降，单位产量仅高于2014年5.05个百分点[②]。

（二）三产产业化程度低

产业是农民转为市民的重要依托，只有产业兴旺才能加快农民职业身份的转化。产业兴旺的一个重要标志就是产业化程度高，"产业化"概念是由"产业"概念发展而来，产业化要求市场需求主导生产、能提供专业服务，严格质量管理，产品系列化和品牌化，具备现代企业的经营方式和组织形式，经济社会效益高。

产业化可以涉及各个行业，农业的产业化的基本思路是区域规划布局，龙头企业带动，规模经营，市场化经营，龙头企业带动基地、基地连农户的产业组织形式。三产产业化水平提高，意味着贵州工业化、农业现代化、服务业现代化有了质的提高，较高的城镇化水平自然产生。当前，贵州三次产业结构和人口就业结构仍属于传统型模式，传统型的产业结构已经不能满足贵州富余劳动力就业的需求，造成大量富余劳动力持续向省外流出，导致农村"空壳"、人

---

① "龙头企业+合作社+农户"是产业扶贫好模式 [N]. 贵州日报，2019-06-17（05）.
② 依据国家统计局分省年度统计数据整理计算。

员"三留"、山林荒芜,村集体经济萧条。城市工业和服务业又因人员流量不够,陷入低层次、低水平循环,城镇化率的提高有速度没质量。

(三) 城乡基本公共服务力度差距较大

城乡一体化发展尤其是城乡基本公共服务的一体化发展,是实现农民就地市民化的重要保障。长期以来,城乡二元结构造成我国城乡社保、教育、医疗、就业等方面的严重不平衡。几年来,虽然我国城乡差异的社会保障制度在一些具体规定方面有些调整,但总的来说,农村居民社会保障力度和城镇居民社保力度相差较大。社会保障是人口市民化的核心问题,是关系到市民化成败和市民化程度的关键问题。贵州省目前虽然已将新型农村合作医疗制度与城镇居民基本医疗保险制度合并,将新型农村社会养老保险制度与城镇居民社会养老保险制度合并,建立了全省统一的城乡居民基本医疗保险制度和基本养老保险制度。但与城镇职工医疗保险和养老保险制度相比,农村的保障能力和水平还十分有限。以 2018 年基本养老保险为例,贵州城镇职工参加养老保险人数 639.82 万人,支出 6365733 万元,人均养老保险基金支出 9949 元/人,而城乡居民社会养老保险参保人数 1802.7 万人,养老保险基金支出 56300 万元,人均养老保险基金支出 31 元/人,相差 300 多倍。医疗保险方面,城镇居民基本医疗保险 2018 年末参保人数 3801.6 万人,医疗保险基金支出 2149221 万元,人均医疗保险基金支出 565 元/人,而农村人均医疗支出不到 200 元[①]。

农业转移人口是社会保险不健全的主要群体,一些农业转移人口只顾眼前利益,加之相关企业的主体责任意识不强,导致一些就业人员社会保险缺失严重(特别是建筑行业的农民工)。就地市民化的重点就是鼓励和引导农业转移人口积极参加城乡居民的各种基本保险制度,同时,还要鼓励有条件的人员积极参加城镇职工的各种基本保险制度。此外,在保障性住房方面,也要将符合一定条件的农业转移人口纳入城镇保障性住房范围之中。

(四) 农民就地变市民的文化心理因素威胁

影响农民就地变市民的文化心理因素是多方面的,一是受传统农耕文化思想观念的影响,农民从心理上不愿离开故土。二是感觉自己没文化、没特长,担心耕地流转居住城镇以后就业无着落,生活成本又太高,缺乏离开原居住地的勇气和信心。三是近邻效应影响,有部分邻居外出务工城镇定居者,年老后返回农村,并没有多少存款,有一部分外出城镇经营者失败而归,都还需要重新置家安业,需要重新融入村集体,这让部分在村农民感觉外面的世界不一定

---

① 依据国家统计局分省年度统计数据计算整理。

很精彩。四是地域文化一旦形成，就会深层次地沉淀到村民内心，长期影响农民生产生活思维习惯，往往短期难以改变。历史悠久的地域文化可构成地域文化特色，特色文化传承保护得好，可转化为现实生产力；反之，则有可能形成一种惯性阻碍，迟滞农业农村现代化进程。五是乡村振兴和脱贫攻坚存在失败案例，部分村干部党性不强、战斗力不足，一些处于发展起步阶段的新型社区和中心村镇还存在许多不完善之处，村民比较看重眼前利益，这些都会对农民的就地市民化产生不利的心理预期。

第二节　推进贵州农民就地市民化的原则、建议及措施

农民就地市民化问题是当前我国乡村振兴和新型城镇化协同推进中的重大课题。与发达地区相比，当前贵州农民就地市民化刚刚起步，制约的因素比较多，面临的挑战也比较大，贵州农民就地市民化任重道远。推动贵州农民就地市民化，必须在国家相关政策的前提下，结合本省和当地实际，走贵州特色的农民就地市民化道路。

一、坚持四大基本原则

（一）积极稳妥原则

农民就地市民化是我国新型城镇化战略的重要组成部分，是实现全面建成小康社会的重大战略举措。党和国家多次强调要"积极稳妥推进城镇化"，内在地包含了要积极稳妥推进农民市民化，积极稳妥推进农民就地实现市民化。所谓"积极"，是指全社会都要努力推动农民就地市民化向前迈进，而"稳妥"则指在推进农民就地市民化的进程中要有历史耐心，循序渐进、稳步前进，不要对农民和社会造成大的波动，这是推进农民就地市民化的首要原则。

2015年，李克强总理指出，中国的城镇化解决之道是走以人为本的新型城镇化道路，并首次提出"三个1亿人"目标：即到2020年要让进城务工农民中的1亿人在城镇落户，变成真正的城里人；加快中西部地区城镇化进程，引导1亿农民自愿就近就地进城；集中力量进行棚户区和城市危房改造，解决好1亿人的居住问题。[1]"三个1亿人"里面也包含了推进农民就地市民化坚持积极稳妥原则。贵州作为欠发达省份，与发达省份相比，经济社会发展还有很大差距。

---

① 李克强出席2015中欧城镇化伙伴关系论坛并致辞 [N]. 人民日报，2015-07-01（02）.

譬如，梳理历年来各省国民经济和社会发展公报的数据可知，有些发达省份农村常住居民收入已经高于贵州城镇常住居民收入，其城乡居民收入差距指数比已下降至 2 以内。而对于贵州来说，贵州城乡居民收入差距指数还在 3 以上。因此，贵州当前最大的任务是决胜脱贫攻坚，2020 年如期建成小康社会，然后以此为起点全面推进现代化，这是未来实现农民就地市民化的基本前提和基础。

（二）因地制宜原则

贵州作为欠发达省份，城市化率与发达省份乃至全国都有一定差距，因此，贵州农民就地市民化既带有全国农民就地市民化的一些共同特征，又具有自身禀赋的"贵州特色"。在推进农民就地市民化的工作中，一定要在国家大政方针政策的前提下，依据贵州实际，因时因地因人制宜，大力宣传农民就地市民化对贵州经济社会发展的作用，积极推进特色小城镇建设，特别是发展特色产业，积极引导农民就地实现市民化。

贵州素有"天无三日晴、地无三尺平、人无三分银"的贫困标签。2017 年10 月，习近平参加十九大贵州代表团讨论会时，曾经对贵州"三无"标签进行了新解，认为这"三无"特征恰恰是贵州未来发展的优势所在。"天无三日晴"的气候，使贵州多雨而空气清新无污染；"地无三尺平"的地形风貌适合贵州发展旅游产业；"人无三分银"的贫困特征，将促使国家把更多惠民发展政策给予贵州，因为"脱贫路上一个不能少""小康路上一个不能少"。其实，习近平总书记对贵州"三无"特征的新解，就在于引导贵州发展要善于抓住贵州特色，变劣势为优势，因地制宜走自身特色发展道路。"十二五"以来，贵州按照"小而精、小而美、小而富、小而特"的要求和"六型"小城镇（交通枢纽型、旅游景观型、绿色产业型、工矿园区型、商贸集散型、移民安置型）特点，以镇带村、以村促镇、镇村互动，因时因地制宜，积极发展特色产业，走出了贵州特色的山地城镇化新路，促进了城乡融合发展。未来贵州在城乡融合背景下推动农民就地市民化，仍要坚持因地制宜原则，立足自身实际，借鉴其他地方经验，但绝不能照抄照搬。

（三）分类施策原则

分类施策是习近平精准扶贫思想的重要内容。2015 年 6 月 16 至 17 日，习近平在贵州考察调研，18 日在贵阳主持部分省区市扶贫攻坚与"十三五"时期经济社会发展座谈会，并发表重要讲话。习近平指出：精准扶贫，一定要精准施策。要坚持因人因地施策，因贫困原因施策，因贫困类型施策。俗话说，治病要找病根。扶贫也要找"贫根"。对不同原因、不同类型的贫困，采取不同的脱贫措施，对症下药、精准滴灌、靶向治疗。2017 年春节前夕，习近平赴河北张家口看望慰问基层干部群众发表讲话时再次强调：完成脱贫攻坚任务，越到后来难度越大。要以精准扶贫、精准脱贫为主线，分类施策，真抓实干，吹糠见米，确保贫困人口如期实现脱贫。2017年3月，习近平参加中央政治局常委会会议，审议《关于二○一六年省级党委和政府扶贫开发工作成效考核情况的汇报》时指出：精准扶贫，要分类施策。农区和牧区，生态资源保护区和经济发展区，脱贫政策措施能一样吗？扶贫是大政策，大政策还要细化，就像绣花一样。不同的地方、不同的贫困户有不同的扶法，新疆南疆是一种扶法，石漠化地区是一种扶法，太行山是一种扶法，青海三江源是一种扶法，大小凉山又是一种扶法①。

习近平精准扶贫分类施策思想，对推动农民就地市民化同样有用，而且是必须要坚持的一项基本原则。因为，农民就地市民化是一项涉及政府、社会、农民等多方面立体化的系统工程。县（区）情、镇情、村情、民情不一样，就地市民化的道路和模式自然应当有所区别。目前，贵州各地农村"宜农则农、宜商则商、宜工则工、宜游则游"，立足特色，同中求异，分化引导农民脱贫攻坚，精准分类，精准施策，正在采用不同模式决战脱贫攻坚。同样地，农民就地市民化的时序、产业布局和具体模式，应当体现分类施策、精准推进原则。

（四）统筹推进原则

农民就地市民化是一项重大的系统工程。依据系统论的观点，内在动力和外在牵引力相协同，才能使系统合力最大化，简言之，在内在要素和外部环境统筹中，推进事物向前发展。所以，农民就地市民化问题应放到乡村振兴和新型城镇化战略下筹划思考，放在精准扶贫和乡村振兴战略协调推动和我国现代化建设"两个15年"的大背景中去推动和实施，坚持在"四化"同步中促进农民就地市民化。为此，要做好一个"防止"、一个"避免"，一个全面保障：防止为城镇化而"城镇化"，为追求城市化率而急于实施农民就地市民化倾向；避免乡村振兴中过度特色造成乡村特色一般化，追求全面特色造成无特色，最终破坏就地市民化农民长期发展机会和获利物质基础的行为发生；实施全面社会保障政策，保障就地市民化教育、医疗基本公共服务供给质量，保证农村弱势群体基本生活需要，降低贫富差距。正如李培林指出的，所谓城乡一体化和新农村建设，就是既要使农民享有同市民相当的生活品质和公共服务，又要使农村保持田园风光。在快速城镇化过程中，特别要避免农村凋敝、农业衰败和农民利益受损②。

---

① 中共中央党史和文献研究院. 习近平扶贫论述摘编［M］. 北京：中央文献出版社，2018：60，74，78，79.

② 李培林. 新型城镇化与突破"胡焕庸线"［N］. 人民日报，2015-01-08（16）.

二、五大政策性建议

（一）推动农民观念革新

就地市民化不仅仅是农民身份和职业转化，更重要的是怎样让农民在就地市民化以后，具备良好的现代公民意识和公民素质。创造条件让城乡逐渐一体化中的农民，摆脱小农意识羁绊，提高文明价值理念，构建新型社会资本，学习在竞争中合作、收益中预留风险基金、主动增加发展性消费在总消费支出中比重的现代家庭经济管理技能，渐次提高内生动力，才能使其观念和能力紧跟新型城镇化步伐，真正发挥在乡村振兴中的主体作用。传统观念的突破只能依靠循循善诱的方式引导而成，而不能采用行政手段强迫改变，公认最有效的方法是教育。

（二）强化政策支持

经济学家罗森斯坦—罗丹在其著名的大推进理论中提到，一个国家经济在起始发展阶段要有足够的投资和建设规模，落后地区只有在"大推进"下才能缩小与发达地区的差距。贵州新型城镇化建设的目标之一，是到 2020 年常住人口城镇化率超过 50%。但贵州产业基础薄弱、生态脆弱、农民增收渠道狭窄的状况短期难以有根本性扭转，城乡融合发展的任务非常艰巨。为此，国家应当加大倾斜性扶持力度，在普惠支持的基础上，实施特惠财政、税收、金融、人才政策，助力贵州城镇化建设。贵州自身也要打造"精神高地"，用好用足新型城镇化建设机遇，走出"经济洼地"。

（三）社会保障城乡统筹

从制度层面上看，农民就地市民化的实质是农民实现与城镇居民在社会基本公共服务上的同等待遇。由于长期受城乡二元社会结构的制约，我国城乡在医疗和养老社会保障方面，一直采用"两条线"的社会保障方式，农村居民和城镇居民在社保缴费和保障力度方面存在较大差距。政府相关部门应积极探索农村社会保障制度的改革和创新，农村社会保障的制度设计应该与城市社会保障制度趋同，因地制宜，循序渐进地推动农村医疗、养老、失业等保障体系在组织体系、操作方式、管理制度和瞄准机制上与城市社会保障制度接轨，积极推进农村社会保障与城市一体化。

（四）建立应急矛盾处理机制

新型农村社区作为传统农村社区与城市社区的重要连接点，能逐渐将城乡基层社会连接起来，将传统城乡二元体制束缚下的居民解放出来。农民就地市民化过程是农民生计旧模式向市民生计新模式转变的过程，转换的"真空"地带，往往也是矛盾频发的地带。农民个体的市民化要实现就业非农化，生产生活非农化，基本公共服务均等化和价值观念市民化。群体农民的市民化过程更加复杂，原来以村为单位的行政边界被打破，因行政边界固化的利益边界也随之淡化。农民市民化以后面临一个更加开放的环境，人际关系更加多样化，利益关系更加复杂，融入过程中必然伴随各种矛盾，矛盾是经济社会发展的动力但也在一定程度上严重影响社会的和谐稳定。在就地市民化重点推动地区，建立应急矛盾协调机构，完善相关的矛盾处理流程，细化解决措施，有助于促进乡村与城镇、农民向市民的融合，促进农村社会变迁与农民社会角色的顺利转型。

（五）以农村城镇化和农业现代化促进农民就地市民化

从国外和国内发达地区农民就地市民化的经验看，农民就地市民化与农村就地城镇化和农业现代化是相互配套的系统工程。一方面，农业现代化发展必然引起农村城镇化的发展，农村城镇化建设又必然会带动城乡一体化发展和促进农民市民化进程。另一方面，农民就地市民化的提高，除了依赖于农村就地城镇化和城乡一体化外，还受到很多其他因素的影响和制约，譬如，农民思维观念的影响。也即是说，农业现代化和农村就地城镇化的发展，并不能涵盖农民就地市民化的全部内容。因此，在新型城镇化进程中，我们必须要重视农民市民化的演进，把土地城镇化和人的城镇化同步起来，这是城乡一体化协调发展的题中应有之意，也是全面建成小康社会和实施乡村振兴战略的具体体现。

三、六项现实性措施

（一）深化农村集体产权制度改革，拓展农民财产性收入渠道

如何增加农民收入，特别是增加农民财产性收入，是推进农民就地市民化的关键。党的十九大报告指出，要"深化农村集体产权制度改革，保障农民财产权益，壮大集体经济"。[①] 国家发展改革委《关于印发〈2020 年新型城镇化建设和城乡融合发展重点任务〉的通知》（发改规划〔2020〕532 号）提出：健全城乡人口迁徙制度、完善农村产权抵押担保权能，全面推开农村集体经营性建设用地直接入市，维护进城落户农民土地承包权、宅基地使用权、集体收益分配权。当前，贵州各地应在农村土地"三权分置"的政策背景下，有序推进农民集体产权制度改革，尽快出台相关配套措施，继续"三权"促"三变"改

---

① 习近平. 决胜全面建成小康社会 夺取新时代中国特色社会主义伟大胜利——在中国共产党第十九次全国代表大会上的报告 [M]. 人民出版社，2017：32.

革。重点是在两个"三权"上进行深化改革，即对农民土地权益、住房权益、集体经济权益这"三权"和农村土地所有权、承包权、经营权这"三权"进行赋权和量化的确权与颁证。同时，加快建立与此相适应、高效率的产权租赁、抵押、入股、置换、转让等市场体系与交易机制，通过"三权分置"以确保农民的财产权益，创新农村可持续发展模式，让农村各类产权进入市场进行交易，增加农民财产性收入，增强农业转移人口市民化的动力和能力，为农民就地市民化奠定坚实物质基础。

（二）大力发展农业企业，通过农业企业聚集促进农民就地市民化

农民就地市民化与农业现代化密不可分，发展农业企业是实现农业现代化的重要路径。农业企业化的核心是农业生产的规模化、内部管理制度的规范化、购销的市场化、风险的共担化、收益的共享化。农业企业化的形式可以是几户联合的专业合作企业形式，也可以是整村的集体合作企业形式。农业企业化，不但有助于农民摆脱对传统农村生产生活方式的路径依赖，加快角色转换进度，而且对区域而言，也具有引发农业企业集聚效应的作用。农业企业的集聚效应表现在，能促进产业提升，有效增强企业竞争力，促使人口与资本不断向产业区集中，带动商贸、餐饮、住宿、设计、金融、法律等消费性服务业和生产性服务业发展壮大。同时创造大量就业机会，既消化了本地农民就业，也吸引了外地农民就业创业，促进了农民就地市民化与农村工业化的联动发展。

（三）推进产城融合发展，加快农民就地市民化步伐

农民就地城市化不等于原地城市化，也存在一个农业人口集中问题，建设特色小城镇和特色小镇是实现贵州农业人口集中的有效途径。小城镇建设包含小城镇规模扩展，镇域经济发展，居民生活方式转变等内容。未来应继续立足贵州资源优势，科学编制小城镇产业规划，合理确定和发展优势特色产业，以产业为依托，发展以农业企业化和旅游服务业为主要类型的小城镇。注重以非农发展拉动农业的发展，着力培育以农业企业集聚为特征的专业镇。同时，支持农业专业化经营，实现生产和生活方式与城镇化趋向同步，通过产业转型、结构调整、空间优化、产城融合的城镇化来逐步实现农业转移人口的市民化。一方面，继续发挥贵州山地特色城镇化优势，发挥特色产业集群与块状经济比较发达的优势，大力培育和发展农村商贸、旅游、休闲养生等服务业，引导农民近距离从事二、三产业，实现就地"转产"就业。另一方面，大力发展高效生态现代农业和乡村休闲产业，推进农业产业接二连三、多功能发展和产城融合，促进农民由"自耕农"向"职业农民"转变，实现就地"转身"就业。在引导农民"转产"与"转身"的同时，加快城乡一体化新型社区建设，引导农村人口向

中心村、中心镇和小城市居住，推进农业转移人口的就地城镇化和市民化。

（四）加大教育培训力度，提高农民综合素质

农民就地市民化内含农民就业方式的市民化，消费方式的市民化，居住环境的城市化，同时也包括综合素养的现代化。市民素质是市民的道德心理、价值信仰、知识能力等因素复合而成的一种集体人格状态。对于多数农民而言，只有对他们的生活观念、思维方式、行为习惯进行科学的引导与教育，才能培育其市民意识、主体意识与法制意识，最终实现市民角色转换。相对就业、消费、居住环境而言，市民综合素养的现代化周期较长。农民职业教育作为提升农民市民化能力的主要教育形式，能最大程度上破解农民向城市市民转化中面临的素质瓶颈。不断拓宽农村职业教育的内容，多方面提升农民的市民化素质，需要根据就地市民化之前农民的主业情况、健康状况、家庭负担比，受教育年限、接受新生事物的能力，采用半工半读、集中培训与零星指导、线上线下多种方法配合运用的职业教育培训方式。这种教育培训模式有助于缩短农民的市民化周期，提高其生存和发展能力。为此，政府要尽快出台和完善培育新型职业农民的相关法律，培育就地市民化教育培训助力生计转型的成功典型，发挥新型职业农民在农民现代化和农民市民化中的榜样和贡献力量。

（五）完善村民自治，统筹城乡社会治理一体化

村民自治体现村民主体地位，是中国民主政治的基层制度安排。在乡村振兴和新型城镇化协同推进背景下，完善村民自治，应从统筹城乡社会治理一体化入手，加大对农村民生工程、公共事务的扶持力度，逐步消除城乡之间不平等的差别化资金投入政策。把完善村民自治和农村社会治理体系结合起来，使农村社会事务管理、社区民主议事决策等制度逐步完善起来。赋予村民广泛、实质的监督权，畅通社情民意表达渠道。指导建立多样化的自主管理理事会，增加普通群众在理事会中的比重。发挥乡村贤者作用，弥补正式制度在解决乡村矛盾中的刚性缺陷，为农民就地市民化提供柔性保障。需要说明的是，发挥村民自治的基础作用，不能弱化基层党组织的战斗堡垒作用和村两委的引领作用，相反，要加强村级后备人才队伍建设，不断拓宽村干部来源渠道，优化农村基层干部队伍结构，着力解决农村基层干部来源不畅、结构不优、后继乏人等问题。统筹推进农村基层组织和村民自治建设，为乡村振兴提供强有力的组织保障。

（六）多元共治，构建合理的多元成本分担体系

谁受益、谁担责，受益越大、成本支付越高，是经济学和管理学的基本理念。参与农民就地市民化工程的是多元主体，各主体追求的目标存在一定差异。

政府追求公共利益最大化、经济效益次之，企业是经济效益优先、社会效益次之，就地市民化的农民兼有致富需求、社会服务满意需求和生活便利需求等。按照权责利对等原则，目标实现中发生的成本也应当由利益关联方分担。一是要更好地发挥政府在农民就地市民化中的主导作用。政府是公共利益的代表者和维护者，应当承担社会基本公共服务和基础公共设施的投资和建设责任。二是更好地发挥社会，特别是企业在农民就地市民化中的重要参与作用。无论是城市资本下乡建立的企业，还是农村集体企业，或者交叉持股组建的企业，在获得因农民就地市民化带来增大的收益空间的同时要承担相应的成本支出。三是要切实发挥农民在就地市民化中的主体作用。农民是就地市民化的最终受益者，也是推进就地市民化的关键。探索农民就地市民化成本分担机制，让农民承担在就地市民化过程中的基本生活成本、部分的教育培训与养老、医疗、失业等社保成本，才能通过压力促动力机制真正激发农民在就地市民化中的内生动力。

本章小结

农民就地市民化是一项系统工程，是工业化、城镇化自然延伸的结果，也是工业化、城镇化进一步发展的内在需要。发达国家和中国发达省份集体经济基础条件较好的部分农村地区已经实现了就地市民化。在城乡融合背景下，贵州抓住机遇，充分利用自身独特优势，创造了"三权促三变"的塘约经验、"四确五定促三变"的湄潭经验，借助"三变"发展新型乡村产业，以业"活"人，以人"活"村，有力地推进了农村资源变资产、资金变股金、农民变股东，为本地乡村带来了新的发展气象。这些经验已上升为国家层面的制度改革成果，为贵州其他农村地区的农民就地市民化工作提供了思路借鉴。但贵州作为欠发达省份的状况短期难以改变，工业化带动能力不强、农村集体经济不够活跃，农民不仅与本省城市居民收入差距很大，而且与全国农村居民收入差距也过大，农民就地市民化整体处于刚刚起步阶段。贵州的农民就地市民化战略实施必须遵循整体规划、重点打造、阶段推进原则，扬长避短，克服劣势，对内激发农村、农民、农业潜力；对外广泛引资，争取更多的国家直接援助和对口帮扶单位项目和资金支持，提高项目和资金使用效率，让效益惠及更多的农村和农民，为贵州的农民就地市民化奠定坚实的经济基础。

参考文献

[1] 马克思恩格斯选集：第4卷［M］.北京：人民出版社，1995：485-501.

[2] 马克思恩格斯文集：第1卷［M］.北京：人民出版社，2009：313-689.

[3] 马克思恩格斯文集：第3卷［M］.北京：人民出版社，2009：326.

[4] 共产党宣言［M］.北京：人民出版社，1949：45.

[5] 资本论：第3卷［M］.北京：人民出版社，1995：909.

[6] 资本论：第3卷［M］.北京：人民出版社，1998：910.

[7] 斯大林选集：第2卷［M］.北京：人民出版社，1979：557-558.

[8] 斯大林选集：第1卷［M］.北京：人民出版社，1979：355.

[9] 毛泽东选集：第4卷［M］.北京：人民出版社，1991：427-1426.

[10] 刘少奇选集：上卷［M］.北京：人民出版社，1981：419.

[11] 邓小平文选：第2卷［M］.北京：人民出版社，1994：122.

[12] 胡锦涛文选：第3卷［M］.北京：人民出版社，2016：59.

[13] 习近平.决胜全面建成小康社会 夺取新时代中国特色社会主义伟大胜利——在中国共产党第十九次全国代表大会上的报告［M］.北京：人民出版社，2017：32.

[14] 中共中央党史和文献研究院.习近平关于"三农"工作论述摘编［M］.北京：中央文献出版社，2019：44，185.

[15] 中共中央党史和文献研究院.习近平扶贫论述摘编［M］.北京：中央文献出版社，2018：60，74，78，79.

[16] 中共中央、国务院关于"三农"工作的一号文件汇编（1982—2014）［M］.北京：人民出版社，2014：56-60.

[17] 中共中央文献研究室.习近平关于全面深化改革论述摘编——在全国宣传思想工作会议上的讲话［M］.北京：中央文献出版社，2014：84.

[18] 国家统计局农村社会经济调查总队.1992—中国农村住户调查年鉴［M］.北京：中国统计出版社，1993：3-14.

［19］国务院第二次全国农业普查领导小组办公室，中华人民共和国国家统计局．中国第二次全国农业普查资料综合提要［M］．北京：中国统计出版社，2008：236-243.

［20］甘永宗．农民公共精神培育的思想政治教育路径研究［M］．光明日报出版社，2019：20-26.

［21］国家统计局住户调查办公室．2017—中国农村贫困监测报告［M］．北京：中国统计出版社，2017：222-228.

［22］国务院研究室课题组．中国农民工调研报告［M］．北京：中国言实出版社，2006：69，86，304.

［23］辞海编辑委员会．辞海［M］．上海：上海辞书出版社，1979：854.

［24］中国社会科学院语言研究所词典编辑室．现代汉语词典：第6版［M］．北京：商务印书馆，2015：955.

［25］阿历克斯．英格尔斯．人的现代化：心理思想·态度·行为［M］．殷陆君，编译．成都：四川人民出版社，1985：22，68，75.

［26］阿瑟·刘易斯．劳动力无限供给条件下的经济发展［M］//阿瑟·刘易斯．二元经济论．北京：北京经济学院出版社，1989：8，9.

［27］H.孟德拉斯．农民的终结［M］．李培林，译．北京：中国社会科学出版社，1991：8.

［28］埃弗里特·M.罗吉斯，拉伯尔·J.伯德格．乡村社会变迁［M］．王晓毅，王地宁，译．杭州：浙江人民出版社，1988：321.

［29］加里·贝克尔．人力资本［M］．北京：北京大学出版社，1987：6.

［30］里·莱恩．都市社会中的社区（英文版）［M］．芝加哥：芝加哥多塞出版社，1987：5.

［31］滕尼斯．共同体与社会［M］．林荣远，译．北京：商务印书馆，1999：78.

［32］查尔斯·泰勒．自我的根源：现代认同的形成［M］．韩震，王成兵，乔春霞，等译．南京：译林出版社，2001：37.

［33］泰勒·哈特曼．性格色彩密码［M］．曾桂娥，译．武汉：长江文艺出版社，2010：59.

［34］费孝通．费孝通文集：第五卷［M］．北京：群言出版社，1980：530.

［35］费孝通．乡土中国生育制度［M］．北京：北京大学出版社，1998：70.

［36］李守经．农村社会学［M］．北京：高等教育出版社，2000：30.

［37］徐永祥．社区发展论［M］．上海：华东理工大学出版社，2000：33-34.

[38] 袁秉达, 孟临. 社区论 [M]. 上海: 中国纺织大学出版社, 2000: 1-4.

[39] 刘永佶. 主义·方法·主题 [M]. 北京: 中国经济出版社, 2002: 304.

[40] 李培林. 农民工——中国进城农民工的经济社会分析 [M]. 北京: 社会科学文献出版社, 2003: 30-36.

[41] 李培林. 村落的终结——羊城村的故事 [M]. 北京: 商务印书馆, 2004: 33.

[42] 邓正来. 国家与社会——中国市民社会研究 [M]. 北京: 北京大学出版社, 2008: 199-210.

[43] 罗剑朝, 李赟毅. 返乡农民工创业与就业指导 [M]. 北京: 经济管理出版社, 2009: 94.

[44] 李文山. 科学发展观与大学生思想政治教育创新研究 [M]. 开封: 河南大学出版社, 2009: 14-15.

[45] 刘文纪. 中国农民就地城市化研究 [M]. 北京: 中国经济出版社, 2010: 87, 117, 247, 254.

[46] 国务院发展研究中心课题组. 农民工市民化制度创新与顶层政策设计 [M]. 北京: 中国发展出版社, 2011: 146, 161, 271, 301.

[47] 甘满堂. 农民工改变中国——农村劳动力转移与城乡协调发展 [M]. 北京: 社会科学文献出版社, 2011: 44-50.

[48] 王振华. "四位一体" 生产方式对生活方式的影响 [M]. 上海: 上海交通大学出版社, 2011: 43.

[49] 单菁菁. 中国农民工市民化研究 [M]. 北京: 社会科学文献出版社, 2012: 25-41.

[50] 郭志族, 郭京龙. 中国城市化危机与对策 [M]. 广州: 广东经济出版社, 2013: 180.

[51] 樊纲, 马蔚华. 农业转移人口市民化与中国产业升级 [M]. 北京: 中国经济出版社, 2013: 160.

[52] 龙海平. 和谐村镇视域下的农村思想政治教育研究 [M]. 南宁: 广西人民出版社, 2014: 163-164.

[53] 韩俊, 何宇鹏. 新型城镇化与农民工市民化 [M]. 北京: 中国工人出版社, 2014.

[54] 刘守英. 直面中国土地问题 [M]. 北京: 中国发展出版社, 2014. 73-84.

[55] 奚建武. 农业现代化与城镇化协调发展 [M]. 上海: 上海人民出版

社，2014：131-165.

[56] 刘方涛，程云蕾．市民化——农民工向市民角色的转型［M］．北京：光明日报出版社，2015：47-70.

[57] 马国立．就地城镇化实现之路［M］．北京：光明日报出版社，2015：69-79.

[58] 饶旭鹏．农户经济行为与农村社会治理研究［M］．北京：光明日报出版社，2016：55，93.

[59] 刘云喜．中国农民就地城市化机理与制度保障研究［M］．北京：新华出版社，2016：111，134，169.

[60] 厉以宁．中国道路与农民工创业［M］．北京：商务印书馆，2017：3，6，53，218，255.

[61] 韩芳．新型农村社区建设与管理研究［M］．北京：知识产权出版社，2017：4.

[62] 曾文．农村社会治理新理念研究［M］．北京：光明日报出版社，2017：99-100.

[63] 程同顺．城市化进程中"三农"问题［M］．天津：南开大学出版社，2017：27，254.

[64] 崔传义．中国农民工返乡创业创新调研［M］．太原：山西经济出版社，2018：235.

[65] 国家卫生健康委员会．中国流动人口发展报告2018［M］．北京：中国人口出版社，2019：31-57.

[66] 刘奇．乡村振兴——三农走进新时代［M］．北京：中国发展出版社，2019：81，331，401.

[67] 冯玉华，张文方．论农村土地的"三权分离"［J］．经济纵横，1992（9）：5-9.

[68] 李强．影响中国城乡流动人口的推力与拉力因素分析［J］．中国社会科学，2003（1）：125-136，207.

[69] 王金营．经济发展中人口城市化与经济增长相关分析比较研究［J］．中国人口·资源与环境，2003（5）：57-63.

[70] 文军．农民市民化：从农民到市民的角色转型［J］．华东师范大学学报：哲学社会科学版，2004（3）：55-61.

[71] 黄泰岩，张培丽．改变二元结构，实现城乡发展一元化［J］．前线，2004（5）：26-28.

[72] 刘传江. 当代中国农民发展及其面临的问题（二）——农民工生存状态的边缘化与市民化 [J]. 人口与计划生育, 2004 (11)：44-47.

[73] 朱信凯. 农民市民化的国际经验对我国农民工问题的启示 [J]. 中国软科学, 2005 (1)：28-34.

[74] 唐根年, 徐维祥, 贾临宇, 等. 中国农民市民化经济门槛与城市化关系研究：理论与实证 [J]. 经济地理, 2006 (1)：118-121.

[75] 范红忠. 我国农村劳动力转移过程的成本分析 [J]. 农村经济, 2006 (3)：16-21.

[76] 金洪云. 日本的农村振兴政策 [J]. 中国党政干部论坛, 2006 (4)：42-44.

[77] 赵立新. 城市农民工市民化问题研究 [J]. 人口学刊, 2006 (4)：40-45.

[78] 李百浩, 彭秀涛, 黄立. 中国现代新兴工业城市规划的历史研究——以苏联援助的 156 项重点工程为中心 [J]. 城市规划学刊, 2006 (4)：84-92.

[79] 葛正鹏. "市民"概念的重构与我国农民市民化道路研究 [J]. 农业经济问题, 2006 (9)：63-67.

[80] 谭炳才. 国内外农村建设主要模式比较与启示 [J]. 南方农村, 2007 (1)：9-11.

[81] 张军. 农村土地流转存在的问题与对策思考 [J]. 农业经济, 2007 (8)：38-40.

[82] 张曙光. 城市化背景下土地产权的实施和保护 [J]. 管理世界, 2007 (12)：31-47.

[83] 陈钊, 陆铭. 从分割到融合：城乡经济增长与社会和谐的政治经济学 [J]. 经济研究, 2008 (1)：21-32.

[84] 熊建生. 论思想政治教育内容结构的优化 [J]. 学校党建与思想教育 (上半月), 2008 (11)：11-15.

[85] 钟甫宁, 纪月清. 土地产权、非农就业机会与农户农业生产投资 [J]. 经济研究, 2009 (12)：43-51.

[86] 辜胜阻. 中国特色城镇化道路研究 [J]. 中国人口·资源与环境, 2009 (19)：47-52.

[87] 林善浪, 王健. 家庭生命周期对农村劳动力转移的影响分析 [J]. 中国农村观察, 2010 (1)：25-33, 94-95.

[88] 梁波, 王海英. 国外移民社会融入研究综述 [J]. 甘肃行政学院学

报, 2010 (2): 18-27, 126.

[89] 陈会广, 单丁洁. 农民职业分化、收入分化与农村土地制度选择——来自苏鲁辽津四省市的实地调查 [J]. 经济学家, 2010 (4): 85-92.

[90] 吴业苗. 居村农民市民化: 何以可能? ——基于城乡一体化进路的理论与实证分析 [J]. 社会科学, 2010 (7): 54-62, 188-189.

[91] 张文明. 市民社会及其农民化的逻辑困境 [J]. 上海城市管理, 2010 (6): 38-42.

[92] 杨风. 对农民市民化的解构与重构 [J]. 贵州师范大学学报 (社会科学版), 2011 (1): 73-77.

[93] 国务院发展研究中心课题组, 侯云春, 韩俊, 等. 农民工市民化进程的总体态势与战略取向 [J]. 改革, 2011 (5): 5-29.

[94] 周晓唯, 魏召君. 农地流转对农民市民化促进作用的研究 [J]. 首都经济贸易大学学报, 2011, 13 (2): 67-73.

[95] 陈明星, 叶超, 周义. 城市化速度曲线及其政策启示——对诺瑟姆曲线的讨论与发展 [J]. 地理研究, 2011, 30 (8): 1499-1507.

[96] 贺雪峰. 论中国农村的区域差异——村庄社会结构的视角 [J]. 开放时代, 2012 (10): 108-129.

[97] 吴业苗. 农民转身: 新型农村社区的适应处境与公共服务建设 [J]. 浙江社会科学, 2013 (1): 98-107, 158-159.

[98] 秦佳, 李建民. 中国人口城镇化的空间差异与影响因素 [J]. 人口研究, 2013, 37 (2): 25-40.

[99] 张贡生. "农民工市民化" 还是 "农民市民化"? ——基本概念辨析 [J]. 经济与管理, 2016, 30 (3): 78-83.

[100] 李强. 论农民和农民工的主动市民化与被动市民化 [J]. 河北学刊, 2013, 33 (4): 86-93.

[101] 相征, 赵鑫. 城镇化视角下的我国农民工市民化路径探讨 [J]. 求是学刊, 2013, 40 (5): 56-61.

[102] 官爱兰, 蔡燕琦. 农业现代化中农民职业培训: 美国、韩国经验及启示 [J]. 高等继续教育学报, 2013, 26 (5): 63-67.

[103] 陈永芝. 城乡一体化进程中农民市民化的困境与对策 [J]. 陕西农业科学, 2013, 59 (5): 198-201.

[104] 舒国增. 统筹城乡发展的重点: 农业现代化、农村社会化、农民市民化 [J]. 政策瞭望, 2013 (6): 18-21.

[105] 李凯林，郝玥. 我国农民市民化的道路选择 [J]. 中国特色社会主义研究，2013（6）：83-86，97.

[106] 郑会霞. 统筹城乡发展背景的新型农村社区建设 [J]. 决策探索（下半月），2013（9）：39-41.

[107] 于建嵘. 新型城镇化：权力驱动还是权利主导 [J]. 探索与争鸣，2013（9）：8-12.

[108] 刘新智，刘雨松. 农民参与新型城镇化的核心问题调查 [J]. 经济纵横，2013（13）：93-97.

[109] 张玉臣. 新型城镇化建设中我国农民公民素质培育研究 [J]. 职教论坛，2013（34）：45-47.

[110] 成艾华，田嘉莉. 农民市民化意愿影响因素的实证分析 [J]. 中南民族大学学报（人文社会科学版），2014，34（1）：133-137.

[111] 廖全明. 发展困惑、文化认同与心理重构——论农民工的城市融入问题 [J]. 重庆大学学报（社会科学版），2014，20（1）：141-145.

[112] 谢冬水. 农地转让权、劳动力迁移与城乡收入差距 [J]. 中国经济问题，2014（1）：49-59.

[113] 潘华. "回流式"市民化：新生代农民工市民化机制及其逻辑 [J]. 社会建设，2014，1（2）：19-26，35.

[114] 曾晖. 农地流转与城镇化均衡发展研究 [J]. 理论探讨，2014（3）：99-102.

[115] 张传泉. 城乡一体化背景下农民市民化路径探析 [J]. 华中农业大学学报（社会科学版），2014（5）：98-103.

[116] 丁玉，孔祥智. 日本农民增收的经验和启示 [J]. 世界农业，2014（5）：6-9，63，215.

[117] 朱巧玲，甘丹丽. 新型城镇化背景下农民市民化评价指标体系的构建 [J]. 福建论坛（人文社会科学版），2014（5）：10-16.

[118] 李增元，葛云霞. 何以可能与如何合作：农业现代化背景下的农民专业合作社及其发展 [J]. 华中农业大学学报（社会科学版），2014（6）：73-82.

[119] 孙守相. 新型城镇化进程中农民权益保障问题研究 [J]. 社科纵横，2014，29（2）：37-41.

[120] 蒋大国，胡倩. 新型城镇化进程中农民市民化的双重路径 [J]. 江汉大学学报（社会科学版），2015，32（1）：6-12，122.

[121] 李增元，李家文．城镇化中的"城乡一体型"农村新社区探析 [J]．社会主义研究，2015（2）：114-121.

[122] 张琳．基于国际经验的农业转移人口市民化研究 [J]．世界农业，2015（3）：17-21.

[123] 张静．新型城镇化中农民工市民化的路径选择 [J]．学术交流，2015（4）：165-169.

[124] 王慧博．农民市民化的国际理论、经验借鉴及启示 [J]．河南社会科学，2015，23（8）：86-92，124.

[125] 范虹珏，刘祖云．苏南"城镇化模式"下的农民市民化的路径建构 [J]．社会科学家，2015（11）：77-81.

[126] 彭黎．市民社会语境下的农民市民化 [J]．华中农业大学学报（社会科学版），2016（1）：108-114，131-132.

[127] 陈金涛，刘文君．农村土地"三权分置"的制度设计与实现路径探析 [J]．求实，2016（1）：81-89.

[128] 彭黎．市民社会语境下的农民市民化 [J]．华中农业大学学报（社会科学版），2016（1）：108-114，131-132.

[129] 王宇雄．农民现代化的一个路径：农民合作助推农民转型 [J]．西北农林科技大学学报（社会科学版），2016，16（2）：49-54.

[130] 丁敬磊，刘光远，赵美平．农地流转、劳动力转移及城镇化耦合协调度研究——基于城乡统筹发展的视角 [J]．中国农业资源与区划，2016，37（2）：37-44.

[131] 高富平．农地"三权分置"改革的法理解析及制度意义 [J]．社会科学辑刊，2016（5）：73-78.

[132] 田珍，素兴方．农民市民化的路径选择与逻辑次序——基于农民群体分化的视角 [J]．农村经济，2016（6）：79-83.

[133] 文军，沈东．"市民化连续体"：农业转移人口类型比较研究 [J]．社会科学战线，2016（10）：179-189.

[134] 蔚霖．新型农村社区的建设发展问题研究 [J]．天津农业科学，2016，22（10）：84-87.

[135] 杨永清．新型城镇化进程中农民市民化的理性选择及优化策略研究 [J]．西南民族大学学报（人文社科版），2016，37（10）：188-193.

[136] 姜启波．江苏省重点中心镇新型城镇化模式研究 [J]．当代经济，2016（33）：16-20.

[137] 宋辉，刘衡宇. 中国农民现代化问题研究之现状与反思 [J]. 社科纵横，2016，31 (11)：56-62.

[138] 赵健. 论新时期我国农民公民意识培育 [J]. 改革与开放，2016 (15)：7-9.

[139] 刘玥汐，许恒周. 农地确权对农村土地流转的影响研究——基于农民分化的视角 [J]. 干旱区资源与环境，2016，30 (5)：25-29.

[140] 李晓红，陶泓，黄娜. 贵州现代农业园区市场化评价研究 [J]. 贵州大学学报 (社会科学版)，2017，35 (1)：76-86.

[141] 潘泽泉. 中国农业转移人口市民化：理论争辩、经验比较与跨学科范式建构 [J]. 中国农业大学学报 (社会科学版)，2017，34 (1)：46-58.

[142] 卓炯，杜彦坤. 我国新型职业农民培育的途径、问题与改进 [J]. 高等农业教育，2017 (1)：115-119.

[143] 张志勇. 西部农业转移人口市民化的问题及对策研究 [J]. 中国农业资源与区划，2017，38 (2)：118-123.

[144] 夏涛. 历史进程中的农民现代化与新型农村社区 [J]. 农村经济与科技，2017，28 (2)：203-204.

[145] 文长存，崔琦，吴敬学. 农户分化、农地流转与规模化经营 [J]. 农村经济，2017 (2)：32-37.

[146] 彭建超，吴群，钱畅. 农村土地"增值"对农民市民化实现的贡献研究 [J]. 人口学刊，2017，39 (6)：51-61.

[147] 黄昕. 培养农民公民意识的路径研究 [J]. 改革与开放，2017 (7)：91-92.

[148] 赵新浩. 农民工返乡创业调查与分析 [J]. 学习论坛，2017，33 (12)：43-46.

[149] 闫文秀，李善峰. 新型农村社区共同体何以可能？——中国农村社区建设十年反思与展望 (2006—2016) [J]. 山东社会科学，2017 (12)：106-115.

[150] 吕莉敏. 新型职业农民培育的政策变迁与趋势——基于2012—2017年相关政策的分析 [J]. 职教论坛，2017 (16)：26-31.

[151] 李龙，翟振武. 农地流转如何影响家庭化流动——理论探析与来自三类地区的经验证据 [J]. 南方人口，2018，33 (1)：1-9.

[152] 杨艳丽，李丽，李冰. 乡村振兴战略下新型职业农民从业素质提升研究 [J]. 成人教育，2018，38 (2)：67-70.

[153] 王景新，支晓娟. 中国乡村振兴及其地域空间重构——特色小镇与

美丽乡村同建振兴乡村的案例、经验及未来 [J]. 南京农业大学学报（社会科学版），2018，18（2）：17-26，157-158.

[154] 苏莉亚·尼亚孜. 农民工市民化进程中的基本公共服务问题研究 [J]. 新疆财经大学学报，2018（3）：56-64.

[155] 杜巍，牛静坤，车蕾. 农业转移人口市民化意愿：生计恢复力与土地政策的双重影响 [J]. 公共管理学报，2018，15（3）：66-77，157.

[156] 李静. 农地确权、资源禀赋约束与农地流转 [J]. 中国地质大学学报（社会科学版），2018，18（3）：158-167.

[157] 吴先华. 农业转移人口市民化优先次序与标准体系 [J]. 山东师范大学学报（自然科学版），2018，33（4）：443-453.

[158] 李增刚. 农民进城、市民下乡与乡村振兴 [J]. 学习与探索，2018（5）：100-107.

[159] 丁静. 农业转移人口市民化政策运行的逻辑起点与理性回归 [J]. 求实，2018（6）：85-96，110.

[160] 张洪霞，吴宝华. 新型城镇化进程中农民市民化评价指标体系建构及实证研究——以天津市为例 [J]. 江苏农业科学，2018，46（6）：310-314.

[161] 周倩，许传新. 农民工返乡创业与乡村振兴关系解析 [J]. 中南林业科技大学学报（社会科学版），2018，12（6）：68-73.

[162] 刘超. 经济伦理与农民城镇化动力的区域差异 [J]. 理论月刊，2018（7）：115-122.

[163] 匡远配，王一清. 非农就业、农地流转与城镇化 [J]. 广西社会科学，2018（11），69-74.

[164] 覃淋. 主阵地大课堂新平台——新时代农民（市民）讲习所的贵州实践 [J]. 当代贵州，2018（25）：8-11.

[165] 梁瑞智. 新型农村社区的特征及管理对策 [J]. 中国集体经济，2018（27）：6-7.

[166] 邱国良，郑佩. 论农地流转市场中的不确定性 [J]. 长白学刊，2019（1）：104-109.

[167] 沈东. 新型城镇化、市民化与逆城镇化 [J]. 江淮论坛，2019（1）：89-93，114.

[168] 左孝凡，余文梦，苏时鹏. 城镇化进程中林改对农户家庭收入的影响——来自福建省10县域664户农户的实证 [J]. 资源开发与市场，2019，35（1）：82-89.

[169] 杨菊华. 流动人口（再）市民化：理论、现实与反思 [J]. 吉林大学社会科学学报，2019，59（2）：100-110，221.

[170] 刘小敏，邓智平，黎明泽. 乡城移民市民化：历程、规律与进路 [J]. 广东社会科学，2019（2）：78-88.

[171] 林玮，朱锦磊，叶浩，等. 现代农业科技园区建设与运行管理的探索——对江都小纪现代农业科技园区发展路径的分析 [J]. 农业科技管理，2019，38（2）：28-30，38.

[172] 韩家彬，刘淑云，张书凤. 农地确权、土地流转与农村劳动力非农就业——基于不完全契约理论的视角 [J]. 西北人口，2019，40（3）：11-22.

[173] 张海鹏. 中国城乡关系演变70年：从分割到融合 [J]. 当代中国史研究，2019，26（3）：153.

[174] 朱建华. 易地扶贫搬迁农民市民化成本问题研究——基于制度成本的视角 [J]. 安徽行政学院学报，2019（5）：96-100.

[175] 龚建荣. 新型城镇化进程中农民工市民化意愿及其影响因素分析——基于福建省693位农民工的调查 [J]. 河北农业大学学报（社会科学版），2019，21（5）：77-81.

[176] 刘颖，何士青. 农业转移人口市民化权益保障的理论基础与实现路径 [J]. 海南大学学报（人文社会科学版），2019，37（5）：152-159.

[177] 董敬畏. 从双轨制、新双轨制到市民化——流动人口治理40年 [J]. 四川大学学报（哲学社会科学版），2019（6）：87-93.

[178] 徐美银. 农民工市民化、产权结构偏好与农村土地流转——基于江苏、浙江、湖北、四川调查数据的分析 [J]. 社会科学，2019（6）：48-62.

[179] 谢勇，王鹏飞. 市民化水平对农民工家庭消费的影响及其机制 [J]. 中央财经大学学报，2019（7）：93-102.

[180] 刘小敏，黎明泽. "原地市民化"：乡村振兴背景下中国农民市民化的新路向——基于发达地区15个非农化乡村的调查 [J]. 学术研究，2019（9）：56-64.

[181] 高延雷，王志刚，郭晨旭. 城镇化与农民增收效应——基于异质性城镇化的理论分析与实证检验 [J]. 农村经济，2019（10）：38-46.

[182] 张光辉. 新型城镇化、户籍制度改革与农民工市民化研究 [J]. 产经评论，2019，10（5）：108-123.

[183] 李勇辉，刘南南，李小琴. 农地流转、住房选择与农民工市民化意愿 [J]. 经济地理，2019，39（11）：165-174.

[184] 蒋笃君. 新生代农民工市民化的现状、困境与对策 [J]. 河南社会科学, 2019, 27 (12): 115-120.

[185] 杜栋, 王蕾, 傅柱. 乡村振兴与新型城镇化联动的思路与研究框架 [J]. 财政科学, 2019 (7): 27-32.

[186] 孙蕙. 贵州: 勇做新时代文明实践"探路者"——访贵州省委宣传部副部长、省文明办主任、省电影局局长李朝卉 [J]. 当代贵州, 2019 (14): 28-29.

[187] 刘伟, 笪丽芳. 乡村振兴战略下新型农村社区治理模式研究 [J]. 上海城市管理, 2020, 29 (2): 17-20.

[188] 齐燕. 我国不同地区农民城镇化路径差异研究——基于农民与市场关系的角度 [J]. 城市问题, 2020 (3): 20-27.

[189] 朱要龙, 刘培培, 王树. 农地制度、土地依附效应与半城镇化问题研究——基于人口农村退出视角 [J]. 人口与经济, 2020 (2): 47-62.

[190] 戴小文, 庄天慧, 何思妤. 扶贫政策、经济增长与城市化: 中国农村贫困人口变动影响因素研究 [J]. 四川师范大学学报 (社会科学版), 2020, 47 (2): 55-61.

[191] 董玮, 张雪溪, 秦国伟. 农业农村优先发展的资源配置逻辑与保障机制 [J]. 行政管理改革, 2020 (2): 69-77.

[192] 胡锦涛. 坚持用"三个代表"重要思想统领宣传思想工作为全面建设小康社会提供科学理论指导和强大舆论力量 [N]. 人民日报, 2003-12-07 (01).

[193] 习近平在中央扶贫开发工作会议上强调: 脱贫攻坚战冲锋号已经吹响, 全党全国咬定目标苦干实干 [N]. 人民日报, 2015-11-29 (01).

[194] 习近平在全国高校思想政治工作会议上强调: 把思想政治工作贯穿教育教学全过程, 开创我国高等教育事业发展新局面 [N]. 人民日报, 2016-12-09 (01).

[195] 习近平谈扶贫 [N]. 人民日报海外版, 2018-08-29 (05).

[196] 李克强出席2015中欧城镇化伙伴关系论坛并致辞 [N]. 人民日报, 2015-07-01 (02).

[197] 中共中央、国务院关于实施乡村振兴战略的意见 [N]. 人民日报, 2018-02-05 (01).

[198] 李培林. 新型城镇化与突破"胡焕庸线" [N]. 人民日报, 2015-01-08 (16).

[199] 2015年全国城镇常住人口达到7.7亿城镇化率近6成 [N]. 人民日报, 2016-01-31 (02).

[200] 国农村贫困人口去年减少1109万人　贫困发生率降至0.6%, 贫困地区农村居民人均可支配收入11567元 [N]. 人民日报, 2020-01-25 (01).

[201] 金中夏. 农业转移人口市民化道路怎么走 [N]. 经济日报, 2013-01-31 (16).

[202] 韩长赋. 土地"三权分置"是中国农村改革的又一次重大创新 [N]. 光明日报, 2016-01-26 (01).

[203] 李剑平. 两院院士: 提防人口大国无人种地 [N]. 中国青年报, 2012-03-19 (11).

[204] 以城市低成本居住及公共服务提速农民市民化 [N]. 21世纪经济报道, 2018-08-20 (01).

[205] 农村思想政治教育 [N]. 贵州日报, 2017-01-10 (12).

[206] 在城乡之间诗意栖居——海盐以"就地城镇化"推进城乡融合纪事 [N]. 浙江日报, 2018-06-04 (01).

[207] 贵州省农委印发指导意见: 推进500亩以上坝区农业产业结构调整 [N]. 贵州日报, 2018-08-20 (04).

[208] 朱浩, 姚嵩, 杨静. 奋力开创多彩贵州小城镇建设发展新未来——全省小城镇建设发展五年综述 [N]. 贵州日报, 2018-09-18 (07).

[209] 马红梅. 推进我省城镇化、市民化进程的战略布局与实现路径 [N]. 贵州日报, 2018-12-18 (011).

[210] 农村产业革命首战告捷　农业增速稳居全国前列　农民增收保持"两个高于"——2018年全省农业农村工作亮点纷呈 [N]. 贵州日报, 2019-01-19 (03).

[211] 2019年贵州省政府工作报告 [N]. 贵州日报, 2019-02-11 (01).

[212] "龙头企业+合作社+农户"是产业扶贫好模式 [N]. 贵州日报, 2019-06-17 (05).

后　记

我本出身农民家庭，从小深切感受了父辈"面朝黄土背朝天"的艰辛，励志发奋读书实现"跳农门"的愿望。大学毕业后成为一名中学教师，是乡亲们眼中每隔半个月就能往家带回点肉吃的"孝顺女"，农民生活的艰难与无奈，伴随我至成年成家，体会深刻！

研究生毕业后到安顺学院工作，工作之余经常到贵州农村去调研，目睹了山区农村自然条件之恶劣，农民生产生活又是何等的艰苦！2009 年开始关注农民市民化问题并进行系列研究，从进城务工农民到居村在乡农民，从新型城镇化到脱贫攻坚与乡村振兴，申报课题，下乡调研，提出建议与对策，一路走来，身体力行感悟"三农"的发展与变化。

小康不小康，关键看老乡。党的十八大以来，党和国家下决心调整工农关系、城乡关系，坚持工业反哺农业、城市支持农村和多予少取放活方针，统筹城乡发展，改善农村基础设施，发展农村社会事业，"三农"面貌发生翻天覆地巨变。党的十九大提出实施乡村振兴战略，坚持农业农村优先发展，建立健全城乡融合发展体制机制和政策体系，加快推进农业农村现代化。农业成为有奔头的产业，农民成为有吸引力的职业，农村成为安居乐业的美丽家园，将不再单纯是梦想，而在逐步变为现实。

推进城乡融合发展，让亿万农民共享改革发展成果，实现由农民向市民的转变，是工业化、城镇化、农业现代化发展到一定阶段的必然要求，是国家现代化的重要标志。全面建成小康社会，短板在农村，难点是农村贫困人口脱贫；全面建设社会主义现代化国家，短板仍然在农村，难点是实现农业农村现代化。贵州是欠发达省份，工农之间、城乡之间与全国相比，尚存在相当差距。贵州实现与全国同步"百年"奋斗目标，只能走弯道取直、后发赶超之路,通过新型城镇化和乡村振兴联动发展,形成以工促农、以城带乡、工农互惠、城乡一体的新型工农城乡关系,并最终实现农业农村现代化。

2020 年是我国全面建成小康社会宏伟目标实现之年,也是脱贫攻坚战收官之年,"三农"面貌更是日新月异。需要说明的是,书稿在 2020 年 8 月定稿后,由于新型冠状病毒肺炎疫情影响而没有及时出版,因此,至最终出版之时,一些最新资料特别是贵州打赢脱贫攻坚战的成效没能补充到书稿中。另外,由于水平有限,书稿难免还存在着不少疏漏之处,敬请不吝赐教。

天道酬勤,十年心血终成书。在此,非常感激李强导师在身患重疾下仍坚持为本书作序,感谢我的家人给予的大力支持,感谢光明日报出版社的资助出版,特别感谢光明日报出版社编辑老师们的辛勤付出,特别感谢安顺学院马克思主义重点学科给予出版资助。

薛伟芳

2021 年 2 月 25 日